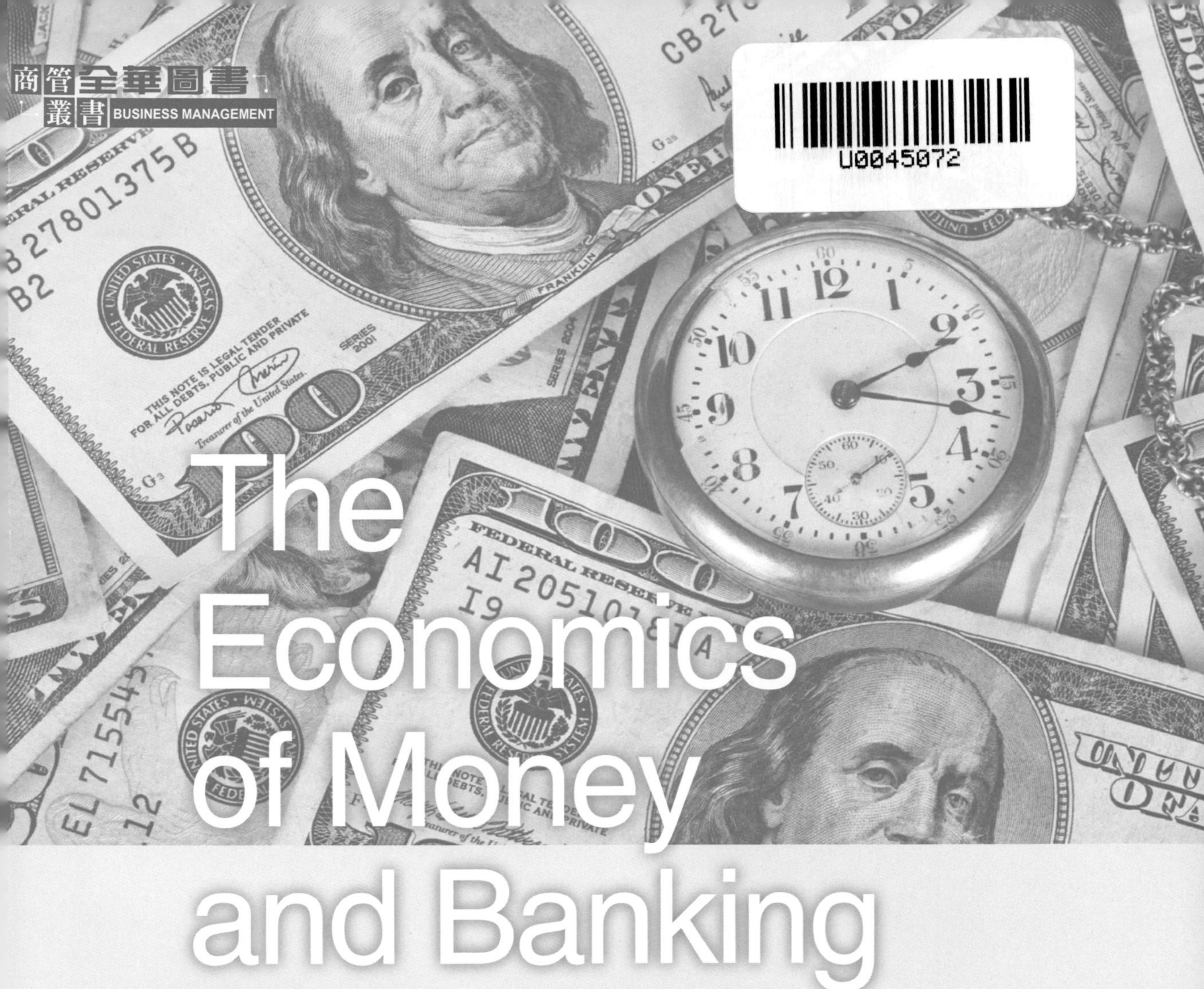

商管叢書 全華圖書 BUSINESS MANAGEMENT

The Economics of Money and Banking

貨幣銀行學

第2版

李顯儀 編著

二版序

Preface

全球隨著虛擬加密貨幣的興起，以及金融科技與大型科技公司的滲入金融，讓我們平常使用法定貨幣的習慣與日常金融活動受到了些許的改變。因此相關的金融教材，也必須與時俱進的跟著調整，才能符合時勢所需。

本書此次改版，除修正初版錯誤外，以及更新實務數據與國考題，並增添了現今金融市場熱門議題的介紹（如：虛擬貨幣、央行數位貨幣（CBDC）、直銷銀行、影子銀行、金融監管科技制度與金融預警系統等）。且改稿之際，正逢中國武漢肺炎的疫情肆虐全球金融市場，讓各國央行推出比上一次 2008 年全球金融危機，更激烈的貨幣政策，以拯救經濟頹勢，剛好成為本次改版實務案例的適切題材。

最後，個人在此感謝諸多學術與實務先進，為本書改版提供不少的指正與建議，且感謝全華圖書商管部編輯昱潔的用心編修、美編部優秀的排版協助、以及業務部門的大力推廣，才能讓此書順利改版發行。

本書此次的改版修訂，個人雖竭盡心力，傾全力以赴，奈因才疏學淺，謬誤疏忽之處在所難免，敬祈各界先進賢達不吝指正，以匡不逮。若有賜教之處請 email 至：davidlsy2@yahoo.com.tw 或 davidlsy3@gmail.com

李顯儀　謹識
2020 年 6 月

作者序
Preface

近年來，隨著網路以及行動裝置的發達，人們持有現金支付的比例，漸被電子貨幣所取代；連同親臨金融機構的機會都變少了。雖然科技的進步，讓金融業的服務模式與貨幣流通的形態，漸從有形轉成無形；但金融市場的運作機制與貨幣的流通原理，並不會因而消失不見。因此資金仍透過各種金融市場與機構的運作，繼續發揮其各種功能。

貨幣銀行學所要學習的內容，正是在介紹貨幣與金融市場之間運作，所衍生的種種問題。該學科所提及的題材，是學子們將來欲從事金融行業、以及現代人進行投資理財，所應具備的基本常識。希望藉由本書深入淺出的詮釋，引領讀者進入金融相關領域，並為國內財務金融教育盡一份心力。以下為本書的主要特色：

1. 章節架構循序漸進，內容敘述簡明易讀，並輔以豐富圖表，有利教學與讀者自修所用。
2. 每章節皆附「實務案例與市場焦點」，讓課本內容與實務相結合，以彰顯內容的重要性與應用性。
3. 章末習題分「基礎題」、「進階題」與「國考題」，讓學生練習由易入難，且提供欲赴試者應考方向；另附各章題庫與詳解（教學光碟），可供教授者出習題與考題的方便性。
4. 另提供每章相關實務影片連結檔與其解說（教學光碟），讓上課內容更加貼近實務，以提昇學習興趣與效果。

個人近年來積極投入教科書的編撰，本書為至今所投入的心力之最。希望教材內容能夠提供教授者與讀者，易教、易讀的書籍。此書能順利完成，首先，感謝全華圖書公司的厚愛，提供個人出版創作發揮的舞台；其次，感謝全華的奇勝、諮毓在出版與編輯上的協助，以及美編的優秀排版，才得使此書順利出版。再者，感謝太太吳幸姬協助教養兩位小女，讓個人能較專心投入寫作。最後，將此書獻給具教養之恩的雙親——李德政先生與林菊英女士，個人的一切成就將歸屬於我敬愛的雙親。

個人對本書之撰寫雖竭盡心力，傾全力以赴，奈因個人才疏學淺，謬誤疏忽之處在所難免，敬祈各界先進賢達不吝指正，以匡不逮。若有賜教之處請 email 至：davidlsy2@yahoo.com.tw 或 davidlsy3@gmail.com。

李顯儀 謹識
2015 年 9 月

目次

Contents

第一篇　貨幣形成與運作

1　貨幣的概論

2　貨幣的制度與衡量

3　金融體系概論

第二篇　利率與匯率市場

4　利率概論

Contents

10 金融監理與存款保險

第四篇 貨幣供給與需求

11 存款貨幣

12 貨幣供給

13 貨幣需求

第五篇 貨幣政策與執行

14 貨幣政策的運作架構

Contents

15 貨幣政策的操作工具

16 貨幣政策的成效分析

第六篇　貨幣衍生的問題

17 通貨膨脹率與失業率

18 國際金融危機與問題

A 附錄

第 1 篇

貨幣形成與運作

「貨幣銀行學」對於商管學院的學生而言，是一門很重要的學科。該學科所提及的內容是學子們將來欲從事金融行業、以及現代人進行財富管理，所應具備的基本常識。本書分成六大篇，內容包含貨幣的形成、運作、供需以及所衍生的相關問題；且也論及金融面的制度、結構與政策的執行等問題。

本篇包含 3 大章，主要介紹貨幣的形成與運作、以及相關的金融基礎常識，此提供讀者學習該學科時，所必須先瞭解的基本重要知識。

1 CHAPTER 貨幣的概論

【本章大綱】

本章內容為貨幣的概論，主要介紹貨幣銀行學的基本觀念、貨幣的原始型態、功能、特性、演進以及虛擬貨幣。其內容詳見下表。

節次	節名	主要內容
1-1	貨幣銀行學簡介	介紹貨幣銀行學課程的學習重點。
1-2	貨幣的原始形態	介紹貨幣原始交易型態的種種缺失。
1-3	貨幣的功能	介紹現代貨幣應具有的功能。
1-4	貨幣的特性	介紹現代貨幣應具有的特性。
1-5	貨幣的演進	介紹貨幣從商品貨幣逐步演進至數位貨幣的過程。
1-6	虛擬貨幣	介紹虛擬貨幣體系與用途。

1-1 貨幣銀行學簡介

「貨幣銀行學」是在學哪些東西？有什麼用處？簡明講：貨幣銀行學是在說明資金（或說貨幣）在現代社會的經濟與金融活動中，因交易流動所牽扯到的相關種種問題。例如：「是誰在印鈔票的呢」、「鈔票是可以想印多少，就印多少嗎」、「錢要存在哪家銀行，利息比較高呢」、「那利率高或低，又是誰在決定的呢」、「調高利率對我們企業、房屋、汽車與助學貸款有何影響」、「如果市場的錢太多，會造成物價上漲嗎」等等問題，都是我們在學習貨幣銀行學中所會面臨到的狀況。

在生活中，任何事物都跟「錢」息息相關。通常一般人會將所得收入分成兩部分，一部份存入銀行生利息外，另一部份會拿去商家消費或投資；商家再將營利所得的部分資金存入銀行生利息；銀行再將各類的存款統合，再拿去放款給資金需求的店家或個人，這一連串貨幣被使用的循環，正是我們貨幣銀行學所要學的基礎架構。圖 1-1 爲貨幣銀行學的基本運作模式圖。

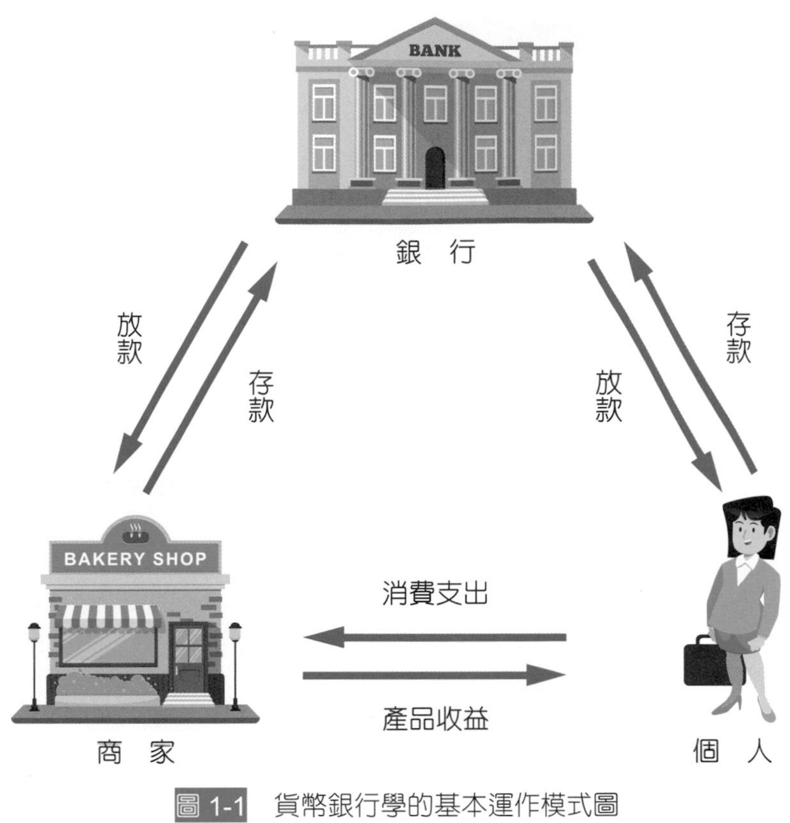

圖 1-1 貨幣銀行學的基本運作模式圖

因此上述中，資金透過銀行的收放（借貸）過程，就會產生種種值得探討的經濟與金融上的議題，本書將分成六大篇來闡述這些內容，以下爲本書各篇的篇名與主要章節的內容概述：

表 1-1 本書的各篇篇名與內容的簡易說明

篇	篇名	內容說明
一	貨幣形成與運作	1. 說明貨幣原始的交易型態缺失，進而發展出現代貨幣，並說明貨幣的功能、特性、演進與其本位制度等。 2. 說明貨幣須透過哪些金融市場與機構的運作，方能對社會經濟產生影響。
二	利率與匯率市場	1. 說明貨幣的價格－利率的種類、決定因素、風險結構與期限結構等。 2. 說明國與國貨幣之間所形成的匯率市場與制度、以及影響匯率變動的因素等。

篇	篇名	內容說明
三	銀行與金融制度	1. 說明創造貨幣有關的金融機構－銀行的種類與經營管理、以及中央銀行的功能與制度等。 2. 說明監督金融市場與機構的金融監理與存款保險制度等。
四	貨幣供給與需求	1. 說明存款貨幣的被創造的過程、乘數效果、影響乘數效果的因素。 2. 說明影響貨幣供給與需求的因素、以及相關的貨幣理論等。
五	貨幣政策與執行	1. 說明中央銀行控制貨幣供需的政策目標、以及政策執行的相關議題。 2. 說明中央銀行控制貨幣供需的各種可使用工具、以及貨幣政策的執行效果分析。
六	貨幣衍生的問題	1. 說明貨幣的供需不平衡，所引發的通貨膨脹與失業的問題。 2. 說明國際的金融制度或貨幣制度的缺失，所引起的國際金融危機與問題。

1-2 貨幣的原始型態

貨幣是被人類創造出來的，在原始的社群裡，人們互相交易通常是透過「以物易物」（Barter System）的方式來進行。例如：拿一些蔬菜想去換一頭豬、或者幫別人跑腿換一些食物等。雖然以物易物的交易方式，亦存在現代社會裡，但因人與人之間較缺乏的信任感與互相依賴共生的感覺，所以實際交易運作上仍存在著相當的不方便，以下本節將說明這些不便：

一、不易需求一致

在「以物易物」的交易制度中，交易雙方必須符合「雙方需求一致」（Double Coincidence of Wants）的情形，交易才能完美的進行著。例如：甲抓了「一簍魚」想去和乙換「一頭豬」，但乙不見得想和甲換魚，因爲他想去換蔬菜。所以「以物易物」的制度下，常常會出現交易雙方慾望需求並不一致的情形，所以若要順利達成「以物易物」，確實要花時間與精神去尋找交易對象。

二、缺乏計價標準

在「以物易物」的交易制度中，兩兩商品就會有一個交換比例，這樣的方式會使得交換比例過於複雜，缺乏一個共同計價的參考基準。例如：原始社群裡，市面上若有「飛魚」、「山豬」、「土雞」、「野菜」、「椰子」這 5 種商品，可以進行以物易物，則在兩兩商品交換下，將產生 10 種 $C_2^5 = \frac{5 \times 4}{2} = 10$ 交換比例[1]（交換情形請參考圖 1-2），所以如果是有幾千種商品要進行交易，可以想像那產生的交易比例就過於龐雜了。

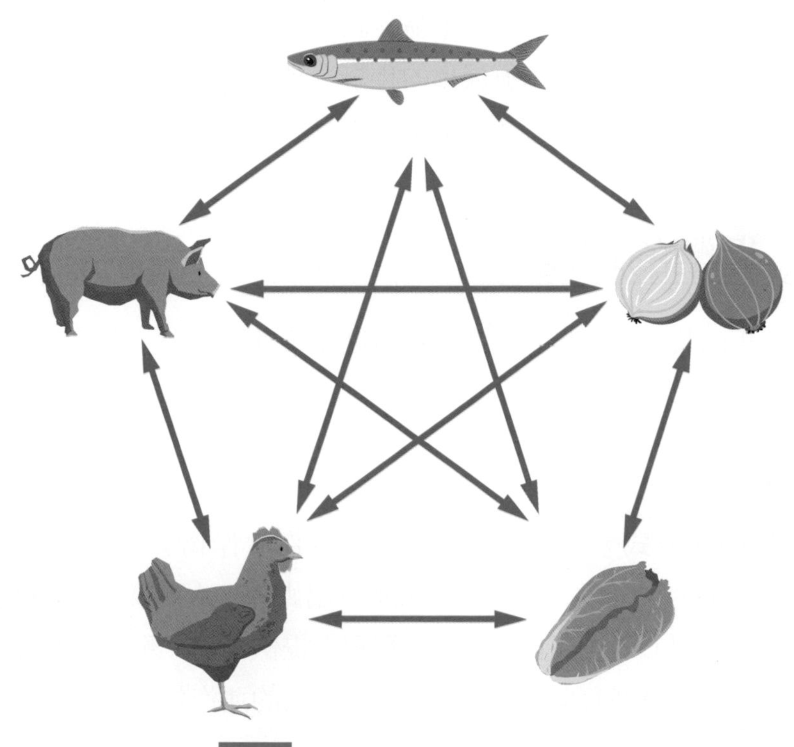

圖 1-2　以物易物的交換示意圖

三、不易等值支付

在「以物易物」的交易制度中，同樣的商品，在不同的時點，有可能品質上會有差異；若要拿來當作交易媒介，這次所使用的交易比例和下次就不一定對等，所以會造成不易等值支付的情形。例如：若甲現在用 1 頭豬和向乙換 100 個椰子；但經過一段期間後，雙方又要用相同的比例交易時，乙可能會嫌甲的豬沒以前那隻肥，甲也可能會嫌乙的椰子沒以前大顆，所以就會出現品質差異上的紛爭。

1　若有 n 種商品，將會產生 $C_2^n = \frac{n \times (n-1)}{2}$ 種的交換比例。

四、不易價值儲存

在「以物易物」的交易制度中，會出現同樣的商品，經過一段時間的儲存後，那樣商品的價值或品質可能會有所改變；若要拿來當作交易媒介，會造成交易上的困擾。例如：若甲現擠了一些羊奶去交易，若今天沒交易完的羊奶，明天再拿出來交易，可能會發生羊奶已經酸化腐敗，不能再拿去交易了，因此會出現商品的價值不易長久儲藏的情形。

經過上述的說明，讓我們明瞭早期人類「以物易物」的交易制度，確實存在著「不易需求一致」、「缺乏計價標準」、「不易等值支付」與「不易價值儲存」的缺失，所以聰明的人類經過時間的淬煉，所發展出的貨幣交易型式，必須克服上述之困難，才能符合現代所需。所以現代人們所使用的貨幣，須具備下節將介紹的幾種功能：

1-3 貨幣的功能

現代人們使用的貨幣交易形式，必須克服以往「以物易物」交易型態的種種不便，所以現代的貨幣應具備下列功能：

一、交易媒介

人們發展貨幣的形式，最原始的動機就是將它當作物與物之間的「交易媒介」（Medium of Exchange）。有了貨幣當作居間的交易媒介，人們就不用傷腦筋去找以物易物的交易對象，可以專心的生產自己商品或幫別人提供勞務，生活中的各種需求，可經貨幣交易得到滿足。此發展有助於提高社會經濟體系的運作效率，並促進專業分工的程度。

二、計價標準

以物易物的交易方式中，最麻煩的就是產生太多種的交易比例。若用貨幣居間當作交易的「計價標準」（Standard of Value），可以用來衡量任何商品或勞務的相對價值，可以省去因複雜的交易比例所產生的交易成本，這樣有助於社會經濟體系內運作效率的提升。

三、延期支付

以物易物的交易方式中，因無任何一種商品，可以當作共同計價的標準；所以即使同樣的商品，在不同的時點，也有可能品質上的差異，得到不同等值的計價。但若出現貨幣之後，不同時點的支付，有共同計價的標準，所以現在向別人借入貨幣，將來再將同樣等值的貨幣歸還，所以貨幣扮演著「延期支付」（Deferred Payment）的功能。貨幣的此種功能，提供社會信用經濟的發展。

四、價值儲藏

以物易物的交易方式中，物品無法確保長期儲藏後，價值或品質仍不會改變。唯有利用貨幣不易損壞的特性，可將出售的商品或提供的勞務，換取貨幣後儲存下來，也就是把價值儲藏（Store of Value）起來，以供未來支付使用。由於貨幣的此種功能，人們可以累積財富，並促進經濟發展；但如果社會發生通貨膨脹時，會使該功能產生減損。

1-4 貨幣的特性

貨幣除了上述的功能外，尚須符合下列的特性（見表 1-2 的說明），才能被普羅大眾所接受。

表 1-2 貨幣的特性

特性	特性說明
價值穩定	要成為大家都認同的貨幣，必須價值穩定。不要價值波動過大，不然會引起通貨膨脹或緊縮，將失去貨幣的功能。
品質一致	相同面額的貨幣，其品質須一致，這樣才能成為公正的計價單位，也才不會出現「劣幣驅逐良幣」的現象。
易於辨識	貨幣必須容易辨識，才容易使用，且須考量具有防偽的功能，才能提供使用上的保障。
易於攜帶	貨幣要成為交易媒介，很重要的特性就是要攜帶方便，才能便於支付使用。
易於分割	由於交易的金額大小不一，貨幣必須易於分割，才能應付各種交易上的需求。
不易毀損	貨幣要經得起長期的使用而不毀損，才能確保可以作為價值儲藏的對象。

1-5 貨幣的演進

一般的貨幣的演進，大致可分爲以下幾個階段：

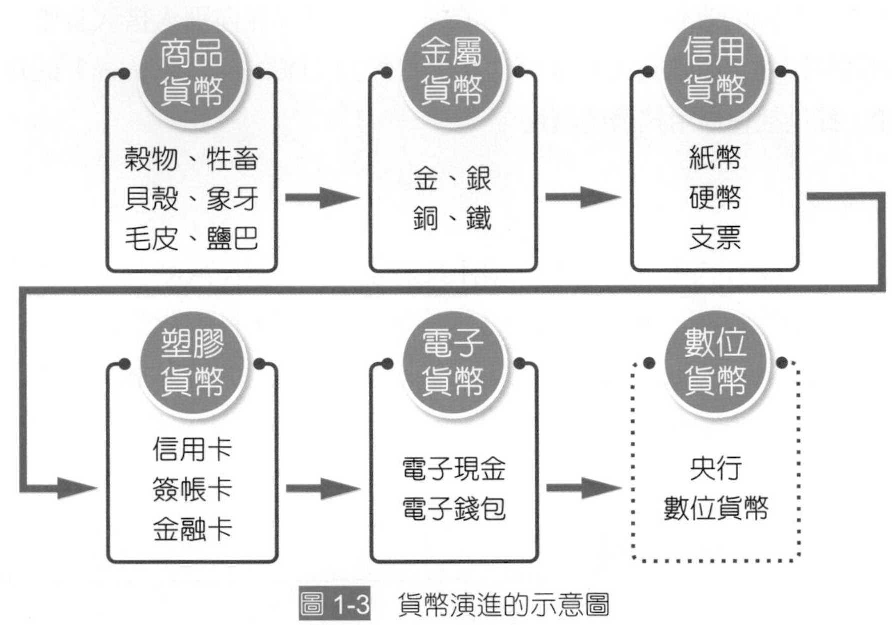

圖 1-3 貨幣演進的示意圖

一、商品貨幣

早期人類「以物易物」的交易制度，就是使用商品貨幣（Commodity Money）。商品貨幣大致上都具有商品用途，亦可拿來當作貨幣使用。若商品的價值大於充當貨幣使用的價值時，商品本身就會被拿來使用的機會較大；反之，若商品的價值小於充當貨幣使用的價值時，商品就會被拿來當貨幣使用的機會較大；經過一段的時間交易後，兩者的價值將會趨於一致。歷史上曾經被拿來充當商品貨幣的商品，包括：穀物、牲畜、象牙、毛皮、鹽巴等。

上述這些商品貨幣本身，都具有商品的價值等於貨幣的購買力之特徵。所以價值通常較穩定，但不易儲存、分割，且攜帶不方便，以及過於複雜的交易比例；因此無法負荷遠距上與多樣性的交易，所以早已被淘汰多時了。

二、金屬貨幣

金屬貨幣（Metallic Money）是以金屬爲材料所鑄造的貨幣。金屬貨幣具有可儲藏、易分割且容易攜帶的特性，因此比商品貨幣使用上更爲便利。通常金屬被鑄成貨幣使用後，有一定的形狀；其價值與重量、材質、純度、大小有關。歷史上，用來鑄成貨幣的金屬大致可分爲兩類：其一爲銅、鐵等一般的賤金屬，其價格價較便宜；另一爲黃金、白銀等貴金屬，其價格較高昂。

金屬貨幣雖比商品貨幣使用上更爲便利，但隨著交易範圍與數量的變大，仍有攜帶有限的不便，所以逐漸無法負荷現在經濟發展的需求，於是就有信用貨幣的誕生。

三、信用貨幣

信用貨幣（Credit Money）也就是俗稱的紙幣（Paper Currency）。因金屬貨幣若攜帶太多會產生不便，所以人們想出替代方案，就是將原先的金屬貨幣轉換成等值的紙幣，這樣就可以攜帶方便了。以上這是早期發行紙幣的方式，這種紙幣又稱爲「可兌換紙幣」（Convertible Paper Money）。歷史上中外最早的例子，分別爲 10 世紀中國－北宋時期，四川成都所發行的「交子」；以及 16 世紀英格蘭金匠所發行的金匠券（Goldmith' s Note）。紙幣逐漸發展至後期，其價值已不再與貴金屬相連結，稱之爲「不可兌換紙幣」（Inconvertible Paper Money）或稱爲「命令（法定）貨幣」。通常不可兌換紙幣具有無限法償的地位，亦即國家法律賦予它支付能力，不論支付金額多寡，對方都不能拒絕。

紙幣在使用上已較金屬貨幣便利，但仍有使用上的風險。例如：被僞造、被竊盜與易遺失的風險；且當交易金額過於龐大時，易有攜帶不便的風險存在。所以爲了使交易更安全便利，且隨著銀行的發展，便發展出「支票」的支付方式。支票的使用可以降低貨幣攜帶的風險，使大額交易更爲便利安全，且交易紀錄會被保留下來，便於日後查詢；若支票遺失，可到銀行辦理止付，安全性大爲提高。

四、塑膠貨幣

塑膠貨幣（Plastic Money）是指利用塑膠卡片，來替代傳統貨幣作爲支付交易的工具，例如：信用卡、簽帳卡與金融卡等。人們使用這些塑膠貨幣支付款項，確實可以省去時常要攜帶大筆現鈔的風險，只要在刷卡帳單寄達後，再用現金、支票或匯款方式一次統籌付清款項即可；但使用上仍有遺失卡片後，被盜刷或盜領的風險存在。

五、電子貨幣

近年來，網路科技的普及發達，使得支付的型態又邁向一個新的階段，讓電子貨幣（Electronic Money）如雨後春筍般的大量冒出。通常電子貨幣可存於「卡片」與「軟體」兩種。其中，「卡片式」是先將現金儲存於塑膠卡裡的電腦晶片，待須支付時，店家會自動從卡片所儲存的現金扣除，例如：儲值卡或預付卡。「軟體式」則是買賣雙方須在電腦或手機上安裝軟體，並在銀行開設與支付連結的帳戶，待須支付時，利用網路傳輸就可以達成支付的目的，例如：電子現金、電子錢包（帳戶）等。雖電子貨幣比使用現金交易上更便利與效率，但仍有卡片遺失或電腦網路被駭客入侵的風險存在。

通常電子貨幣，除了上述「卡片式」與「軟體式」兩種分爲外，若依資金的移轉運作模式，大致可分爲以下兩種類型：

（一）電子票證（Electronic Stored Value Cards）

通常人們先將現金儲存於電子票證機構，所發行的塑膠卡裡的電腦晶片、或網路軟體的電子帳戶內，待民眾購物或消費時，店家會自動從帳戶所儲存的現金扣除，所以僅能進行店家與消費者之間的資金移轉，稱爲 B2C（Business to Consumer）。現在國內的共有 4 家電子票證公司，較知名者如：悠遊卡、一卡通。

（二）電子支付（Electronic Payment）

電子支付又俗稱爲「第三方支付[2]」（Third-Party Payment），通常由電子支付機構成立電子支付平台，讓使用者開立網路資金移轉與儲值帳戶，使用者須先將資金移入儲值帳戶內，以後網戶間進行資金支付移轉，就可在儲值帳戶相互移動，不用再透過銀行的支付系統。因此電子支付的資金移轉，除了可進行店家與消費者之間的資金移轉（B2C），亦可進行消費者與消費者之間的資金移轉，稱爲 C2C（Consumer to Consumer），或稱 P2P（Peer to Peer）。以下本文進一步說明電子支付（第三方支付）的運作模式：

傳統上，網路上的買賣交易須透過銀行所開立的帳戶或信用卡，完成買賣雙方的資金移轉，但此種交易方式會常常發生商品與資金無法「同步交割」的問題；也是說：網路的買家錢已經支付給賣家，但並無法同時收到賣家出貨的商品，彼此會有交易信任的問題。所以，有鑑於此，電子商務乃衍生出「第三方支付」的交易方式來解決此問題。但「第三方支付」的最終資金來源與流向，仍須銀行的實體帳戶相連結，才能讓資金回歸正常通到使用。

有關電子支付（第三方支付）的資金移轉模式，此處以華人圈中最大的第三方支付系統，爲中國「淘寶網」所推出的「支付寶」爲例，來進行說明。交易說明如下，並詳見圖 1-4 的輔助說明：

---

2 嚴格來說：「第三方支付」的名稱來自中國，其業務性質與臺灣的「電子支付」相同，因習慣與先入為主的觀念，所以在國內常將兩者混為一談。但其實臺灣的支付制度中，「電子支付」與「第三方支付」是不同的兩種機構，國內的第三方支付，僅能代收代付，並無法進行資金儲值與移轉的行為，這是兩者最大的差別。在國內截至 2020 年，共有 5 家專營電子支付業者，知名業者如：歐付寶、街口支付。

(1) 網路買家與賣家，首先均在「支付寶」開立帳戶，並將銀行資金儲值於帳戶內。

(2) 買家於淘寶網完成選購商品。

(3) 買家將購物價款，由買家的「支付寶」帳戶預付給淘寶網。

(4) 淘寶網通知賣家出貨，且通知買家已付款之訊息。

(5) 賣家出貨商品給買家。

(6) 買家收到商品後，再通知淘寶網「確認收款」。

(7) 淘寶網再將商品價款，支付至賣家的「支付寶」帳戶內。

所以以上七個步驟，藉由第三方支付，就完成網路交易買賣雙方可以商品與價金，同步交割的情形。

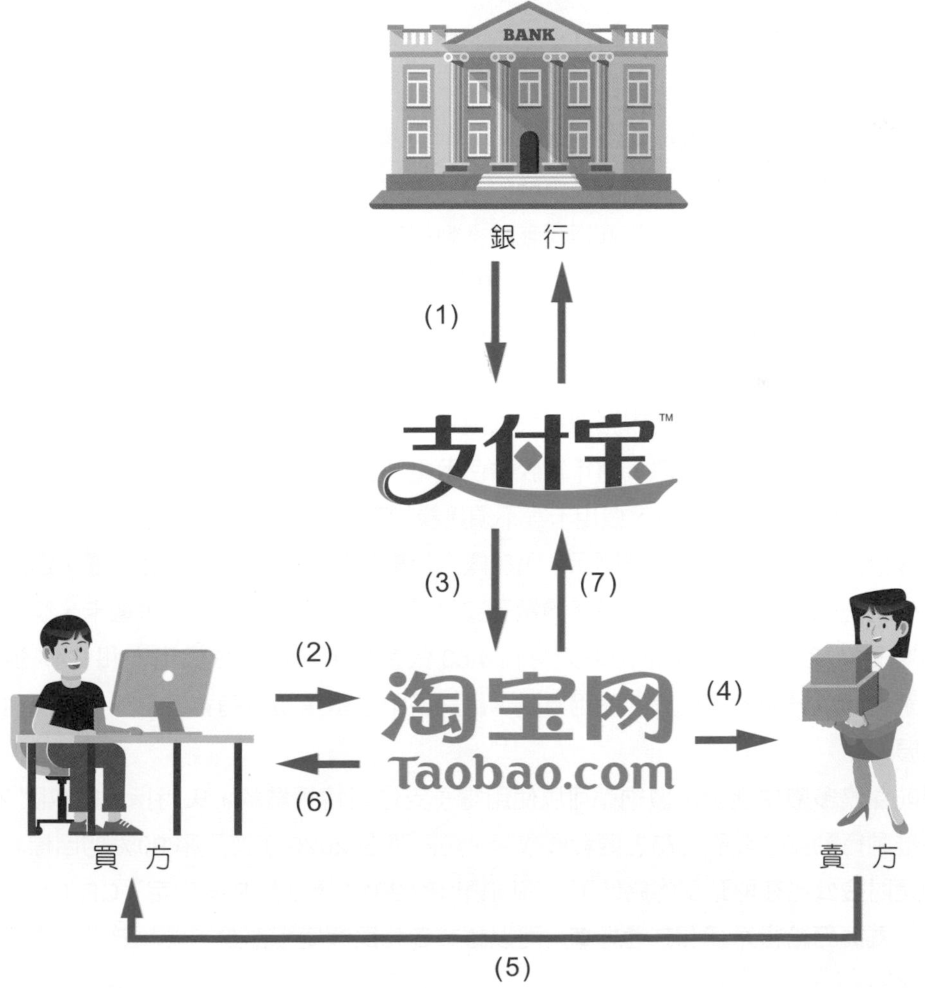

圖 1-4 電子支付（第三方支付）交易模式－以「支付寶」為例

市場焦點

行動支付正夯！目標 2025 年普及率達 90%

近期受肺炎疫情影響，民眾購買東西的支付習慣也大大改變，行動支付的成長率也大幅提升，近期臺灣央行總裁楊金龍進行「我國推動行動支付的相關規範與面臨可能資訊安全風險的因應機制」專題報告，資料指出，2019 年臺灣國內用行動支付工具消費的金額合計共 4.27 兆元，較 2018 年的 3.81 兆元增加了 12%。

過去雖然政府機關與商家都曾大力推行行動支付，但由於臺灣民眾消費支付習慣還是以傳統紙鈔與硬幣為主，因此並未獲得很大的成效，不過，去年起有不少商家與電子支付、信用卡合作，推出不少回饋優惠，讓年輕族群使用電子支付比例大幅提高，近期更因為肺炎疫情影響，民眾開始以電子支付、信用卡等不須接觸的支付方式，以免造成病毒感染。

根據楊金龍提出的書面數據顯示，因為國內行動支付規格不同、無法互通，造成店家和支付業者管理困難，尤其臺灣有多元的電子支付工具，包括：信用卡、金融卡、悠遊卡和一卡通等電子票證，臺灣民眾平均每人持有 4.53 張金融卡、2.03 張信用卡和 5.47 張電子票證，民眾也難以分辨不同回饋、使用方式，且許多中小型業者沒有資源參與行動支付，難以全面發展。

目前臺灣多數生活費用繳納都可以使用電子支付或轉帳繳款，央行指出行政院 2017 年時就將推動行動支付發展列為主要發展政策，並訂下在 2025 年普及率 90% 的目標，央行建議，像是財金公司在財政部的協助下，協同銀行於 2017 年 9 月共同制定「QR Code 共通支付標準」就擁有跨行系統和共通標準，可以讓業者和民眾使用都更方便，普及率也就有機會因此再提升。

圖文資料來源：摘錄自匯流新聞網 2020/05/13

【解說】

國內近年來，政府積極推動行動支付，包括：信用卡、金融卡、電子票證、電子支付等多元支付方式，雖普及率已由 2015 年 26%，提升至 2019 年 40.19%（見下圖），但政府仍希望能在 2020 年達到 52%、以及 2025 年為 90% 的目標。但礙於國人仍保留著使用現金支付的習慣、以及國內行動支付平台的規格不同所造成的不便，因此短期內可能尚無法達到全面普及的目標。

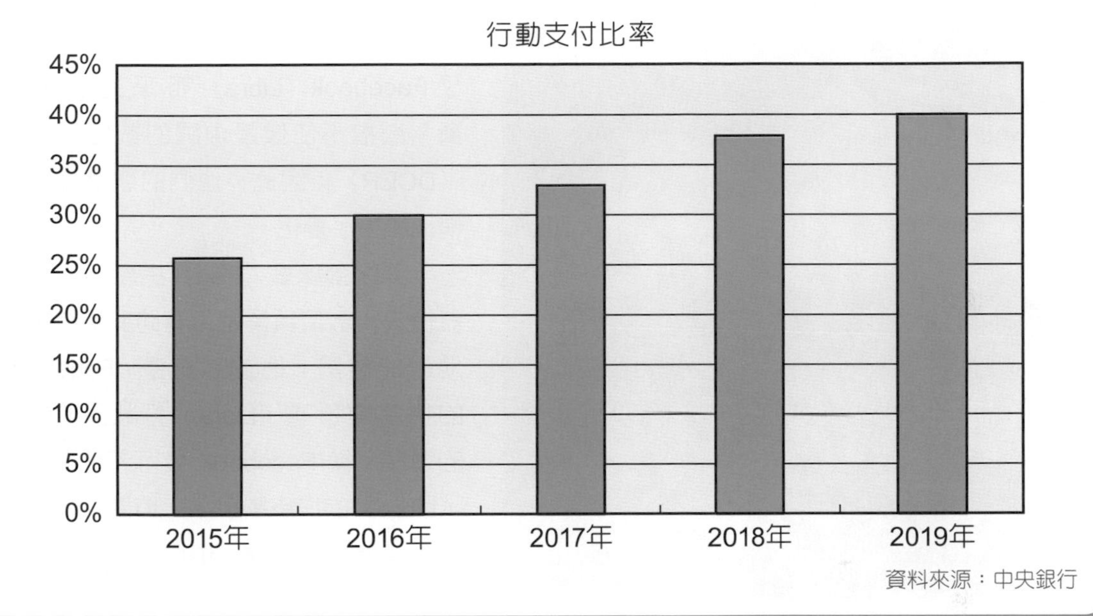

資料來源：中央銀行

六、數位貨幣

全球隨著科技的進步，已讓貨幣的使用漸往數位化發展，但在數位貨幣（Digital Currency）的發行上，世界各國央行（包括：美國、中國、日本、韓國與歐盟各國等）仍在積極的發展中。所謂的「中央銀行數位貨幣」（Central Bank Digital Currency；CBDC）是一種由各國中央銀行所發行，具有法償地位的數位貨幣，可替代部分現金的發行。

現今世界各國推動「法幣數位化」，以中國人民銀行所要發行的「數位人民幣」（Digital Currency Electronic Payment；DCEP）、以及法國的法蘭西銀行所要發行的「數位歐元」最爲積極，現已在進行測試階段。若將來「法償數位貨幣」測試成功並廣泛被使用，將是貨幣發展史的最後一哩路。

市場焦點

臉書 Libra 敲響了警鐘，美國正研究「央行數位貨幣 CBDC 的發行」

美國中央銀行體系對於不發行央行數位貨幣（CBDC）的態度一直相當堅決，但是儘管他們在本土攔下了 Facebook《Libra》帶來的巨大威脅，卻擋不住像是中國的數位人民幣（DCEP）；因此，他們的態度似乎悄悄地發生了變化。

美國聯準會（Fed）主席在研究，發行央行數位貨幣是否有助於保持美元地位的強勢；他並補充道，Facebook 的穩定幣計畫《Libra》打亂了 CBDC 的進度。從 Facebook 發行天秤幣計畫《Libra》的白皮書以來，彷彿敲響了各國金融機構的警鐘，也迫使聯準會必須深入了解 CBDC；此外，目前也越來越多的國家正在考慮發行自己的 CBDC，而這讓聯準會需要確保在 CBDC 的研究與政策制定上必須處於最前線。

聯準會正在與其他央行展開密切合作，研究 CBDC 是否能讓支付系統更加安全、簡單，以及 CBDC 會不會影響到金融穩定度，還有隱私、詐欺層面上的保護，甚至是 CBDC 能否定義為「法定貨幣」；並考慮應不應該重新規劃現有的監管地圖。圍繞在美元之上的數位貨幣還有很多問題需要解決，包括網路、隱私等，而在這些問題上，都有許多可供選擇的操作方案，所以我們將全面、徹底、負責地努力解決這些麻煩。」

圖文資料來源：摘錄自動區動趨 2020/02/12

【解說】

金融數位化是全球趨勢，幾年前，各國金融商品（包括：股票、債券）早就無實體數位化，現在輪到鈔票了。2020 年全世界最大通訊軟體公司－臉書（FB）欲發行 Libra 數位貨幣，以當作社群之間的支付工具，由於影響的層面過大，雖被美國 FED 檔下，但中國卻積極發展人民幣的數位化貨幣，又讓美國芒刺在背。因此近期，美國也積極研擬發行「中央銀行數位貨幣」（CBDC），以延續美元強勢貨幣的地位。

◎ Libra

Libra 是由全球最大的通訊軟體公司－臉書（FB），於 2020 年預計發行的一種加密數位貨幣，以當作社群之間的支付工具。由於 Libra 是由真實資產儲備（如：銀行存款、債券等）當擔保所發行的數位貨幣，因此具有「穩定幣」（Stable Coin）的特性，所以可確保 Libra 的價值經過長期間也不致發生劇烈波動。若成功發行勢必影響全球的支付市場、甚至影響各國央行的貨幣政策，因此暫時被美國聯準會（FED）檔下發行計畫。

◎ 數位人民幣（Digital Currency Electronic Payment；DCEP）

DCEP 是中國人民銀行所要發行一種具有法償地位的數位貨幣，以取代部分人民幣鈔券的發行，可當作日常支付使用。由於中國人民銀行對數位人民幣（DCEP）的發行非常積極，現已對 DCEP 申請多項專利，所以中國將是全球第一個發行 CBDC 的國家，值得全球關注。以下圖為數位人民幣 DCEP 的雙層架構：

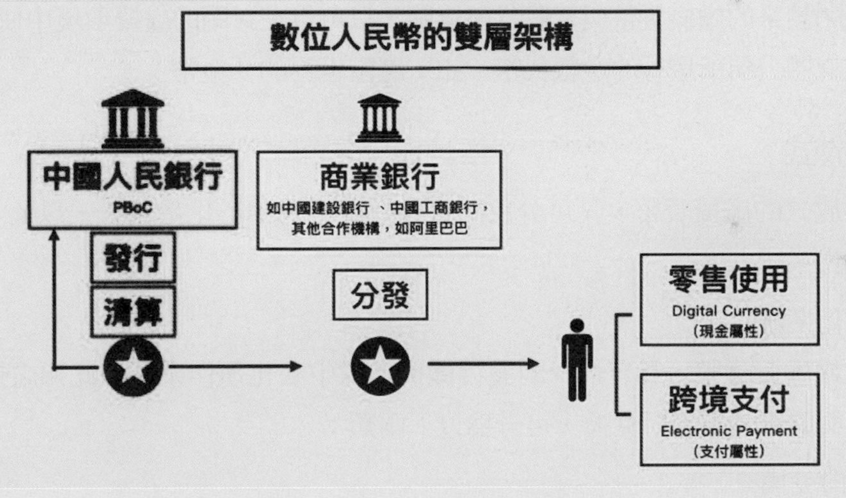

圖片來源：果殼 Mr,Shell

1-6 虛擬貨幣

由於近年來，網際網路的普及發達，各種網際間的聯繫交易頻繁，造就網路虛擬市場的產生。在這虛擬的市場裡，由於人們基於交易的動機成立了社群，網戶在社群裡彼此交換討論買賣經驗與需求，所以電子類型的虛擬貨幣也應運而生。

所謂的「虛擬貨幣」（Virtual Currency）是指存在於網路世界的數位化貨幣（Digital Currency），由開發者發行與管控，供特定虛擬社群成員使用。通常電商公司創設虛擬貨幣，並也設立交易平台，以服務網路社群成員。

由於全球知名的虛擬貨幣－「比特幣」，其發展所運用的「區塊鏈」（Blockchain）技術，因具去中心化、交易過程加密且可追縱、也具不可造假的特性，所以一直被視爲發展金融科技所須的利器，因此也連帶的捧紅了虛擬貨幣的重要性。以下本節將分別介紹虛擬貨幣的體系與用途。

一、虛擬貨幣的體系

一般而言，虛擬貨幣的計價與具法償地位的「電子貨幣」（e-money）（例如：儲值卡、電子錢包）是不同的；虛擬貨幣有自訂的計價單位，且大都不具法償地位，一般被視爲「商品」看待。通常這些具法償地位的電子貨幣，仍與一般眞實的貨幣一樣，可以在眞實的生活使用，而虛擬貨幣大都僅限於虛擬的網路世界裡使用。通常虛擬貨幣的發行大致可分成兩種體系，分別爲「封閉式」與「開放式」兩種體系。以下分別介紹之：

（一）封閉式

通常封閉體系的虛擬貨幣與實體貨幣無關，只可以在封閉的虛擬環境中使用。例如：由電動遊戲軟體公司所發行的遊戲代幣，如：魔獸世界的「金幣」。

（二）開放式

通常開放式的虛擬貨幣，又可分爲「有仲介發行的中心化系統」、以及「無中介運作的去中心化系統」。

1. 具中心化系統

通常此類虛擬貨幣，具有仲介的發行機構，採中心化運作系統。此類虛擬貨幣依據是否可與眞實貨幣進行兌換，可分爲以下兩類：

(1) 單向兌換

通常發行這種虛擬貨幣的機構，都是提供用來消費該機構的商品與服務，僅可單向兌換，無法與眞實貨幣進行雙向兌換，且普遍存在於眞實生活中。例如：由網路或實體商店所推出的代幣，如：亞馬遜公司推的亞馬遜幣（Amazon Coins）、航空公司推行的飛行里程紅利點數、全聯福利中心的紅利點數等、或由通訊社群軟體公司所推出的代幣，如：Line Points。

(2) 雙向兌換

通常這類的虛擬貨幣，是由區塊鏈加密技術所衍生的出來的，但具有中心發行機構，且提供具法償貨幣（或資產）當擔保而發行，因此可以與眞實貨幣進行雙向兌換的虛擬貨幣。例如：由發行公司 Tether 所發行的虛擬貨幣－「泰達幣」

[Tether USD（USDT）]。原本，臉書（FB）預計要發行的「Libra」數位貨幣，也是此類型。

2. 去中心化系統

通常此類虛擬貨幣，沒有仲介的發行機構，採去中心化運作系統，並使用區塊鏈加密技術，以進行交易流通，又稱爲「加密電子貨幣」。這些貨幣可以與「眞實貨幣」進行雙向兌換，具有買賣的交易價格。但這種虛擬貨幣並無提供法償貨幣等資產當擔保，所以不具法償地位。現今全球知名的加密虛擬貨幣，例如：比特幣、以太幣、萊特幣、瑞波幣等。以下表 1-3 爲這四種知名加密虛擬貨幣的基本資料。

表 1-3 全球四種知名的加密虛擬貨幣基本資料

種類	比特幣（Bitcoin）	萊特幣（Litecoin）	瑞波幣（Ripple）	以太幣（Ether）
創立（發行）者	中本聰（Satoshi Nakamoto）	GitHub 公司	Open Coin 公司	Vitalik Buterin
發行日	2009 年	2011 年	2012 年	2014 年
發行量	2,100 萬枚	8,400 萬枚	8,400 萬枚	無限量

二、加密虛擬貨幣的用途

由於利用區塊鏈技術，所生成的加密虛擬貨幣，具安全效率的特性。近年來，逐漸受到市場的關注，不僅被用來當作支付實體商品的貨幣，也被用來當作投資或投機的商品，且可被用來當作金融機構之間的交易清算工具。以下將說明加密虛擬貨幣的這些用途。

（一）支付

由於這種加密虛擬電子貨幣的生成，是由網戶利用本身電腦的運算能力，參加區塊鏈系統的解密驗證工作（俗稱：挖礦），所得到的解密驗證之「工作酬勞（或獎勵）」。由於參加電腦解密活動，仍須耗費許多成本（例如：電力與購置硬體設備等），且能夠得到這些虛擬貨幣的網戶們，也代表著他的電腦解密能力優於其他人，因此被網戶們視爲炫耀財的「電子寶藏」。因此市場上，有人利用以物易物[3]的方式，換取實體商品，就讓虛擬貨幣有了實際的價格出現，也讓它擁有計價標準的功能；且網路有虛擬貨幣的交易所，提供買賣雙方的報價服務，讓其具有流動性，因爲虛擬貨幣可以與眞實貨幣雙向

3 例如：知名的虛擬貨幣－比特幣，最早於 2010 年由一位工程師將自己挖礦所得的 1 萬枚比特幣， 去換取價值 25 美元的比薩餅，所以最初的比特幣價格是 1 枚比特幣 =0.0025 美元。

兌換，所以就可被拿來代替眞實貨幣進行支付。因虛擬貨幣不受任何國家的金融監理單位監管，所以隱匿性高，因此也常被用來支付購買非法商品（如：毒品）、或甚至成爲非法洗錢的工具。

（二）投資

由於這種加密的虛擬貨幣是基於區塊鏈技術所生成而來，具有安全與效率性，且網路上，也有虛擬貨幣的交易所，提供買賣雙方的交易服務，所以具有流動性，且讓交易價格具透明化，因此有許多網戶將虛擬貨幣當作「金融商品」進行交易買賣。由於這些虛擬貨幣大都限額發行，且具隱密性，所以極受到市場特定份子的青睞（如：欲進行洗錢者等），且容易被特定人炒作，而出現暴漲暴跌的現象。基於避險兼投機的需求，世界知名期貨交易所（如：芝加哥選擇權交易所（CBOE））也都推出相關期貨商品（如：比特幣期貨），更擴大了虛擬貨幣的投資舞台。

（三）結算

由於這種加密的虛擬貨幣背後的區塊鏈，是一項功能強大且具效率安全性的新興技術。由於該技術可讓網戶上的節點，不經仲介就可完成個節點的訊息、商品或資金的移轉，且移轉過程都加密的記錄下來、不可竄改。所以現今全球有許多知名的國際金融機構，紛紛發行虛擬貨幣，以當作各金融機構互相之間跨境資金結算的工具[4]。

◎ Tether USD（USDT）泰達幣

由發行公司 Tether 所發行的虛擬貨幣－泰達幣（USDT），該虛擬貨幣在發行時，發行單位提供相對等的美元當擔保，所以 USDT 與同數量的美元是等值的，兌換比率為 1 USDT ＝ 1 美元。因此 USDT 是目前全球市值最大的美元「穩定幣」。

◎ 區塊鏈（Blockchain）

「區塊鏈」是一種特定類別的資料庫，專門用來儲存交易資料；也是一種分散式的分類帳本軟體。區塊鏈技術是源自一位化名為日本籍－中本聰（Satoshi Nakamoto），在網路上所創造的一種虛擬貨幣－「比特幣」，其所應用的技術。由於區塊鏈技術，具有去中心化、資料公開、共享的機制，因此現在已被廣為運用在商業與金融活動。

---

4 例如：全球就有 6 家（如：巴克萊銀行（Barclays）等）知名的大型銀行，加入瑞士瑞信銀行所主導的「多功能結算貨幣」（Utility Settlement Coin：USC）專案，共同發行虛擬貨幣，透過區塊鏈技術進行清算與結算，以改善交易效率。

市場焦點

央行：虛擬通貨不具貨幣功能

「虛擬商品」價格波動極大且具有高度投機性，金管會提醒務必要審慎評估風險，並重申金融機構不得參與或提供虛擬貨幣相關服務或交易。央行更強調，虛擬通貨是虛擬商品而非貨幣，且信任機制仍不完善，多數央行都認為必須嚴格監管。

央行表示，比特幣、以太幣等虛擬通貨價格波動劇烈，且無中心化的發行者，沒有任何保障機制與制度性安排，發展至今仍不具貨幣功能，不適合作為支付工具。有些虛擬通貨業者試圖開發出能與法償貨幣等資產相連結的「穩定幣」，雖維持區塊鏈去中心化的價值移轉功能，但發行方式多回歸傳統中心化機制，藉由提存同樣數量特定資產（如：美元等）作為發行準備或擔保，讓穩定幣價格與特定資產維持固定的連結。

央行表示，泰達幣（USDT）是目前市值最大的美元穩定幣，多作為虛擬通貨投機交易操作工具；其價格受市場供需及持有者對價格穩定機制信心等因素影響，時常偏離欲釘住的一美元，顯示其信任機制仍不完善。

圖文資料來源：摘錄自聯合報 2019/12/02

【解說】

現在全球市面上，加密虛擬貨幣的種類多達 1,700 種以上，這些貨幣雖具有支付的功能，但終究不是央行所發行的法償貨幣，所以只能定義為一般的商品看待。

貨幣與生活

買以太幣 到超商櫃檯繳費

幣託（BitoEX）宣布，除了比特幣（BTC）之外，以太幣（ETH）也可透過全家便利商店購買，並可使用手機直接到超商櫃檯繳費，加速購買便利性。

幣託成立於 2014 年，公司願景是運用區塊鏈技術改善金融服務、提供安全穩定的加密貨幣交易，2014 年時，幣託推出全球首創服務，用戶可透過全台 3,000 家以上便利商店據點買到比特幣，讓全球許多虛擬貨幣投資人相當關注；目前幣託在臺灣市占率高達八成，累積 30 萬名會員，2018 年初推出 BitoPro 國際虛擬貨幣交易所，未來將拓展至印度、新加坡、馬來西亞等國 。

全球有許多人都在投資虛擬貨幣，根據幣託觀察，購買虛擬貨幣的人不如外界所猜測都是年輕人的市場，反而是 50 歲以上的男性，轉戰比特幣市場占比較高。數據顯示，目前男、女購買虛擬貨幣的占比是 65：35，顯示男性對於投資虛擬貨幣的意願高於女性，而年齡層在 35 歲以上的用戶占比高達 49%，25 歲以上、35 歲以下投資虛擬貨幣的人占比也達 38%。

圖文資料來源：摘錄自聯合晚報 2019/08/07

【解說】

全球投資虛擬貨幣的投資人日益增多，除了最出名的「比特幣」之外，現在連「以太幣」亦可在國內的超商就可買到。因此虛擬貨幣的買賣，確實很融入我們日常生活；且根據報導指出購買虛擬貨幣，以 35 歲以上的男性居多，不如外界所猜測都是年輕人的市場。

本章習題

一、選擇題

【基礎題】

1. 下列何者非以物易物交易方式的缺點？ (A) 不易價值儲存 (B) 不易等值支付 (C) 缺乏計價標準 (D) 不能相互依賴。
2. 若有 4 種商品貨幣將會有幾種交換比例？ (A)6 種 (B)10 種 (C)12 種 (D)15 種。
3. 請問在以物易物的交易制度中，因缺乏貨幣的何種功能，讓交易產生過多複雜的交換比例？ (A) 計價標準 (B) 交易媒介 (C) 延期支付 (D) 價值儲藏。
4. 請問貨幣的哪一種功能，可以解決交易雙方需求一致的情形？ (A) 交易媒介 (B) 延期支付 (C) 計價標準 (D) 價值儲藏。
5. 下列何者非貨幣的主要功能？ (A) 交易媒介 (B) 提升信用 (C) 計價標準 (D) 價值儲藏。
6. 下列何者非貨幣的特性？ (A) 品質一致 (B) 易於攜帶 (C) 易於分割 (D) 易於上漲。
7. 下列何者非信用貨幣？ (A) 紙幣 (B) 硬幣 (C) 支票 (D) 黃金。
8. 下列何者非塑膠貨幣？ (A) 金融卡 (B) 簽帳卡 (C) 會員卡 (D) 信用卡。
9. 下列何者不屬於具法償地位的電子貨幣？ (A) 一卡通 (B) 街口支付 (C)Line Points (D) 悠遊卡。
10. 下列非加密虛擬貨幣的性質？ (A) 去中心化 (B) 不被監管 (C) 可用於支付 (D) 都具法償地位。

【進階題】

11. 若有 n 種商品，應該會有幾種交換比例？ (A)n 種 (B)n+1 種 (C) $\frac{n\times(n-1)}{2}$ 種 (D) $\frac{n\times(n+1)}{2}$ 種。
12. 下列敘述何者正確？ (A) 以物易物的交易制度，容易產生雙方需求一致 (B) 貨幣的最原始功能爲價值保存 (C) 貨幣本身價值應高於面額 (D) 支票屬於信用貨幣的一種。

13. 下列敘述何者有誤？ (A) 商品貨幣通常具有商品的價值等於貨幣的購買力 (B) 貨幣具延期支付的功能 (C) 信用卡屬於信用貨幣的一種貨幣 (D) 第三方支付式電子貨幣的形態之一。

14. 下列敘述何者正確？ (A) 若有 5 種商品，應該會有 10 種交換比例 (B) 會員卡屬於塑膠貨幣的一種 (C) 金屬貨幣具易於攜帶之功能 (D) 電子貨幣屬於信用貨幣的一種。

15. 下列敘述何者有誤？ (A) 加密虛擬貨幣具計價標準的功能 (B) 加密虛擬貨幣都具法償地位 (C) 加密虛擬貨幣具有交易媒介功能 (D) 加密虛擬貨幣被視為商品的一種。

【國考題】

16. 以下何種狀況下，貨幣的價值儲存功能會大幅減損？ (A) 經濟衰退時 (B) 惡性通貨膨脹時 (C) 失業率高時 (D) 貨幣供給量減少時。 （2010 初等考）

17. 有關「貨幣」之敘述，下列何者正確？ (A) 不使用貨幣，而使用以物易物的交易方式，可以大幅地降低交易成本 (B) 使用以物易物的交易方式，可以大幅地減少交易的價格數目 (C) 能夠做為貨幣使用的商品必須要能容易地標準化，使其價值容易確定 (D) 一個商品就算不能被大眾廣泛的接受，也能有效被當作貨幣使用。 （2011 合作銀）

18. 在物物交換社會，交易的達成必須買賣雙方提供的物品恰巧都能滿足對方的需要，此稱為： (A) 格萊欣法則 (B) 賽伊法則 (C) 單一價格法則 (D) 雙重慾望的巧合。 （2011 初等考）

19. 就貨幣形態的演進過程中，依其出現時間的先後順序為何？ (A) 塑膠貨幣、電子貨幣、信用貨幣、商品貨幣 (B) 商品貨幣、信用貨幣、塑膠貨幣、電子貨幣 (C) 信用貨幣、商品貨幣、電子貨幣、塑膠貨幣 (D) 電子貨幣、塑膠貨幣、商品貨幣、信用貨幣。 （2012 華南金融）

20. 若經濟社會有 6 種財貨，則商品交換比例有幾種？ (A)5 種 (B)6 種 (C)15 種 (D)30 種。 （2014 初等考）

21. 若經濟社會有 20 種財貨（不包括貨幣），若以貨幣作為計價單位，則市場上有幾種價格？ (A)19 (B)20 (C)190 (D)380。 （2014 初等考）

22. 根據經濟學家所定義的電子貨幣（Electronic Money），何者可列入？ (A) 悠遊卡 (B) 星巴克隨行卡 (C) 比特幣（Bitcoin） (D) 電玩遊戲幣。 （2015 初等考）

23. 貨幣的定義爲： (A) 交易的票券 (B) 政府的負債 (C) 任何可以被接受商品和勞務的支付工具及償還債務的工具 (D) 無風險的交易媒介。 （2015 初等考）

24. 下列那一項最能解釋貨幣可以提高經濟效率？ (A) 它的生產成本很低 (B) 它可以鼓勵專業分工 (C) 它可以降低交易成本 (D) 它和經濟效率無關。（2015 初等考）

25. 貨幣因具備下列何種功能，因此能解決物物交換「慾望雙重一致性（double incidence of wants）」的阻礙？ (A) 交易媒介 (B) 計價單位 (C) 價值儲藏 (D) 延期支付。 （2016 初等考）

二、簡答與計算題

【基礎題】

1. 若有 8 種商品貨幣將會有幾種交換比例？
2. 請問貨幣的功能有哪些？
3. 請問貨幣應具有那些特性？
4. 請問信用貨幣有哪些？
5. 請問塑膠貨幣有哪些？
6. 請問基本上電子貨幣可分爲哪兩種型式？
7. 請問現今國內電子貨幣，若依資金的移轉運作模式，可分爲哪兩類型式？
8. 請問全世界最早出現的加密虛擬貨幣爲何？

【進階題】

9. 請說明以物易物交易制度的缺失？
10. 請問網路買賣方如何運用電子支付（第三方支付）模式完成資金移轉？

2 CHAPTER 貨幣的制度與衡量

【本章大綱】

本章內容為貨幣的制度與衡量，主要介紹各種貨幣本位制度、與新台幣的發行制度、以及臺灣貨幣供給量的衡量方式。其內容詳見下表。

節次	節名	主要內容
2-1	貨幣本位制度	介紹貨幣本位制度的演進與分類。
2-2	金屬本位制度	介紹銀本位、複本位與金本位貨幣制度。
2-3	紙幣本位制度	介紹紙幣本位的特徵、發行制度與優缺點。
2-4	新台幣發行制度	介紹新台幣發行的歷史情形。
2-5	臺灣貨幣供給量衡量	介紹臺灣三種貨幣供給量的衡量方式。

2-1 貨幣本位制度

人們生活中使用貨幣當作交易媒介，因貨幣的流通，使得社會上的經濟活動得以運作。貨幣在市面上的流通數量多寡，將會影響經濟的穩定狀況。若貨幣發行量太多，將會使得物價有上漲之疑慮；若貨幣發行量太少，將使得交易不順暢。所以設計一套優良的「貨幣發行制度」，攸關經濟體系是否能穩定順暢運轉的重要基石。

一個優良的貨幣制度，須由國家政府的法令規定，以某種材料、重量、成色與形式所發行的貨幣，作爲計價單位與交易媒介的基準，此貨幣我們稱爲「本位貨幣」（Standard Money）。例如：臺灣的新台幣「元」（NTW Dollar）、日本的日「圓」（Yen）、韓國的韓「圜」（Won）、泰國的泰「銖」（Baht）、美國的美「元」（US Dollar）、英國的英「鎊」（Pound）、歐洲地區的歐「元」（Euro Dollar）等等。

發行本位貨幣的全套規定，我們稱爲「本位制度」（Standard System）。歷史上的本位制度的演進是由「金屬」逐漸轉爲「紙幣」；其中，「金屬本位制度」的演進乃由

「銀本位」→「複本位」→「金本位」。以下我們將分「金屬本位」與「紙幣本位」兩大制度在下兩節分別進行介紹。有關貨幣制度的演進圖，詳見圖 2-1；有關貨幣制度分類圖，詳見圖 2-2。

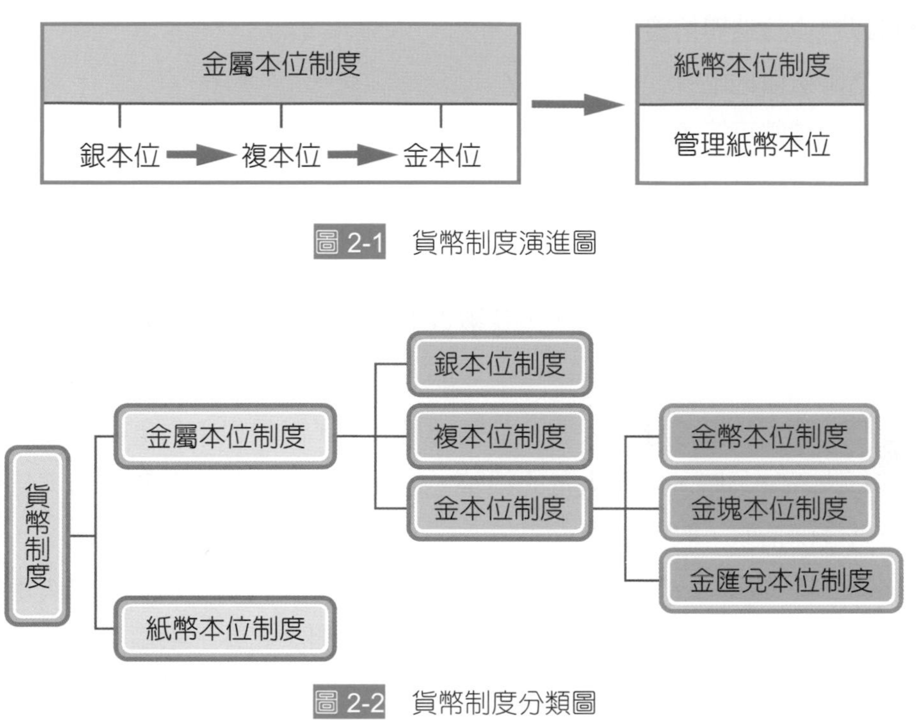

圖 2-1 貨幣制度演進圖

圖 2-2 貨幣制度分類圖

2-2 金屬本位制度

金屬本位制度（Metallic Standard System）是指以金屬做爲貨幣材料的貨幣制度，通常會用來當材料的不外乎貴金屬中的「黃金」與「白銀」這兩種。歷史上，首先，出現以白銀當作本位貨幣，稱爲「銀本位制度」，隨後，出現以白銀與黃金同時流通的「複本位制度」，最後，演變至以黃金當作本位貨幣，稱爲「金本位制度」。以下將分別介紹這三種制度。

一、銀本位制度

銀本位制度（Silver Standard System）是指一定重量與成色的「白銀」作爲本位貨幣的幣材。在早期，因爲白銀的開採較黃金容易且產量也較大，所以首先被運用來當作貨幣的材質，乃基於供給量較足夠，貨幣的流動性相較沒問題。以下介紹銀本位制度的特徵與缺點：

（一）特徵

銀本位制度特徵有下列五項：

1. 以一定重量與成色的「白銀」鑄成一定形狀的貨幣。
2. 銀幣可以自由鑄造與熔毀。
3. 銀幣具無限法償地位。
4. 紙幣與其他鑄幣可等值自由兌換。
5. 白銀與銀幣可以自由輸出與輸入。

（二）缺點

銀本位制度在歷史上運行沒多久，就被以下要介紹的複本位制度給取代。主要有以下兩項原因：

1. **運輸不便**：隨著工商發達，人們的貨幣交易大增，因爲銀幣的價值相較黃金低，所以在進行大額交易時，需要大量的銀幣，這樣會造成銀幣在運輸上的不便，於是黃金地位就逐漸抬頭，取代銀幣。
2. **價格暴跌**：因 1870 年當時世界白銀的生產量激增，使得白銀價格暴跌，市場上實質商品的生產趕不上銀幣增加的速度，造成物價上漲。此外，銀價下跌（或說銀價貶值），造成出口商品增加，但因出國商品價格下跌，所以整體出口收入未必增加，國際收支也未必改善，於是銀本位國家紛紛放棄銀本位制度。

二、複本位制度

複本位制度（Bimetallic Standard System） 是指白銀與黃金兩種金屬，同時爲法定貨幣並流通在市場上。此制度的實施乃因白銀「運輸不便」與「價格暴跌」所產生的。以下介紹複本位制度的特徵、優點以及調整金銀比價至平衡的「格萊欣法則」。

（一）特徵

複本位制度特徵有下列五項：

1. 以一定重量與成色的「黃金」與「白銀」所鑄成的貨幣，均爲本位貨幣。
2. 金幣與銀幣都可以自由鑄造與熔毀。
3. 金幣與銀幣具無限法償地位，且兩者有相互兌換的法定比率（Legal Ratio）。
4. 金幣與銀幣可以自由輸出與輸入。
5. 其他法定幣別，可以選擇金幣與銀幣，兩者擇一兌換。

（二）優點

實施複本位制度，讓金幣與銀幣同時流通在外，比起以前僅使用銀幣的銀本位制度，更具便利性。複本位制度有以下二項優點：

1. 金銀幣材充足：市場上同時有金幣與銀幣的流通，使得可充當貨幣的幣材增加，也可說是貨幣的存量增加，貨幣的流動性更佳，日後大額交易可用價值較高的金幣支付，使得交易更爲便利順暢。
2. 金銀比價平衡：政府會對金幣與銀幣之間有一法定的兌換比率，當市場的比率與法定比率出現落差時，市場會自然調節回來至均衡價格，使得金銀比價維持安定。至於市場的金銀比價會自動調整至均衡價格，將用「格萊欣法則」來說明之。

（三）格萊欣法則

所謂「格萊欣[5]法則」（Gresham's Law），亦即俗稱「劣幣驅逐良幣」的典故。該法則乃在說明金幣與銀幣兩者相互兌換時，因市場報價與法定報價不對等，兩者應如何變動，最後使得兩者的市場報價與法定報價，互相對等的過程。這個調整的過程中，會出現所謂的「劣幣驅逐良幣」的情形；也就是說金幣（良幣）會漸漸的被市場的銀幣（劣幣）所取代。有關兩者如何調整的情形，以下舉一例說明之：

假設現在金幣與銀幣，兩種幣別的法定比率與市場比率，如下表所示：

項目	金幣：銀幣
法定比率	1：10
市場比率	1：20

由上表得知：市場上金幣與銀幣的「法定比率」爲 1：10，但「市場比率」爲 1：20，兩者比率並不一致。在市場上 1 個金幣可以換 20 個銀幣，但政府的法定報價卻僅能換 10 個銀幣，所以此時金幣的市場價格高於政府公告的法定價值。所以此時人們會將 1 個金幣熔化變成黃金後，再至市場換取可以鑄成 20 個銀幣的白銀，然後再將那些白銀鑄成 20 個銀幣，去換取 2 個金幣。如此一來，1 個金幣輾轉之間就會變成 2 個金幣，市場出現套利的機會。

5　格萊欣爵士乃 16 世紀中葉，英國女王伊莉莎白一世的財政大臣，也是知名經濟學家，「劣幣驅逐良幣」是由他發現的一個有趣情形，所以此情形就由他的名字命名為「格萊欣法則」。

上述情形大家會競相進行套利活動，結果造成金幣（良幣）一直被拿去融化，而日漸減少；但銀幣（劣幣）卻逐漸被鑄造出來，而日漸增多，也就是「劣幣驅逐良幣」的情形。但此時金幣雖減少，被熔化成黃金的存量卻增加；另一方面，因銀幣供給增加，使得市面上的白銀存量，都被拿去鑄成銀幣後卻減少。因此此時黃金存量增加，價格下跌；白銀存量減少，價格上揚。這時會使金幣與銀幣兩者兌換的市場比率下降，然後逐漸的趨向法定比率至平衡爲止，使得市場的套利空間消失，最後金幣與銀幣兩者的法定比率就會等於市場比率。此一調整過程就是「格萊欣法則」。

三、金本位制度

金本位制度（Gold Standard System）是指一國本位貨幣須以一定價值的黃金，維持一固定關係的本位制度。金本位制度又可分爲「金幣本位」、「金塊本位」與「金匯兌本位」這三種貨幣制度，以下此處將分別介紹之：

（一）金幣本位制度

金幣本位制度（Gold Coin Standard System）乃以黃金爲本位貨幣的貨幣制度。市場上，每單位的貨幣（紙幣）價值需等於若干重量的黃金（即貨幣含金量）；當不同國家使用金本位時，國家之間的匯率由它們各自貨幣的含金量之比－金平價（Gold Parity）來決定。此時在金本位制度下，所發行的貨幣（紙幣）是一種「代表實體貨幣」的觀念。例如：A 國與 B 國，分別一張面額 100 元與 500 元的紙幣，代表 1 公克黃金；則兩國匯率（金平價）爲 1：5，亦即 A 國 1 元貨幣可以換取 5 元的 B 國貨幣。

金幣本位制度乃是金本位制的最初形態與代表性，英國於 1816 年爲最早實施金幣本位制度的國家，各國於 19 世紀中至 20 世紀初普遍實行，其對資本主義產生一定的促進作用。由於第一次世界大戰前後，各國家爲籌措軍費，加緊對黃金的掠奪，使金幣自由鑄造、兌換與黃金的輸出入受到嚴格限制。最後導致了金幣本位制的徹底崩潰，逐漸被金塊本位制和金匯兌本位制所取代。以下介紹金幣本位制度特徵與優點：

1. **特徵**：金幣本位制度特徵有下列五項：
   (1) 須以法律規定貨幣的含金量。
   (2) 金幣具無限法償地位。
   (3) 金幣可以自由鑄造與熔毀。
   (4) 金銀與黃金可以自由輸出與輸入。
   (5) 可與紙幣與其他鑄幣等值自由兌換。

2. 優點：實行金本位制度有幾下三項優點：
   (1) 貨幣價值穩定：由於黃金價值穩定，貨幣價值與黃金價值有一定聯繫機制，所以貨幣價值穩定。
   (2) 免於通貨膨脹：由於各國要發行多少貨幣，須受限於黃金的存量，所以貨幣的發行量受到控制，物價就會穩定，免於通貨膨脹。
   (3) 促進國際貿易：各國貨幣以黃金爲基礎，匯率相對穩定，黃金發揮世界貨幣的職能，促進國際貿易的順利進行。

（二）金塊本位制度

金塊本位制度（Gold Bullion Standard System）是指國內不鑄造、不流通金幣，只發行代表一定重量黃金的紙幣來流通，而紙幣又不能自由兌換金幣，只能向發行銀行兌換成「金塊」。由於要換取金塊需要較多的紙幣，所以大概只有富人才有能力，所以又稱「富人本位制度」（The Richman's Standard System）。以下爲此制度的特徵：

1. 金幣仍爲本位貨幣，但市場不再流通和使用金幣，而是流通紙幣。
2. 不許自由鑄造金幣，但仍以法律規定紙幣的含金量。
3. 紙幣不能自由兌換金幣，但在國際支付時，可按規定的限制數量用紙幣向央行兌換金塊。

（三）金匯兌本位制度

金匯兌本位制度（Gold Exchange Standard System） 是指一國的貨幣與另一個實行金幣本位制或金塊本位制國家的貨幣價值，保持一固定的比例關係，此乃等於間接實行金幣本位制，屬於附屬性質的貨幣制度。其實，無論金塊本位或金匯兌本位制，都是依附在的金幣本位制度上，這種脆弱與不穩定的制度，經過 1929 年至 1933 年的世界經濟大蕭條的危機後，終於全部瓦解。以下爲此制度的特徵：

1. 國家無需規定貨幣的含金量，市場上不再流通金幣，只流通紙鈔。
2. 紙鈔不能兌換黃金，只能兌換實行金幣或金塊本位制國家的貨幣（外匯），持有外匯在國外才能兌換成黃金。
3. 實行金匯兌本位制的國家，可無限制地買賣外匯來維持本國貨幣幣值的穩定。

貨幣與生活

1 元硬幣 身價 1.26 元

圖片來源：維基百科

新台幣發行史上第一遭，最近就掀起一股收集 5 角跟 1 元硬幣熱潮，因為 1 元硬幣材質的價值已達 1.26 元。大部分人皮包裏都有 1 元銅板，但絕大多數的人都不知道，隨著貴金屬價格攀高，含銅量達 92% 的 1 元，其「實際價值」已悄悄地隨之高漲。今年以來國際貴金屬價格不斷創新高，如果不管法令問題，把 1 元熔掉變賣成銅、鎳，竟然有三、四根漲停板的套利空間，五角的套利空間更高達十根漲停板。

這個遊戲是這樣算的，如果收集 100 萬個 1 元，重量 3.8 公噸，但是，熔成銅與鎳賣掉，可以賣到 126 萬元，套利空間有 26%。鋼鐵運送與熔鑄的成本不到 10%，熔掉 1 元還是有兩位數比率的獲利，熔掉 5 角獲利最豐富，也就是說，現在的 1 元硬幣其實有 1.26 元的身價，5 角則有 0.93 元的身價。

圖文資料來源：摘錄自經濟日報 2006/05/18

【解說】

天啊！要去熔掉國幣是違法的。但賣掉熔掉後的金屬材料，反而比硬幣本身的面額還值錢。前些年因鑄造硬幣的金屬材質大漲，所以才會出現硬幣的「實際價值」超過「面額價值」的罕見情形。

2-3 紙幣本位制度

紙幣本位制度（Paper Money Standard System）是以政府所發行的紙幣（或硬幣）爲本位貨幣，且此種貨幣並不與任何金屬保持等值關係的貨幣制度。此制度的興起乃因第一次世界大戰期間、以及 1929 年至 1933 年世界經濟大蕭條期間，各主要資本主義國家爲籌集資金，以應付戰爭和刺激經濟，大量發行紙幣，導致紙幣與黃金之間的固定比價無法維持，於是金匯兌本位制終於瓦解，各國普遍實行紙幣本位制度。

現今世界各國的貨幣制度，幾乎都是採紙幣本位制度。由於紙幣（或硬幣），不論對內、對外皆不能要求兌換成金銀，故亦稱爲「不可兌換紙幣制度」（Inconvertible Paper Standard System）。且該制度已與金屬價值脫離聯繫，爲了穩定其價值，須要有周密的計劃與有效的管理，故又稱「管理紙幣本位制度」（Managed Paper Standard

System）。在此制度下，各國政府都會宣布紙幣與硬幣都具爲「法定貨幣」（Legal Tender），且具有「無限法償」[6]（Unlimited Legal Tender）的資格。即使將來央行發行的數位貨幣（CBDC），亦是符合此制度。以下將介紹紙幣本位制度的特徵、發行制度、優點與缺點：

（一）特徵

紙幣本位制度特徵有下列三點：

1. 紙幣的發行不受黃金準備的限制，其發行量取決於政府的貨幣政策之需要。
2. 紙幣的價值不由黃金價值決定，而由購買力決定。
3. 紙幣的流通完全取決於紙幣發行者，即政府的信用，政府以法律強制民眾接受，保證紙幣流通。

（二）發行制度

紙幣本位制度已與貴金屬價值脫離聯繫，亦即不以任一貴金屬當作本位貨幣，那紙幣貨幣的發行量又是根據何種制度來運作的呢？雖紙幣本位制度已不受貴金屬存量多寡的限制，但仍須有些規範，才不會導致亂印鈔票的情形。

以往政府要印多少鈔票，須用貴金屬或外匯來當準備，也就是說政府發行 100 元的紙幣，政府須持有相當於 100 元價值的貴金屬或外匯，隨時準備等人來兌換，所以利用「貴金屬」或「外匯」來當準備部位的，稱之「現金準備」（Cash Reserve）。但經過歷史的演進，已發現僅利用現金準備，來充當發行貨幣的基準已經不夠使用了，於是現在已經發展至利用政府發行的合格票據及有價證券（如：公債或國庫券等），也可充當準備部位，稱爲「保證準備」（Fiduciary Reserves）。所以發行貨幣的制度已由以前的「現金準備制」擴展信用至「保證準備制」。以下將進一步介紹發行制度的種類：

1. **十足準備發行制（100% Reserve Issue System）**：指貨幣的發行需有十足現金準備部位爲依據。
2. **固定保證準備發行制（Fixed Fiduciary Reserve Issue System）**：某金額以下的紙幣發行，得以用「保證準備」充當準備金，超過定額部分之紙幣發行，則需全數以「現金準備」充當準備金。

---

6 有些國家的硬幣（鑄幣）為「有限法償」，例如：日本的 1 元硬幣流通，每次最多僅能使用 20 枚。在臺灣 1 元硬幣具無限法償地位，但 5 角硬幣僅能當輔幣，不具無限法償資格。所以在臺灣可以使用 1 元支付任何商品，若用 5 角硬幣去支付，賣家有權拒收。

3. 最高限額發行制（**Maximum Issue System**）：只規定紙幣的最高發行量，而不規定發行準備金的內容。
4. 比例準備發行制（**Proportional Reserve Issue System**）：不規定紙幣的最高發行量，但規定所發行的紙幣中，「現金準備」的最低準備率，其餘則以「保證準備」做爲準備金。
5. 伸縮準備發行制（**Elastic Issue System**）：紙幣發行量可隨經濟發展與貨幣政策需要而增減，不再受最高發行量的限制，此乃最有彈性的通貨發行制。

（三）優缺點

有關紙幣本位制度的優缺點，見表 2-1。

表 2-1　紙幣本位制度的優缺點

優點	發行量具彈性	因貨幣發行不受限於貴金屬存量，所以發行量具較具彈性，可依經濟發展需求，適當的調節。
	調節國際收支	當進行國際貿易時，出現收支不平衡時，可以經由貨幣供需的調節使其平衡。
缺點	易起通貨膨脹	因貨幣發行不受限於貴金屬存量，所以往往超量發行紙幣，導致紙幣貶值，亦會造成通貨膨脹。
	影響經濟穩定	若各國貨幣對外匯率變化波動大，影響到國際貿易活動與國際資本流動，而影響經濟穩定。

貨幣與生活

怕現金成傳染媒介！人民銀行決定「直接銷毀舊鈔」

隨著新型冠狀病毒（2019-nCoV）引發的肺炎疫情蔓延，全球確診病例及死亡人數不停攀升，各國政府都繃緊神經強化防疫措施，中國大陸為了避免鈔票成為傳染的媒介，中國人民銀行宣布要把醫院、菜市場以及公共運輸等行業回收的鈔票直接銷毀。

中國人民銀行表示，公司要求商業銀行的現金盡量以新鈔為主，將會對醫院、菜市場等高危險地區回收的鈔票採取特殊處理。中國人民銀行也強調，目前會暫停跨省調撥和疫情嚴重地區的省內調撥，防止病毒擴散，同時也會要求各商業銀行嚴格落實「收支兩條線」，必須消毒鈔票才能投放給客戶。

圖文資料來源：摘錄自 TVBS 新聞網 2020/02/15

【解說】

貨幣又多了一項功能了，就是「病毒傳染的媒介」。前陣子，中國發生武漢肺炎疫情，除了中國境內傳染嚴重，並蔓延至全球。因該病毒傳染力強，可能經鈔票的流通而傳染給他人，因此中國人民銀行決定回收舊鈔重印新鈔，以防止病毒的擴散。若此舉發生在臺灣的話，下表為國內中央銀行重製新台幣各種硬幣與鈔券的發行成本，如下表所示。

新台幣硬幣	製作成本	新台幣鈔幣	製作成本
1 元	0.9975 元	100 元	2.6250 元
5 元	2.4675 元	200 元	3.1820 元
10 元	3.9900 元	500 元	3.2025 元
20 元	5.5000 元	1,000 元	3.3600 元
50 元	4.9980 元	2,000 元	4.9350 元

資料來源：中央銀行（2018 年）

2-4 新台幣發行制度

臺灣在第二次世界大戰前是受日本統治，臺灣所實施的貨幣制度是由日本政府所運作，當時臺灣流通的貨幣爲「臺灣銀行券」。直至 1945 年日本戰敗，台幣的主管機關才由日本政府移至中華民國政府。

1946 年中華民國政府初接收臺灣銀行後，即開始發行「台幣」幣值，且著手回收日本政府所發行的「臺灣銀行券」。當時臺灣在日治時代的貨幣發行額約爲 30 億元，但經中華民國政府接手後，短短經過 3 年至 1949 年，貨幣發行額高達 1 兆 7,406 億元[7]，台幣發行額暴增近 580 倍，結果造成社會嚴重的惡性通貨膨脹。台幣本位制度在政府無理性的亂印鈔票下，已面臨崩潰，於是 1949 年 6 月 15 日實行幣制的改革，開啓新台幣的時代。

新台幣的發行制度在 1949 年的開始施行後，其發行情形可分爲 3 個時期，分別爲「臺灣銀行發行時期」（1949/6 ～ 1961/7）、「臺灣銀行代理發行時期」（1961/7 ～ 2000/7）與「中央銀行發行時期」（2000/7 ～迄今）。

一、臺灣銀行發行時期

臺灣於中華民國政府剛接收初期，歷經舊台幣時期的惡性通貨膨脹的慘痛經驗。所以在 1949 年 6 月起發行新台幣，並規定舊台幣以 40,000 元兌換新台幣 1 元，並限於 1949 年底前兌換。在當年政府爲求幣值取信於民，所以採取十足準備之最高發行制，發行總額爲新台幣兩億元。

二、臺灣銀行代理時期

1961 年 7 月起中央銀行在臺灣開始營業，同時收回新台幣發行權，另依行政院頒布「中央銀行在臺灣地區委託臺灣銀行發行新台幣辦法」，委請臺灣銀行代理發行新台幣。自此所有有關新台幣的發行業務將歸中央銀行管理，但實際發行工作仍由臺灣銀行負責。此外，當時新台幣的發行準備爲配合經濟發展所需，又將之修改爲十足準備之伸縮發行制。直到 1979 年重新修正央行法亦規定：我國貨幣發行仍採十足準備發行制，但準備項目內容，除金、銀及外匯外，另增加合格票據及有價證券兩項。

7 當時台幣發行額為 5,270 億元，再加另類本票台幣發行額 1 兆 2136 億元，共 1 兆 7,406 億元。

三、中央銀行發行時期

2000 年行政院訂定「中央銀行發行新台幣辦法」，規定自 2000 年 7 月起，新台幣直接由中央銀行發行，鈔券票面的發行銀行改爲「中央銀行」，此時才眞正落實新台幣爲「國幣」的地位。但新台幣的券幣收支、運送、地區調節與整理回籠券等業務，仍委由臺灣銀行負責。此時，新台幣紙鈔發行仍採「十足準備發行制」，準備項目內容包括金、銀、外匯、合格票據及有價證券；但硬幣免提發行準備。

根據表 2-2 中央銀行 2019 年，每季所公告的新臺幣發行數額及準備狀況表得知：以 2019 年第 4 季爲例：該季底新台幣紙鈔（券幣）發行額約 2 兆 3,312 億元，約等於所有的黃金準備額 5,981 億元、以及外匯美金準備額 1 兆 7,331 億元的總額 [5,981+17,331=23,312（億元）]；由於硬幣免提發行準備，足見新台幣的發行採十足準備發行制。此外，若將硬幣發行額爲 1,160 億元與紙鈔（券幣）發行額加計，則新台幣的通貨發行額爲 2 兆 4,472 億元（23,312+1,160=24,472）。

表 2-2　2019 年中央銀行每季公告新臺幣發行數額及準備狀況

日期	通貨發行額 =(1)+(2)		(3) 黃金準備	(4) 外匯美金準備
	(1) 新臺幣券幣發行額 =(3)+(4)	(2) 新臺幣硬幣發行額		
2019-Q1	2,191,267,484,200.00	111,247,304,050.00	520,591,166,541.72	1,670,676,317,658.28
2019-Q2	2,178,618,122,500.00	111,798,362,940.00	573,922,018,906.12	1,604,696,103,593.88
2019-Q3	2,193,342,612,500.00	113,158,988,940.00	608,792,191,605.92	1,584,550,420,894.08
2019-Q4	2,331,224,308,700.00	116,026,689,055.00	598,126,021,133.04	1,733,098,287,566.96

資料來源：中央銀行

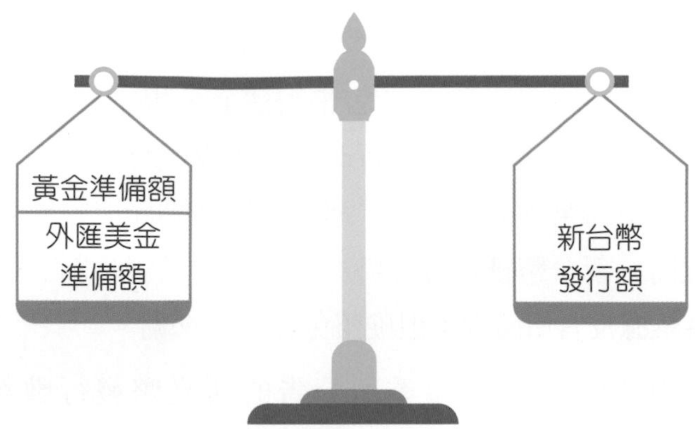

圖 2-3 新台幣發行數額等於「黃金準備額」加「外匯美金準備額」之關係圖

鈔票不能亂印！央行：新台幣鈔券需有等值黃金＋外匯做擔保

印鈔票背後學問可不簡單！大家手中的拿的新台幣鈔券，可不是想印就能印的，在印製鈔票之前，央行必須先有等值的黃金或外匯，作為發行鈔票的擔保，讓大家拿在手上的錢真的有「價值」，而不只是一張紙。

為了讓民眾了解新台幣發行作業，央行在臉書發文介紹，發行新台幣鈔券時，央行都會有等值的「黃金」或「外匯」資產作為發行準備，稱為貨幣「十足準備」制度，也就是說，央行發行的鈔券總金額，同時會有等值的流動資產（目前是黃金和外匯）作為發行準備或擔保，以維護幣信。

圖文資料來源：摘錄自 ETtoday 財經 2019/08/19

【解說】

臺灣的新台幣可不能亂印的，中央銀行一定會根據它所保有的「外匯存底」與「黃金儲備」的加總價值，然後再去發行等值的新台幣鈔券，所以我國發行貨幣是採「十足準備發行制」。

2-5 臺灣貨幣供給量衡量

臺灣平常市面上到底有多少貨幣（現金）在流通？那在市面上流通的貨幣就是貨幣供給量嗎？通常流通在我們日常生活中，市面上的現金總額稱爲「通貨淨額」。若將表2-2中的新臺幣「券幣」加「硬幣」的總數量稱爲「通貨發行額」。一般而言，「通貨發行額」是將「通貨淨額」加上「存放金融機構的庫存現金」，也就是中央銀行所發行現金的總金額。

本文可由表2-3得知：2019年第4季，國內新台幣的通貨發行額爲2兆4,472億元，約等於「通貨淨額」部分爲2兆1,143億元，以及金融機構庫存現金爲3,328億元的加總。

表2-3 國內2019年第4季的通貨發行額之組成情形

（單位：新台幣百萬元）

通貨發行額 =(1)+(2)=(5)+(6)		(5) 通貨淨額	(6) 存放金融機構的庫存現金
(1) 新臺幣券幣發行額	(2) 新臺幣硬幣發行額		
2,331,224	116,026	2,114,385	332,866
(1)+(2)=2,447,250		(5)+(6)=2,447,250	

資料來源：中央銀行

上述中的「通貨發行額」與「通貨淨額」這兩項，僅能呈現國內發行流通實體貨幣的狀況，但這兩項仍不夠份量代表整個經濟體系內的貨幣供給量。本書將在第11章會提到貨幣的乘數效果，央行所發行的貨幣經過銀行的存放系統，被人們使用過後，存放在銀行裡，這些存放在銀行裡的存款資金，也算是貨幣供給量的一部份。所以要計算整個經濟體系內貨幣供給量，除了要考慮央行所發行的「通貨發行額」外，還必須加計放在金融機構裡的所有存款資金，才能包含所有的貨幣供給額。

根據中央銀行對國內貨幣供給額的衡量，依照統計範圍大小可分爲三種指標：M_{1A}、M_{1B}與M_2；其中，M_{1A}與M_{1B}是屬於狹義貨幣供給額，M_2屬於廣義貨幣供給額。以下爲這三者的定義：

M_{1A} = 通貨淨額＋支票存款＋活期存款

M_{1B} = M_{1A} ＋活期儲蓄存款

M_2 = M_{1B} ＋準貨幣（定期存款＋定期儲蓄存款＋外幣存款＋郵政儲金＋外國人持有新台幣存款＋附買回交易餘額[8] ＋貨幣市場共同基金[9]）。

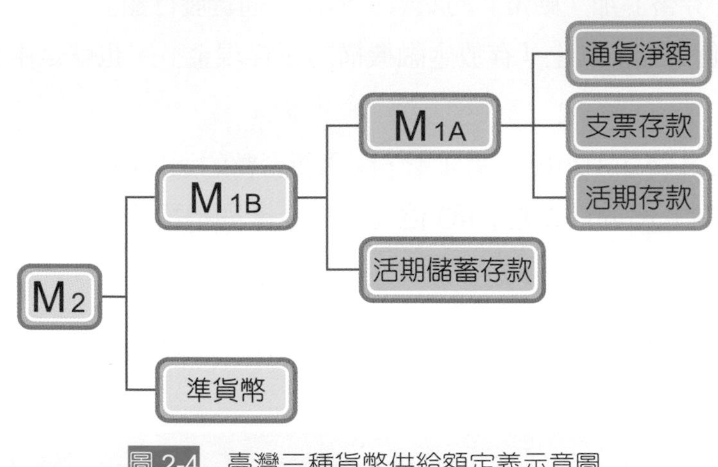

圖 2-4 臺灣三種貨幣供給額定義示意圖

以上依三種貨幣供給額的組成與內容，可以歸納以下 4 個重點：

1. 就資金的流動性而言：$M_{1A} > M_{1B} > M_2$。
2. 就資產的收益性而言：$M_2 > M_{1B} > M_{1A}$。
3. 就交易媒介功能而言：$M_{1A} > M_{1B} > M_2$。
4. 就價值儲藏功能而言：$M_2 > M_{1B} > M_{1A}$。

表 2-4 爲臺灣 2005 年至 2019 年，每年底通貨淨額、M_{1A}、M_{1B} 與 M_2 的貨幣數量與其比較狀況表。以 2019 年底的情形來看：通貨淨額爲 2 兆 1,144 億元、M_{1A} 的金額爲 7 兆 4,705 億元、M_{1B} 的金額爲 19 兆 607 億元、M_2 的金額爲 45 兆 8,922 億元。

由表 2-4 得知：這 15 年來，通貨淨額佔 M_{1B} 的比重爲 9.86%，顯示：民眾持有現金佔整個活期性資金的比重約占 10% 左右，並無太大的變化；但 M_{1B} 佔 M_2 的比重則有比較明顯的上升趨勢，由 32.25% 上升至 41.53%，成長近 10%，顯示：近年來，由於低利率的影響，可能使得民眾覺得將錢放在定存與活存的利息都差不多，所以不如將錢放在機動性較高的活期性存款內，才使得 M_{1B} 佔 M_2 的比重有逐年攀高之趨勢。

8 「附買回交易」是指投資人向金融機構購買債券與票券不採買斷方式，僅投資幾天，只要期限到，金融機構會以當初約定的金額買回債券與票券，再將資金連同利息回給投資人。所以對投資人而言，附買回交易餘額可以在短期間變換成現金。

9 「貨幣市場共同基金」是指共同基金的資金投資在國庫券、商業本票、銀行承兌匯票與可轉讓定存單、債券附買回等短期票券上。因貨幣市場共同基金具高度流動性，隨時可以變現，贖回現金。

表 2-4 臺灣 2005 年至 2019 年貨幣數量供給量統計表

年份	通貨淨額	M_{1A}	M_{1B}	M_2	$\frac{\text{通貨淨額}}{M_{1B}}$	$\frac{M_{1B}}{M_2}$
2005	730,367	2,983,112	7,871,148	24,410,078	9.28%	32.25%
2006	758,721	3,069,998	8,222,626	25,668,226	9.23%	32.03%
2007	762,627	3,156,641	8,219,977	25,883,104	9.28%	31.76%
2008	833,537	3,222,298	8,153,704	27,755,475	10.22%	29.38%
2009	912,618	3,924,407	10,511,586	29,355,562	8.68%	35.81%
2010	995,853	4,283,721	11,457,126	30,954,429	8.69%	37.01%
2011	1,107,344	4,529,162	11,830,216	32,451,920	9.36%	36.45%
2012	1,203,212	4,741,731	12,418,380	33,574,404	9.69%	36.99%
2013	1,329,651	5,259,011	13,470,752	35,518,863	9.87%	37.93%
2014	1,460,915	5,569,151	14,309,941	37,696,337	10.21%	37.96%
2015	1,565,415	6,060,319	15,292,587	39,883,995	10.24%	38.34%
2016	1,680,388	6,342,041	16,177,676	41,301,832	10.39%	39.17%
2017	1,791,303	6,524,408	16,741,423	42,770,217	10.70%	39.14%
2018	1,942,602	6,929,161	17,715,986	43,905,200	10.97%	40.35%
2019	2,114,385	7,470,455	19,060,777	45,892,197	11.09%	41.53%

註 1：通貨淨額佔 M_{1B} 的平均比重，15 年的平均值為 9.86%。

註 2：此處 M_{1A}、M_{1B} 與 M_2 金額單位為：新台幣百萬元。

註 3：資料來源為中央銀行。

例 2-1

貨幣供給額

假設現在通貨發行額為 1,000 億元，中央銀行與商業銀行現金庫存分為 100 與 250 億元，現在銀行的活期存款與為活期儲蓄存款分別為 3,000 與 8,000 億元，支票存款為 200 億元，準貨幣為 50,000 億元，則請問

(1) 通貨淨額為何？

(2) M_{1A} 為何？

(3) M_{1B} 為何？

(4) M_2 為何？

解

(1) 通貨淨額 = 通貨發行額 - 銀行庫存現金 = 1,000 － 100 － 250 = 650 億元

(2) M_{1A} = 通貨淨額 + 支票存款 + 活期存款 = 650 ＋ 200 ＋ 3,000 = 3,850 億元

(3) M_{1B} = M_{1A} ＋活期儲蓄存款 = 3850 ＋ 8,000 = 11,850 億元

(4) M_2 = M_{1B} ＋準貨幣 = 11,850 ＋ 50,000 = 61,850 億元

例 2-2

貨幣供給額

假設現在貨幣總供給額 5,000 億元，準貨幣為 3,000 億元，活期儲蓄存款為 800 億元，則請問

(1) M_{1B} 為何？

(2) M_{1A} 為何？

解

(1) $M_2 = M_{1B}$ + 準貨幣 $\Rightarrow 5,000 = M_{1B} + 3,000 \Rightarrow M_{1B} = 2,000$ 億元

(2) $M_{1B} = M_{1A}$ + 活期儲蓄存款 $\Rightarrow 2,000 = M_{1A} + 800 \Rightarrow M_{1A} = 1,200$ 億元

本章習題

一、選擇題

【基礎題】

1. 請問臺灣的本位貨幣爲何者？ (A) 元 (B) 圓 (C) 鎊 (D) 圜。
2. 下列何者爲非歷史上的金屬本位制度？ (A) 金本位 (B) 銀本位 (C) 銅本位 (D) 複本位。
3. 請問金屬本位制度的演進何者正確？ (A) 金本位→銀本位→複本位 (B) 銀本位→複本位→金本位 (C) 銀本位→金本位→複本位 (D) 金本位→複本位→銀本位。
4. 請問最早出現的金屬本位制度爲何？ (A) 金本位 (B) 銀本位 (C) 複本位 (D) 銅本位。
5. 下列何者爲銀本位被淘汰的原因之一？ (A) 運輸不便 (B) 無法儲存 (C) 無法計價 (D) 無法取得。
6. 請問複本位制度是以哪兩種金屬當本位貨幣？ (A) 金、銅 (B) 銀、銅 (C) 金、鎳 (D) 金、銀。
7. 請問本位制度的金銀交換比率，如何決定？ (A) 市場決定 (B) 政府決定 (C) 富人決定 (D) 窮人決定。
8. 請問那種制度金與銀的價格會自動調節？ (A) 金匯兌本位 (B) 複本位 (C) 金塊本位 (D) 紙幣本位。
9. 請問格萊欣法則是指下列何者？ (A) 低估的劣幣驅逐高估的良幣 (B) 高估的劣幣驅逐低估的良幣 (C) 低估的良幣驅逐高估的劣幣 (D) 高估的良幣驅逐低估的劣幣。
10. 請問最早實施金本位制度的國家是何者？ (A) 德國 (B) 中國 (C) 英國 (D) 法國。
11. 下列何者不屬於金本位制度？ (A) 金幣本位 (B) 金塊本位 (C) 金匯兌本位 (D) 金現金本位。
12. 請問金本位制度下，所發行的紙幣表示爲何？ (A) 實體貨幣 (B) 代表實體貨幣 (C) 象徵貨幣 (D) 代表象徵貨幣。
13. 下列何者非金本位制度的優點？ (A) 貨幣價值穩定 (B) 免於通貨膨脹 (C) 黃金價格提高 (D) 促進國際貿易。

14. 請問又稱富人本位制度爲何？ (A) 金幣本位 (B) 金塊本位 (C) 金匯兌本位 (D) 金現金本位。
15 請問不可兌換紙幣制度又稱爲何？ (A) 管理紙幣本位 (B) 非實體紙幣管理本位 (C) 紙幣匯兌本位 (D) 現金管理本位。
16. 下列何者不屬於現金準備？ (A) 黃金 (B) 白銀 (C) 公債 (D) 外匯。
17. 下列何者不屬於保證準備？ (A) 國庫券 (B) 有價證券 (C) 公債 (D) 外匯。
18. 下列哪一種準備制對紙幣的發行最嚴格？ (A) 十足準備發行制 (B) 固定保證準備發行制 (C) 最高限額發行制 (D) 伸縮準備發行制。
19. 下列何者非紙幣本位制度的優點？ (A) 貨幣發行不受限於貴金屬存量 (B) 發行量具較具彈性 (C) 可調節國際收支 (D) 儲藏不方便。
20. 請問在臺灣哪一種硬幣不具無限法償地位 (A)1 元 (B)5 元 (C)10 元 (D)5 角。
21. 請問現行新台幣的發行制度是採用何種制度？ (A) 十足準備發行制 (B) 固定保證準備發行制 (C) 最高限額發行制 (D) 伸縮準備發行制。
22. 何謂通貨淨額？ (A) 存放在金融機構的現金 (B) 央行所發行現金的總額 (C) 流通於金融機構外的現金餘額 (D) 放在央行裡的現金。
23. 請問 M_{1A} 與 M_{1B} 的差異在於？ (A) 支票存款 (B) 活期存款 (C) 通貨淨額 (D) 活期儲蓄存款。
24. 下列何者非準貨幣？ (A) 郵政儲金 (B) 活期儲蓄存款 (C) 外幣存款 (D) 債券附買回交易餘額。
25. 請問 M_{1A}、M_{1B} 及 M_2，何者流動性最佳？ (A) M_{1A} (B) M_{1B} (C) M_2 (D) 以上皆相同。

【進階題】

26. 下列敘述何者有誤？ (A) 歷史上最早的金屬本位制度爲銀本位 (B) 複本位制度是以黃金與白銀當本位貨幣 (C) 複本位制度中兩種金屬的比價是由市場決定 (D) 金本位制最早實施的是英國。
27. 下列敘述何者正確？ (A) 複本位制度是屬於紙幣貨幣本位制度之一 (B) 複本位制度是以黃金與黃銅當本位貨幣 (C) 金匯兌本位又稱富人本位制度 (D) 紙幣本位制可不受貴金屬價值影響。

28. 請問實行複本位制度，若政府公告的金銀法定比率爲 1：8，但市場的比率爲 1：10，請問下列何者正確？ (A) 金幣爲良幣被高估 (B) 銀幣爲良幣被低估 (C) 金幣爲良幣被低估 (D) 銀幣爲劣幣被低估。

29. 下列敘述何者有誤？ (A) 新台幣是 1949 年以後開始流通 (B) 臺灣的本位貨幣爲角 (C) 現行新台幣的發行制度是採十足準備發行制 (D) 現在大部分採紙幣本位制度國家都是採準備發行制。

30. 下列有關貨幣供給額的敘述何者有誤？ (A)M_2 的交易媒介功能最高 (B) 郵政儲金屬於準貨幣的一部分 (C) 支票存款屬於 M_{1A} 的一部分 (D) 活期存款屬於 M_{1B} 的一部分。

【國考題】

31. 民眾提領新臺幣定期存款而全部轉存入外幣存款，則立即的影響是 (A) 無法確定 M_2 的變動 (B)M_2 減少 (C)M_2 增加 (D)M_2 不變。 （2010 初等考）

32. 在國際匯率制度的發展過程中，有關「金本位制度」之敘述，下列何者正確？ (A) 各國貨幣之間的匯率會隨黃金的市場價位變動而有巨幅波動 (B) 各國貨幣之間的匯率變動幅度不能超過或低於黃金的保存成本 (C) 各國貨幣之間的匯率是由各國貨幣的相對含金量多寡而決定 (D) 在 1944 年的布里敦森林協議之後，根據 IMF 協定，35 英鎊兌一盎司黃金，其他國家匯率則以英鎊爲中心，各自評定其通貨價值。 （2012 華南金融）

33. 一國爲建立貨幣制度，在法律上規定可作爲交換的計算單位及最後的支付工具，而且作爲同一國家他種貨幣的價值計算標準貨幣，此種貨幣稱爲 (A) 存款貨幣 (B) 信用貨幣 (C) 本位貨幣 (D) 輔助貨幣。 （2012 彰商銀）

34. 下列何者屬於貨幣供給量 M_2 的內容？ (A) 政府存款 (B) 待交換票據 (C) 銀行庫存現金 (D) 貨幣市場共同基金。 （2012 臺銀）

35. 當多數投資人將定期存款解約，轉存至活期儲蓄存款時，下列敘述何者正確？ (A) M_2 增加 (B)M_{1a} 增加 (C)M_{1b} 增加 (D) 股市資金動能減少。 （2012 臺銀）

36. 當民眾自郵局提款十萬元，並將此筆金額拿去買彩券，此對 M_{1A}、M_{1B} 與 M_2 會有什麼立即影響？ (A)M_{1A} 增加，M_2 增加 (B)M_{1B} 減少，M_2 不變 (C)M_{1A} 減少，M_{1B} 增加 (D)M_{1A} 增加，M_2 不變。 （2013 初等考）

37. 下列何者屬「準貨幣」的統計項目？ (A) 自動提款機的現金 (B) 放在家裏的現金 (C) 存在銀行的活期存款 (D) 存在銀行的定期存款。 （2014 初等考）

38. 臺灣三種貨幣供給額 M_{1A}、M_{1B}、M_2，按照資產項目多寡，應爲 (A)$M_2 > M_{1B} > M_{1A}$ (B)$M_{1A} > M_2 > M_{1B}$ (C)$M_2 > M_{1A} > M_{1B}$ (D)$M_{1B} > M_2 > M_{1A}$。 （2014 初等考）

39. 關於臺灣的貨幣總計數（Monetary Aggregates），何者正確？ (A)M_2 的流動性高於 M_{1A} (B)M_{1B} 所涵蓋的資產項目多於 M_2 (C) 郵局的存簿儲金包括在 M_{1B} (D) 外國人新臺幣存款包括在 M_2。 （2015 初等考）

40. 關於臺灣現行的新臺幣發行制度，何者正確？ (A) 採十足現金準備的最高發行量制度 (B) 按規定，除金、銀、外匯外，有價證券不能充當發行準備 (C) 發行準備以白銀爲主 (D) 硬幣無須提列發行準備。 （2015 初等考）

41. 因爲週末活動需要，小明自郵匯局提領存款一萬元。該提領行爲對臺灣貨幣總計數所造成的影響爲： (A)M_{1A} 與 M_2 同時增加一萬元 (B)M_{1B} 與 M_2 同時增加一萬元 (C)M_{1A} 增加一萬元，M_2 不變 (D)M_{1B} 不變，M_2 增加一萬元。 （2016 初等考）

42. 假定 2010 年臺灣整體的支票存款＝ 331 億元，外匯存款＝ 2,582 億元，活期存款＝ 2,892 億元，定期及定期儲蓄存款＝ 12,353 億元，郵政儲金＝ 4,634 億元，活期儲蓄存款＝ 7,232 億元，外國人新臺幣存款＝ 252 億元，附買回交易餘額＝ 344 億元，通貨淨額＝ 1,094 億元。試問 2010 年時的臺灣貨幣總計數 M_{1B} 爲多少億元？ (A)4,317 億元 (B)11,549 億元 (C)31,715 億元 (D)10,455 億元。（2016 初等考）

43. 外國人新臺幣存款將納入何種臺灣貨幣總計數？ (A)M_{1A} (B)M_{1B} (C)M_2 (D) 不屬於臺灣貨幣總計數。 （2018 初等考）

44. 當民眾將郵政儲金大量轉爲通貨放在家中時，則下列敘述何者正確？ (A)M_2 增加 (B)M_2 減少 (C)M_{1A} 增加 (D)M_{1B} 減少。 （2019 初等考）

45. 大華結清其在貨幣市場共同基金的投資，得款 10 萬元。其中，8 萬元存入郵局帳戶，2 萬元置於家中保險櫃。請問此對貨幣供給的影響爲何？ (A)M_{1A} 增加，M_{1B} 增加，M_2 增加 (B)M_{1A} 增加，M_{1B} 增加，M_2 不變 (C)M_{1A} 增加，M_{1B} 不變，M_2 不變 (D)M_{1A} 不變，M_{1B} 不變，M_2 不變。 （2019 初等考）

二、簡答與計算題

【基礎題】

1. 請寫出新台幣、日本與英國的本位貨幣的計價標準？
2. 請問金屬本位制度的演進爲何？
3. 請問複本位制度是以哪兩種金屬當本位貨幣？
4. 請問金本位制度又可分爲哪三種？
5. 請問實施金本位制度有何優點？
6. 當實施紙幣本位制度時，下列哪些可當現金準備？哪些可當保證準備？
   A. 黃金、B. 白銀、C. 外匯、D. 政府公債、E. 國庫券
7. 請問新台幣何時才正式被列爲臺灣的國幣？
8. 請問現行新台幣的發行制度是採何種準備制度？
9. 請問何謂通貨淨額？
10. 請問 M_{1A}、M_{1B} 及 M_2 的定義爲何？
11. 請問準貨幣有哪些？
12. 假設現在通貨發行額爲 2,000 億元，中央銀行與商業銀行現金庫存分爲 300 與 400 億元，現在銀行的活期存款爲 5,000 億元，支票存款爲 400 億元，活期儲蓄存款爲 9,000 億元，準貨幣爲 60,000 億元，則請問
    (1) 通貨淨額爲何？
    (2) M_{1A} 爲何？
    (3) M_{1B} 爲何？
    (4) M_2 爲何？

【進階題】

13. 實行複本位制度，若政府公告的金銀法定比率爲 1：10，但市場的比率爲 1：8，請問良幣、劣幣、被高估的貨幣、被低估的貨幣各爲何者？
14. 請就 M_{1A}、M_{1B} 與 M_2 三者的資金流動性、資產的收益性、交易媒介功能與價值儲藏功能高低順序排序？
15. 假設現在貨幣總供給額 6,000 億元，準貨幣爲 4,000 億元，活期儲蓄存款與活期存款分別爲 500 與 300 億元，支票存款爲 100 億元，則請問通貨淨額爲何？

3 CHAPTER 金融體系概論

【本章大綱】

本章內容為金融體系概論，主要介紹各種金融市場與機構的種類，其對貨幣流通時所扮演的角色與重要性，其內容詳見下表。

節次	節名	主要內容
3-1	金融市場種類	介紹金融市場的四種基本類型。
3-2	金融市場結構	介紹金融市場運作中，依交易者不同的需求，所產生的不同金融結構。
3-3	金融機構種類	介紹當從事金融活動時，所需透過哪些金融機構的服務，才能完成交易。

3-1 金融市場種類

人體的血液須透過心臟的壓縮，血管的運輸才能使人體正常運轉。那貨幣如同金融體系的血液，中央銀行如同貨幣的心臟，控制資金的流量，並透過資金的血管－金融市場與機構的運作，使其資金能有效率的由剩餘單位流向不足單位，使資金的分配具有效率，並有效的降低交易成本，以促進經濟發展。

所以資金需透過各種金融市場與機構的運作，才能發揮其功能。無疑的，公司行號在進行營業活動時，資金是最重要的經營要素。若欠缺短期營業資金時，除了可透過銀行借貸外，亦可至「貨幣市場」發行票券，籌措短期資金；若需要長期資本資出時，除了可透過銀行進行長期融資，亦可至「資本市場」發行股票或債券，籌措長期資金；若從事海外營業活動，需透過「外匯市場」的運作，才能使國內外的資金順利流通；若營業活動中收到不同幣別的遠期支票、匯票與信用狀，可透過「衍生性商品市場」中的遠期或期貨合約進行避險。

因此企業或個人在進行融資、投資與避險活動時，必須透過各種金融市場與機構的運作，方能順利完成交易。基本上，金融市場可分成「現貨市場」與「衍生性商品市場」兩大市場，其中，「貨幣市場」、「資本市場」與「外匯市場」是屬於實體標的資產的「現貨市場」，「衍生性商品市場」為「現貨市場」所對應衍生發展出來的市場。以下將介紹四種基本的金融市場的各類金融工具，圖 3-1 為金融市場的架構圖。

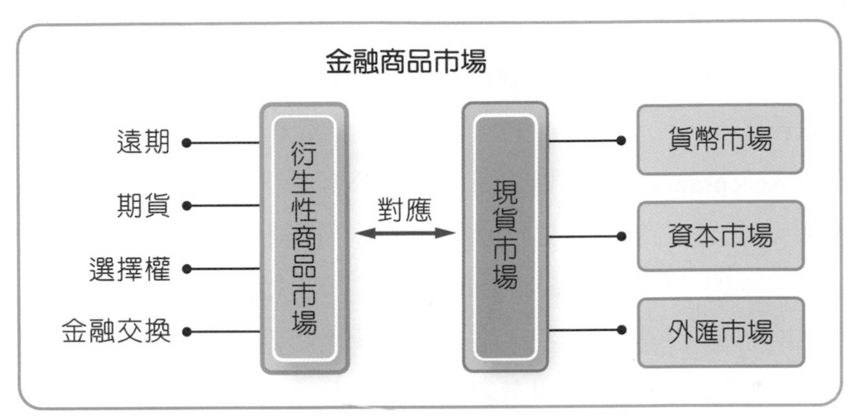

圖 3-1 金融市場架構圖

一、貨幣市場

貨幣市場是指短期資金（1 年期以下）供給與需求的交易市場，市場內以短期的信用工具作為主要的交易標的，目的在使短期資金能夠有效的運用，以提高流動性與變現性。貨幣市場又可分成「票券市場」與「金融同業拆款市場」。

（一）票券市場

票券市場為則為貨幣市場之要角，提供政府、金融機構與企業融通資金的管道，其交易工具包括國庫券、商業本票、承兌匯票及銀行可轉讓定期存單等。

1. 國庫券（**Treasury Bills；TB**）：是由中央政府為調節國庫收支所發行的短期政府票券，並藉以穩定金融。其又分為甲、乙兩種國庫券。

(1) 甲種國庫券：按面額發行，票載利息，到期時本金連同利息一次清償；逾期未領，則停止計息。

(2) 乙種國庫券：採貼現方式發行，票面不附載利息，到期時按面額清償。國內現行以此種國庫券為主。

2. 商業本票（**Commercial Paper；CP**）：是由公司組織所發行的票據。其又分為第一類及第二類兩種商業本票。

(1) 第一類商業本票（簡稱 CP1）：是指工商企業基於合法交易行為所產生之本票，具有自償性。由買方開具支付賣方價款的本票，賣方可持該本票，經金融機構查核後所發行的商業本票。與商業承兌匯票同為貨幣市場中，代表純商業信用的交易工具，又稱「交易性商業本票」。

(2) 第二類商業本票（簡稱 CP2）：是指工商企業為籌措短期資金，由公司所簽發的本票，經金融機構保證所發行的商業本票，或依票券商管理辦法所規定無須保證發行的本票，又稱為「融資性商業本票」。國內的票券市場，以此類型的發行量為主。

3. 承兌匯票（**Acceptance**）：是指工商企業基於合法交易行為或提供勞務而產生的票據。其種類又分為銀行承兌匯票及商業承兌匯票兩種。

(1) 銀行承兌匯票（Banker Acceptance；BA）：是指工商企業經合法交易行為而簽發產生的票據，經銀行承兌，並由銀行承諾指定到期日兌付的匯票，此匯票屬於自償性票據。通常稱提供勞務或出售商品之一方為匯票賣方，其相對人為買方。

(2) 商業承兌匯票（Trade Acceptance；TA）：是指工商企業經合法交易行為而簽發產生的票據，經另一公司承兌，並由另一公司承諾指定到期日兌付的匯票，此匯票屬於自償性票據。通常由賣方簽發，經買方承兌，以買方為匯票付款人。

4. 銀行可轉讓定期存單（**Bank Negotiable Certificates of Deposit；NCD**）：是指銀行為充裕資金的來源，經核准簽發在特定期間，按約定利率支付利息的存款憑證，不得中途解約，但可在市場上自由轉讓流通。

（二）金融同業拆款市場

金融同業拆款市場乃為提供金融同業，互相拆借資金的市場。金融同業若缺乏短期資金時，可藉由拆款市場向同業拆借資金，互相拆借資金所形成的利率，稱為「金融同業拆款利率」。此利率為短期利率指標之一，央行通常會觀察此利率的波動，得知金融市場資金的鬆緊程度，以供實施貨幣政策的重要參考指標。

二、資本市場

資本市場是指提供長期（1 年期以上或未定期限）金融工具交易的市場。其主要功能是成為中、長期資金供給與需求的橋樑，以促進資本流通與形成。資本市場主要包括「股票」與「債券」兩種交易工具，其亦是公司資本形成的兩大來源。

（一）股票

股票（Stock）是由股份有限公司募集資金時，發行給出資人，以表彰出資人對公司所有權的有價證券。股票可分為普通股及特別股兩種。

1. 普通股（**Common Stock**）：為股份有限公司之最基本資本來源。普通股股東對公司具有管理權、盈餘分配權、剩餘資產分配權與新股認購權；其經營公司之風險，以出資的金額為限，對公司僅負起有限責任。
2. 特別股（**Preferred Stock**）：通常被認為介於普通股與債券之間的一種折衷證券，一方面可享有固定股利的收益，近似於債券；另一方面又可表彰其對公司的所有權，在某些情形下甚至可享有投票表決權，故亦類似於普通股。

（二）債券

債券（Bond）由發行主體（政府、公司及金融機構）在資本市場為了籌措中、長期資金，所發行之可轉讓（買賣）的債務憑證。一般依發行者的不同可分為「政府公債」、「金融債」與「公司債」三種。

1. 政府公債（**Government Bonds**）：是指政府為了籌措建設經費而發行的中、長期債券，其中包括「中央政府公債」及「地方政府建設公債」兩種。
2. 金融債券（**Bank Debentures**）：是指根據銀行法規定所發行的債券，其主要用途為供應銀行於中長期放款，或改善銀行的資本適足率。
3. 公司債（**Corporate Bonds**）：為公開發行公司為了籌措中長期資金，而發行的可轉讓債務憑證。

三、外匯市場

外匯市場（Foreign Exchange Market）是指各種不同的外國通貨（包含外幣現鈔、銀行的外幣存款、外匯支票、本票、匯票及外幣有價證券）的買賣雙方，透過各種不同的交易方式，得以相互交易的場所。外匯市場是連接國內與國外金融市場之間的橋樑。其主要功能為幫助企業進行國際兌換與債權清算、融通國際貿易與調節國際信用以及提供規避匯率變動的風險。

四、衍生性金融商品市場

衍生性金融商品（Derivative Securities）是指依附於某些實體標的資產所對應衍生發展出來的金融商品。其主要功能為幫助公司或投資人進行避險與投機的需求，並協助對金融商品之未來價格進行預測。其主要商品有「遠期」、「期貨」、「選擇權」及「金融交換」等四種合約。

（一）遠期（Forward）

遠期是指買賣雙方簽定合約，約定在未來的某一特定時間，以期初約定的價格，來買賣一定數量及規格的商品，當約定期限到期時，雙方即依期初所簽定的合約來履行交割。

（二）期貨（Future）

期貨是指交易雙方在期貨交易所以集中競價的交易方式，依合約的約定在將來的某一時日內，以市場成交的價格，交割某特定數量及品質規格的交易。此交易大部分在合約未到期前，即對合約進行沖銷的「現金結算」為主，鮮少在到期時進行實物交割。

（三）選擇權（Option）

選擇權是一種選擇的權利。乃是選擇權的買方在支付賣方一筆「權利金」（Premium）後，享有在選擇權契約期間內，以約定的履約價格（Exercise Price）買賣某特定數量標的物的一項權利。選擇權主要可分為「買權」（Call Option）和「賣權」（Put Option）兩種，不管是買權或賣權的買方，因享有以特定價格買賣某標的物的權利，故先付出權利金，以享有權利；反之，買權或賣權的賣方，因必須負起以特定價格買賣某標的物的義務，故先收取權利金，以盡履約義務。

（四）金融交換（Financial Swap）

金融交換是指交易雙方同意在未來的一段期間內，依期初所約定的條件，彼此交換一系列不同現金流量或報酬率的一種合約。通常交換合約可說是由一連串單一期的遠期合約所組合而成。

3-2 金融市場結構

通常金融市場依據交易者不同的需求，可分成幾種市場結構。一般而言，金融市場結構可依交易層次、交易場所、資金籌措方式、區域性與仰賴中介程度進行分類，以下我們將依序介紹這些分類內容。

一、依交易層次分類

（一）初級市場（Primary Market）

初級市場是指有價證券的發行者（政府、公司）爲了籌措資金，首次出售有價證券（股票、債券、票券等）給最初資金供給者（投資人）的交易市場，又稱爲發行市場（Issue Market）。

（二）次級市場（Secondary Market）

次級市場是指已通過發行程序的有價證券在外買賣所構成的交易市場，又稱爲流通市場（Circulation Market）。

二、依交易場所分類

（一）集中市場（Listed Market）

集中市場是指所有有價證券買賣皆集中於一個固定的交易場所，採取「競價」（Competitive Offer）方式交易，通常將交易商品標準化，較易流通且具交易效率。如：證券自營商與證券經紀商在證券交易所內，集中買賣有價證券所形成的交易市場。例如：國內至證券經紀商買賣「臺灣證券交易所」或「證券櫃檯買賣中心」的「上市」或「上櫃」股票[10]；或者是至期貨經紀商買賣「期貨交易所」所設計的期貨商品。

（二）店頭市場（Over The Counter）

店頭市場是指有價證券的買賣可在不同的場所進行交易。如：買賣公債、公司債及金融債券可向不同的債券交易商買賣，且買賣價格不一定相同，通常採「議價」（Negotiated Offer）方式交易。例如：在不同票券金融公司買賣短期票券、或去不同的銀行承作定存；或者在不同券商購買「證券櫃檯買賣中心」的「興櫃」股票[11]。

---

10 國內要買賣「上市」與「上櫃」的股票，只要投資人至證券商下單後，就會分別將委託單集中至「證券交易所」與「櫃買中心」，進行競價撮合。

11 國內要買賣「興櫃」的股票，投資人至證券商下單後，被委託的證券商將透過「興櫃股票議價系統」，與各該興櫃股票的「推薦證券商」進行議價撮合。所以投資人是跟擁有興櫃股票買賣需求的證券商相互議價交易，並沒有將所有投資人的委託單集中至櫃買中心，去進行競價撮合。

三、依資金籌措方式分類

（一）直接金融市場（Direct Financial Market）

直接金融市場是指政府、企業等機構爲了籌措資金，直接在貨幣、資本市場發行有價證券，向不特定的個體直接取得資金，而不須經過銀行仲介的管道。通常此管道，資金需求者知道資金是由哪些供給者所提供的。

（二）間接金融市場（Indirect Financial Market）

間接金融市場是指經由銀行作爲資金籌措的仲介機構。銀行先吸收大眾存款，再扮演資金供給者將資金貸款給需求者的管道。通常此管道，資金需求者並不知道資金是由哪些供給者所提供的。

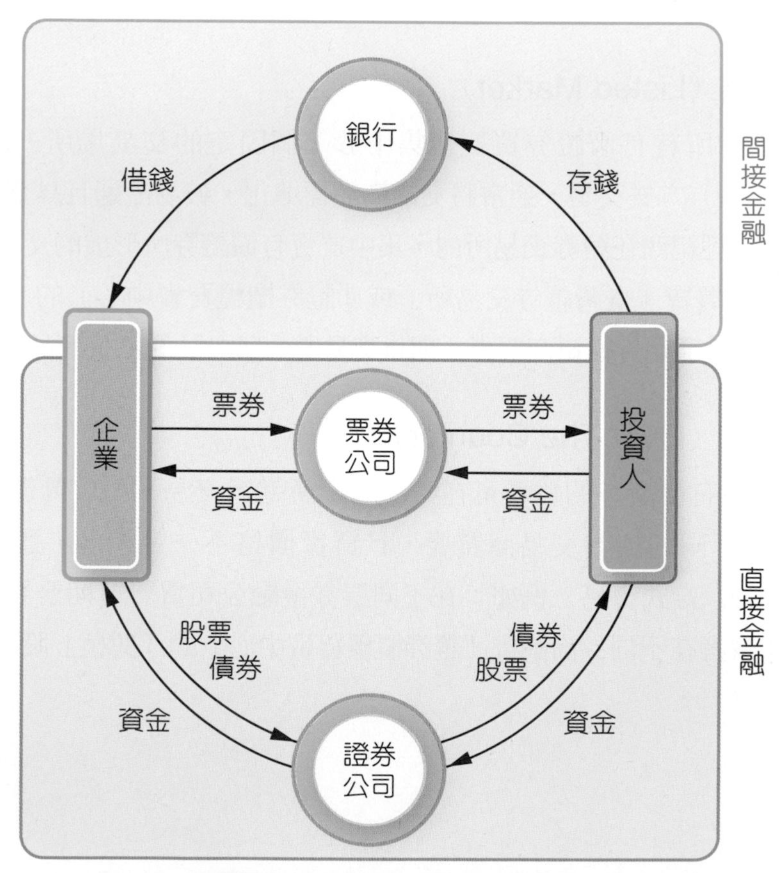

圖 3-2 直接與間接金融市場示意圖

四、依區域性分類

（一）國內的金融市場（Domestic Financial Market）

國內的金融市場是指所有金融交易僅限國內者，投資者與欲融通資金的借款者，皆爲國內的自然人與法人。

（二）國際的金融市場（International Financial Market）

國際的金融市場是指國際間資金借貸的活動場所。若依資金融通期限可分爲國際貨幣市場和國際資本市場。若依金融管制鬆緊程度可分爲傳統國際金融市場和境外金融市場（Offshore Financial Market），或稱歐洲通貨市場（Euro-currency Market）。

1. **傳統國際金融市場**：允許非本國居民參加的國內金融市場，受貨幣發行國當地有關法令的管轄。例如：臺灣的公司至美國發行債券，此債券須受到美國當地稅法及交易制度的限制，且僅能發行美元，並僅提供美國境內的投資人購買。
2. **境外金融市場（歐洲通貨市場）**：市場經營的貨幣不受貨幣發行國金融當局法令管轄，是眞正意義上的國際金融。例如：臺灣的公司至歐洲「盧森堡」發行債券，此債券不用受到該國法令、稅法的限制，亦可發行歐元、美元、英鎊等國際貨幣，更不受限該國境內的投資人才可購買，境外投資人亦可投資。

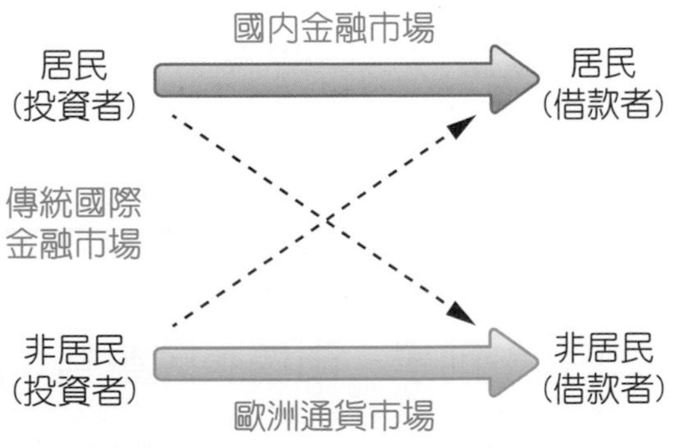

圖 3-3 國內與國外金融市場示意圖

五、依仰賴中介程度分類

近年來，由於科技的進步，讓大部分的金融交易活動，都可在網路上進行。以往都是金融機構從事網路金融中介服務，但現已有電子商務科技公司，也滲入網路金融服務區塊，讓以往以金融機構當中心的情形發生變化。以下介紹數位金融與金融科技這兩種服務型態，有關兩者差異的示意圖，請詳見圖 3-4 所示。

1. 數位金融（**Digital Financial**）：是指「傳統金融機構」利用網路、行動裝置、感測行動與自動化等等科技設備，提供許多數位化的金融服務。此服務不管從事間接金融的資金借貸、或者從事直接金融的證券籌資，仍須分別透過銀行或證（票）券商等金融機構當作中介，由它們所提供的網路平台來完成交易程序。
2. 金融科技（**Financial Technology；Fin Tech**）：是指「電子商務科技公司」利用網際網路、行動裝置與感測設備等等科技設備，在雲端藉由架設各種網路社群交易平台（如：借貸、籌資平台），利用網戶相互連結，以完成「網戶對網戶」（P2P）之間的資金借貸、籌集與證券交易等金融活動。因此金融科技的服務型態，以降低傳統金融中介的依賴，已達到「金融脫媒」的營運模式。

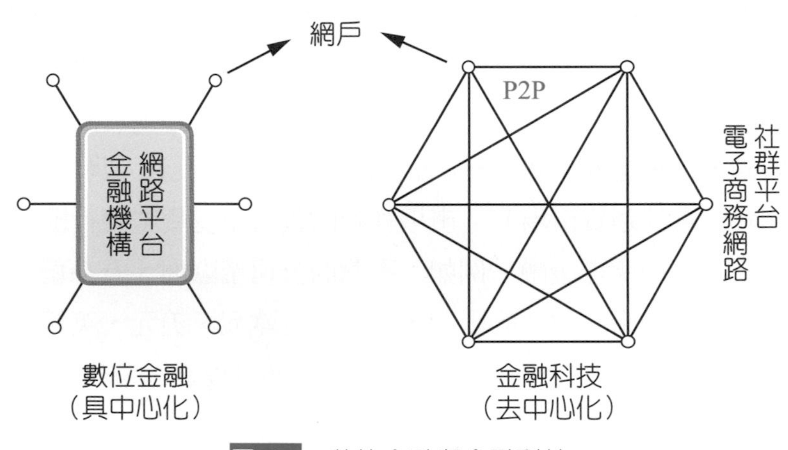

圖 3-4　數位金融與金融科技

市場焦點

FinTech 創造未來金融前景　市場版圖重整、服務型態改變

金融科技（FinTech）的概念約在 10 年前誕生，近年來傳統金融服務企業借助該技術進行數位轉型，而 FinTech 也漸漸由概念轉為實體應用。在 FinTech 蓬勃發展的過程中，分析師在這 10 年來曾做出過各種各樣的預測，一些銀行面臨倒閉危機、大型科技公司將進入消費金融領域、銀行攜手 FinTech 公司併吞新創，使整個金融業重新洗牌，而新創可能成為純網路銀行或開放銀行（Open Banking）。

根據科技媒體報導，FinTech 浪潮來襲，該技術高度垂直化，透過使金融服務線上化並提高效率來重整金融機構的線下分支，10 年後金融服務產業的樣貌將與現在非常不同：

一、未來金融領域可攜式、互操作性提高，與行動電話一樣，客戶將輕鬆轉換金融服務機構。

二、無所不在與容易取得，基本金融產品將成為一種商品，並使沒有銀行帳戶的消費者也能享受服務。

三、金融服務移至後端，透過廣泛的系統和工具，從一對一客戶關係走向「一對多」。

TechCrunch 也對下個 10 年做出 4 大預測：

一、開放資料層（The open data layer）：個人數據流通性更高，金融服務機構提供平台讓用戶能透明進行管理帳戶和分析，並建立以消費者為中心的概念，而對銀行來說，擁有越多客戶的個資不再是競爭優勢。

二、開放協定層（The open protocol layer）：基本的金融服務成為簡單的開放原始碼協定，降低公司對客戶提供金融產品的門檻。無論平台上任何交易、投資、貸款以及資產管理等，銀行系統必須對其進行測試，以避免違反法規。

三、內嵌式 FinTech：此概念是金融服務將不再作為一個獨立的商品提供，而是成為其他產品的一部分，例如：蘋果（Apple）跨足金融界推出信用卡「Apple Card」、亞馬遜（Amazon）提供 Amazon Pay 及 Amazon Cash，消費者可儲值現金至 Amazon Cash，尚無信用卡的用戶也能輕鬆消費付款。

四、整合式服務：消費者從一個中心樞紐獲得金融服務，對於消費者來說，這個中心可能是智慧型手機。

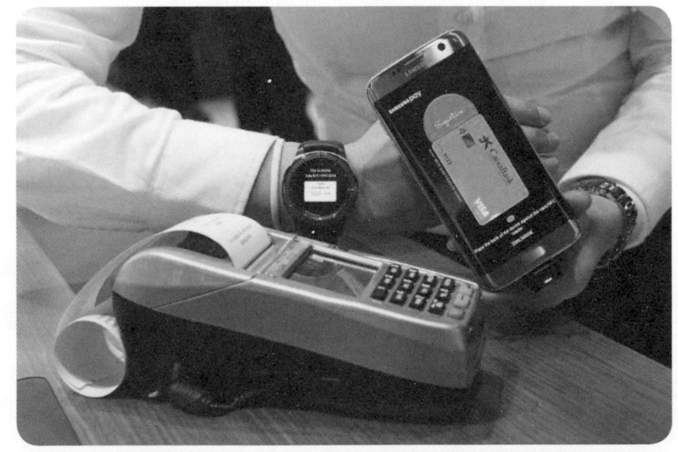

不久的將來，金融服務將建立在網際網路、雲端平台和行動服務基礎上，顛覆傳統的商業模式，打破金融機構間的藩籬。有了 FinTech 技術科技業也能進入金融服務。未來 10 年，消費者不用尋找新的支付、投資、儲蓄和消費方式，而金融服務平台也早已與消費者建立直接關係。

圖文資料來源：摘錄自 Digitimes 2020/01/13

【解說】

近年來，由於科技的普及發達，讓金融與科技相融合，產生了金融科技新產業。未來的金融服務，除了傳統金融業大量運用科技提升服務效率外，科技業也會運用其本身的技術提供更創新的金融服務，因此將來的金融場景會有大量的科技影子。

3-3 金融機構種類

企業於金融市場進行財務規劃、資產管理與資金融通，需透過專業的仲介機構，擔任中介的服務，這些中介者稱爲金融中介者（Financial Intermediary），因這些專業的金融中介者皆爲法人團體，所以亦稱爲金融機構（Financial Institutions）。依據現行臺灣金融統計是以能否能「創造貨幣」爲準則，將金融機構劃分爲貨幣機構與非貨幣機構。以下將介紹這兩者與其主管機關（如圖 3-5）。

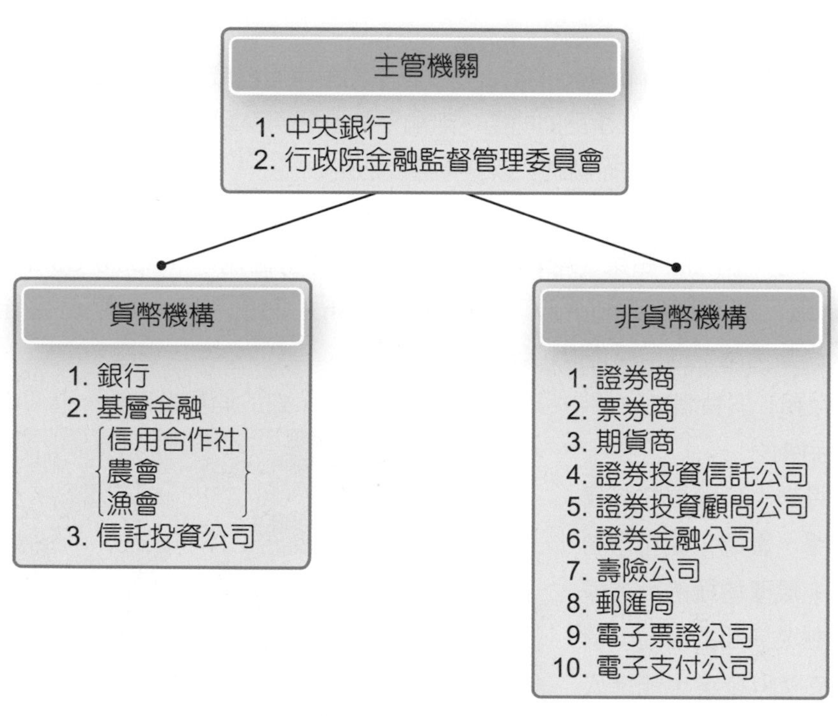

圖 3-5 國內金融機構種類

一、貨幣機構

貨幣機構是指能同時吸收存款與放款，且能發行貨幣性間接證券，可影響貨幣供給額者。貨幣機構包括「銀行」、「基層金融機構」與「信託投資公司」。

1. 銀行（**Bank**）：乃辦理支票存款、活期存款、活期儲蓄存款、定期存款與定期儲蓄存款的主要機構，提供短中長期的存放款業務。銀行是創造存款貨幣的最重要成員。其成員包含商業、專業與外商銀行。
2. 基層金融機構：基層金融機構包括「信用合作社」（Credit Union）與「農漁會信用部」信用合作社是由社員組成，其主要功能是將社員的儲蓄貸放給其他有資金需求的社員[12]。農漁會信用部是由農漁民爲信用部會員，其主要功能也是將會員的儲蓄貸放給其他有資金需求的會員。

3. 信託投資公司（**Investment & Trust Company**）：是指以受託人之地位，按照特定目的，收受、經理及運用信託資金與經管信託財產所成立的公司。通常不可如一般的商業銀行一樣任意吸收存款，只能接受委託人委託管理資金或財產，並依照委託人的指示去承作中長期放款或買賣票券、債券、基金、股票等有價證券的投資。

二、非貨幣機構

非貨幣機構是指不能同時吸收存款與放款，且不能發行貨幣性間接證券，不可影響貨幣供給額者。非貨幣機構包括證券商、票券商、期貨商、證券投資信託公司、證券投資顧問公司、證券金融公司、保險公司與郵匯局。

1. 證券商（**Securities Firms**）：是指提供投資人買賣證券交易服務的法人組織，證券商包括「經紀商」（Brokers）、「自營商」（Dealers）與「承銷商」（Underwriter）或稱投資銀行（Investment Bankers）。經紀商是指經營有價證券買賣之行紀、居間、代理等業務。自營商是指經營有價證券之自行買賣等業務。承銷商則是指經營有價證券之承銷業務。
2. 票券商（**Bills Corporation**）：主要擔任短期票券的簽證、保證與承銷業務，爲短期票券的主要仲介機構。且提供企業財務與短期投資諮詢服務，並提供貨幣市場交易行情報導。
3. 期貨商（**Future Corporation**）：主要擔任期貨或選擇權等衍生性商品的交易業務。期貨商包括期貨經紀商與期貨自營商。期貨經紀商主要從事期貨交易之招攬或接受期貨契約之委託並收受保證金，負責期貨交易人與經紀商或期貨交易所之仲介商。期貨自營商則爲自行在期貨市場內買賣期貨契約，以賺取差價的機構。
4. 證券投資信託公司（**Securities Investment Trust Funds**）：又稱爲基金公司，以發行受益憑證的方式成立「共同基金」（Mutual Funds），向大眾募集資金，再將資金投資於各種金融商品。證券投資信託公司則負責做妥善的資金規劃與應用，並利用投資組合，達到最佳利潤及分散風險的目的。
5. 證券投資顧問公司（**Securities Investment Consulting Corporation**）：簡稱投顧公司，其主要的業務乃提供投資人在進行證券投資時，相關的投資建議與諮詢服務，並向投資人收取佣金。

---

12 政府已於 2013 年底開放信用合作社，可以針對「非社員」進行放款，中小企業或微型企業主可以用個人名義，向信合社借貸營運資金。

6. 證券金融公司（**Securities Finance Corporation**）：又稱證券融資公司，主要是負責證券市場的信用交易的法人機構，也就是融資融券的業務。
7. 保險公司（**Insurance Company**）：其主要以收取保費的方式自被保險人處獲取資金，然後將資金轉投資在股票、債券以及房地產上，最後保險合約到期時再支付一筆金額給受益人。保險公司又分「人壽保險公司」（Life Insurance Company）與「產物保險公司」（Fire and casualty Insurance Company）。
8. 郵匯局（**Post Company**）：郵儲金來源爲民間的儲蓄存款，但此存款不得承作放款，僅可轉存央行或其他金融機構、供同業拆款、購買公債與短期票券等用途，並提供投資人購買小額公債之業務。由於郵局廣部全國各地都有分支，所以被政府賦予須協助一般公眾進行基礎金融事務之任務，因此也是「基層金融機構」的一員。
9. 電子票證公司（**Electronic Stored Value Cards Company**）：主要發行儲值卡式電子錢包，民眾先將現金存入儲值卡內，待民眾購物或消費時，店家會自動從卡片所儲存的現金扣除。例如：悠遊卡、一卡通。
10. 電子支付公司（**Electronic Payment Company**）：主要是讓民眾於網路上開立儲值帳戶，以進行網戶之間（P2P）的資金流動；當民眾於網路上或實體店家進行消費支出時，只要透過這個閉環式的儲值帳戶，就可完成資金相互移轉，不用再透過銀行居間，所以一般又稱爲「第三方支付」。例如：中國－支付寶；臺灣－歐付寶。

貨幣與生活

電子支付、電子票證將整併，悠遊卡未來也能電子轉帳了

金管會推動將電子支付、電子票證整併，未來「電子票證業」將走入歷史，全數都稱為電子支付業，包括一卡通、悠遊卡等將改為電子支付業，依照不同資本額才能進行不同業務。金管會發布「電子支付機構管理條例」修正草案，同時間廢止「電

子票證發行管理條例」，目的是要整合市面上所有的電子支付跟電子票證業者。市場上知名的電子票證包括一卡通、悠遊卡、icash 等，而電子支付包括街口支付、歐付寶等，未來兩業者整合成同一法規，法規上將不會區分電票、電支，都統一都叫電支業者。

金管會銀行局表示，電票是實體卡片，電支是線上支付，目前悠遊卡、一卡通等電票都有申請兼營電子支付，顯示虛實整合已經是潮流，因此推動將兩機構合併，所以現在只能支付業者的帳戶間轉帳，例如：街口支付帳戶間轉帳，未來可以容許兩個電支機構業者間互相轉帳，例如：LINE Pay 一卡通帳戶可以轉帳給街口支付帳戶。

圖文資料來源：摘錄自 inside 2019/08/11

【解說】

國內這幾年來積極推動展的行動支付，但由於業者實在太多元，導致消費者使用上的不方便，因此主管機關將整合國內的電子票證與電子支付業者，讓不同業者之間也可互相轉帳與支付使用。

三、主管機關

目前國內與金融業務息息相關的兩個政府主管機關，分別爲中央銀行與行政院金融監督管理委員會。尤其中央銀行更是貨幣機構的主控機關，有關中央銀行的種種本書將在第 9 章會詳細說明，此處僅重點說明：

（一）中央銀行（Central Bank）

中央銀行經營目標明訂爲促進金融穩定、健全銀行業務、維護對內及對外幣值的穩定，並在上列的目標範圍內，協助經濟發展。隨著經濟快速成長，中央銀行所肩負的首要任務由原先的追求經濟高度成長，轉變爲維持物價與金融穩定，並積極參與金融體系的建制與改革。中央銀行爲國內執行貨幣、信用與外匯政策的最高決策組織。其業務包含以下六項 。

1. **調節資金**：中央銀行是金融市場最後的資金融通與調節者，當金融市場資金過於寬鬆或不足，中央銀行可運用調整存款準備率、重貼現率、公開市場操作、選擇性信用管制等策略，調節市場資金，以維持市場利率穩定。
2. **外匯管理**：中央銀行是維持一國匯率穩定的重要機構。當外匯市場受某些因素干擾，以致無法正常運作時，中央銀行將維持外匯市場之秩序。中央銀行對於外匯存底的管理，係以流動性、安全性及收益性爲基本原則，並兼顧促進經濟發展與產業升級的經濟效益。

3. 金融穩定：維護金融穩定係各國央行之共同目標。只有在金融穩定下，貨幣政策工具的操作才能發揮預期效果。爲避免金融不穩定對國家經濟造成重大損害，各國央行均積極發展維護金融穩定之架構，期透過系統性的分析與監控，適時採行適當政策或措施，以達到金融穩定之目標。
4. 支付清算：中央銀行建置之金融同業資金調撥清算作業系統，連結票據交換結算系統、金資跨行支付結算系統、票券保管結算交割系統、中央銀行中央登錄債券等國內主要系統，構成一完整之支付清算體系，處理金融市場交易及零售支付交易所涉及之銀行間資金移轉。
5. 經理國庫：中央銀行係法定之國庫代理機關，並受財政部委託以政府公款保管人之立場經理國庫，經管中央政府庫款之收付及保管事務。中央銀行亦經理中央政府公債與國庫券之發售、登錄轉帳及還本付息。
6. 發行貨幣：中央銀行是國內唯一可以發行貨幣的機構。央行根據經濟發展需求，並衡量庫存券幣數量，以發行貨幣。其主要目的在提供社會大眾安全可靠、價值穩定及廣被接受的支付工具。

（二）行政院金融監督管理委員會（Financial Supervisory Commission）

金融監督管理委員會成立宗旨在建立公平、健康、能獲利的金融環境，全面提升金融業競爭力，並包含四項目標：維持金融穩定、落實金融改革、協助產業發展、加強消費者與投資人保護以及金融教育。金管會業務分別由銀行局、證券期貨局、保險局與檢查局等四個分局負責，詳述如下。

1. 銀行局：其主要掌管銀行業與票券業等相關事宜。銀行局主要工作爲健全金融制度，維持金融穩定與創造完善的金融環境，以提升銀行績效與國際競爭力。且加強消費者與投資人保護及教育工作，並在維護國內金融穩定的前提下，循序開放兩岸金融機構從事金融業務往來。
2. 證券期貨局：其主要掌管證券業、期貨業與投信投顧業等相關事宜。證券期貨局主要工作爲維持證券與期貨市場交易秩序、健全相關的法令與制度、推動證券與期貨業的國際化，並加強公開資訊的揭露與對投資人保護及教育工作。
3. 保險局：其主要掌管保險業等相關事宜。保險局主要工作爲強化保險業之社會資本功能，並加強全球金融安全網之建構，進一步提升保險監理國際化之進程。
4. 檢查局：其主要掌管對金融業的監督事宜。檢查局主要工作爲金融檢查制度之建立、金融機構申報報表之稽核，以及處理金融機構內部稽核報告及內部稽核等相關事項，並進行金融檢查資料之蒐集及分析。

一、選擇題

【基礎題】

1. 請問資本市場的工具到期日應爲何者？ (A) 超過一個月 (B) 超過半年 (C) 超過一年 (D) 一年以下。
2. 請問一年以上或期限不定的有價證券買賣爲何者？ (A) 貨幣市場 (B) 期貨市場 (C) 資本市場 (D) 選擇權市場。
3. 請問貨幣市場的工具包括何者？ (A) 國庫券 (B) 銀行承兌匯票 (C) 商業本票 (D) 以上皆是。
4. 請問「國庫券」是由下列何種單位所發行？ (A) 銀行 (B) 縣、市政府 (C) 中央銀行 (D) 以上皆可。
5. 下列何者不屬於貨幣市場工具？ (A) 銀行商業本票 (B) 銀行可轉讓定期存單 (C) 國庫券 (D) 債券。
6. 下列何者屬於衍生性金融商品？ (A) 期貨契約 (B) 普通股 (C) 國庫券 (D) 公司債。
7. 下列何者不屬於衍生性證券？ (A) 利率交換合約 (B) 利率期貨合約 (C) 銀行可轉讓定期存單 (D) 遠期利率合約。
8. 請問連接國內與國外金融市場的橋梁爲何？ (A) 資本市場 (B) 外匯市場 (C) 貨幣市場 (D) 衍生性商品市場。
9. 請問指有價證券的發行者爲了籌措資金，首次出售有價證券給最初資金之供給者的交易市場稱爲何？ (A) 集中市場 (B) 初級市場 (C) 次級市場 (D) 流通市場。
10. 下列何者非集中市場的特性？ (A) 可議價 (B) 競價交易 (C) 交易具效率 (D) 標準化商品。
11. 下列何者敘述屬於間接金融？ (A) 企業向銀行借錢 (B) 企業發行股票 (C) 企業發行債券 (D) 企業發行短期票券。
12. 下列何者敘述不屬於直接金融的特性？ (A) 資金需求者知道資金是由哪些供給者提供 (B) 企業至資本市場發行有價證券 (C) 不須經過銀行仲介的管道 (D) 須經過銀行仲介的管道。

13. 下列何者敘述不屬於店頭市場的特性？ (A) 通常合約可以量身訂作 (B) 交易時需競價交易 (C) 交易時可以議價 (D) 以上皆是。
14. 下列何者非貨幣機構？ (A) 投資信託公司 (B) 商業銀行 (C) 漁會信用部 (D) 信用合作社。
15. 下列何者屬於貨幣機構？ (A) 期貨公司 (B) 票券公司 (C) 證券公司 (D) 信用合作社。
16. 下列何者不屬於綜合券商內部成員？ (A) 經紀商 (B) 自營商 (C) 承銷商 (D) 票券商。
17. 請問共同基金通常由何單位發行？ (A) 投資信託公司 (B) 商業銀行 (C) 信託投資公司 (D) 期貨商。
18. 請問郵匯局的資金用途不包含何者？ (A) 放款給企業 (B) 轉存央行 (C) 購買公債 (D) 轉存其他金融機構。

【進階題】

19. 請問下列敘述何者為非？ (A) 股票是屬於資本市場工具 (B) 企業利用股票籌資屬於直接金融 (C) 企業可以到票券公司發行長期債券 (D) 股票上市須透過初級市場發行。
20. 請問下列敘述何者正確？ (A) 證券公司的自營商可以接受客戶下單買賣票券 (B) 若公司欲辦理現金增資應找證券公司的承銷商處理 (C) 企業向銀行借錢屬於直接金融 (D) 郵匯局屬於貨幣機構。
21. 請問下列敘述何者為非？ (A) 拆款市場屬於貨幣市場 (B) 期貨交易屬於衍生性商品交易 (C) 店頭市場通常可以議價 (D) 投資信託公司屬於貨幣機構。
22. 請問下列敘述何者正確？ (A) 中央銀行對市場利率與匯率具有主導權 (B) 證金公司與創投公司可以借錢給其他公司 (C) 信託投資公司與信用合作社都屬於貨幣機構 (D) 證券公司亦可交易短期票券。

【國考題】

23. 下列何者屬於直接金融？ (A) 保險客戶購買保險 (B) 購買共同基金 (C) 公司向銀行借款 (D) 次級市場的股票交易。 （2010 初等考）

24. A 持有 B 所簽發以臺灣銀行台中分行為付款人之支票一張，請問 A 無法在下列哪一家金融機構辦理該支票之託收交換？ (A) 郵局 (B) 彰化銀行 (C) 基隆市農會 (D) 凱基投信公司。 （2011 陽信銀）

25. 甲公司發行商業本票籌資，此金融交易涉及下列哪些市場？ (A) 資本市場、集中市場、發行市場 (B) 資本市場、店頭市場、次級市場 (C) 貨幣市場、店頭市場、初級市場 (D) 貨幣市場、集中市場、流通市場。 （2011 華南金）

26. 下列經濟活動：你跟好朋友借錢、你把錢存郵局、張三買臺積電股票、李四跟銀行貸款，屬於直接金融者有幾項？ (A)1 項 (B)2 項 (C)3 項 (D)4 項。 （2011 初等考）

27. 下列那一種金融機構不屬於我國存款貨幣機構？ (A) 專業銀行 (B) 農會信用部蘊 (C) 外商銀行 (D) 郵政公司。 （2011 初等考）

28. 在國際債券市場上，下列何種債券稱為歐洲債券？ (A) 美國企業在臺灣發行以美元計價的債券 (B) 美國企業在臺灣發行以新臺幣計價的債券 (C) 英國企業在臺灣發行以新臺幣計價的債券 (D) 臺灣企業在臺灣發行以新臺幣計價的債券。 （2012 農業金庫）

29. 在我國現行的金融體系中，下列何者是屬於非正式之金融體系？ (A) 租賃公司 (B) 漁會信用部 (C) 票券金融公司 (D) 中央再保險公司。 （2012 高銀）

30. 依公司法登記之公司行號，基於合法交易行為所產生之商業票據，商業票據發票人或出售人（持票人）要向下列何者申請買入額度，方能進行後續商業票據相關發行流程？ (A) 證券商 (B) 銀行 (C) 票券商 (D) 保險公司。 （2012 臺土銀）

31. 有關貨幣市場工具，下列敘述何者正確？ (A) 國庫券是以貼現方式發行 (B) 商業本票是企業用以籌措長期投資資金而發行之長期票券 (C) 國庫券附有息票，其息票利息金額等於其標售價格乘以其票面利率 (D) 商業承兌匯票因為沒有銀行背書，因此其市場接受度較銀行承兌匯票為高。 （2012 華南金融）

32. 當一家上市公司有資金需求，決定以發行公司債的形式滿足資金需求時，需要找下列那一金融機構發行公司債？ (A) 證券自營商 (B) 證券承銷商 (C) 證券經紀商 (D) 證券投資信託公司。 （2012 初等考）

33. 下列敘述何者正確？ (A) 商業銀行的企業金融放款屬於直接金融 (B) 證券公司承銷新上市櫃股票屬於間接金融 (C) 中央銀行是我國現階段負責金融檢查的主要機構 (D) 金融監督管理委員會是我國現階段主管金融監理的機構。（2013 初等考）

34. 何種金融機構主要從事股票市場的融資與融券業務？ (A) 證券金融公司 (B) 票券金融公司 (C) 證券投資信託公司 (D) 證券投資顧問公司。（2013 初等考）

35. 下列有關資本市場的敘述，何者錯誤？ (A) 債券市場是資本市場的一環 (B) 存託憑證的主要當事人包括發行人、保管機構、存託銀行、承銷商與投資人 (C) 證券金融公司也是證券市場的重要參與者 (D) 接受證券發行人委託發行有價證券的證券商，稱爲證券經紀商。（2013 初等考）

36. 金融機構爲相互調節資金，並提高貨幣信用之效能，而成立的短期資金借貸市場，稱爲： (A) 拆款市場 (B) 票券市場 (C) 股票市場 (D) 債券市場。

（2014 初等考）

37. 下列有關集中市場之敘述，何者錯誤？ (A) 交易標準化，規格化的商品 (B) 商品流動性低 (C) 交易方式爲集中競價 (D) 交易工具透過電腦，在集中交易市場進行配對交易。（2014 初等考）

38. 收受投資人的資金，並投資於有價證券等標的，其利益與風險由全體投資人共享與共同分擔的金融中介，稱爲 (A) 共同基金 (B) 集中保管公司蝨 (C) 互助儲蓄銀行 (D) 融資公司。（2014 初等考）

39. 證券公司那一個部門專門接受客戶的委託，辦理股票交易作爲雙方的仲介，獲利來源爲佣金？ (A) 自營部門 (B) 經紀部門 (C) 承銷部門 (D) 股務部門。

（2015 初等考）

40. 下列有關金融體系的敘述，何者錯誤？ (A) 金融體系包括金融市場與金融中介二大部分 (B) 銀行體系是屬於「間接」金融 (C) 金融體系具備風險分擔、流動性、資訊揭露等功能 (D) 在間接金融體系中，資金剩餘者所持有之證券是資金不足者所發行的證券。（2016 初等考）

41. 次級市場可以使金融工具更具： (A) 風險性 (B) 安全性 (C) 穩定性 (D) 流動性。（2017 初等考）

42. 下列何者屬於資本市場工具？ (A) 歐洲美元 (B) 附買回交易 (C) 資產擔保證券 (D) 金融業拆款。（2019 初等考）

二、簡答與計算題

【基礎題】

1. 請問金融市場可分爲哪四個市場？
2. 請問貨幣市場有哪些交易工具？
3. 請問資本市場有哪些交易工具？
4. 請問衍生性金融市場有哪些交易工具？
5. 請問貨幣機構有哪些單位？
6. 請問非貨幣機構有哪些單位？

【進階題】

7. 請說明初級市場與次及市場的差異。
8. 請說明集中市場與店頭市場的差異。
9. 請說明直接金融與間接金融的差異。
10. 請說明傳統國際金融市場和境外金融市場的差異。

第 2 篇

利率與匯率市場

一個國家的貨幣在市場流通時，就會出現貨幣交易的價格問題－即為利率：當兩個國家的貨幣在市場互相流通時，就會出現貨幣相互兌換的問題－即為匯率。因此利率、匯率的變動與貨幣的流通息息相關。本篇包含 3 大章，主要介紹利率與匯率市場，其內容為一般投資人與企業，最常使用與實用的投資理財常識。

4 CHAPTER 利率概論

【本章大綱】

本章內容為利率概論，主要介紹貨幣的時間價值、利率的種類以及利率的決定理論，其內容詳見下表。

節次	節名	主要內容
4-1	貨幣的時間價值	介紹終值與現值的觀念。
4-2	利率的種類	介紹幾種常見的利率樣式。
4-3	利率的決定理論	介紹三種決定利率的理論。

4-1 貨幣的時間價值

如果我們把「貨幣」當作一個「商品」，利率就是它的價格，通常一個商品過去的價格及未來的價格，有可能經過時間的增減而出現不一樣的價格。同樣的現在的一筆「貨幣」經過一段時間往後滾利，有其未來的價格，我們稱之爲「終值」；同樣的未來的一筆「貨幣」經過一段時間往前折現，有其現在的價格，我們稱之爲「現值」。所以資金的價格與時間、利率有著密不可分的關係。以下將介紹終值與現值的觀念：

一、終值

所謂終值（Future Value；FV）是代表資金未來的價值。每一筆資金都有其價格高低，亦即利率（Interest Rate）高低，經過一段時間之後，這筆資金將滾利成一筆本金加利息的本利和。

（一）單利與複利

一般在計算資金的利息可分成爲「單利」（Simple Interest）與「複利」（Compound Interest）兩種型式，詳見表 4-1。

表 4-1 資金利息的型式

單利	說明	本金（Principle）經過一段期間後所滋生的利息，本金是本金，利息是利息，下一期的本金計算，並不併入上一期之利息。
	範例	現在有一筆 100 元資金，存入銀行 3 年，銀行採單利計算，年利率為 6%，則 3 年後的本利和為 118 元。
	公式	本利和＝本金 +3 年利息 $= 100 + (100 \times 6\% + 100 \times 6\% + 100 \times 6\%)$ $= 100 \times (1 + 6\% \times 3) = 118$
複利	說明	本金經過一段期間後所滋生的利息，下期將上一期的利息自動併入本金計算，成為下一期計息的本金，也就是利滾利的概念。
	範例	現在有一筆 100 元資金，存入銀行 3 年，銀行採複利計算，年利率為 6%，則 3 年後的本利和為 119.10 元。
	公式	本利和＝本金 + 三年利滾利的利息 $= 100 \times (1 + 6\%) \times (1 + 6\%) \times (1 + 6\%) = 100 \times (1 + 6\%)^3 = 119.10$

（二）終值的表示

如果沒有特別說明，我們通常都是以「複利」的方式在計算本利和，其計算表示式如 (4-1) 式：

$$FV = PV(1 + r)^n \tag{4-1}$$

其中，FV 表示終值，PV 表示最初本金值，r 表示利率，n 表示期數，如圖 4-1 所示。

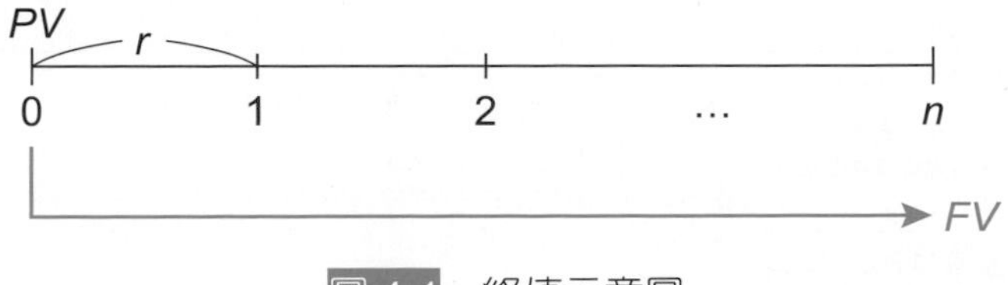

圖 4-1 終值示意圖

由上面的公式得知，終值與投資本金、利率、期數都是呈現正比的關係，也就是投資本金、利率或期數增加，都會使終值增加。此外，終值的表示，除了 (4-1) 式的數學計算式之外，我們亦可以利用附錄的表 A-1「終值利率因子表」（Future Value Interest

Factor；*FVIF*），以查表的方式求算終値，其表示式如 (4-2) 式：

$$FV_n = PV \times FVIF_{(r,\,n)} \tag{4-2}$$

其中，$FVIF_{(r,\,n)}$ 代表利率爲 r，期數爲 n 的終値利率因子。由 (4-1) 式與 (4-2) 式可知 $FVIF_{(r,\,n)} = (1+r)^n$，終値利率因子可於本書附錄的表 A-1「終値利率因子（*FVIF*）表」中查得，此表內所標示的數値所指的是「每 1 元，以利率 r 複利，在經過了 n 期之後，所得到的終値」。

例 4-1

【終值】

假設現在你有 1,000 元的資金，預計存入 3 年的銀行定存，銀行年利率為 5%，請問 3 年之後你擁有多少本利和？

解

【解法 1】利用數學公式或終值表，計算機或查表解答

(1) 利用數學式解答

$FV = 1{,}000 \times (1+5\%)^3 = 1{,}157.6$（元）

(2) 用終值利率因子 (*FVIF*) 表，查利率 $r = 5\%$，期數 $n = 3$

$FVIF_{(5\%,\,3)} = 1{,}157.6$

$FV = 1{,}000 \times FVIF_{(5\%,\,3)} = 1{,}000 \times 1.1576 = 1{,}157.6$（元）

【解法 2】利用 Excel 解答，步驟如下：

(1) 選擇「公式」

(2) 選擇函數類別「財務」

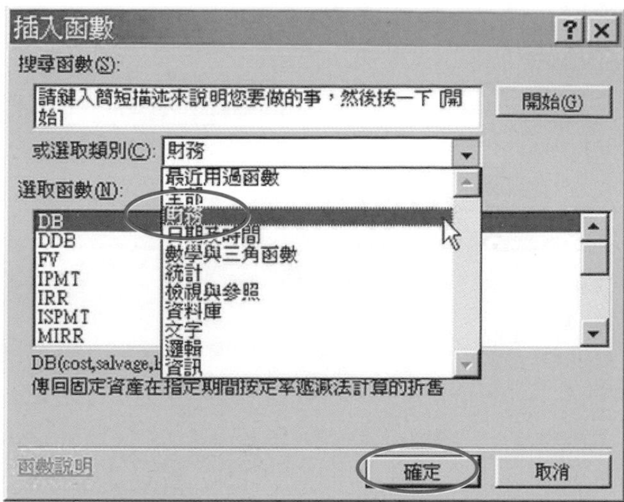

(3) 選取函數「*FV*」

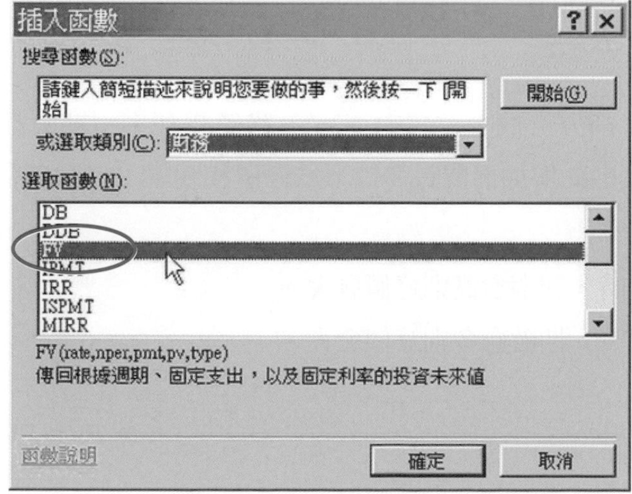

(4) 「Rate」填入「5%」

(5) 「Nper」填入「3」

(6) 「Pv」填入「− 1000」

(7) 「Type」填入「0」

(8) 按「確定」計算結果「1,157.625」

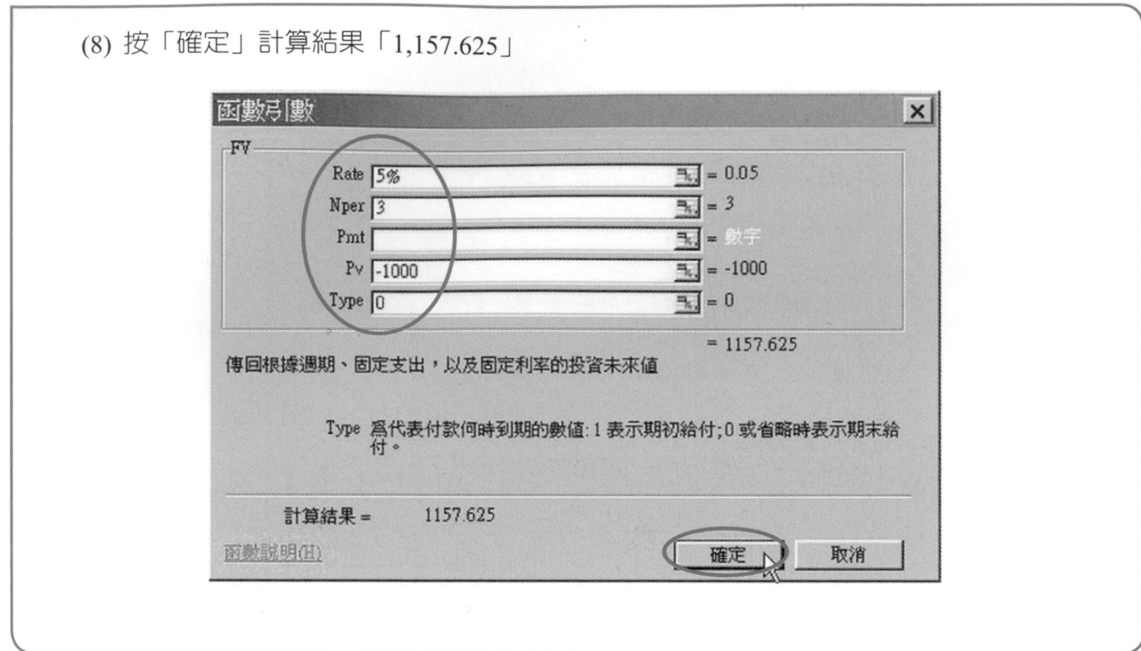

（三）複利的過程

終值利率因子（*FVIF*）的公式為 $(1 + r)^n$，終值和利率、期數都是呈正比的關係，終值會隨著利率與期數的增加而成長。以下為終值和利率、期數關係的結論與圖形（圖 4-2）：

1. 當期數相同時，利率愈高則終值愈大。
2. 當利率相同時，期數愈多則終值愈大。

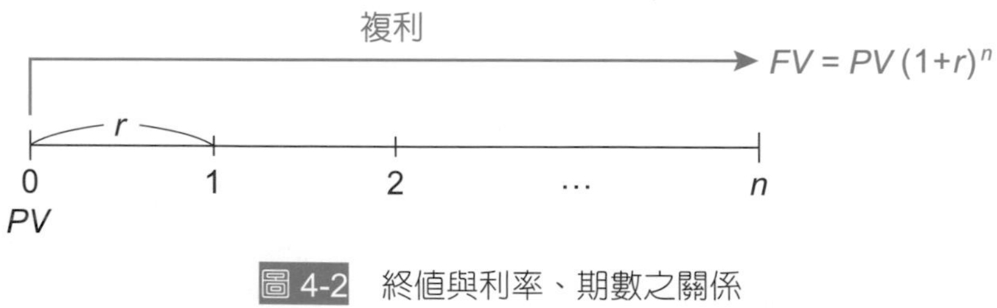

圖 4-2 終值與利率、期數之關係

二、現值

所謂現值（Present Value；*PV*）是代表未來資金的現在價值。其觀念與終值相反，為未來有一筆資金，將時間往前推至現在時點，則這筆資金被複利折現成現在的價值。

（一）現值的表示

現值如同終值一樣，都是以「複利」的方式在計算折現值，其計算表示式如 (4-3) 式：

$$PV = \frac{FV}{(1+r)^n} \tag{4-3}$$

其中，PV 表示現值，FV 表示資金的未來值，r 表示利率，n 表示期數，如圖 4-3 所示。

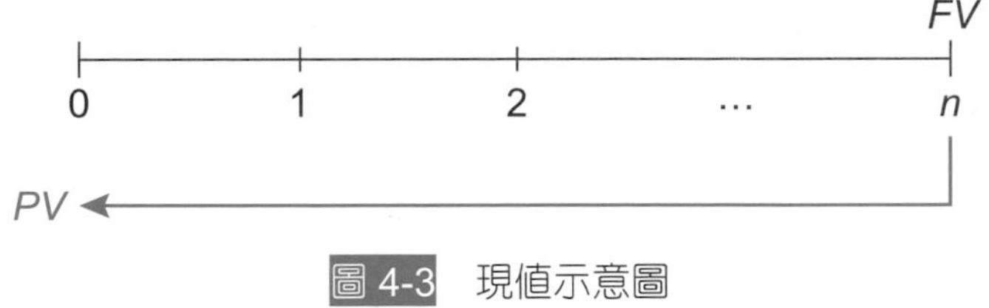

圖 4-3　現值示意圖

由上面的公式得知，現值和未來的資金額成正比關係，但與利率、期數都是呈反比的關係，也就是未來的資金額增加，則使現值增加；但利率與期數增加，都會使現值減少。此外，現值的表示除了 (4-3) 式的數學計算式之外，我們亦可以利用附錄的表 A-2「現值利率因子表」（Present Value Interest Factor；PVIF），以查表的方式求算終值，其表示式如 (4-4) 式：

$$PV_n = FV \times PVIF_{(r,n)} \tag{4-4}$$

其中，$PVIF_{(r,n)}$ 代表利率爲 r，期數爲 n 的現值利率因子。由 (4-3) 式與 (4-4) 式可知：$PVIF_{(r,n)} = \frac{1}{(1+r)^n}$，現值利率因子可於本書附錄的表 A-2「現值利率因子 ($PVIF$) 表」中查得，此表內所標示的數值所指的是「未來的每 1 元，將時間往前推 n 期，並以利率 r 進行折現後，所得到的現值」。

例 4-2

【現值】

假設你 3 年後有 1,000 元的資金，在年利率為 5% 的情況下，請問 3 年後有 1,000 元之現在值為多少？

解

【解法 1】利用數學公式或現值表，計算機或查表解答

(1) 利用數學式解答

$$PV = \frac{1,000}{(1+5\%)^3} = 863.8\text{（元）}$$

(2) 利用現值利率因子 ($PVIF$) 表，查利率 $r = 5\%$，期數 $n = 3$，

$PVIF_{(55,\,3)} = 0.8638$

$PV = 1,000 \times PVIF_{(55,\,3)} = 1,000 \times 0.8638 = 863.8$（元）

【解法 2】利用 Excel 解答，步驟如下：

(1) 選擇「公式」

(2) 選擇函數類別「財務」

(3) 選取函數「PV」

(4) 「Rate」填入「5%」

(5) 「Nper」填入「3」

(6) 「Fv」填入「－ 1000」

(7) 「Type」填入「0」

(8) 按「確定」計算結果「863.84」

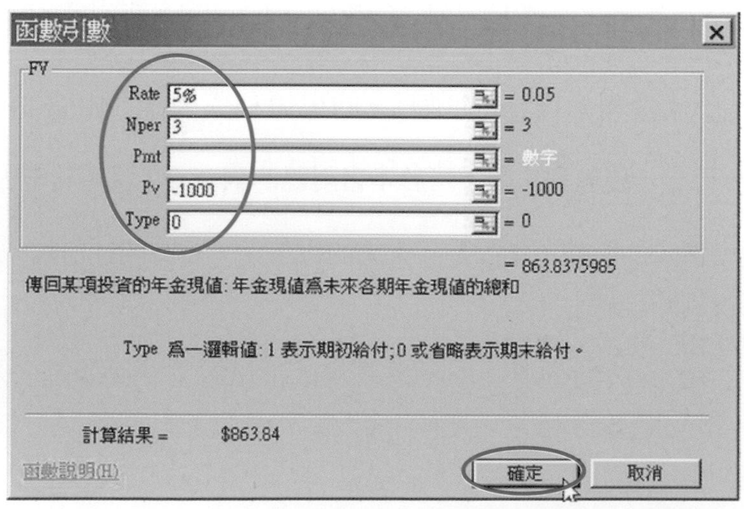

（二）折現的過程

現值利率因子（PVIF）的公式爲，現值和折現利率、期數都是呈反比的關係，現值會隨著折現利率與期數的增加而減少。以下爲現值和折現利率、期數關係的結論與圖形（圖 4-4）：

1. 當期數相同時，折現利率愈高則現值愈小。
2. 當折現利率相同時，期數愈多則現值愈小。

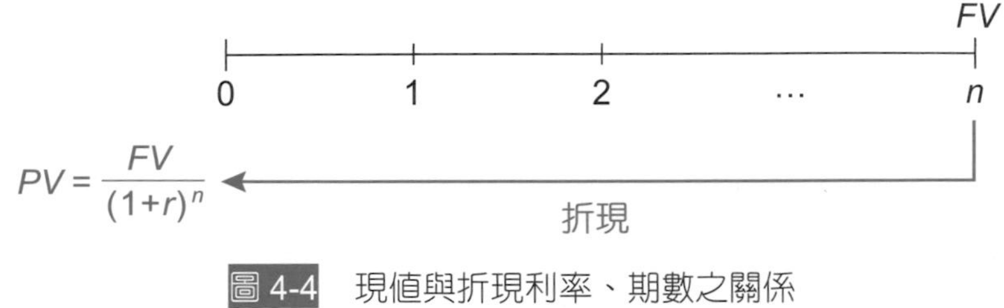

圖 4-4 現值與折現利率、期數之關係

4-2 利率的種類

每一種商品都有其價格，價格皆以貨幣來表示，如買一部汽車或租房屋，都有其價格及租金。但若我們把貨幣當作商品，則我們向別人借錢，要支付利息（Interest）給資金出借人，到銀行存錢，銀行則會付給我們利息。利息就是指資金借貸的價格或稱爲使用資金的成本，而利率則是用來計算利息的標準；通常是以本金的百分比（%）表示之，通常以每年的百分比計算，稱爲「年利率」（Per Annum Interest Rate）。在實務上，我們習慣將利率的升降，以「點數」（Point）或「碼數」（Quarter）稱之；1 點表示 0.01%；1 碼表示 0.25%。

利率與利息是我們生活中，最常見與最基礎的金融常識。以下將介紹幾種常見的利率形式：

一、短期利率與長期利率

以使用資金長短爲標準，一般長、短期利率分類並無一定的法定標準。若以貨幣市場、資本市場的期限分類，短期利率（Short-term Rate）爲一年期以下的利率；長期利率（Long-term Rate）則爲一年以上的利率。

通常金融市場的短期資金供需是決定短期利率的主要因素，在國內短期利率的觀察指標爲「金融拆款利率」、「短期票券利率」與「債券附買回利率」；國外則爲「英國倫敦金融同業拆款利率（London Inter Bank Offer Rate, LIBOR）[13]」或「美國國庫券（Treasury Bills）利率」。通常一國經濟景氣的好壞是影響長期利率的主要因素，在國內長期利率的觀察指標爲「10 年公債殖利率」；國外則爲「美國長期公債（Treasury Bonds）殖利率」。

LIBOR 將退場 三對策因應

LIBOR退場因應重點

項目	內容
替代利率指標	●尋求替代利率指標，研擬轉換計畫 ●LIBOR五種報價幣別（美元、歐元、英鎊、日圓及瑞士法郎）的各貨幣主管機關，已提出可供轉換的基準指標，以利市場參與者應用
檢視契約	檢視以LIBOR為訂價指標的存續契約，積極與可能受影響的客戶及交易對手溝通，協商相關合約修改
辨識可能風險	辨識LIBOR停用與轉換可能造成的風險，包括對業務流程、會計及稅務作業、風險性資產與資本計提模型、資訊系統等影響，訂定調整方案並定期檢視

資料來源：金管會　　邱金蘭／製表

全球最重要的聯貸訂價指標 LIBOR（London Interbank Offered Rate，倫敦銀行同業拆借利率）即將走入歷史，英國金融監理局（FCA）日前宣布自 2022 年 1 月 1 日起，將不再規定會員銀行必須提供 LIBOR 報價，亦即 LIBOR 可能 2021 年底退場。中央銀行昨與金管會籲請金融機構審慎評估相關影響，並提出「尋求替代利率指標」等三點因應之道。

首先，金融機構應尋求替代利率指標，研擬轉換計畫。LIBOR 五種報價幣別（美元、歐元、英鎊、日圓及瑞士法郎）的各貨幣主管機關，已提出可供轉換的基準指標，供市場參與者應用。例如：美元的替代利率指標為 SOFR（擔保隔夜融資利率）、日圓為 TONA（東京隔夜平均利率）等。

第二，檢視現行以 LIBOR 為訂價指標的存續契約，積極與可能受影響的客戶及交易對手溝通，協商相關合約修改。

13 由於 2012 年 LIBOR 發生被操縱案，已逐漸不再受國際金融市場所信任，現今全球全融機構已在尋求替代的指標利率，例如：美元的替代利率指標為「擔保隔夜融資利率（Secured Overnight Financing Rate：SOFR）」、歐元為「歐元區銀行間隔夜貸款利率（Euro Short-term Rate：ESTR）」日圓為「東京隔夜平均利率（Tokyo Overnight Average Rate：TONA）」。

第三，辨識 LIBOR 停用與轉換可能造成的風險，包括對業務流程、會計及稅務作業、風險性資產與資本計提模型、資訊系統等影響，訂定調整方案並定期檢視。

目前全球金融商品主要以 LIBOR 作為訂價基準指標，包括衍生性金融商品、企業貸款、浮動利率債券、證券化產品等，面對 LIBOR 退場風險，央行與金管會提前籲請金融機構審慎評估相關影響，並妥為因應。

圖文資料來源：摘錄自經濟日報 2020/02/25

【解說】

全球知名的基準利率－LIBOR，由於 2012 年發生被操縱事件，因此逐不受全世界金融機構所信任，將於 2021 年底退場。近期，全球將尋找新的替代利率，並對現今仍以 LIBOR 作為訂價的金融商品，須盡快評估如何因應，以免產生風險。

二、名目利率與實質利率

通常金融市場中，利率的報價皆以「名目利率」爲主。所謂名目利率（Nominal Rate）是指在金融體系下，所觀察到的利率。實質利率（Real Rate）爲名目利率公式扣掉通貨膨脹率（Inflation Rate）所得之利率，可以實際反應貨幣實質購買力的利率。根據費雪（Fisher）所提出的費雪方程式（Fisher Equation），可將三者關係表示如式 4-5：

$$R\text{（名目利率）}= r\text{（實質利率）}+ \pi\text{（通貨膨脹率）} \quad (4\text{-}5)$$

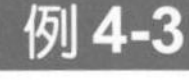

例 4-3

【名目與實質利率】

假設現在銀行的一年定存利率為 2.5%，物價上漲率為 1.2%，則請問實質利率為何？

解

名目利率 = 實質利率 + 通貨膨脹率 ⇒ 2.5% = 實質利率 +1.2% ⇒實質利率 =1.3%

三、票面利率與殖利率

買賣債券通常會有兩種利率影響債券的價格，一爲票面利率（Coupon Rate），另一爲殖利率（Yield To Maturity）（或稱到期收益率）。所謂票面利率是指有價證券在發行條件上所記載，發行機構須支付給持有人的利率。所謂殖利率是一種報酬率，是指有價證券持有人從買入有價證券後一直持有至到期日爲止，這段期間的實質投資報酬率。以

下式 (4-6) 爲票面利率與殖利率之關係式：

$$P_0 = \sum_{t=1}^{n} \frac{C_t}{(1+r)^t} + \frac{B}{(1+r)^n} \qquad (4\text{-}6)$$

P_0 ：購買時債券的價格

C_t ：第 t 年票面利率所產生的現金流量

r ：殖利率（折現率）

B ：債券的面額

n ：期數

有關票面利率、到期收益率與債券價格之間關係，我們利用例 4-4 以及表 4-2 來說明之。

例 4-4

【票面利率與殖利率】

某一債券票面面額 10,000 元，票面利率 10%，期限 3 年，

(1) 若當時債券市價為 9,000 元，則請問殖利率為何？此債券為折價、平價或溢價債券？

(2) 若當時債券市價為 10,000 元，則請問殖利率為何？此債券為折價、平價或溢價債券？

(3) 若當時債券市價為 11,000 元，則請問殖利率為何？此債券為折價、平價或溢價債券？

解

【解法 1】利用計算機解答

(1) 債券市價為 9,000 元小於債券面額 10,000 元，故為折價債券

票面利率 =10%，債券每年利息為 10,000×10%=1,000

到期收益率 $9,000 = \frac{1,000}{(1+r)} + \frac{1,000}{(1+r)^2} + \frac{1,000}{(1+r)^3} + \frac{10,000}{(1+r)^3} \Rightarrow r = 14.33\%$

(2) 債券市價為 10,000 元等於債券面額 10,000 元，故為平價債券

票面利率 =10%，債券每年利息為 10,000×10%=1,000

到期收益率 $10,000 = \frac{1,000}{(1+r)} + \frac{1,000}{(1+r)^2} + \frac{1,000}{(1+r)^3} + \frac{10,000}{(1+r)^3} \Rightarrow r = 10\%$

(3) 債券市價為 11,000 元大於債券面額 10,000 元，故為溢價債券

票面利率 =10%，債券每年利息為 10,000×10%=1,000

到期收益率 $11,000 = \frac{1,000}{(1+r)} + \frac{1,000}{(1+r)^2} + \frac{1,000}{(1+r)^3} + \frac{10,000}{(1+r)^3} \Rightarrow r = 6.24\%$

【解法 2】利用 Excel 解答，步驟如下：

(1) 選擇「公式」

(2) 選擇函數類別「財務」

(3) 選取函數「Rate」

(4) 「Rate」、「Nper」、「Pmt」、「Fv」、「Type」依「折價、平價與溢價」不同，填入以下各數據：

	折價債券	平價債券	溢價債券
Nper	3	3	3
Pmt	1,000	1,000	1,000
Pv	− 9,000	− 10,000	− 11,000
Fv	10,000	10,000	10,000
Type	0	0	0
計算結果	14.33%	10.0%	6.24%

折價債券

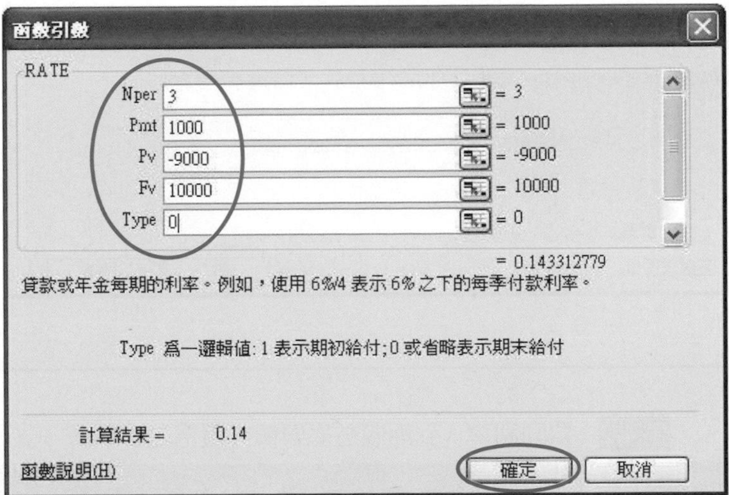

平價債券

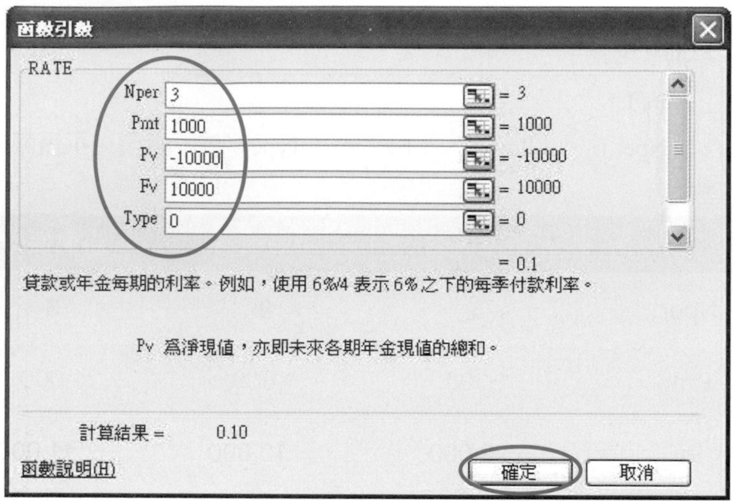

溢價債券

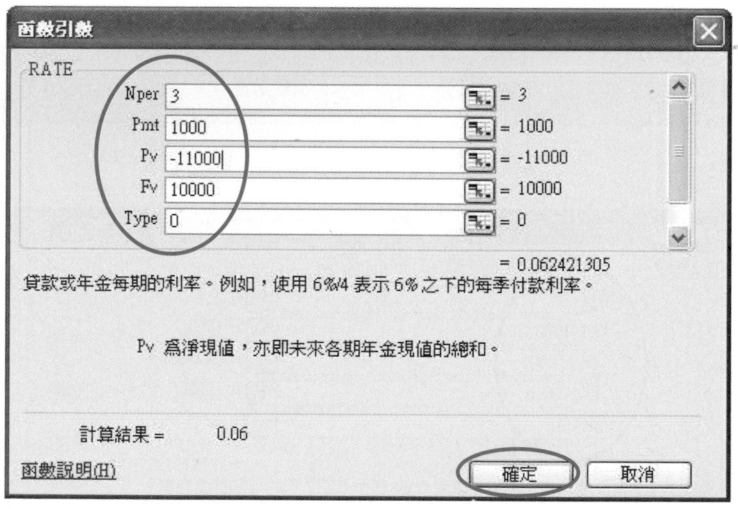

表 4-2 票面利率、到期收益率與債券價格之間關係

債 券	關 係
折價債券	票面利率＜到期收益率
平價債券	票面利率＝到期收益率
溢價債券	票面利率＞到期收益率

四、年利率與持有期間報酬率

通常我們去銀行存款或買賣債券，利率的報價都是以年利率爲主。但若我們在某一段期間內，買賣某檔股票或基金後，所計算的損益報酬則爲持有期間報酬率。持有期間報酬率須經過年化調整之後，才是年利率，所以在計算報酬率時須注意以何種「期間」當作標準。以下我們利用例 4-5 說明：年利率與持有期間報酬率之間的關係。

例 4-5

【年利率與持有期間報酬率】

(1) 假設現在銀行的 3 個月定存利率為 2.4%，則請問持有期間報酬率為何？

(2) 假設投資一檔基金，4 個月的報酬率為 5%，請問年化報酬為何？

解

(1) 持有期間報酬率 $= 2.4\% \times \frac{3}{12} = 0.6\%$

(2) 年報酬率 $= 5\% \times \frac{12}{4} = 15\%$

貨幣與生活

郵局存款「超過 100 萬」不計利息 網友驚呼：今天才知道

許多人都會選擇將手中的現金存到銀行或郵局，並利用「定存」的方式領到「利息優惠」，不過昨有一名網友在爆廢公社中提到，自己到郵局存完錢後，郵局行員告知他「超過 100 萬不計利息」，讓他當場驚呼「我到今天才知道！」

原 PO 在文中表示，自己才剛在郵局存完錢，沒想到當下郵局行員就告訴他，存款超過 100 萬的部分是不計利息的，由於自己過去都不曉得在郵局存款有這項規定，因此讓他感到相當驚訝。

事實上，郵局官網的儲匯業物專區中也有說明，存簿儲金最高計息金額為新台幣 100 萬元，存簿儲金按日計息，1 年以 365 日為基礎，每半年結息 1 次，結息日為每年 6 月 20 日及 12 月 20 日，除公教戶外利息所得免扣所得稅。

圖文資料來源：摘錄自聯合新聞網 2020/02/16

【解說】

郵局是國人最常接觸的基層金融機構，且大部分的國人都有郵局存簿帳戶，但存簿儲金的金額超過新台幣 100 萬元，就不給利息，這是很多市井小民都不知道的事情。

市場焦點

借錢還送你錢？丹麥銀行推出全世界第一個負利率貸款

最近，丹麥日德蘭銀行推出了負利率貸款。你沒聽錯，這代表銀行會在借你錢的同時，還付你錢。

第一個負利率房貸

最近，丹麥日德蘭銀行（Jyske Bank）推出了全世界第一個負利率房屋貸款，向該銀行借貸房屋貸款的屋主將享有－0.5%利率。負利率貸款代表銀行在借錢給借貸人的同時，也在付借貸人錢，也就是說，借貸人需要償還的貸款金額會比他們實際借貸的錢要少。

不是直接給你多的錢

丹麥日德蘭銀行表示，申請負利率房貸的借貸人仍需照常按月還款，但未償還房貸每月減少的金額將超過貸款人支付的金額。日德蘭銀行房地產經濟學家解釋：「我們不會直接把錢送到你手上，但你的債務每月減少的金額將超過你償還的金額。」

仍需酌收手續費

不過，日德蘭銀行的負利率貸款並不如條款設計的那麼吸引人。事實上，負利率導致未償還貸款金額逐月減少，是不考慮手續費的情況下才有可能發生的事。如果納入手續費，借貸人最終仍需給付比借貸金額更多的還款。日德蘭銀行估計，如果一名借貸人借了 25 萬丹麥克朗（約台幣 116 萬 7,000 元），最後仍須在十年後償還 26 萬 9,127 丹麥克朗（約台幣 125 萬 6,280 元）。

圖文資料來源：摘錄自財經新報 2019/08/24

【解說】

近年來，全世界各國央行紛紛降息，導致利率趨於零、甚至為負值。北歐丹麥居然有銀行居然推出全世界第一個負利率貸款，也就是代表銀行在借你錢的同時，還付你錢。但根據該銀行的運作是負利率貸款，並不代表銀行會直接把額外的款項交到客戶手裡，而是透過每月結算的方式降低未償還貸款的總金額。這表面看起來，好像房貸總繳金額將減少，但銀行又不是笨蛋，他會請您繳額外手續費，所以銀行還是有微利可以賺的。

4-3 利率的決定理論

低利率的高低是如何決定的呢？此處我們利用三個理論來簡單說明之：

一、古典學派的利率理論

古典學派認爲利率是由實際面的「投資」需要與「儲蓄」意願所決定。投資（Investment）是利率的減函數，與利率成反比，即利率愈高（低），投資量就愈低（高），所以投資曲線爲一負斜率曲線。「儲蓄」（Savings）是利率的增函數，與利率成正比，即利率愈高（低），儲蓄量就愈高（低），所以投資曲線爲一正斜率曲線。所以由圖 4-5 得知：投資曲線（I）與儲蓄曲線（S）達到均衡時，當時的利率爲 r_0，投資量爲 I_0，儲蓄量爲 S_0。以下我們將進一步分析，當投資與儲蓄變動時，對利率的影響。

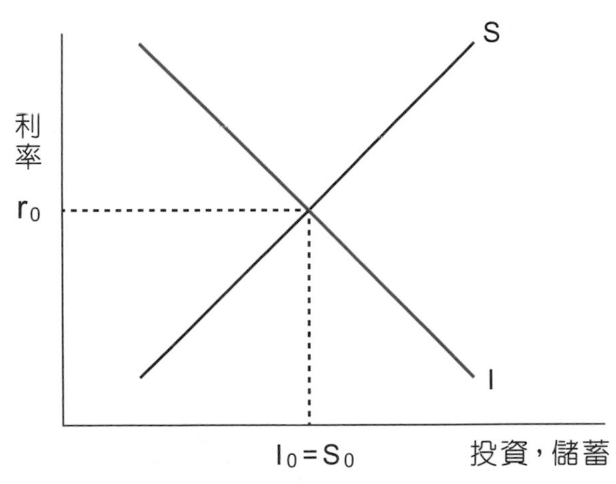

圖 4-5 古典學派利率的決定圖

（一）投資變動對利率的影響

當投資增加時，如圖 4-6 所示，投資曲線由原來的 I 移動至 I'，使得投資量由原來的 I_0 增至 I_1，將導致利率由原來的 r_0 增加至 r_1。這表示投資愈多，將造成資金需求增加，使得市場利率將往上移動。反之，當投資減少時，將造成資金需求減少，使得市場利率將往下移動。

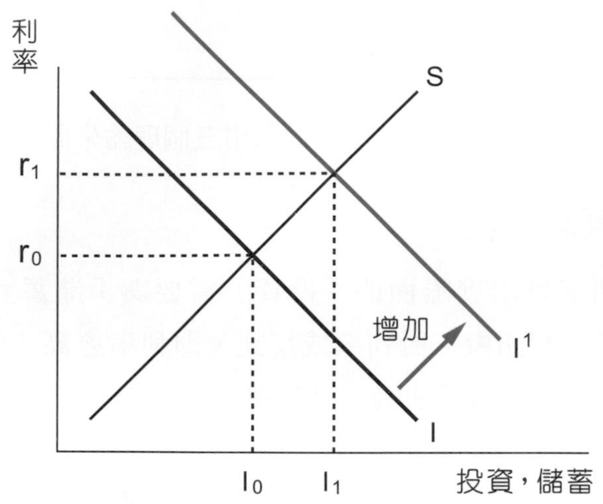

圖 4-6 投資變動對利率的影響圖

（二）儲蓄變動對利率的影響

當儲蓄增加時，如圖 4-7 所示，儲蓄曲線由原來的 S 移動至 S'，使得儲蓄量由原來的 S_0 增至 S_1，將導致利率由原來的 r_0 減少至 r_2。這表示儲蓄愈多，將造成資金供給增加，使得市場利率將往下移動。反之，當儲蓄減少時，將造成資金供給減少，使得市場利率將往上移動。

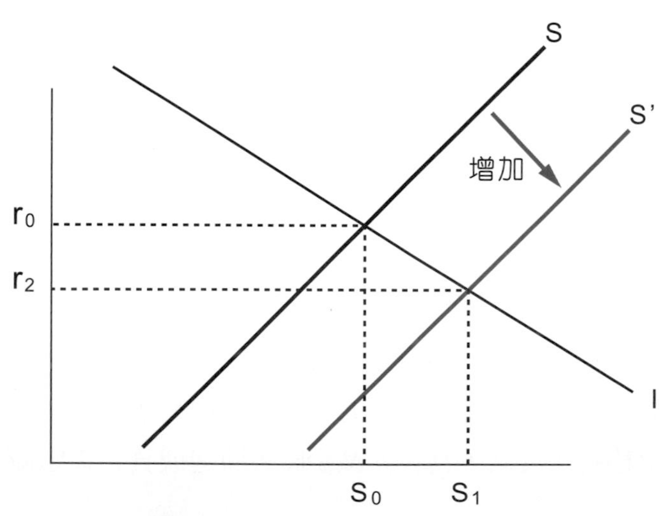

圖 4-7 儲蓄變動對利率的影響圖

有關投資與儲蓄變動對利率的影響，將整理於表 4-3。此外，該理論由於只考慮投資與儲蓄變動對利率的影響，並未考慮其他金融面的因素。例如：未考慮其他市場對利率的影響。所以近代經濟學家漸漸不認同古典學派的利率理論，取而代之的爲新古典學派的「可貸資金理論」與凱因斯的「流動性偏好理論」。以下二部分將繼續介紹此兩理論。

表 4-3 投資與儲蓄變動對利率的影響表

項目	變動方向	利率走勢
投資	增加	上升
	減少	下降
儲蓄	增加	下降
	減少	上升

二、可貸資金理論

新古典學派的可貸資金理論（Loanable Funds Theory）認爲利率是由借貸市場中，「可貸資金的供給與需求」所共同決定。可貸資金的供給是利率的增函數，與利率成正比，即利率愈高（低），可貸資金的供給就愈多（少），所以可貸資金的供給曲線爲一正斜率曲線。可貸資金的需求是利率的減函數，與利率成反比，即利率愈高（低），可貸資金的需求就愈少（多），所以可貸資金的需求曲線爲一負斜率曲線。所以由圖 4-8 得知：可貸資金供給曲線（*LS*）與可貸資金需求曲線（*LD*）達到均衡時，當時的利率爲 r_0，可貸資金供給量爲 LS_0，可貸資金需求量爲 LD_0。以下我們將進一步分析，當可貸資金供給與需求變動時，對利率的影響。

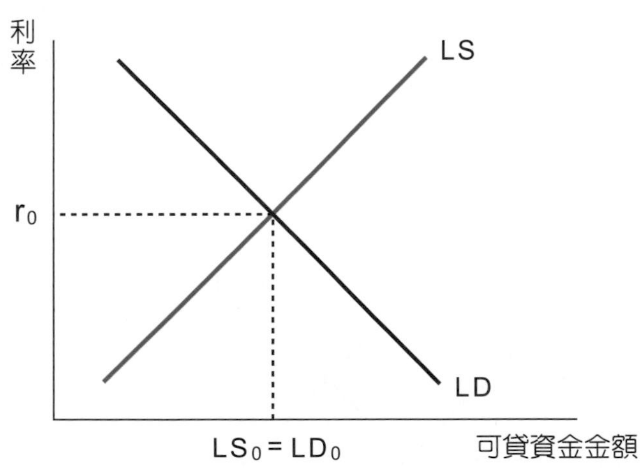

圖 4-8 可貸資金理論的利率決定圖

（一）可貸資金供給變動對利率的影響

當可貸資金供給增加時，如圖 4-9 所示，可貸資金供給曲線由原來的 *LS* 移動至 *LS'*，使得可貸資金供給量由原來的 LS_0 增至 LS_1，將導致利率由原來的 r_0 減少至 r_1。這表示可貸資金供給愈多，將使得市場利率將往下移動。反之，當可貸資金供給減少時，將使得市場利率將往上移動。

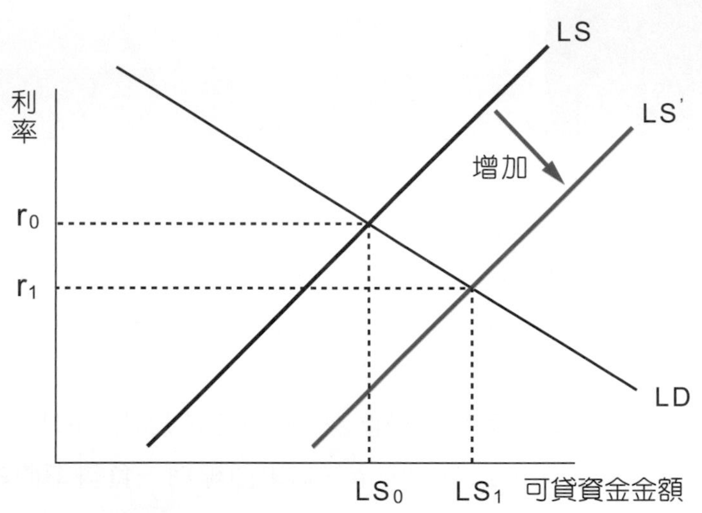

圖 4-9 可貸資金供給變動對利率的影響圖

（二）可貸資金需求變動對利率的影響

當可貸資金需求增加時，如圖 4-10 所示，可貸資金需求曲線由原來的 *LD* 移動至 *LD'*，使得可貸資金需求量由原來的 LD_0 增至 LD_1，將導致利率由原來的 r_0 增加至 r_2。這表示可貸資金需求愈多，將使得市場利率將往上移動。反之，當可貸資金需求減少時，將使得市場利率將往下移動。

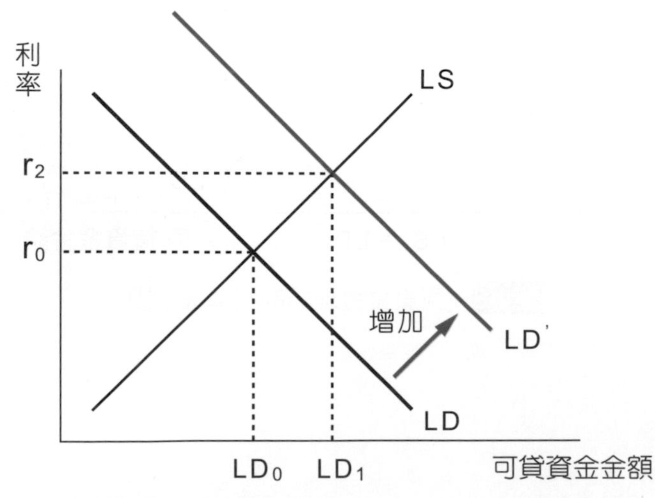

圖 4-10 可貸資金需求變動對利率的影響圖

表 4-4　借貸市場中，可貸資金供給與需求變動對利率的影響

項目	變動方向	利率走勢
可貸資金供給	增加	下降
	減少	上升
可貸資金需求	增加	上升
	減少	下降

三、流動性偏好理論

凱因斯所提出的流動性偏好理論（Liquidity Preference Theory）認爲貨幣是財富的一種，因貨幣具有很好的流動性，所以人們願意持有貨幣，乃因對它的流動性偏好。流動性偏好理論認爲利率是由市場上，「貨幣的供給與需求」所共同決定。凱因斯認爲貨幣供給情形，因被中央銀行利用各種貨幣政策所控制，所以並不受利率影響，因此貨幣供給曲線爲一垂直曲線。此外，凱因斯認爲人們持有貨幣的主要動機有三個：分別爲「交易動機」、「預防動機」與「投機動機」。以下將說明這三種動機，所產生的貨幣需求：

1. 交易動機（**Transaction Motive**）：是指人們持有貨幣，乃因應付日常生活交易的需求。通常交易動機所產生的貨幣需求與交易規模成正比，亦即交易規模（或說所得）愈大，貨幣的需求就愈多。
2. 預防動機（**Precautionary Motive**）：是指人們持有貨幣，乃爲了應付臨時性與突發性的需求。例如：突發的醫療費用、或臨時起意的消費。通常預防動機所產生的貨幣需求與臨時消費的規模成正比，亦即臨時消費規模（或說所得）愈大，貨幣的需求就愈多。
3. 投機動機（**Speculative Motive**）：是指人們持有貨幣，乃爲了將來的投資機會所產生的需求。凱因斯假設人們保有財富的方式有兩種資產：貨幣與債券。所以當利率下跌時，債券價格上升，投資人的貨幣投機需求會增加，因此投機動機所產生的貨幣需求與利率的變動成反比，亦即利率升高，貨幣的需求就愈小。

綜合上述貨幣的三個主要動機，對貨幣需求產生的變動情形得知：投機動機所產生的貨幣需求與利率變動成反比；但交易與預防動機的貨幣需求與所得成正比；與利率較無關。因此綜合三者動機得知：貨幣需求是利率的減函數，與利率成反比，即利率愈高（低），貨幣需求就愈少（多），所以貨幣需求曲線為一負斜率曲線。所以由圖 4-11 得知：貨幣供給曲線（*MS*）與貨幣需求曲線（*MD*）達到均衡時，當時的利率為 r_0，貨幣供給與需求量為 M_0。以下我們將進一步分析，貨幣供給與需求變動時，對利率的影響。

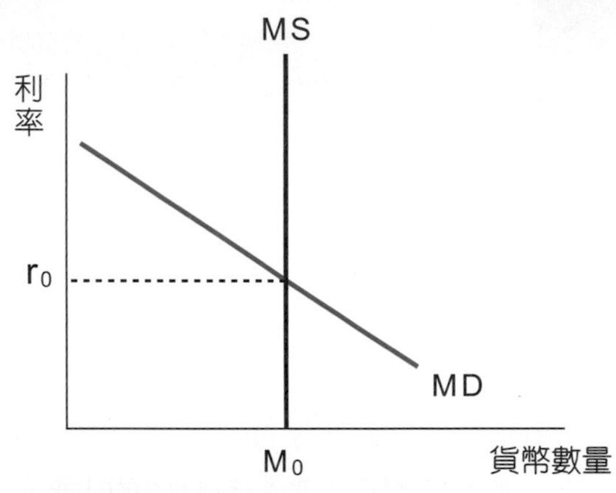

圖 4-11 流動性偏好理論的利率決定圖

（一）貨幣供給變動對利率的影響

當貨幣供給增加時，如圖 4-12 所示，貨幣供給曲線由原來的 *MS* 移動至 *MS'*，使得貨幣供給量由原來的 M_0 增至 M_1，將導致利率由原來的 r_0 減少至 r_1。這表示貨幣供給愈多，將使得市場利率將往下移動。反之，當資金供給減少時，將使得市場利率將往上移動。

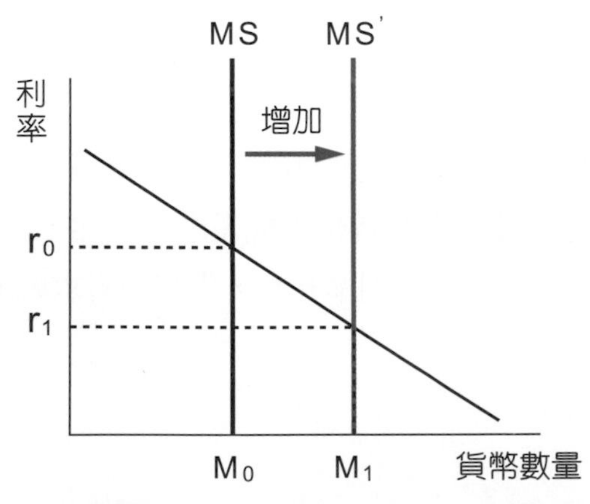

圖 4-12 貨幣供給變動對利率的影響圖

（二）貨幣需求變動對利率的影響

當貨幣需求增加時，如圖 4-13 所示，貨幣需求曲線由原來的 *MD* 移動至 *MD'*，使得貨幣的供需量仍維持於 M_0，但利率由原來的 r_0 增加至 r_2。這表示貨幣需求愈多，將使得市場利率將往上移動。反之，當貨幣需求減少時，將使得市場利率將往下移動。

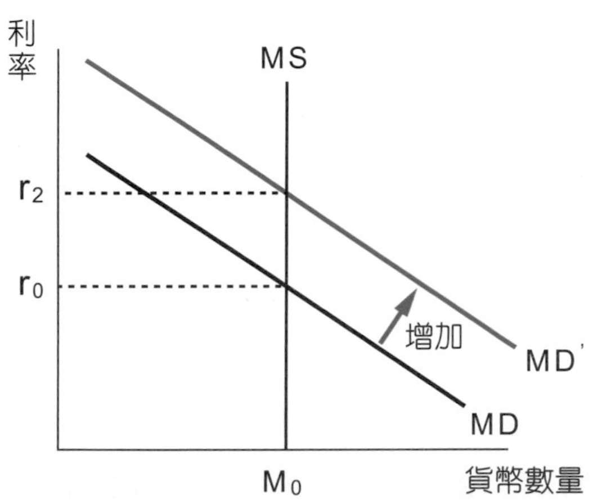

圖 4-13　貨幣需求變動對利率的影響圖

有關流動性偏好理論所提及，貨幣供給與需求變動對利率的影響情形，將整理於表 4-5。

表 4-5　貨幣供給與需求變動對利率的影響表

項目	變動方向	利率走勢
貨幣供給	增加	下降
	減少	上升
貨幣需求	增加	上升
	減少	下降

本章習題

一、選擇題

【基礎題】

1. 假設現在你有 10 萬元的資金，存入 3 年期定存，年利率為 6%，請問 3 年之後你擁有多少本利和？ (A)100,000×$FVIFA_{(6\%,3)}$ (B)100,000×$PVIFA_{(6\%,3)}$ (C)100,000×$PVIF_{(6\%,3)}$ (D)100,000×$FVIF_{(6\%,3)}$。
2. 同上題，若銀行計息方式，採半年複利一次，請問 3 年之後你擁有多少本利和？ (A)100,000×$FVIF_{(3\%,3)}$ (B)100,000×$FVIF_{(3\%,6)}$ (C)100,000×$FVIF_{(6\%,6)}$ (D)100,000×$FVIF_{(6\%,6)}$。
3. 假設妳 5 年後得到 100 萬元的保險的回饋金，請問在利率 2% 情形下，你的現值約為多少錢？ (A)100 萬 (B)90 萬 (C)86 萬 (D)82 萬。
4. 同上題，若在利率 4% 情形下，你的現值約為多少錢？ (A)100 萬 ×$PVIF_{(4\%,5)}$ (B)100 萬 ×$PVIF_{(4\%,5)}$ (C)100 萬 ×$FVIF_{(4\%,5)}$ (D)100 萬 ×$FVIF_{(4\%,5)}$。
5. 下列何者不屬於短期利率的一種？ (A) 票券利率 (B) 金融同業拆款利率 (C) 債券附買回利率 (D) 債券殖利率。
6. 假設今年的銀行定存利率為 5%，通貨膨脹率為 2%，請問今年的實質報酬率為何？ (A)5% (B)4% (C)3% (D)2%。
7. 若甲公司債券，三年後到期，其面額為 100,000 元，每年付息一次 6,000 元，該債券以 98,000 元賣出，則到期殖利率為何？ (A) 大於 6% (B) 等於 6% (C) 小於 6% (D) 等於 5%。
8. 假設投資一檔股票，3 個月的報酬率為 4%，請問年報酬為何？ (A)4% (B)10% (C)16% (D)20%。
9. 古典學派的利率理論，認為利率是由哪兩種因素決定？ (A) 投資與儲蓄 (B) 可貸資金供給與需求 (C) 貨幣供給與需求 (D) 國民所得供給與需求。
10. 下列有關古典學派的利率理論，何者有誤？ (A) 投資是利率的減函數 (B) 儲蓄是利率的增函數 (C) 當投資增加時，利率會上升 (D) 當儲蓄減少時，利率會下降。

11. 可貸資金理論認為，利率是由哪兩種因素決定？ (A) 投資與儲蓄 (B) 可貸資金的供給與需求 (C) 貨幣供給與需求 (D) 國民所得供給與需求。
12. 下列有關可貸資金理論，何者有誤？ (A) 可貸資金的供給是利率的減函數 (B) 可貸資金的需求是利率的減函數 (C) 當可貸資金供給增加時，利率會下降 (D) 當可貸資金需求減少時，利率會下降。
13. 流動性偏好理論認為，利率是由哪兩種因素決定？ (A) 投資與儲蓄 (B) 可貸資金的供給與需求 (C) 貨幣的供給與需求 (D) 國民所得的供給與需求。
14. 下列何者非人們持有貨幣的主要動機？ (A) 交易動機 (B) 預防動機 (C) 儲蓄動機 (D) 投機動機。
15. 下列有關流動性偏好理論，何者有誤？ (A) 貨幣供給是利率的減函數 (B) 貨幣需求是利率的減函數 (C) 當貨幣供給減少時，利率會上升 (D) 當貨幣需求增加時，利率會上升。

【進階題】

16. 下列敘述中，何者最正確？ (A) 現值與終值皆與利率呈正比 (B) 複利期數愈多、終值愈低 (C) 複利期數愈多、現值愈高 (D) 複利比單利，可以產生更多的本利和。
17. 下列敘述中，何者最正確？ (A) 長期利率較容易受到景氣影響 (B) 通常名目利率與通貨膨脹率無關 (C) 票面利率通常比殖利率高 (D) 去銀行承作定存，銀行的利息通常會以持有期間報酬報價。
18. 下列敘述中，何者最正確？ (A) 古典學派的利率理論認為利率取決於貨幣供 給與需求 (B) 可貸資金理論認為資金需求是利率的減函數 (C) 流動性偏好理論認為貨幣供給是利率的減函數 (D) 當利率下跌，投機性的貨幣需求會減少。
19. 下列敘述中，何者有誤？ (A) 可貸資金理論認為利率取決於資金供給與需求 (B) 可貸資金理論認為可貸資金需求增加，利率上升 (C) 流動性偏好理論認為貨幣供給增加，利率上升 (D) 古典學派的利率理論認為儲蓄增加，利率下降。
20. 下列有關利率的敘述何者有誤？ (A) 現值與利率成反比 (B) 銀行的利率報價通常是實質年利率 (C) 流動性偏好理論認為貨幣供給與利率高低無關 (D) 古典學派的利率理論認為投資增加，利率會上升。

【國考題】

21. 新古典學派認爲均衡利率是由下列何者決定？ (A) 可貸資金供需相等點 (B) 儲蓄與投資相等點 (C) 生產與投資相等點 (D) 生產與儲蓄相等點。 （2011 板信銀）
22. 下列有關凱因斯的流動性偏好理論的敘述，何者是錯誤的？ (A) 人們持有貨幣有三大動機：交易、預防與投機 (B) 交易動機的貨幣需求與所得成正相關 (C) 預防動機的貨幣需求與所得成正相關 (D) 投機動機的貨幣需求與利率成正相關。 （2011 初等考）
23. 依據可貸資金理論，在其他條件不變情況下，下列敘述何者正確？ (A) 政府預算赤字增加，會使可貸資金需求增加，而使利率下跌 (B) 貨幣供給增加，會使可貸資金供給增加，而使利率上升 (C) 家計部門的儲蓄增加，會使可貸資金供給增加，而使利率下跌 (D) 企業增加投資，會使可貸資金需求增加，而使利率下跌。 （2012 華南金融）
24. 有關「利率」之敘述，下列何者正確？ (A) 當市場利率下跌時，長期債券價格會上漲，而短期債券價格會下跌 (B) 零息債券的價格不受市場利率變動的影響 (C) 當通貨膨脹率爲正值時（通貨膨脹率大於零），名目利率會小於實質利率 (D) 隨著通貨膨脹率的變動，實質利率有可能爲負值。 （2012 華南金融）
25. 中央銀行宣布調降基準利率 1 碼，1 碼代表 (A)100 個基本點 (B)250 個基本點 (C)0.25% (D)0.1%。 （2012 初等考）
26. 當債券的到期殖利率等於票面利率時 (A) 債券價格等於債券面值 (B) 債券價格小於債券面值 (C) 債券價格大於債券面值 (D) 債券價格可能大於、小於或等於債券面值。 （2013 初等考）
27. 假設一張面額爲 100 萬元的一年後到期債券，其買進價格爲 80 萬元，則此債券的收益率爲 (A)10% (B)15% (C)20% (D)25%。 （2014 初等考）
28. 下列那一種收益率最能反應市場的利率水準？ (A) 銀行的存款利率 (B) 債券的票面利率 (C) 債券的殖利率 (D) 銀行的放款利率。 （2014 初等考）
29. 有關債券和利率的敘述，何者錯誤？ (A) 息票債券的價格等於面額時，殖利率即等於息票率 (B) 債券價格和殖利率呈現同向變動 (C) 利率風險是指因利率變動而造成債券獲利變動的風險 (D) 實質利率係衡量投資後所保有的購買力，能夠精確反映借貸的機會成本。 （2014 初等考）

30. 認爲儲蓄與投資決定利率，是那一個理論的看法？ (A) 可貸資金理論 (B) 流動性偏好理論 (C) 古典學派的利率理論 (D) 風險結構理論。（2014 初等考）

31. 根據可貸資金理論，當預期通貨膨脹率上升時，則表示： (A) 可貸資金供給增加 (B) 債券需求增加 (C) 債券利率上升 (D) 債券價格上升。（2019 初等考）

32. 有關凱因斯（Keynes）的流動性偏好理論之敘述，下列何者正確？ (A) 活動貨幣指的是因應預防動機與投機動機而持有的貨幣 (B) 投機動機的貨幣需求與所得呈現正向關係 (C) 交易動機的貨幣需求與利率無關 (D) 貨幣持有存在規模經濟。（2019 初等考）

二、簡答與計算題

【基礎題】

1. 假設現在你向銀行借 50 萬元，5 年後歸還，銀行借款利率爲 6%，請問 5 年後需還多少錢給銀行？
2. 假設你參加一個儲蓄型保險，6 年後會有 30 萬元的保險金可以拿，在年利率爲 8% 的情況下，請問你現在須繳多少保險金額？
3. 假設現在實質利率爲 3%，物價上漲率爲 1%，則請問你現在去存 100 萬的半年期銀行定存，請問可以拿到多少利息？
4. 某一債券票面面額 10,000 元，票面利率 6%，期限 3 年，若當時債券市價爲 9,800 元，則請問到期收益率（殖利率）爲何？
5. 假設期初買入一檔股票 40 元，3 個月賣出 43 元，持有期間發放現金股利 2 元，請問年報酬爲何？

【進階題】

6. 請說明古典學派的利率理論中，投資與儲蓄對利率的影響？
7. 請說明可貸資金理論中，可貸資金供給與需求對利率的影響？
8. 請說明流動性偏好理論中，貨幣供給與需求對利率的影響？

5 CHAPTER 利率的風險與期限結構

【本章大綱】

本章內容為利率的風險與期限結構，主要介紹債券因信用、流動與稅負不同所產生的利率風險結構的問題；以及因期限不同所產生的利率期限結構的問題，其內容詳見下表。

節次	節名	主要內容
5-1	利率的風險結構	介紹債券的信用、流動與稅負的利率風險。
5-2	利率的期限結構	介紹殖利率曲線與利率期限結構理論。

5-1 利率的風險結構

在金融市場中，有兩種與利率相關的金融商品，一種是與短期利率相關的「票券」，另一種是與長期利率相關的「債券」。因票券通常天期較短，所以對於市場上的利率變動比較不敏感；但債券因發行期限較長，所以市場利率的變動，對債券價格會產生較大的影響。因此市場利率的波動，對不同期限的債券價格的影響差異，正是下一節將要介紹的「利率期限結構」的問題。

此外，即使是相同期限的債券，也會因債券本身的信用與流動性風險、以及租稅負擔的差異，而使得債券的價格有所不同，這就是所謂的「利率風險結構」的問題。以下本節將針對債券的本身因「信用風險」、「流動性風險」與「租稅負擔」等差異，所產生的「利率風險結構」進行說明：

一、信用風險

信用風險（Credit Risk）又稱違約風險（Default Risk），是指債券發行公司，無法按時支付利息或本金的風險。通常違約風險高低，代表一家公司信用程度的好壞。若公司信用程度愈高（低），則違約風險愈低（高），債權人所要求的利率就應愈低（高）。

通常一個國家或政府所發行的債券，較無違約風險的問題，所以稱為「無違約的風險債券」（Default-free Bonds），其殖利率稱為「無風險利率」（Risk-free Interest Rate）。一般民間的公司所發行的債券，其違約風險均高於政府債券，所以投資人欲購買公司債時，會要求比政府債券高的利率當作補償，高出的利率部分稱為「風險溢酬」或「風險貼水」（Risk Premium）。

有關發行公司的信用程度優劣，可參考信用評等機構的評等結果。評鑑債券品質好壞，必須透過專業的信用評等機構進行評估。信用評等機構，除了對債券進行評等外，對國家、銀行、證券公司與基金也進行評等。全世界最著名的信用評等機構有三家，分別為「慕迪（Moody's）」、「標準普爾（Standard & Poor's）」與「惠譽國際（Fitch Rating）」。國內的信用評等機構－「中華信用評等公司」為 1997 年與「標準普爾」合作所成立的。

通常信用評等機構會依據公司的信用優劣，給予不同等級的代號。以下我們利用「標準普爾」的評等符號 （詳見表 5-1） 進行說明。通常字母 A 愈多，表示信用評等分數愈高，公司發生信用危機的風險愈低，債券的殖利率就愈低。且評等等級為 A 級依序大於 B 級、C 級與 D 級，有些等級又會以「＋」與「－」進一步細分。例如：「A ＋」＞「A」＞「A －」。

通常債信等級在 BBB 以上者，被稱為「投資級債券」；在 BBB 以下者，被稱為「投機級債券」。在投機級債券中，若 BB 以下者，被稱為「垃圾級債券」；若在 CCC 以下者，被稱為「違約級債券」。

表 5-1 信用評等符號與其意義說明

評等		評等說明
投資等級	AAA	信譽極好，償債能力最強，幾乎無風險。
	AA	信譽優良，償債能力甚強，基本無風險。
	A	信譽較好，償債能力強，具備支付能力，風險較小。
	BBB	信譽一般，足夠償債能力，具備基本支付能力，稍有風險。

評等			評等說明
投機等級	垃圾等級	BB	信譽欠佳，短期有足夠償債能力，支付能力不穩定，有一定的風險。
		B	信譽較差，短期仍有足夠償債能力，近期支付能力不穩定，有很大風險。
	違約等級	CCC	信譽很差，償債能力不可靠，有可能違約。
		CC	信譽太差，償還能力差，有很大可能違約。
		C	信譽極差，幾乎完全喪失償債能力、完全喪失支付能力，極可能違約。
		D	違約

二、流動性風險

流動性風險（Liquidity Risk）是指債券依目前的價格，在市場上流動變現程度的難易。若市場交易活絡，流動變現速度愈快，代表流動性愈高，流動性風險就愈低；反之，若市場交易冷淡，流動性風險就愈高。通常債券交易是大額買賣，因此流動性高低是決定此債券價格的一項重要因素。

一般而言，政府債券的市場規模較大，所以流動性通常比較好；但公司債市場，因任何單一家公司所發行的額度都不可能太大，所以市場交易較不活絡，因此流通性較差。所以流動性較差的公司債，會有較高的流動性風險，所以需要用較高的利率來彌補，其補償利率的部分稱爲「流動性貼水」（Liquidity Premium）。

三、租稅負擔

投資人購買債券，每年所領取的債息，政府會予以課稅。若其他條件相同下，若某債券給予的利息會被課較高的稅負，那投資人要購買此債券時，會要求較高的利率當作補償。以美國聯邦政府公債與地方政府公債爲例：雖然美國聯邦政府公債的信用與流動性均優於地方政府公債，但地方政府公債的利息稅負確低於聯邦政府公債，所以使得聯邦政府公債的殖利率高於地方政府公債。由此可見，稅租的負擔有時比信用與流動性風險，更能直接影響債券的殖利率高低。在臺灣，中央政府公債與地方政府債券，並無租稅上的差異。

表 5-2 利率風險結構之各種因素之比較整理表

	違約風險	流動性風險	租稅負擔
殖利率	正比	正比	正比

市場焦點

倒賠本金的債券竟然還熱賣？！

在全球對經濟前景充滿憂慮，造成資本市場震盪不斷之下，對於債券的追逐，今年已經到達前所未有的高峰，甚至是負殖利率債券。《彭博》（Bloomberg）報導，全球所持有的負殖利率債券已經超過 17 兆美元，佔比是所有投資等級債的 30%。

負殖利率是什麼意思？「表示投資人持有債券至到期日，本金必然會損失。」《彭博》指出。施羅德投資集團研究與分析策略師舉例，若投資人以 100 美元買進殖利率為 -0.1%的德國三十年公債，到期後只會拿回 97 美元。從投資人的角度來看，這很令人困惑，畢竟「誰想借錢給別人還得付錢？」然而，為什麼投資人依舊趨之若鶩？購買負殖利率債券事實上並不瘋狂，反而還有利可圖。

理由一：避險

債券一直是趨避風險的去處。第一，債券與股票通常呈現負相關。當股市不振時，債券通常表現亮眼，從債券能「降低」整個投資組合風險的角度來看，即使殖利率為負，資金離開股市依舊會往債市去。再者，債券能夠抗通縮。大部分資產類別都會受到通縮影響，唯有債券例外。由於債券固定的票息和支付原則使得它可以保留價值，並在通膨比殖利率還低的情況下提供正報酬。「換句話說，負殖利率債券在通縮時代可以提供正報酬。」

理由二：獲利

「外匯避險是美國投資人購買負殖利率債券的一大推力。」《華爾街日報》表示，當專業投資人購買非本國貨幣計價的資產時，通常會使用衍生性金融商品做外匯避險。不過在購買負殖利率債券方面，「投資人使用避險來獲利。」《華爾街日報》進一步表示，美國投資人可與銀行約定三個月後的歐元換美元匯率來避險，而這個所謂的「遠期匯率」，主要是由兩貨幣之間短期匯差來決定。

根據現在即期匯率，歐元 美元為 1：1.1032。假設投資人以 100 美元換 90.64 歐元，再將這筆錢購買殖利率為 -0.64%的德國十年公債。三個月之後，若債券價格不變，投資人可拿回 90.50 歐元，但當換回美元後，和銀行預先約定好的遠期匯率（1：1.1111），事實上可讓投資人拿回 100.55 美元，也就是 2.2%（年化）的獲利，比購買殖利率約 1.6%的美國十年期公債還來得賺。

「雖然聯準會準備降息，但只要美元、歐元之間的利差持續偏高，德國公債對美國投資人來說就一直會有吸引力，因為外匯避險可以讓殖利率由負轉正。」另外也有一派投資人不以債券利息為收益來源，而是著眼於資本利得。以債券利率和價格相反的邏輯觀之，如果投資人認為負殖利率債券的利率還可能往下探底，就可能買進這些債券，並適時獲利了結。負殖利率的債券不能買嗎？端看你以什麼角度來定位它！

文資料來源：摘錄自施羅德投資 2019/09/18

【解說】

債券殖利率為負值，表示將資金投資債券，到期時會有本金的損失。即便如此，全世界投資人仍對負利率債券，趨之若鶩。因為債券具有與股市波動反向的特質，因此具有避險功能。此外，債券可藉由兩國匯率差進行套利；且即使買入殖利率為負的債券，只要利率繼續探底，債券仍可進行價差交易，以獲取資本利得的收益。

5-2 利率的期限結構

債券在其他條件相同下（如：違約風險、流動性與租稅負擔），因期限不同，而產生報酬率具有差異的現象，此乃稱爲利率的期限結構（Term Structure of Interest Rate）。以下將介紹債券因不同期限所建構的殖利率曲線、以及利率期限結構理論。

一、殖利率曲線

通常不同期限的債券，其殖利率會有所不同。因此在某一時點，不同期限的債券報酬率，所建構出的曲線稱爲「殖利率曲線」（Yield Curve）。通常期限愈長（短）的債券，因受未來市場利率影響的時間愈久（短），所以殖利率會較高（低）些。例如：假設期限 1、5 與 10 年的債券殖利率分別爲 3%、4% 與 6%，則可以畫出此時的殖利率曲線（如：圖 5-1）。這條利率曲線會隨著時間不同而有所變化。有可能變得比較平緩、陡峭、上移、下移或甚至彎曲等情形發生。（如：圖 5-2）。

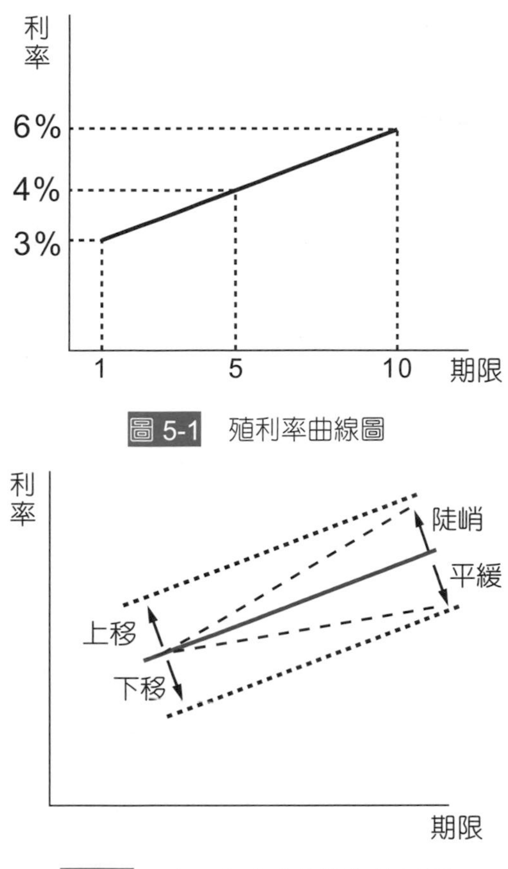

圖 5-1 殖利率曲線圖

圖 5-2 殖利率曲線的變化情形圖

在某一時點下，市場的殖利率曲線，通常有下列四種情形：（如圖 5-3）。

(1) 利率曲線上升型：若長期債券的殖利率高於短期債券的殖利率時，利率曲線呈現上升趨勢。在歷史資料中，長期利率多高於短期利率，故利率曲線多呈現此種形狀，亦即正常情況。

(2) 利率曲線下降型：若長期債券的殖利率低於短期債券的殖利率時，利率曲線呈現下降趨勢。若短期利率高於長期利率，殖利率亦會出現此種形狀，此情形在實務上不容易出現。

(3) 利率曲線水平型：若長期債券的殖利率和短期債券殖利率十分接近時，殖利率曲線呈現水平的形狀。當長、短期利率很接近歷史資料中的平均值，亦會出現此種形狀。

(4) 利率曲線駝背型：債券殖利率隨著期限的延長而先上揚，而在某一期間後反轉向下，利率曲線將呈現駝背型。若中期利率高於短、長期利率時，利率曲線亦呈此形態。

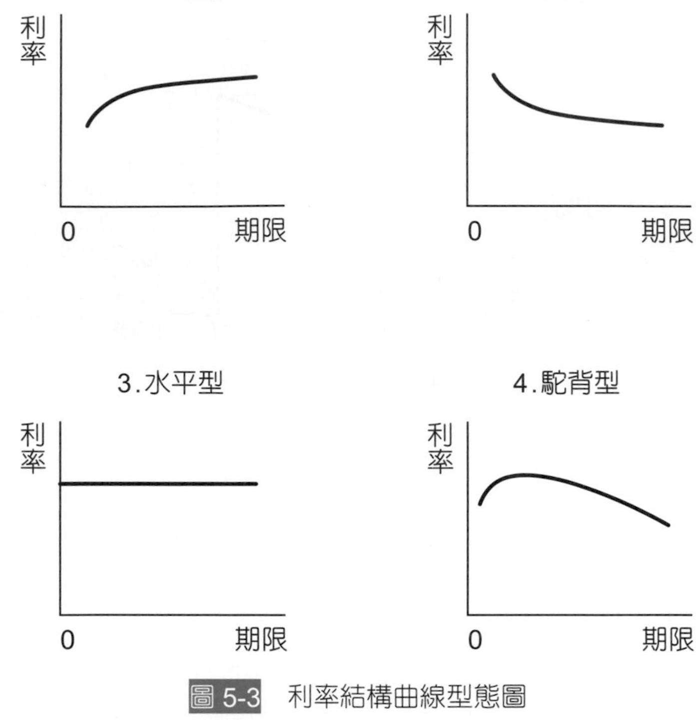

圖 5-3 利率結構曲線型態圖

市場焦點

10y2y 殖利率曲線創 2007 年來首見「倒掛」

2019 年 8 月 14 日，美國 10 年期美債殖利率減 2 年期殖利率利差創下 2007 年來首次出現「倒掛」之紀錄，一度最深跌至－ 1.60%，伴隨著債券市場急速升溫的避險情緒，市場經濟學家廣泛憂慮美國經濟正走向衰退，拖累美股開盤應聲重挫逾 400 點。

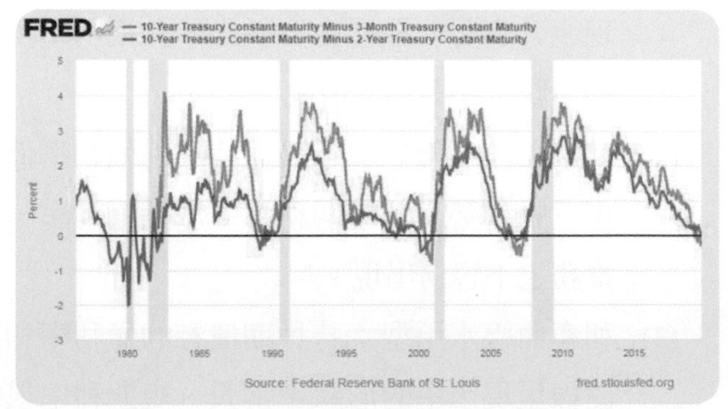

圖說明：紅：美債 10 年期美債殖利率減 2 年期利差。
藍：美債 10 年期美債殖利率減 3 個月期利差。

10 年期美債殖利率減 2 年期殖利率利差長期是經濟學家關注「經濟衰退」風險之指標，而另一指標 10 年期美債殖利率減 3 個月期利差，事實上也早已在 2019 年 5 月份時，即出現倒掛。

雖然在過去 50 年歷史中，美國經濟衰退之前，美債殖利率曲線皆曾出現倒掛，充分作出風險預示之作用，但值得注意的是，殖利率曲線並不能精準點出「利率倒掛」之後，經過多少時間才會發生經濟衰退。

（資料來源：節錄自聚亨網 2019/08/14）

【解說】

一般而言，長期利率應高於短期利率，所以殖利率趨線在正常的情形是屬於正斜率。但 2019 年 8 月 14 日，美國出現（2 年期）短期利率高於（10 年期）長期利率的負斜率情形（俗稱：倒掛），這 2007 年來首見。根據以往經驗：當出現利率到掛的情形時，美國經濟可能會步入衰退，股市未來走跌的機率也會提高。

果真歷經約 5 個月時間，2020 年 1 月 12 日美國股市在受中國「武漢肺炎」疫情衝擊下，道瓊工業指數由近 3 萬點逐步往下探底，終於結束歷經最長 11 年的多頭市場，正式步入熊市。

二、利率期限結構理論

為何市場會出現上述的那四種型態的利率期限結構呢？以下我們利用跟利率有關的「預期理論」、「市場區隔理論」與「流動性貼水理論」這三種理論來解釋之。以下為這三種理論的介紹：

（一）預期理論

預期理論（Expectations Theory）認為殖利率曲線是決定於人們對未來利率的預期。該理論認為長期利率是取決於現在短期利率、與未來預期短期利率的平均值。例如：如果現在的 1 年期利率 $({}_0R_1)$ 為 3%，預期未來 1 年後的 1 年期利率 $({}_1R_2)$ 為 3.6%，則 2 年期的利率 $({}_0R_2)$ 應為 3.3% $\left({}_0R_2=\frac{{}_0R_1+{}_1R_2}{2}=\frac{3\%+3.6\%}{2}=3.3\%\right)$[14]。所以由上例中，我們得知：2 年期利率（長期利率）是現在的 1 年期利率（短期利率）與未來 1 年後的 1 年期利率（短期利率）的平均值。

14 有關長期利率是取決於現在短期利率與未來預期短期利率的平均值。數學推導如下說明：
假設 1 年期利率為 ${}_0R_1$，預期未來 1 年後的 1 年期利率為 ${}_1R_2$，2 年期的利率為 ${}_0R_2$。在無套利的機會下，這三者的關係式應為下式，(5-1) 式：

$$(1+{}_0R_1)(1+{}_1R_2)=(1+{}_0R_2)^2\Rightarrow[1+{}_0R_1+1R_2+({}_0R_1)\times(1R_2)]=[1+2\times({}_0R_2)+({}_0R_2)^2] \tag{5-1}$$

一般而言，上式 (5-1) 中 $({}_0R_1)\times({}_1R_2)$ 與 $({}_0R_2)^2$ 的數值都很小，可以忽略不計，因此可得下式 (5-2) 式

$${}_0R_1+{}_1R_2=2\times({}_0R_2)\Rightarrow 0R_2={}_0R_2=\frac{{}_0R_1+{}_1R_2}{2} \tag{5-2}$$

根據上式 (5-2)，我們可以將 2 期，擴展成 n 期，如下式 (5-3)

$$\Rightarrow{}_0R_n=\frac{{}_0R_1+{}_1R_2+L+{}_{n-1}R_n}{n} \tag{5-3}$$

其中，${}_{n-1}R_n$ 為預期未來 $n-1$ 年後的 1 年期利率。

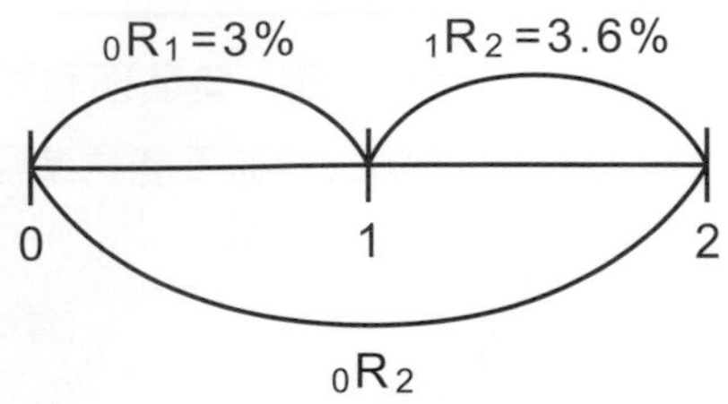

預期理論有一個基本的假設，是對未來債券利率的預期是確定的。如果對未來債券利率的預期是不確定，那預期理論也就不成立。因爲只要未來債券的利率預期不確定，各種不同期限的債券就不可能完全相互替代，資金也不可能在長短期市場之間自由流動。所以預期理論認爲不同期限債券，彼此之間有替代關係。

預期理論認爲：若預期未來短期債券利率上升，那麼長期債券的利率必然高於現在短期債券的利率，此時殖利率曲線是一條「正斜率曲線」。若預期未來短期債券利率與現在短期債券利率相等，那長期債券的利率就與短期債券的利率相等，此時殖利率曲線是一條「水平曲線」。若預期未來短期債券利率下降，長期債券的利率必然低於現在短期債券的利率，此時殖利率曲線是一條「負斜率曲線」。

例 5-1

【預期理論】

假設現在 1 年期利率為 2.4%，未來 1 年後的 1 年期利率為 2.8%，未來 2 年後的 1 年期利率為 3.0%，未來 3 年後的 1 年期利率為 3.2%

(1) 則 2、3 與 4 年期利率為何？

(2) 利率曲線為何種型態？

解

(1) 2 年期利率 $= {}_0R_2 = \dfrac{{}_0R_1 + {}_1R_2}{2} = \dfrac{2.4\% + 2.8\%}{2} = 2.6\%$

3 年期利率 $= {}_0R_3 = \dfrac{{}_0R_1 + {}_1R_2 + {}_2R_3}{3} = \dfrac{2.4\% + 2.8\% + 3\%}{3} = 2.73\%$

4 年期利率 $= {}_0R_4 = \dfrac{{}_0R_1 + {}_1R_2 + {}_2R_3 + {}_3R_4}{4} = \dfrac{2.4\% + 2.8\% + 3\% + 3.2\%}{4} = 2.85\%$

(2) 1、2、3 與 4 年期利率分別 2.4%、2.6%、2.73% 與 2.85%，所以殖利率曲線為上升型。

（二）市場區隔理論

市場區隔理論（Segmented Market Theory）認爲不同期限的債券市場，是各自獨立區隔的，所以各種期限的債券市場間無任何替代關係。也就是說長期的借貸活動決定長期利率，而短期的交易決定短期利率。因此不同期限的債券利率，由各不同期限的債券市場供需所決定。例如：投資人預計 5 年後要去買一部車子，而去投資 5 年期債券；跟預計 10 年後要買房子，而去投資 10 年期債券，因這兩者消費所決定的期限不同，所以會各自去不同期限的債券市場進行投資，使得不同期限的債券供需互不影響，當然不同期限的利率就互不影響。

根據此理論的利率期限結構，是由不同市場的均衡利率決定的。該理論的最大缺點在於宣稱不同期限的債券市場是互不相關的，因爲它無法解釋不同期限債券的利率可能會出現同步波動的現象；也無法解釋長期債券市場的利率可能會隨著短期債券市場利率的波動而變化。

市場區隔理論認爲：若短期債券需求大於長期債券，則會造成短期債券價格上漲，短期利率下跌；相對的長期債券價格下跌，長期利率上升，此時殖利率曲線是一條「正斜率曲線」。若短期債券需求等於長期債券，則會造成長短期債券價格相當，長短期利率大致相同，此時殖利率曲線是一條「水平曲線」。若長期債券需求大於短期債券，則會造成長期債券價格上漲，長期利率下跌；相對的短期債券價格下跌，短期利率上升，此時殖利率曲線是一條「負斜率曲線」。

（三）流動性貼水理論

流動性貼水理論（Liquidity Premium Theory）認爲因爲長期債券的流動性較差，所以投資人若願意持有長期債券，必須給予利息的補償，此補償稱爲「流動性貼水」。該理論基本上是一方面採納預期理論的觀點，認爲不同期限的債券，彼此之間有替代關係。

所以任一期限債券的利率會影響另一期限債券的利率；另一方面亦採納市場區隔理論的觀點，認爲投資人對某一期限的債券具有偏好時，如果希望他持有另一種期限的債券，必須給予貼水的補償，所以又稱爲「期限偏好理論」（Preferred Habitat Theory）。例如：投資人比較偏好短期債券，若希望他持有長期債券，必須給予正的風險貼水補償。

根據上述的說明，流動性貼水理論的利率曲線結構是承襲預期理論而來，我們將預期理論的利率公式（5-3 式），加以修正可以得知：長期利率等於現在的短期利率與未來短期利率的平均值，再加上一筆長期利率的流動性貼水。其流動性貼水理論的利率公式如下式（5-4 式）。

$$_{0}R_{n}=\frac{_{0}R_{1}+{}_{1}R_{2}+\cdots\cdots+{}_{n-1}R_{n}}{n}+{}_{0}LP_{n} \tag{5-4}$$

其中，$_{0}LR_{\mathrm{n}}$ 表是第 n 期債券的流動性貼水。

基本上流動性貼水理論的利率曲線結構的形成，是根據預期理論修正而來是。流動性貼水理論是把預期理論的利率曲線，再加上一筆流動性貼水。通常流動性貼水爲正，且隨著期限增長而提高。以圖 5-4 爲正斜率的利率曲線結構下，流動性貼水理論與預期理論的關係。

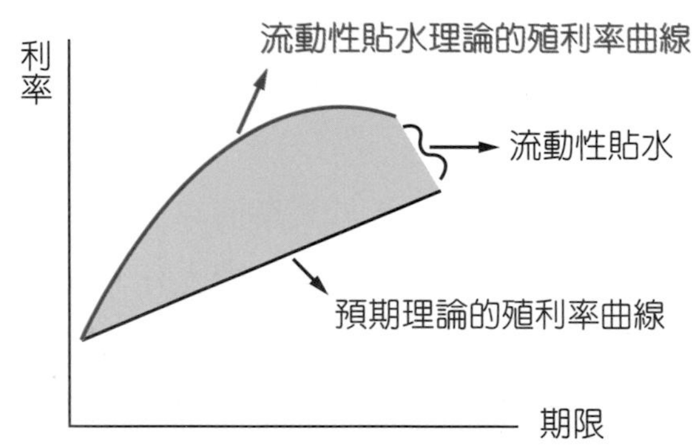

圖 5-4 正斜率的利率曲線結構下，流動性貼水理論與預期理論的關係

例 5-2

【流動性貼水理論】

承【例 5-1】，若 2、3 與 4 年期債券的流動性貼水分別為 0.2%、0.5% 與 0.65%，則 2、3 與 4 年期利率為何？

解

$$2\text{ 年期利率} = {}_0R_2 = \frac{{}_0R_1 + {}_1R_2}{2} + {}_0LP_2 = \frac{2.4\% + 2.8\%}{2} + 0.2\% = 2.8\%$$

$$3\text{ 年期利率} = {}_0R_3 = \frac{{}_0R_1 + {}_1R_2 + {}_2R_3}{3} + {}_0LP_3 = \frac{2.4\% + 2.8\% + 3\% + 3.2\%}{3} + 0.65\% = 3.5\%$$

$$4\text{ 年期利率} = {}_0R_4 = \frac{{}_0R_1 + {}_1R_2 + {}_2R_3 + {}_3R_4}{4} + {}_0LP_4$$

$$= \frac{2.4\% + 2.8\% + 3\% + 3.2\%}{3} + 0.65\% = 3.5\%$$

例 5-3

【流動性貼水理論】

若現在 1 年期債券利率為 2%，明年的 2 年期債券利率為 2.3%，現在的 3 年期債券利率為 2.5%，請問現在 3 年期債券的流動性貼水為何？

解

$$3\text{ 年期債券利率} = {}_0R_3 = 2.5\% = \frac{{}_0R_1 + {}_1R_2 + {}_2R_3}{3} + {}_0LP_3 = \frac{2\% + 23.\% + 2.3\%}{3} + {}_0LP_3$$

因此 3 年期債券的流動性貼水 ${}_0LP_3 = 0.3\%$。

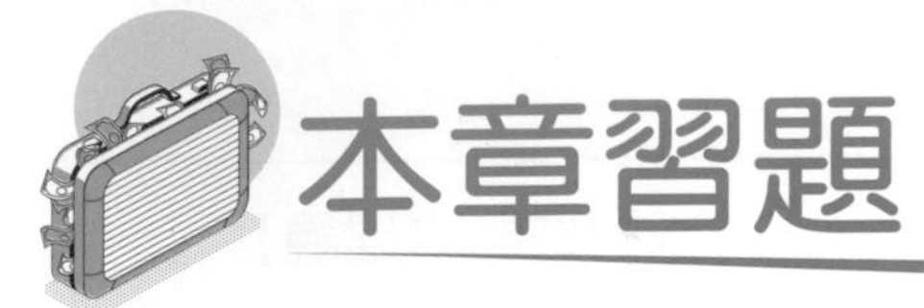

本章習題

一、選擇題

【基礎題】

1. 下列何者非利率風險結構所考慮的問題？ (A) 信用風險 (B) 流動性風險 (C) 租稅負擔 (D) 期限長短。
2. 通常公債的信用程度優於公司債，投資人購買公司債時，會要求比公債高的利率當作補償，高出的利率部分稱爲何？ (A) 風險貼水 (B) 時間貼水 (C) 租稅貼水 (D) 流動性貼水。
3. 通常對債券評等中，至少債券評等在哪一級之上，才能被列爲投資等級？ (A)A (B)AA (C)BBB (D)B。
4. 一般而言，流動性愈好的債券，其殖利率應爲何？ (A) 愈低 (B) 愈高 (C) 無影響 (D) 以上皆非。
5. 債券在其他條件相同下，因期限不同而產生不同的報酬率現象，稱爲何？ (A) 利率風險結構 (B) 利率變動結構 (C) 利率偏好結構 (D) 利率期限結構。
6. 請問利率期限結構是在探討何者？ (A) 長短期債券利率關係 (B) 票面利率高低的關係 (C) 殖利率高低的關係 (D) 國內外利率的關係。
7. 請問在某一時點，不同期限的債券報酬率，所建構出的曲線稱爲何？ (A) 債券需求曲線 (B) 債券供給曲線 (C) 殖利率曲線 (D) 菲利普曲線。
8. 請問一般的利率曲線結構應爲何種型式？ (A) 下降型 (B) 上升型 (C) 水平型 (D) 駝背型。
9. 請問哪一種理論認爲：長期利率是取決於現在短期利率與未來預期短期利率的平均值？ (A) 預期理論 (B) 市場區隔理論 (C) 流動性貼水理論 (D) 理性理論。
10. 若依據預期理論，如果現在的 1 年期利爲 4%，預期未來 1 年後的 1 年期利率爲 3.6%，則 2 年期的利率爲何？ (A)7.4% (B)3.2% (C)3.8% (D)4.2%。
11. 承上題，利率曲線結構應爲何種型式？ (A) 下降型 (B) 上升型 (C) 水平型 (D) 駝背型。

12. 請問哪一種理論認爲：各種期限的債券市場間無任何替代關係？ (A) 預期理論 (B) 市場區隔理論 (C) 流動性貼水理論 (D) 理性理論。
13. 請問哪一種理論認爲：長期債券的流動性較差時，所以投資人若願意持有長期債券，必須給予利息的補償？ (A) 預期理論 (B) 市場區隔理論 (C) 流動性貼水理論 (D) 理性理論。
14. 請問流動性貼水理論又稱爲何？ (A) 風險溢酬理論 (B) 市場區隔理論 (C) 費雪理論 (D) 期限偏好理論。
15. 若依據流動性貼水理論，如果現在的 1 年期利爲 3%，預期未來 1 與 2 年後的 1 年期利率分別爲 3.4% 與 3.8%，若 3 年期債券的流動性貼水爲 0.2%，則 3 年期的利率爲何？ (A)3.6% (B)3.2% (C)3.8% (D)4.2%。

【進階題】

16. 下列敘述何者有誤？ (A) 債券評等中，債券評等被列爲 BBB 級之上，才能被列爲投資等級 (B) 流動性愈好的債券，殖利率愈高 (C) 信用愈好的債券，殖利率愈低 (D) 租稅負擔愈低的債券，殖利率愈低。
17. 下列敘述何者有誤？ (A) 正常利率曲線爲上升型 (B) 預期理論認爲不同期限債券彼此有替代關係 (C) 市場區隔理論認爲利率期限結構是由不同市場的均衡利率決定的 (D) 流動性貼水理論認爲不同期限債券彼此沒有替代關係。
18. 下列敘述何者正確？ (A) 流動性貼水理論認爲長期利率是取決於現在短期利率與未來預期短期利率的平均值 (B) 預期理論必須對未來債券利率的預期是確定的 (C) 市場區隔理論認爲不同期限債券彼此有替代關係 (D) 市場區隔理論又稱爲期限偏好理論。

【國考題】

19. 有關債券信用評等之敘述，下列何者正確？ (A)AAA 級債券的違約風險最高 (B) A 級債券是屬於投機級債券（垃圾債券） (C)AA 級債券的違約風險高於 BB 級債券 (D)BB 級債券的利率高於 AA 級債券。 （2011 合作銀）
20. 債券發行者可能無法如期支付利息或到期時無法償還面額的風險，稱爲 (A) 違約風險 (B) 市場風險 (C) 利率風險 (D) 法律風險。 （2011 合作銀）

21. 有關利率期限結構理論中的「市場分割理論」，下列敘述何者正確？ (A) 此理論相信不同的投資群對債券到期日的需求是完全相同的 (B) 短期債券和長期債券市場有很大的重疊現象 (C) 短期債券和長期債券的利率，依據各自市場中可貸資金的供需來決定 (D) 此理論主張不同到期日的債券，彼此之間很容易替代。 （2012 高銀）

22. 有關「利率的期限結構」，下列敘述何者正確？ (A) 正常情況下，短期利率會高於長期利率 (B) 一般而言，短期利率波動少，幅度小 (C) 一般而言，長期利率波動少，幅度小 (D) 利率的期限結構是指，在某一時點，期限不同之同一金融工具的收益率（利率）與國庫券利率之間的關係。 （2012 高銀）

23. 下列那一項因素不會使得到期期限相同的本國債券，利率有可能不同？ (A) 流動性風險 (B) 違約風險 (C) 央行調整重貼現率 (D) 稅負考量。 （2012 初等考）

24. 假設 2 年期的債券年利率為 5%，3 年期的債券年利率為 4%，根據「純粹預期理論」，2 年後的預期 1 年期利率約為 (A)1% (B)2% (C)3% (D)5%。 （2013 初等考）

25. 下列那一種利率的期間結構理論，假設不同到期日的債券是可完全替代的？ (A) 預期理論 (B) 市場區隔理論 (C) 流動性貼水理論 (D) 習性偏好理論。 （2014 初等考）

26. 假設目前的 1 年期利率為 5%，預期 1 年後的 1 年期利率為 6%，預期 2 年後的 1 年期利率為 7%，又 1 至 3 年期債券的流動性貼水分別為 0%、0.25% 與 0.5%，根據流動性貼水理論，請問 3 年期債券利率是多少？ (A)5% (B)5.75% (C)6.25% (D)6.5%。 （2014 初等考）

27. 依據利率期間結構的預期理論，當預期未來短期利率下降時，長期利率將會 (A) 上升 (B) 不變 (C) 下降 (D) 先下降後上升。 （2014 初等考）

28. 為使投資人願意購買具信用風險的債券，債券發行人通常必須支付何種貼水來補償？ (A) 倒帳風險貼水 (B) 流動性貼水 (C) 購買力風險貼水 (D) 到期風險貼水。 （2014 初等考）

29. 債券在什麼情況下會吸引投資人購買？ (A) 債券價格較高而預期報酬率較高 (B) 債券價格較低而預期報酬率較高 (C) 債券價格較高而預期報酬率較低 (D) 債券價格較低而預期報酬率較低。 （2015 初等考）

30. 當 t 期兩年期債券利率和 t + 2 期 3 年期債券利率分別爲 3% 和 5% 時，若 t 期 5 年期債券利率爲 4.7%，請問 5 年期債券的流動性溢酬（liquidity premium）爲：(A)0.5% (B)0.75% (C)0.25% (D)0%。（2018 初等考）

31. 當利率波動時，有關債券市場的敘述，何者正確？ (A) 長期債券報酬波動性低於短期債券報酬波動性 (B) 長期債券報酬波動性高於短期債券報酬波動性 (C) 高利率債券不會有負的報酬率 (D) 債券到期日愈長，其報酬率受利率的影響就愈小。（2018 初等考）

32. 相對於公司債，投資人偏好公債將會造成： (A) 公司債需求減少而公債需求增加，公債利率將低於公司債利率 (B) 公司債供給減少而公債需求供給增加，公債利率將低於公司債利率 (C) 公司債需求減少而公債需求增加，公債利率將高於公司債利率 (D) 公司債供給減少而公債需求供給增加，公債利率將高於公司債利率。（2018 初等考）

33. 某公司的信用評等遭調降，導致其公司債價格下降，下列何種原因係屬正確？ (A) 殖利率下降，流動性風險溢酬增加 (B) 殖利率下降，通膨風險溢酬增加 (C) 票面利率上升，期限風險溢酬增加 (D) 殖利率上升，違約風險溢酬增加。（2018 初等考）

34. 在景氣蕭條期間，常常可以觀察到下列何種利率行爲？ (A) 相同到期期限的 Baa 等級公司債與公債之利率差額減少 (B) 相同到期期限的放款與存款之利率差額增加 (C) 相同到期期限的高收益債券與公債之利率差額減少 (D) 相同到期期限的 Baa 等級公司債與 Aaa 等級公司債之利率差額增加。（2019 初等考）

35. 若目前 1 年期債券利率爲 5%，預期未來每年 1 年期債券利率分別爲 4%、3%，2 年期與 3 年期債券之流動性溢酬（liquidity premium）分別爲 0.5%、1%，根據流動性貼水理論，則殖利率曲線將呈現何種型態？ (A) 上升 (B) 水平 (C) 下降 (D) 峰狀。（2019 初等考）

二、簡答與計算題

【基礎題】

1. 何謂利率風險結構？
2. 請說明利率風險結構中，違約風險、流動性風險、租稅負擔與殖利率之關係？
3. 何謂利率期限結構？
4. 請問通常有那四種利率期限結構？
5. 正常利率曲線為哪一種形式？

【進階題】

6. 依據預期理論說明一條正斜率利率曲線如何形成？
7. 依據市場區隔理論說明一條負斜率利率曲線如何形成？
8. 假設現在 1 年期利率為 3.6%，未來 1 年後的 1 年期利率為 4.0%，未來 2 年後的 1 年期利率為 4.4%，未來 3 年後的 1 年期利率為 4.8%，且 2、3 與 4 年期債券的流動性貼水分別為 0.1%、0.3% 與 0.6%。

   (1) 依據預期理論，2、3 與 4 年期利率為何？

   (2) 依據流動性貼水理論，2、3 與 4 年期利率為何？

   (3) 利率曲線為何種型態？

6 CHAPTER 外匯市場與匯率

【本章大綱】

本章內容為外匯市場與匯率，主要介紹外國貨幣交易所形成的市場、與央行的外匯存底、以及匯率的基本觀念、影響因素與制度等，其內容詳見下表。

節次	節名	主要內容
6-1	外匯市場	介紹外匯市場的種類、組織與功能。
6-2	外匯存底	介紹外匯存底的定義、來源、管理、運用與功能。
6-3	匯率概述	介紹匯率的種類、報價方式以及遠期匯率升貼水概念。
6-4	影響匯率的因素	介紹影響匯率變動的六個因素。
6-5	匯率制度	介紹 IMF 分類的八種匯率制度。

6-1 外匯市場

當一個國家的貨幣流動交易時，會產生利率的問題；當兩個國家的貨幣互相流通交易時，就會出現匯率的問題。首先我們先來認識什麼叫做外國的貨幣。外匯（Foreign Exchange）狹義的定義即爲外國的通貨（Foreign Currency）或稱外幣。而廣義的定義則不侷限於外幣，舉凡所有對外國通貨的請求權而可用於國際支付或實現購買力，在國際間移轉流通的外幣資金，包含外幣現鈔、銀行的外幣存款、外匯支票、本票、匯票及外幣有價證券等，皆可統稱爲「外匯」。

外匯市場（Foreign Exchange Market）是指各種不同的外國通貨進行買賣交易的市場。其交易方式可透過電話、網路等傳輸設備，相互交易所形成的交易場所。以下我們將介紹外匯市場的種類、組織與功能。

一、外匯市場的種類

外匯市場依區域性、參與者以及交割時點可分為下列幾種類型。

（一）依區域性分類

1. **區域性市場（Local Market）**：區域性市場大體上是由當地的參與者組合而成，而在市場交易的幣別，僅限於當地貨幣或幾種主要外幣的交易。例如：台北、曼谷或馬尼拉等外匯市場。
2. **國際性市場（International Market）**：國際性市場的組成份子，則不限當地的參與者，亦包含境外的參與者利用電話、網路等方式參與外匯交易，而交易幣別較為多樣，除了當地貨幣與美元交易外，亦有其他第三種貨幣或黃金等商品的交易。例如：紐約、倫敦與東京等外匯市場。

（二）依參與者分類

1. **顧客市場（Customer Market）**：主要是以廠商或個人基於各種理由，與外匯銀行進行買賣的市場。通常顧客市場的單筆交易金額不大，對匯率變化影響較小，又稱為零售市場（Resale Market）。
2. **銀行間市場（Inter-bank Market）**：通常顧客至外匯銀行買賣外匯，外匯銀行對於多餘的或不足的外匯部位（Position），就必須在市場與其他銀行進行外匯的拋補交易，所形成的市場。通常銀行間的單筆交易金額較大，對匯率變動影響較大，又稱為躉售市場（Wholesale Market）。

（三）依交割時點分類

1. **即期市場（Spot Market）**：是指交易雙方在某特定時點簽訂成交契約，並於成交日當日或兩個營業日內，進行外匯交割的市場。
2. **遠期市場（Forward Market）**：是指交易雙方在某特定時點簽訂契約，並於成交後的一段期間內，在某特定日進行外匯交割的市場。

二、外匯市場的組織

外匯市場由一群外匯供給及需求者所組合而成。通常「顧客」向「外匯銀行」買賣外匯，各外匯銀行再透過「外匯經紀商」的仲介，進行外匯部位的拋補買賣；最後，「中央銀行」會針對市場的外匯供需進行調節，以穩定匯率。以下我們進一步說明外匯市場組成份子所擔任的角色，其組織架構，詳見圖 6-1。

(一)顧客

顧客包括進出口廠商、出國觀光者、移民者及投資者等,他們依據本身的實際供需而買賣外匯。除上述有實際外匯供需的顧客外,尚有以外匯投機爲目的的投機客,其買賣外匯,以尋求匯率變動的獲利機會。

(二)外匯銀行

外匯銀行爲外匯市場最主要的角色。外匯銀行除了接受顧客的外幣存款、匯兌、貼現等各種外匯買賣外,並依據本身的外匯部位,在市場與其他銀行進行拋補及從事其他外匯交易。外匯銀行在國內稱爲「外匯指定銀行」(Foreign Appointed Banks)。

(三)外匯經紀商

外匯經紀商是外匯銀行與中央銀行的仲介機構,主要任務爲提供快速正確的交易情報,以使得交易順利完成,本身不持有部位,僅收取仲介手續費。且中央銀行爲了調整外匯或干預匯率時,須透過外匯經紀商與外匯銀行進行交易。臺灣於 1994 年將原爲財團法人型態的「台北外匯市場發展基金會」,重組爲「台北外匯經紀公司」,成爲我國第一家專業的外匯經紀商。此外,在 1998 年國內成立第二家外匯經紀商爲「元太外匯經紀商」,使外匯市場的交易規模更爲擴大,並進一步提升市場效率。

(四)中央銀行

中央銀行爲維持一國經濟穩定成長,不使該國幣值波動過大,所以中央銀行會主動在外匯市場進行干預,以維持幣值的穩定。所以當外匯市場發生供需失衡時,中央銀行是調整外匯市場供需平衡、以及維持外匯市場秩序的唯一機構。

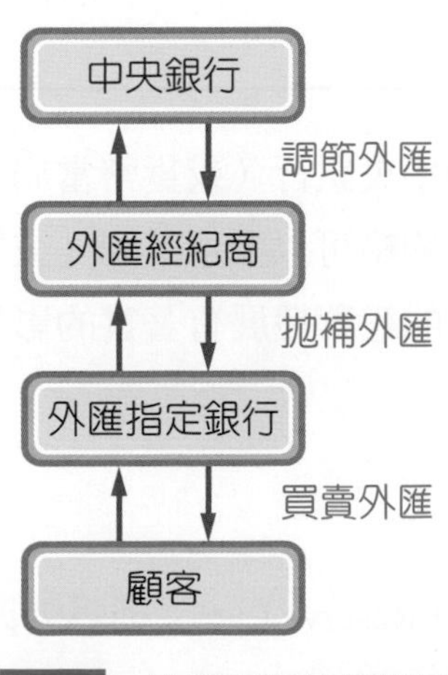

圖 6-1 外匯市場的組織圖

三、外匯市場的功能

外匯市場的主要功能，分述如下：

（一）平衡外匯供需與達成匯率均衡

外匯銀行與顧客進行外匯交易買賣時，常因外匯部位供需不一，導致匯率不均衡，此時須藉由外匯市場調節供需以達成均衡匯率。

（二）提供國際兌換與國際債權清算

透過外匯市場進行各種外匯的交易買賣，使國際間不同的貨幣得以互相兌換，其產品或勞務的買賣才能順利進行。國際間因交易、借貸或投資而產生的債務關係，透過外匯市場，使其國際收付與清算工作得以順利處理。

（三）融通國際貿易與調節國際信用

當企業從事國際貿易行為時，可藉由外匯銀行居間仲介，使進出口商的貿易行為得以順利進行。此外，進出口商可藉由外匯市場的遠期匯票交易、貼現、承兌以及開立海外信用狀等方式，以獲得國際間的信用。

（四）提供匯率波動避險與外匯套利

由於外匯市場的匯率常隨供需而變動，若匯率過度波動，將會對國際貿易或投資帶來匯率風險，因而產生匯兌損失。此時，投資人可利用遠期外匯、外匯期貨、外匯選擇權與貨幣交換等交易方式，來規避匯率風險，亦可進行外匯套利活動。

6-2 外匯存底

外匯存底通常為一個國家的中央銀行（或貨幣當局）所持有的外國資產，一個國家（或經濟體）的外匯存底存量，約略可以顯示該國（或經濟體）的國際貿易與投資的交易情形，對於該國（或經濟體）的經貿發展有著實的影響性。以下將介紹外匯存底的定義、來源、管理、運用與功能。

一、外匯存底定義

外匯存底（Foreign Exchange Reserve），又稱為外匯準備或外匯儲備，乃是指一國的中央銀行（或貨幣當局）持有並可以隨時兌換成外國貨幣的資產。通常外匯存底包括中央銀行持有的外幣通貨（如：現金、存款、支票、本票與匯票）與可兌換成外國通貨的有價證券（如：票券、債券與股票）等，通常外匯存底以美元計算。

若一國的外匯存底再加上「黃金」、「特別提款權」[15]（Special Drawing Rights；SDR）與「在國際貨幣基金的準備存底」，這四項的加總就構成所謂的「國際準備」（International Reserve）。通常國際準備是較爲廣義的外匯存底。由於臺灣於 1980 年已退出國際貨幣基金組織（IMF），所以我國外匯存底並沒有「特別提款權」與「在國際貨幣基金的準備存底」這兩項。且國際上在比較各國的外匯存底，亦不包含黃金的部分。

二、外匯存底的來源

一國的外匯存底是由央行保管與運用，但不屬於央行的資產、更不是政府的資產而是全國人民的資產（嚴格來講，有部份是屬於外國人的）。那外匯存底是打哪來的？一般而言，外匯存底來源大概可以從兩方面取得：

（一）國際貿易順差

當國人向國外輸出貨品或提供勞務技術時，所賺得的外匯並不能直接在國內使用。因此若想將持有的外匯在國內使用，就必須至「外匯指定銀行」將外匯換成新台幣（俗稱押匯或賣匯），而外匯指定銀行爲了保有足夠的新台幣資金，又把外匯賣給中央銀行，這就是中央銀行外匯存底的最主要來源。相反的，如果國人需要外匯來輸入貨品或接受勞務技術，在法令許可的範圍內，也可向外匯指定銀行以新台幣換取外匯（俗稱結匯或買匯），而外匯指定銀行爲了保有足夠的外匯，又向中央銀行買進外匯。

所以外匯買賣一來一往，使得中央銀行的外匯存底不時的在增減變動。因此外匯存底實際上，是央行以自行發行的新台幣，在外匯市場買進國人所創造的外匯累積而成的，所以央行只是替國人保管這些外匯資產。

（二）國際熱錢流入

外國投資人若想至臺灣進行投資設廠或投入股市，亦須至「外匯指定銀行」將外匯

15 特別提款權（SDR）是 1969 年在國際貨幣基金組織（International Monetary Fund；IMF）正式創設的一種新的國際貨幣，它是用來記錄會員國與會員國、或會員國與 IMF 之間資金往來的記帳單位。其本質上乃是 IMF 帳戶上的一項記錄，用一個共同的計價單位，來作為會員國之間互相清算之標準。現今 SDR 的價值以「標準籃（Standard Basket）」的方式計算，現在標準籃子內的各國貨幣權重，分別為美元占 41.73%、歐元占 30.93%，人民幣占 10.92%，日圓占 8.33%，英鎊占 8.09%。

換成新台幣，外匯指定銀行又將外匯賣給中央銀行，中央銀行的外匯存底就增加。相反的，外國投資人想將投入國內的資金抽離，亦須至「外匯指定銀行」將新台幣換成外匯，外匯指定銀行又向中央銀行買入外匯，中央銀行的外匯存底就減少。此種資金的流動情形，只是代表央行在幫外國投資人保管該外匯而已。

三、外匯存底的管理

前述中，我們得知外匯存底是央行至外匯市場向外匯指定銀行購入，其購入的多寡由央行自行視國家需求而判斷之。所以外匯存底愈多的國家或地區，並不一定代表該國或地區的經濟力就較強，但實際上大部分外匯存底較多的國家，經濟實力較強。如：表6-1 中所顯示的外匯存底全世界前 20 強，許多國家的經濟實力都是當今世界上的強國。（例如：中國、沙烏地阿拉伯、瑞士、臺灣、德國等）。

此外，通常發行強勢貨幣的國家（如：美國），並不需要太多外匯存底，因其貨幣可在國際市場中流通；反而一些貨幣不在國際間流通的開發中國家，出於經濟發展或政治上的考量，需要握有較大量外匯存底以因應國際市場的波動（例如：德、英、法等先進國家的外匯存底常都比臺灣少）。另外，一個國家外匯存底的多寡，亦受其該國的貨幣政策影響：實施「固定匯率制度」或「管理浮動匯率制度」的國家，通常需要持有較充裕的外匯存底以穩定匯率。

那一個國家的外匯存底愈多愈好嗎？其實持有太多的外匯存底，雖對國家的匯率有穩定的作用，但會伴隨而來仍具某些風險與成本。那到底要持有多少外匯存底才合宜呢？這些問題，須央行在管理外匯存底上多費思量了。以下將探討「持有過多外匯存底的問題」以及「最適的外匯存底」這兩個問題。

（一）持有過多外匯存底的問題

若央行持有過多的外匯存底，將造成以下的問題：

1. **匯兌損失**：若央行持有的大量的外匯部位，當外匯部位發生貶值時，將會造成匯兌的損失，以及匯率的風險。
2. **通貨膨脹**：央行買入大量的外匯，等於相對釋出大量的本國幣於金融市場，將會造成物價、房價上漲的元兇，甚至引發通貨膨脹。
3. **機會成本**：若央行將持有的外匯部位，轉從事其他投資方案，可能會產生更大的收益率，那外匯存底就會有機會成本的問題。

（二）最適的外匯存底

央行到底要持有多少外匯存底才合適呢？一般而言，國際上在衡量最適的外匯存底（Optimal Foreign Exchange Reserves）的指標有三個。

1. **可供 3 ～ 6 個月進口金額所需**：因為外匯存底可以用來進口國外商品，所以以此進口金額的倍數來當基準。藉以衡量外匯存底數量，是否可供 3 ～ 6 個月進口金額所需。
2. **約等於短期外債的規模**：外匯存底亦可用來償還外債，所以用該國的短期外債規模來當基準。藉以衡量外匯存底數量，是否足夠償還短期外債的規模。
3. **約等於 M_2 的 5% ～ 20%**：因為我們持有的本國幣可以換成外匯，所以用該國的總貨幣供給量（M_2）的某一比例來當基準。藉以衡量外匯存底數量，是否足夠被兌換成該國的貨幣。

表 6-1 全世界外匯存底前 10 強的國家或地區

排名	國家或地區	美元（最後更新）
1	中華人民共和國	30,910 億（2020 年 4 月）
2	日本	12,962 億（2020 年 4 月）
3	瑞士	8,516 億（2020 年 4 月）
4	俄羅斯	5,673 億（2020 年 4 月）
5	沙烏地阿拉伯	5,018 億（2020 年 4 月）
6	臺灣	4,817 億（2020 年 4 月）
7	印度	4,810 億（2020 年 4 月）
8	香港	4,412 億（2020 年 4 月）
9	韓國	4,039 億（2020 年 4 月）
10	巴西	3,393 億（2020 年 4 月）

資料來源：Stock-ai（2020/05）

四、外匯存底的運用

前述已提過外匯存底乃是屬於全體國人所共有，央行只不過是替全體國人保管而已。既然外匯存底屬於全民所有，那可以直接把外匯存底用來進行國內的基層建設、或至國外購買先進的高科技產品嗎？

首先，若要將外匯存底用於國內，因爲國內使用新台幣支付價款，所以央行必須幫政府再多發行一份等值的新台幣，然後依照買匯手續來動用。這樣之前央行去市場買進外匯，已經發行一份的新台幣，現在爲了動用外匯又要多發行一份新台幣，那流通在市面上的新台幣數量增加一倍，這樣會造成通貨膨脹？再者，若要將外匯存底用於國外，那外匯存底雖可被消化，但是央行以前購買外匯所放出去的新台幣，現在如果那些新台幣要回來換成外匯，那央行的外匯存底就不足了，因爲「中央銀行的外匯資產與新台幣負債」必須平衡。

所以若要將外匯存底用於國內的建設上，政府就必須編列等值的新台幣預算，然後依照結匯手續來動用，若政府的預算如果不夠，可以發行公債或向民間籌款，而不能再多發行一份新台幣，這才是國內動用外匯的正當途徑。若要將外匯存底用於國外投資或借貸上，動用到外匯的部分，也必須使外匯存底的帳面平衡才行。

所以要使用外匯存底必須要合理與正當性，通常中央銀行運用外匯存底的途徑有兩個，其一爲供應正當的外匯需要，另一爲投資孳生利息。以下分兩部分介紹：

（一）供應正當的外匯需要

在供應正當的外匯需要方面又分成兩部分：一部分是供國人出國觀光、留學、就職等各種正常匯出款，國人須以新台幣向外匯指定銀行申請結匯；另一部分是央行提供全國各公民營企業各種融通和貸款，支援他們進口各種物資、機器設備、勞務和技術或至海外購併他國的企業，但融通或貸款在到期之後，須連同外匯的本金與利息歸還給中央銀行。

（二）投資孳生利息

投資孳生利息方面可以分爲兩部分：一部分是存放在世界著名且信用良好的國際銀行；另一部分則是去購買各種外國的有價證券（如：票券、債券與股票）。央行在運作這部分的資金時，必須考慮以下四個原則，詳見表 6-2 說明。

表 6-2 外匯存底投資孳息原則

原則	原則說明
安全性	外匯存底的投資必須是安全的，不能被違約倒帳。
流動性	外匯存底可能隨時支援國家的需要，所以必須投資在流動佳的資產上。
收益性	外匯存底的投資，除了要兼顧安全性與流動性外，還必須盡量往收益率較高的資產去投資。
經濟性	外匯存底的投資，也要用在有益於經濟發展的事務上。

中央銀行平時爲了避免市場利率太低和通貨膨脹，會在市場進行公開市場操作，利用央行發行的可轉讓定存單、國庫券與儲蓄券等，去市場吸收過多的游資；且另一方面收存了幾千億的郵政存簿儲金和銀行轉存款；這些所孳生出來的龐大的利息支出，便都依賴外匯存底的投資所得的利息來支應，所以央行在運用外匯存底確實必須秉持安全性、流動性、收益性與經濟性的原則。

五、外匯存底的功能

有關外匯存底的主要功能說明，詳見表 6-3。

表 6-3 外匯存底的功能

功能	功能說明
發行貨幣依據	當央行要發行本國貨幣時，會依據外匯存底的數量當作發行準備的依據。
調節國際收支	當國際收支出現逆差時，動用外匯存底可以促進國際收支的平衡。
穩定貨幣匯率	當本國幣的匯率出現大幅波動時，可以利用外匯存底干預匯率，使之趨於穩定。
維護國際信譽	外匯存底增加表示對外支付能力增強，有利於維護國家和企業在國際上的信譽。
防禦金融危機	當全球發生金融危機時，可動用外匯存底進場捍衛本國幣的價值，使外匯市場很快就趨於穩定。

6-3 匯率概述

匯率（Foreign Exchange Rate）即兩種不同貨幣的交換比率或是外國通貨的交易價格。匯率也是一國貨幣對外的價值，匯率的升貶值對國際資金流動、企業的進出口營收、以及個人外匯投資都有莫大的影響性。以下我們將介紹匯率的種類、報價方式、遠期與即期匯率之關係。

一、匯率的種類

外匯市場上，常見的匯率有下列幾種：

（一）買入匯率與賣出匯率

就銀行的立場而言，買入匯率（Buying Bid Exchange Rate）爲銀行願意買入外匯的價格。賣出匯率（Selling\Offer Exchange Rate）則表示銀行願意賣出的外匯價格。買入與賣出的價差即爲銀行買賣外匯所賺的利差。

（二）固定匯率與浮動匯率

固定匯率（Fixed Exchange Rate）是因某種條件限制下，使貨幣固定於狹小範圍內進行波動的匯率。浮動匯率（Floating Exchange Rate）是指貨幣間的匯率自由波動，完全不受干預及限制，一切由市場供需來決定匯率的漲跌。

（三）基本匯率與交叉匯率

基本匯率（Basic Exchange Rate）是本國貨幣對其主要貨幣（如：美元）的匯率，該匯率爲本國貨幣與其他貨幣兌換的參考依據。交叉匯率（Cross Exchange Rate）是兩種貨幣若無直接的交換比率，則透過第三種貨幣交叉求算出的匯率。例如：東京外匯市場，美元兌日圓（US/JPY）的買賣匯率爲 115.70/90；台北外匯市場，美元兌新台幣（US/NT）的買賣匯率爲 32.4310/80；故兩者可交叉求出新台幣兌日圓（NT/JPY）的買賣匯率，其買入匯率爲 3.5668 （115.70/32.4380），賣出匯率爲 3.5737（115.90/32.4310）。

（四）即期匯率與遠期匯率

即期匯率（Spot Exchange Rate）爲外匯交易雙方於買賣成交日後，當日或兩個營業日內進行交割所適用的匯率。遠期匯率（Forward Exchange Rate）爲買賣雙方於買賣成交日後，在一段期間內的某特定日進行交割所適用的匯率。

（五）電匯匯率與票匯匯率

電匯匯率（Telegraphic Transfer Exchange Rate；T/T）是指銀行以電子通訊方式進行外匯買賣，因電匯付款時間快，買賣雙方較少有資金的耽擱，所以電匯匯率是計算其他匯率的基礎。票匯匯率（Demand Draft Exchange Rate；D/D）又分為「即期票匯」與「遠期票匯」兩種，遠期匯率是由即期匯率求算出的。即期票匯乃因銀行買入即期匯票後，銀行支付等值的本國貨幣給顧客，但銀行尚須將票據郵寄到國外付款銀行請求付款，因郵寄期間所產生的利息，銀行可享有，所以通常即期票匯匯率比電匯匯率要低一些（也就是說，換到的本國幣會較少一點）。

（六）名目匯率與實質匯率

名目匯率（Nominal Exchange Rate）是指市場上，並未考慮兩國物價對幣值的影響，所直接觀察到的匯率。通常一般人談論的大多是名目匯率。實質匯率（Real Exchange Rate）是須將名目匯率，經由兩國的物價所調整出的匯率。通常實質匯率比較能夠呈現出兩國真正的匯率。其兩者的關係，計算方式如下：

$$實質匯率 = 名目匯率 \times \frac{外國物價指數}{本國物價指數}$$

（七）實質有效匯率指數

上述的實質匯率，僅針對某兩國的物價水準所調整出的匯率；實質有效匯率指數（Real Effective Exchange Rate Index；REER），必須同時考量本國與所有主要貿易對手國的相對物價水準，且該匯率指數依據與各貿易對手國的貿易比重進行加權計算。所以「實質有效匯率指數」比較能夠客觀的評斷出該國的貨幣價格是否具合理性。通常實質有效匯率指數的計算會以某一基期為基準匯率，並將基期指數定為 100。若目前指數大於 100，表示該國貨幣被高估，幣值應貶值（Depreciate）；若目前指數小於 100，表示該國貨幣被低估，幣值應升值（Appreciate）。

目前提供新台幣實質有效匯率指數，除了中央銀行之外，還有國發會、財團法人台北外匯市場發展基金會、工商時報及經濟日報等單位。由於各單位計算的基期、選擇的一籃貨幣、物價及權重都不相同。所以計算出的新台幣實質有效匯率指數會有些出入。表 6-4 為我國「國發會」針對實質有效匯率指數，所編制指數的一籃子貨幣內容。其中該指數以西元 2000 年當基期，選取與我國雙邊貿易比重最大的 14 個國家或地區的貨幣當作通貨籃；並以雙邊貿易比重爲加權乘數，再乘以雙邊國的「躉售物價指數」來進行調整。有關我國「國發會」所制定的新台幣實質有效匯率指數，其計算方式如下式：

$$\begin{aligned}&\text{實質有效匯率指數}\\&=(\frac{\text{美元}}{\text{台幣}}\text{匯率})\times(\frac{\text{美國與臺灣的貿易額}}{\text{臺灣的貿易總額}})\times(\frac{\text{美國躉售物價指數}}{\text{臺灣躉售物價指數}})\\&+(\frac{\text{日元}}{\text{台幣}}\text{匯率})\times(\frac{\text{日本與臺灣的貿易額}}{\text{臺灣的貿易總額}})\times(\frac{\text{日本躉售物價指數}}{\text{臺灣躉售物價指數}})+\cdots\end{aligned}$$

表 6-4 國發會編制的新台幣實質有效匯率指數一籃子貨幣內容表

編製單位	權數籃	基期（年）
國發會	美國、加拿大、歐元區、英國、日本、南韓、中國大陸、香港、新加坡、馬來西亞、菲律賓、泰國、印尼與澳洲共 14 個國家或地區	2000

二、匯率的報價方式

外匯交易的報價方式通常採雙向報價法（Two-way Quotation），會同時報出買入和賣出匯率。通常外匯的報價，有下列兩種方式。

（一）直接報價

直接報價（Direct Terms）亦稱美式報價（American Terms）、或價格報價法（Price Quotation）。所謂直接報價，即指以「一單位外幣折合多少單位的本國貨幣」來表示匯率的方法，通常此處的外幣是指美元。全世界大部分的國家均採此種報價方式，我國亦不例外。例如：在台北外匯市場報價爲「1 美元＝ 29.4310 新台幣」，即爲此種報價方式。

（二）間接報價

間接報價（Indirect Terms）亦稱歐式報價（European Terms）、或數量報價法（Volume Quotation）。所謂間接報價，即指以「一單位本國貨幣折合多少外幣」來表示匯率的方法。全世界採間接報價的貨幣爲歐元、英鎊、愛爾蘭鎊、南非幣、澳洲幣、紐西蘭幣與特別提款權（SDR）等貨幣。例如：在英國外匯市場報價「1 英鎊＝ 1.25 美元」，即爲此種報價方式。

三、遠期與即期匯之關係

通常民眾去銀行買賣外匯，以即期交易爲主；但大部分的進出口商，與國外進行生意往來，會收到遠期的支票、匯票與信用狀等信用票據。所以廠商必須利用遠期匯率來避險。遠期匯率與即期匯率之間的差異值，主要是受到兩國利率差額（Interest Differential）等因素的影響，爲了反應遠期匯率與即期匯率之間的關係，我們引入遠期升貼水概念。

遠期匯率和即期匯率的差額稱爲遠期匯水，如果某種貨幣遠期匯率高於即期匯率，其差額稱爲，該貨幣的遠期升水（Forward Premium）；如果某種貨幣遠期匯率低於即期匯率，其差額稱爲，該貨幣的遠期貼水（Forward Discount）；如果兩者相等，則稱爲遠期平價（Forward Flat）。

現在我們進一步利用「利率平價說」（Interest Rate Parity Theory），亦即「拋補（Covered）的利率平價說[16]」，來解釋遠期匯率和即期匯率之間差異的關係。假設在無風險、無套利的機會下，若兩國的資產報酬率相同，則相同的金額分別投資於兩國資產，期末資產報酬率應該是沒有差別。若投資於兩國的報酬有差異時，則兩國的利率差距應該會等於遠期外匯的升貼水。

我們現在試舉一例說明之。假設現在若美元兌新台幣之即期匯率爲 s，遠期匯率爲 f，現在新台幣與美元一年期存款利率分別爲 r_d 與 r_f。若現在將新台幣 1 元，存入銀行一年後可得本利和爲 $(1 + r_d)$；如果將之存入美元存款，則一年後可得本利和，以美元來計算爲 $\frac{1}{s}(1 + r_d)$。現在如預期新台幣會升值，爲避免到期時以美元換回新台幣會有損失，故先行賣出遠期美元（匯率爲 f），故一年後之本利和以新台幣計應爲 $\frac{1}{s}(1 + r_f)f$。若當二國的市場處於無套利均衡時，可以得到如下（6-1）式之關係：

$$(1 + r_d) = \frac{1}{s}(1 + r_f)f \qquad (6\text{-}1)$$

設，經重新整理，可得；再將之代入（6-1）式，可得下式（6-2）：

$$r_d = r_f + p + p \times r_f \qquad (6\text{-}2)$$

16 「利率平價說」是假設在無風險套利的情形下，投資人在即期匯率市場買賣外匯，又同時在遠期外匯市場進行預先買賣（或說拋補）外匯，以進行避險。因這種預先拋補外匯的行為，所以又稱為「拋補利率平價說」。

由（6-2）式得知，右式的最後一項 $p \times r_f$，在正常情況下其值很小，因此可忽略不計，因此，我們將代入（6-2）式整理可得下式：

$$r_d - r_f = \frac{f - s}{s} \qquad (6\text{-}3)$$

由上式 6-3 可知：二國間利率之差距會決定二國遠期匯率的升水或貼水，當 $r_d - r_f >$ 0，即代表美元遠期外匯爲升水或溢價；$r_d - r_f < 0$，則代表美元遠期外匯爲貼水或折價；$r_d - r_f = 0$，則代表美元遠期外匯爲平價。若遠期外匯升水（貼水）以年利率可表示爲下式（6-4）：

$$\frac{f - s}{s} \times \frac{12}{n\text{（遠期月數）}} \times 100\% = r_d - r_f \qquad (6\text{-}4)$$

例 6-1

【遠期匯率升貼水】

若某一出口商半年後預計可收到 100 萬美元，若現在半年期美元利率 1.2%，半年期新台幣利率 1.8%，美元兌新台幣即期匯率 30.25，試問：

(1) 半年期美元遠期匯率為升水或貼水？

(2) 半年期遠期匯率為何？

解

(1) $r_d - r_f$=1.8% － 1.2% = 0.6% > 0（美元遠期匯率升水）

(2) $\frac{f - 30.25}{30.25} \times \frac{12}{6} \times 100\% = 1.8\% - 1.2\% \Rightarrow f = 30.34$

6-4 影響匯率的因素

匯率是兩種不同貨幣的交換比率，匯率的變動乃受到外匯供需的影響。通常影響外匯供需的因素有很多，其中兩國相對的物價水準、利率水準、廠商生產力、產品競爭力、貿易政策以及人們對匯率的心理預期等這六個因素，大概是比較具代表性。以下將針對這六個因素的變動對匯率影響之說明。表 6-5 爲影響匯率的因素以及之間變動關係的整理。

一、相對物價水準

兩國相對物價水準的變動，會導致對商品的供需不同，進而影響匯率的變動。當本國物價上漲時，會造成國外對本國商品的需求下降，導致出口減少，外匯供給就會減少，使得外國貨幣升值，相對的本國貨幣貶值。

此外，兩國的相對物價水準的變動，亦會影響兩國的貨幣購買力，使得兩國的貨幣價值產生變動，進而影響之間匯率的波動。學理上，「購買力平價學說（Purchasing Power Parity Theory；PPP）」乃在說明當兩國物價變動時，對兩國貨幣購買力的影響，使得匯率之間產生互動的關係。一般而言，購買力平價學說又分為「絕對購買力平價學說」與「相對購買力平價學說」。有關這兩學說的說明，如 6-5 式與 6-6 式所示。

$$\text{絕對購買力平價：} e = \frac{P_d}{P_f} \qquad (6\text{-}5)$$

$$\text{相對購買力平價：} e = P_d - P_f \qquad (6\text{-}6)$$

上兩式中，e 表示匯率，P_d 表示本國物價，P_f 表示外國物價

若以購買力平價學說來分析物價與匯率關係，當本國物價相較外國物價高時（$P_d > P_f$），則絕對購買力平價的匯率值 $e > 1$，相對購買力平價的匯率值 $e < 0$，此表示匯率應上揚，亦即代表外國貨幣應升值，相對的本國貨幣應貶值。這結果與上述利用商品供需的分析，所導致匯率升貶值的結論相互契合。

例 6-2

【購買力平價】

若本國物價上漲率上升 3%，外國物價上漲率上升 5%，若購買力平價說成立下，

(1) 請用絕對購買力平價說明匯率的升貶值情形？

(2) 請用相對購買力平價說明本國貨幣將如何變動？

解

(1) 絕對購買力平價：$e = \frac{P_d}{P_f} = \frac{3\%}{5\%} < 1$，所以匯率下跌，表示外國貨幣應貶值，本國幣應升值。

(2) 相對購買力平價說：$e = P_d - P_f = 3\% - 5\% = -2\%$，表示外國貨幣應貶值 2%，本國幣應升值 2%。

二、相對利率水準

兩國利率的差距，會影響投機資金的流出與流入，將導致即期與遠期匯率的變動。當本國利率較高時，短期內會引起外國熱錢流入，導致外匯供給增加，使得外國貨幣貶值，相對的本國貨幣升值；但外國熱錢流入一段期間後，終將會把外匯再匯回原始國，根據拋補利率平價說的觀點，廠商此時會買進遠期外匯進行避險，於是對遠期外匯需求增加，導致遠期的外國貨幣升值，相對遠期的本國幣貶值。所以當兩國利率有差距時，對即期與遠期匯率的影響，有可能會不同。

三、廠商生產力

兩國廠商生產力的差異，會使得生產的成本不同，使產品的售價不同，而導致進出口量不同，進而影響匯率的變動。當本國廠商的生產效率愈高時，表示本國的產品的生產成本較外國低，使得產品價格較低廉，所以廠商的出口量會增加，導致外匯供給增加，使得外國貨幣貶值，相對的本國貨幣升值。

四、產品競爭力

兩國產品競爭力的差異，會讓購買者對於較具競爭力的產品產生偏愛，而影響出口銷售量，進而影響匯率的變動。當本國產品具有愈高的競爭力，使得外國人對本國商品具有偏好性，並增加對本國產品的購買，使得本國產品出口增加，導致外匯供給增加，使得外國貨幣貶值，相對的本國貨幣升值。

五、貿易政策

一國的貿易政策是採取自由開放或限制保護的策略，會影響商品進出口的數量，進而影響匯率的變動。當本國的貿易政策採取自由開放策略時，會對國外商品的進口關稅採取低稅率、或者對進口配額的管制較寬鬆；這樣外國商品對本國進口的數量會增加，導致廠商的外匯需求會提高，使得外國貨幣升值，相對的本國貨幣貶值。

六、心理預期

一般民眾對匯率未來變動的心理預期，亦是影響匯率變動的關鍵因素。例如：當國內政情動盪紛擾時，民眾會出現惶恐不安，所以會預期匯率即將貶值，此時民眾會想把資金匯出國外，導致外匯需求增加，使得外國貨幣升值，相對的本國貨幣貶值。

表 6-5 影響匯率變動的因素以及之間的變動關係

因素	因素的變動	匯率的變動
相對物價水準	本國物價水準較高	貶值
相對利率水準	本國利率水準較高	即期匯率：升值 遠期匯率：貶值
廠商生產力	國家生產力較強	升值
產品競爭力	產品競爭力較強	升值
貿易政策	貿易政策較開放	貶值
心理預期	心理預期匯率看貶	貶值

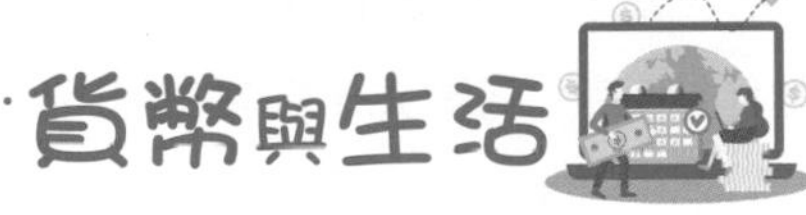

圖解金融：從一杯拿鐵咖啡中洞見貨幣匯率

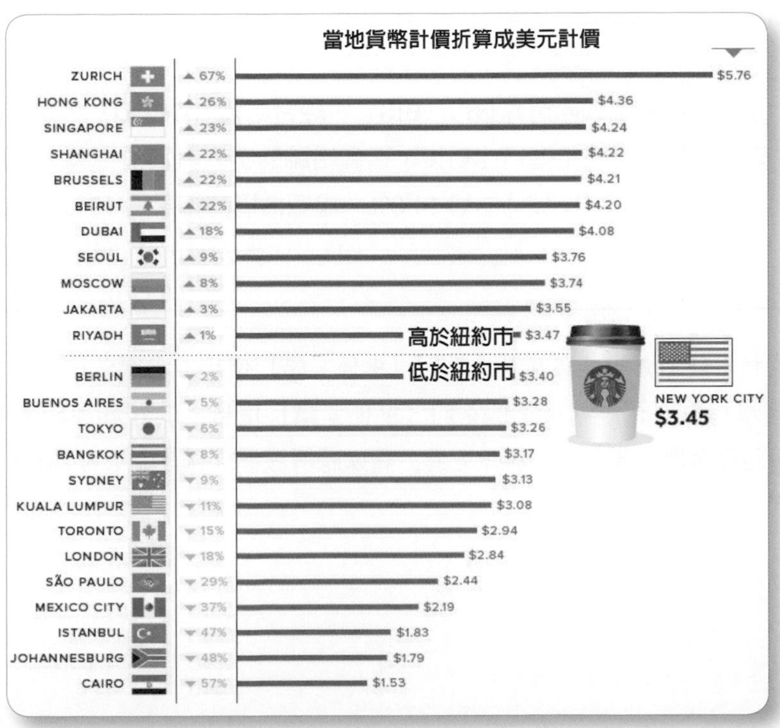

最近，《華爾街日報》（WSJ）公佈了「中杯拿鐵指數」，通過購買力平價理論（比較不同國家或地區相同產品的價格）來評估不同的貨幣相對於美元是被高估了還是被低估了。

WSJ 追蹤了世界各主要城市（代表不同國家或地區）的星巴克中杯拿鐵的售價，各地的每杯中杯拿鐵都是完全一樣的，由於不同地區的售價都是用當地貨幣來表示的，因而 WSJ 將不同地區的售價均轉換為美元計價，然後和基准定價（紐約市的售價）做對比，從而來評估這些國家（地區）的貨幣相對於美元是被高估了還是被低估了。

上圖是 WSJ 追蹤的全球 24 個主要城市（分別代表 24 個不同的國家或地區）的星巴克中杯拿鐵的售價。紐約市的售價為 3.45 美元，以此為基準，因為紐約市代表美國，是美元的發行國，同時美元也是世界上流通最廣的貨幣；將其他城市的售價由當地貨幣計價折算為美元計價，然後將其和紐約市的售價做對比；如果某個城市中杯拿鐵換算後的美元售價高於紐約市的 3.45 美元，那麼說明該城市對應的法定貨幣相對於美元而言，被高估了，反之，則相對於美元被低估。

我們從上面的數據可看出，蘇黎世（瑞士）的售價最高，說明瑞士法郎相對於美元被高估的程度最大，此外，相對於美元被高估的貨幣還有：香港的港幣，新加坡的坡幣，上海（中國）的人民幣，布魯塞爾（比利時）的歐元，迪拜的迪拉姆，貝魯特（黎巴嫩）的黎巴嫩鎊，首爾（韓國）的韓元，莫斯科（俄羅斯）的盧布，雅加達（印度尼西亞）的印尼盾，利雅得（沙特）的里亞爾。

相對於美元，處於明顯被低估的貨幣有：開羅（埃及）的埃及鎊、約翰內斯堡（南非）的蘭特、伊斯坦布爾（土耳其）的里拉、墨西哥城（墨西哥）的比索。其中埃及鎊被低估程度最大。

有意思的是，在與包括國際清算銀行（BIS）、經合組織（OECD）、國際貨幣基金組織（IMF）等權威機構的分析結果進行比對後，這個結論的出入其實並不算大。比如經拿鐵指數測算出的加拿大元對美元匯率被低估約 14.8%，權威機構的結果是 10% 左右。

圖文資料來源：摘錄自 CMomey 2017/12/25

【解說】

經濟學家利用知名咖啡連鎖店星巴克的「中杯拿鐵」價格，來衡量一個國家匯率的高低的非正式的經濟指數。我們利用星巴克的「中杯拿鐵」價格，其在各國的售價換算成美元後，並比較各國貨幣與美元之間的匯率差異，藉以瞭解該國的匯率是否被高估或低估。

6-5 匯率制度

一國的匯率若激烈的變動，可能會造成經濟上的困擾與不穩定，因此對於匯率波動的掌控是央行重要的工作項目。一般而言，國際間的匯率制度（Exchange Rate System），按照匯率變動幅度的大小，大致可分爲三種制度分別爲「固定匯率制度」（Fixed Exchange Rate System）、「浮動匯率制度」（Floating Exchange Rate System）與「管理浮動制度」（Managed Floating Rates System）。「固定匯率制度」是指一國的匯率變動，採用固定不變的模式；「浮動匯率制度」是指一國的匯率變動，由自由市場的供需所決定；「管理浮動制度」是指一國匯率變動，受到該國央行所管理控制，但允許匯率小幅變動，且變動的情形須配合該國的經濟利益。

除上述三種基本的匯率制度，現行 IMF 將會員國的匯率制度，更細分成八種制度，這八種制度中，第 1 與 2 類型比較屬於固定匯率制度；第 3 ～ 6 類型比較屬於中間匯率制度；第 7 與 8 類型比較屬於浮動匯率制度。以下將介紹這八種制度的內涵以及採行的國家。

一、無獨立法償貨幣匯率制度

無獨立法償貨幣匯率制度（Exchange Arrangements with No Separate Legal Tender）是以他國的貨幣充當該國唯一的法償貨幣；或者一群會員國屬於同一貨幣聯盟，共用同一法償貨幣。其中，採用他國貨幣（如：美元、歐元或澳幣）充當該國唯一法償貨幣的國家，主要有巴拿馬、厄瓜多、薩爾瓦多等多個國家；另外，採用同一法償貨幣的國家，主要有「歐元區」的 19 個會員國、「非洲法郎區」的 14 個中西非國家、以及「東加勒比元」的 6 個成員國。

二、貨幣當局安排匯率制度

貨幣當局安排匯率制度（Currency Board Arrangements）就是明確用法律規定本國貨幣，得以用固定匯率兌換特定的外國貨幣，且該貨幣的背後，具有充分的外匯存底當保證。目前共有多個會員國採用該制度，其中包括中國香港特別行政區和幾個東歐國家。但隨著這些東歐國家逐步加入歐元區，香港成爲貨幣當局安排制度最著名的代表。

三、傳統固定釘住匯率制度

傳統固定釘住匯率制度（Conventional Fixed-Peg Arrangements）就是將本國貨幣（正

式或非正式）以固定匯率釘住某一主要貨幣或一籃子貨幣，其匯率的波動幅度多在中心匯率上下，某一狹小的範圍內變動。實施該制度的國家，主要有中國、馬來西亞、斐濟、摩洛哥與尼泊爾等多個會員國。

四、水平區間內釘住匯率制度

水平區間內釘住匯率制度（Pegged Rate within Horizontal Bands）就是將本國貨幣維持在一個中心匯率上下波動，其變動幅度可在中心匯率上下 1% 以上。實施該制度的國家，主要有丹麥、匈牙利與蘇丹等多個會員國。

五、緩步釘住的匯率制度

緩步釘住的匯率制度（Crawling Pegs）就是將本國貨幣匯率依固定且事先公布的比率來緩步調整，或根據特定量化指標的變動來伴隨調整。實施該制度的國家，主要有突尼西亞、哥斯大黎加與尼加拉瓜等多個會員國。

六、緩步區間的匯率制度

緩步區間的匯率制度（Exchange Rates within Crawling Bands）就是將本國貨幣維持在中心匯率的一定的範圍內波動，而中心匯率依固定且預先宣告的比率緩步調整，或根據特定量化指標的變動而作定期的調整。實施該制度的國家，主要有以色列、羅馬尼亞與宏都拉斯等多個會員國。

七、無預先宣告匯率路徑的管理式浮動匯率制度

無預先宣告匯率路徑的管理式浮動匯率制度（Managed Floating with No Preannounced Path for the Exchange Rate）就是貨幣當局，透過外匯市場的積極干預來影響匯率的變動，但未明訂、也未預先承諾，將來匯率的波動路徑。實施該制度的國家，主要有新加坡、泰國、俄羅斯等多個會員國。

八、自由浮動匯率制度

自由浮動匯率制度（Independent Floating）就是該國的匯率由自由市場供需決定，任何外匯干預僅是緩合匯率的變動和避免異常的波動，且匯率並未預先設定在某一水準。實施該制度的國家，主要有美國、英國、瑞士、日本、澳洲等多個會員國。

市場焦點

掛勾人民幣？香港聯繫匯率制度受挑戰

在香港金融動盪不穩的情況下，中國似乎也藉機介入其中，日前中國平安銀行入股掌握港幣發行權力三大銀行之一的匯豐銀行，而有專家認為中共此次的介入將有可能摧毀香港自1983 年延續至今的「聯繫匯率制度」。

「聯繫匯率制度」究竟是何方神聖呢？「聯繫匯率制度」是一種貨幣發行局為了固定匯率的制度，簡單來說就是將自己國家的貨幣與特定外幣之間的匯率固定在某一區間內，使貨幣發行量隨著外匯存底變動的一種貨幣制度。

香港聯繫匯率制度是由 1983 年開始實施的，在此制度下，港幣以 7.75 至 7.85 港元兌 1 美元的匯率與美元掛勾，港幣在兌換其他貨幣的升值貶值也完全受制於美元，這樣的制度也使香港成為國際貿易中心和國際金融中心的重要基礎。

AIA Capital 財富管理公司首席經濟學家說到，中國的平安銀行介入匯豐的股權結構，意味著中共對於匯豐的話語權提升了。他也說到他的香港朋友告訴他，他從保險櫃裡面拿出港幣要去結匯，要去買美金金額是 20 萬美元，匯豐不給。所以匯豐可能在資金移轉，這種叫資金外流可能就已經在設關卡了。

中共早就有在考慮將香港一直以來的一國兩制改為一國一制，原本支持美元的外匯存底就會變為支持人民幣了，若是真的支持人民幣，那中國人民銀行就能統一調用，也就是說中國將香港的外匯存底吃了。

圖文資料來源：摘錄自東森財經新聞網 2019/08/19

【解說】

長久以來，港幣的匯率採與美元聯繫的匯率制度，但近期中國平安銀行入股掌握港幣發行權力三大銀行之一的匯豐銀行，就有專家認為中國此次的介入將有可能摧毀香港自 1983 年延續至今的「聯繫匯率制度」。且近期，中國通過「港版國安法」，可能讓港元聯繫匯率制度提高瓦解。

本章習題

一、選擇題

【基礎題】

1. 請問外匯是指何者？ (A) 外國現金 (B) 外幣支票 (C) 外幣本票 (D) 以上皆是。
2. 通常一般民眾出國觀光，換取外匯應至何處兌換？ (A) 外匯指定銀行 (B) 銀樓 (C) 外匯經紀商 (D) 中央銀行。
3. 下列何者非與外匯指定銀行直接進行交易的組織？ (A) 中央銀行 (B) 外匯經紀商 (C) 進口商 (D) 移民者。
4. 下列何種非外匯市場功能？ (A) 均衡匯率 (B) 提供匯兌 (C) 調節國際信用 (D) 影響國際股市。
5. 外匯存底的資產是屬於何者所有？ (A) 中央銀行 (B) 政府 (C) 全體民眾 (D) 財政部。
6. 下列何者非屬於國際準備？ (A) 黃金 (B) 鑽石 (C) 外匯存底 (D) 特別提款權。
7. 下列何者爲外匯存底的來源？ (A) 外國人來台設廠投資的換匯 (B) 外匯指定銀行所賣出的外匯 (C) 外國人來台投資股票的換匯 (D) 以上皆可。
8. 下列何者非持有過多外匯存底的問題？ (A) 會有匯兌損失 (B) 失業率會提高 (C) 會產生通貨膨脹 (D) 機會成本過高的問題。
9. 下列何者非衡量最適外匯存底的指標？ (A) 進口金額 (B) 出口金額 (C) 短期外債規模 (D) 貨幣供給額。
10. 下列何者非央行使用外匯存底的目的？ (A) 協助國內企業至海外購買機器設備 (B) 將外匯存放是借信用良好的銀行 (C) 將外匯投資美國公債 (D) 將外匯投入國內股市。
11. 請問央行將外匯存底投資在有價證券，何者不是它考慮的原則？ (A) 安全性 (B) 流動性 (C) 套利性 (D) 收益性。
12. 下列何種非外匯存底的功能？ (A) 發行貨幣依據 (B) 購買黃金儲備 (C) 調節國際收支 (D) 穩定貨幣匯率。
13. 若現在 1 美元 =30 台幣，而 1 歐元 =1.15 美元，請問歐元兌台幣的交叉匯率爲何？ (A)28.57 (B)34.5 (C)31.15 (D)28.85。

14. 請問有關即期與遠期匯率，何者為非？ (A) 銀行均會報價 (B) 通常遠期匯率較高 (C) 遠期交易可提供避險 (D) 遠期交易也可以進行套利。
15. 請問實質匯率通常是由兩國何種指數進行調整？ (A) 失業率 (B) 股價指數 (C) 物價指數 (D) 利率。
16. 若現在新台幣的實質有效匯率指數為 102，表示為何？ (A) 台幣被高估 (B) 台幣被低估 (C) 美元被高估 (D) 美元被低估。
17. 請問現在台幣匯率約為 1 美元等於 30 台幣，請問此報價方式稱為何？ (A) 直接報價 (B) 間接報價 (C) 歐式報價 (D) 以上皆非。
18. 下列何種幣別，非直接報價？ (A) 新台幣 (B) 人民幣 (C) 日圓 (D) 英鎊。
19. 下列何種幣別，採間接報價？ (A) 日圓 (B) 加拿大幣 (C) 歐元 (D) 新加坡幣。
20. 請問預期台幣將貶值，人們會如何？ (A) 買台幣賣美元 (B) 買美元賣台幣 (C) 外匯供給增加 (D) 匯率下跌。
21. 若現在台幣與美元一年期利率分別為 2% 與 3%，若以利率平價說來判定，美元匯率將來應該如何才合理？ (A) 升值 (B) 貶值 (C) 不變 (D) 以上都有可能。
22. 承上題，若現在美元兌新台幣即期匯率 29.55，請問一年後的美元兌新台幣的即期匯率為何？ (A)29.25 (B)29.55 (C)29.85 (D)30.25。
23. 若本國物價上漲率低於外國物價上漲率 3%，在購買力平價說成立下，匯率應如何變動？ (A) 本國幣升值 3% (B) 外國幣升值 3% (C) 本國幣貶值 3% (D) 不會變動。
24. 下列何者會使本國幣升值？ (A) 本國物價高於外國 (B) 本國對外國商品具有偏好 (C) 對外國商品課稅較高 (D) 開放較多的進口配額。
25. 下列何者不會影響匯率波動？ (A) 本國物價 (B) 心理預期 (C) 外國利率 (D) 國土面積。
26. 請問平時的匯率波動完全由市場供需決定，稱為為何？ (A) 自由浮動匯率 (B) 管理浮動匯率 (C) 固定匯率 (D) 目標區匯率。
27. IMF 對會員國的匯率制度進行分類，請問歐元是採哪一種制度？ (A) 傳統固定釘住匯率制度 (B) 貨幣當局安排匯率制度 (C) 無獨立法償貨幣匯率制度 (D) 水平區間內釘住匯率制度。

28. 哪一種匯率制度是將本國貨幣匯率依固定且事先公布的比率來緩步調整，或根據特定量化指標的變動來伴隨調整？ (A) 水平區間內釘住 (B) 緩步釘住 (C) 緩步區間 (D) 無預先宣告匯率路徑的管理式浮動。

【進階題】

29. 下列敘述何者錯誤？ (A) 外匯市場主要由外匯銀行、外匯經紀商，以及外匯供需者所組成 (B) 通常即期票匯匯率比電匯匯率要低 (C) 銀行間的相互拋補外匯稱爲零售市場 (D) 顧客須至外匯指定銀行方才能進行外匯交易。

30. 下列敘述何者正確？ (A) 外匯存底是政府的資產 (B) 外匯存底通常包含黃金這部分 (C) 外匯存底愈多的國家，代表該國或地區的經濟力就一定較強 (D) 外匯存底太多，可能會有通貨膨脹的疑慮。

31. 下列敘述何者正確？ (A) 通常澳幣是採直接報價 (B) 通常外匯只侷限於外幣現金 (C) 通常銀行間的外匯市場交易量較顧客市場間大 (D) 通常顧客可以直接與外匯經紀商直接交易。

32. 下列敘述何者正確？ (A) 外匯存底是屬於央行的資產 (B) 銀行的匯率買價是指投資人買入價格 (C) 票匯通常較電匯時間快 (D) 名目與實質匯率通常是利用兩國物價指數調整。

33. 假設外匯市場中 US/JPY 的買賣報價爲 90.25/95，US/NT 的買賣報價爲 29.15/55，請問 NT/JPY 買入匯率與賣出匯率各爲 (A) (3.05,3.12) (B) (3.05,3.09) (C) (3.07,3.12) (D) (3.09,3.12)。

34. 下列敘述何者有誤？ (A) 實質有效匯率指數小於 100，表示該幣值被低估 (B) 若現在美元利率高於台幣利率，以利率平價說來判定，美元匯率將來應該升值 (C) 若一國的貿易政策較自由開放，其幣值應貶值 (D) 日圓在國際上是採自由浮動匯率制度。

35. 下列敘述何者有誤？ (A) 外匯存底通常不包含 SDR (B) 國際熱錢流入，通常外匯存底會增加 (C) 本國物價較外國高，依購買力平價，本國幣應貶值 (D) 名目匯率通常比實質匯率高。

【國考題】

36. 長期間影響匯率的因素中，若臺灣勞工的生產力增加，會使新台幣相對於外國貨幣 (A) 升值 (B) 貶值 (C) 不變 (D) 無法預測。 （2011 陽商銀）

37. 購買力平價說成立時，若本國通貨膨脹率上升 10%，外國通貨膨脹率上升 15%，則此隱含本國貨幣將如何變動？ (A) 貶值 25% (B) 貶值 5% (C) 升值 5% (D) 升值 25%。 （2011 初等考）

38. 外匯市場上，若新臺幣相對日圓貶值、新臺幣相對美元升值、日圓相對美元升值，則以（日圓 / 新臺幣）、（新臺幣 / 美元）、（日圓 / 美元）爲計算單位的三種匯率價格中，匯價上升者有幾項 (A)0 項 (B)1 項 (C)2 項 (D)3 項。（2011 初等考）

39. 浮動匯率制度下，若本地今年的外國觀光客倍增，則其它條件不變，本國貨幣將如何變化？ (A) 貶值 (B) 升值 (C) 維持不變 (D) 先貶後升。 （2011 初等考）

40. 在其他條件不變情況下，下列有關匯率變動的敘述，何者正確？ (A) 國內利率上升，會使本國貨幣升值 (B) 預期本國物價水準上漲，會使本國貨幣升值 (C) 預期進口需求增加，會使本國貨幣升值 (D) 預期本國生產力下降，會使本國貨幣升值。 （2012 高銀）

41. 如果在一定期間內，臺灣的物價上漲 10%，美國的物價上漲 5%，則依據購買力平價理論，新臺幣兌換美元的匯率會如何變動？ (A) 新臺幣貶值，美元貶值 (B) 新臺幣升值，美元升值 (C) 新臺幣貶值，美元升值 (D) 新臺幣升值，美元貶值。 （2012 華南金融）

42. 如果金額夠大，下列何者最有可能導致新台幣升值？ (A) 外資大賣台股 (B) 本地壽險公司於海外投資匯出 (C) 臺灣向美國購買八艘潛艇 (D) 上市公司。 （2012 臺銀）

43. 一國中央銀行若爲了有效實施釘住美元之匯率政策，下列何種方式較無法達成這個目標？ (A) 縮小國內與美國之利率差距 (B) 降低國內與美國之通貨膨脹率差距 (C) 增加發行國內通貨準備，融通銀行資金需求 (D) 備有足夠的美元外匯存底。 （2012 初等考）

44. 從國際收支平衡表觀察，我國中央銀行外匯存底大幅成長的可能原因是 (A) 我國對外貿易逆差 (B) 本國企業對外投資增加 (C) 外資內流大量增加 (D) 民間來自國外所得減少。 （2013 初等考）

45. 採行何種匯率制度，對一國貨幣政策的自主性最大？ (A) 固定匯率制度 (B) 浮動匯率制度 (C) 管理浮動匯率制度 (D) 釘住匯率制度。 （2014 初等考）

46. 根據購買力平價理論，若本國的物價水準相對於他國物價水準上升，會造成 (A) 本國貨幣升值 (B) 本國貨幣貶值 (C) 外國貨幣貶值 (D) 外國貨幣價值不變。（2014 初等考）

47. 下列那一項因素變動，會使本國貨幣升值？ (A) 本國進口商品關稅下降 (B) 本國人對外國商品偏好提高 (C) 本國的生產力相對他國生產力增加 (D) 本國利率下降。（2014 初等考）

48. 下列關於新臺幣實質有效匯率指數（REER）之敘述，何者正確？ (A) 新臺幣兌美元匯率上升，REER 下跌 (B) 外資股利匯出，REER 上升 (C) 臺灣 REER 低於南韓，代表出口競爭力低於南韓 (D) 本國貨幣升值，REER 下跌。（2014 初等考）

49. 在浮動匯率（floating exchange rate）制度下，下列那一種現象不會產生？ (A) 在此匯率制度下，外匯市場永遠結清 (B) 因為外匯是浮動的，因此利率必須固定 (C) 外匯市場均衡時，不會有超額供給或超額需求 (D) 均衡匯率由外匯市場的供需自行決定。（2016 初等考）

50. 假定外匯市場是效率市場，新臺幣存款年利率 10%，日圓存款年利率 2%，現在新臺幣兌日圓匯率 ¥1=NT0.26。根據利率平價條件，下列何者錯誤？ (A) 新臺幣與日圓存款預期報酬率皆相等 (B) 預期 6 個月後即期匯率為 ¥1=NT0.2808 (C) 現在 180 天期遠期匯率為 ¥1=NT0.2704 (D)6 個月後即期匯率必等於現在 180 天期遠期匯率。（2018 初等考）

51. 根據單一價格法則，若一個大麥克漢堡在臺灣的價格為新臺幣（NT$）70 元，在美國的價格為美元（US$）5.5 元，若目前匯率（NT$/US$）為 30，則下列敘述何者正確？ (A) 理論匯率值為 70/5.5，新臺幣目前被低估 (B) 理論匯率值為 70/5.5，新臺幣目前被高估 (C) 理論匯率值為 5/70，新臺幣目前被低估 (D) 理論匯率值為 5/70，新臺幣目前被高估。（2019 初等考）

52. 在其他情況不變下，下列何項因素會使本國貨幣貶值？ (A) 預期外幣貶值 (B) 外國提高進口關稅 (C) 本國利率相對外國利率提高 (D) 本國物價水準相對外國物價水準下降。（2019 初等考）

二、簡答與計算題

【基礎題】

1. 請問外匯市場中有那些參與者？
2. 請問外匯市場的功能爲何？
3. 何謂外匯存底？
4. 何謂國際儲備？
5. 請問央行持有過多外匯存底有何問題？
6. 請寫出三種衡量最適的外匯存底的指標？
7. 請問央行將外匯存底進行投資時須考慮哪些原則？
8. 請問外匯存底的功能爲何？
9. 請問一般匯率的報價方式有哪兩種？
10. 請問名目匯率與實質匯率的關係爲何？
11. 請問計算實質有效匯率指數，通常需要考慮本國與貿易對手國的哪些項目？
12. 若本國物價上漲率上升 3%，外國物價上漲率上升 1%，若購買力平價說成立下，請問本國貨幣將如何變動？

【進階題】

13. 下列哪些貨幣是採直接報價？哪些採間接報價？
    A. 人民幣、B. 印尼盾、C. 歐元、D. 澳幣、E 新台幣、F. 韓圜、G. 英鎊
    H. 阿根廷披索、I. 特別提款權、J. 愛爾蘭鎊、K. 日幣、L. 南非幣
14. 若某一出口商三個月預計可收到 100 萬美元，若現在三個期美元利率 1.5%，三個月期新台幣利率 1.2%，美元兌新台幣即期匯率 29.85，試問：
    (1) 三個期美元遠期匯率爲升水或貼水？
    (2) 三個月期遠期匯率爲何？
15. 請說明影響匯率變動的因素有哪些，並說明之間的變動情形如何？

第 3 篇

銀行與金融制度

貨幣的流通，通常須要藉由銀行的運作，才能發揮其效益。銀行在金融市場中，扮演著資金融通的重要橋梁，因此銀行的經營優劣與金融制度的完善與否，攸關整體社會與經濟的發展。本篇包含 4 大章，主要介紹銀行與金融制度，希望讓讀者了解健全的銀行體系與金融制度，對貨幣流通的重要性。

7 CHAPTER 銀行業概論

【本章大綱】

本章內容為銀行業概論，主要介紹銀行業的種類、制度、金融業務綜合化與金融防火牆等內容，其詳細內容詳見下表。

節次	節名	主要內容
7-1	銀行業的種類	介紹各種類型的銀行特性。
7-2	銀行業的制度	介紹銀行的兩種基本制度與其它制度。
7-3	金融業務綜合化	介紹金融業務綜合化的營運類型與優缺點。
7-4	金融防火牆	介紹金融防火牆的種類與取消金融防火牆的優缺點。

7-1 銀行業的種類

資金的流通，須要透過各種金融機構的運作，才能使資金能有效率的由剩餘單位流向不足單位，使資金的流動運用具有效率。在所有金融機構中，若依據是否能「創造貨幣」的準則來分類，可將金融機構劃分爲「貨幣機構」與「非貨幣機構」。

貨幣機構就是以「銀行」爲主的金融機構，其主要的業務乃從事資金的存放款、票據貼現與匯兌等；在企業籌措資金管道中，銀行扮演「間接金融」的角色；此外，銀行亦是一般民眾投資理財最常接觸到的金融機構。因此銀行對跟我們日常生活息息相關。以下我們將介紹幾種常見的銀行種類：

一、中央銀行

中央銀行（Central Bank）爲一個國家執行貨幣、信用與外匯政策的最高決策組織，通常也是唯一可以發行貨幣的機構；且經理國庫的庫款收付與保管事務、以及處理金融市場支付清算業務。中央銀行通常利用各種貨幣政策與工具，在金融市場進行公開操作，以調節市場資金，使市場的利率與匯率維持穩定。中央銀行主要的營業對象爲全國各金融機構，所以又稱爲「銀行中的銀行」。

二、存款銀行

存款銀行（Depository Bank）是指以吸收各種存款爲資金來源，並將吸收的資金用於放款與投資的金融機構。存款銀行根據存放款的「期限」、「對象」與「經營區域」又可分爲下列幾種類型：

（一）商業銀行

根據我國銀行法條規定，商業銀行（Commercial Bank）是以收受支票存款、活期存款、定期存款等，以供給「中短期」信用爲主要任務之銀行。通常商業銀行除了收受一般民眾與企業的支票、活期、活期儲蓄與定期存款外，並辦理中短期的放款業務，且亦辦理票據貼現、國內外匯兌、債券買賣與保證等相關事宜。商業銀行是一般工商企業與民眾在進行營業或投資理財活動中，往來最爲頻繁的金融機構。

此外，近年來，由於網路、行動通訊與感測設備等科技的普及發達，迫使傳統金融業必須積極的尋求轉型與升級，因此國內每一家商業銀行都積極利用網路經營業務，以發展自己的「網路銀行」（Electronic Bank）通路，並有些國內商業銀行，另外成立以網路服務爲主的子品牌之「數位銀行」（Digital Bank），以順應科技潮流的趨勢。

（二）專業銀行

根據我國銀行法規定，專業銀行（Specialized Bank）乃爲便利專業信用之供給所新設立的銀行；或由中央銀行指定現有銀行中，需擔任該項信用供給的銀行。通常專業銀行著重在「中長期」存放款業務，並爲這些專業信用行業，提供量身訂做的資金需求。其這些專業信用包含「工業」、「農業」、「輸出入」、「中小企業」、「不動產」與「地方性信用」等六項。以下爲這六項專業信用的銀行所提供的服務：

1. 工業銀行：以供給工、礦、交通及其他公用事業，所需的中長期信用爲主要業務。
2. 農業銀行：以調節農村金融，及供應農、林、漁、牧之生產及有關事業所需信用爲主要任務。
3. 輸出入銀行：以供給中長期信用，協助拓展外銷及輸入國內工業所必需之設備與原料爲主要任務。

4. 中小企業銀行：以供給中小企業中長期信用，協助其改善生產設備及財務結構，暨健全經營管理爲主要任務。
5. 不動產信用銀行：以供給土地開發、都市改良、社區發展、道路建設、觀光設施及房屋建築等，所需中長期信用爲主要任務。
6. 國民銀行：以供給地區發展及當地國民，所需短中期信用爲主要任務。

（三）基層金融機構

國內除了上述的商業與專業銀行外，尚有一些小部份的銀行業務由地方性的基層金融機構承擔，其中包含信用合作社與農漁會信用部這兩類。以下將進一步闡述之。

1. 信用合作社：信用合作社（Credit Union）是屬於地方性的金融機構，通常是集結在地社員所組織而成的互助團體，其主要功能是將社員的儲蓄貸放給其他有資金需求的社員[17]。所以社員是信用合作社的客戶，也是老闆，社員可以主導信用合作社經營方向，以及金融服務的內容，因此信用合作社的服務可以更貼近在地的需求。
2. 農漁會信用部：農漁會信用部是隸屬於各地區的農漁會，當地的農漁民爲信用部的會員，其主要功能是將會員的儲蓄貸放給其他有資金需求的會員。其服務性質與信用合作社相似，乃爲最基層的金融機構之一。

三、信託投資公司

信託投資公司[18]（Investment & Trust Company）是指以受託人之地位，按照特定目的，收受、經理及運用信託資金與經管信託財產；或以投資中間人之地位，從事特定目的之資本市場投資的金融機構。通常不可如一般的商業銀行一樣任意吸收存款，只能接受委託人委託管理資金或財產，並依照委託人的指示去承作中長期放款或買賣票券、債券、基金、股票等有價證券的投資。此外，信託投資公司亦可募集共同信託基金、承銷買賣有價證券；並可擔任債券與票券發行的保證人、受託人與簽證人、且可負責公司重整監督人與受託遺囑及管理遺產等業務。

17 政府已於 2013 年底開放信用合作社，可以針對非社員進行放款，中小企業或微型企業主可以用個人名義向信合社借貸營運資金。

18 在臺灣現行的金融業中，信託投資機構大都已改制為商業銀行、或已融入商業銀行的一個部門，稱為信託部、或由投信、投顧、證券商兼營之；所以現在國內已經沒有單獨的信託投資公司，於該行業獨立經營信託業務了。

四、綜合銀行

綜合銀行（Universal Bank）是指除了經營傳統銀行的存放業務外，亦包括信託、證券、期貨、票券、保險與不動產等多樣性的業務。其實綜合銀行就是將金融業的各子機構集合整併成一家金融百貨公司，所以又稱「百貨銀行」（Department Store Bank），在國內亦可稱爲「金融控股公司」[19]。傳統上各金融機構各司其職，但由於近年來，金融自由化以及金融創新商品不斷推陳出新，使得各金融機構所服務的界限日益重疊與模糊。所以基於競爭的考量，將各金融機構整併成爲一家大型的綜合銀行，可使業務與資源相互共用，並以達到規模經濟與分散風險爲目的，因此綜合銀行制度已逐漸成爲世界各國銀行發展的重要趨勢。

五、投資銀行

投資銀行（Investment Bank）雖被稱爲銀行，但基本上是並不能辦理存款銀行的業務，也不同於信託投資公司，因此在國內並不屬於「貨幣機構」。投資銀行的稱法主要流行於美國，世界其他各國還有許多稱謂，如：英國稱爲「商人銀行」、法國稱爲「實業銀行」、日本稱爲「證券公司」、在臺灣爲綜合證券商內的「承銷部」。投資銀行的主要業務爲從事證券承銷、自營、經紀、企業購併、創業投資、資金投資管理、新金融商品開發交易與財務諮詢服務等服務。由於投資銀行不得吸收存款，其資金來源主要靠自行發行股票和債券而來，所以可用資金來源受到許多限制。由於近年來國際金融自由化的發展，使得投資銀行的業務常與一般商業銀行的業務須相互支援，因此金融業的整併有其必要性。

六、直銷銀行

通常傳統的商業銀行會設實體營業據點，以提供客戶各種金融服務。但「直銷銀行」（Direct Bank）幾乎不會設實體營業據點，大部分的金融服務皆透過郵寄、電話、傳眞、電腦、手機、平板電腦、自動櫃員機（Automatic Teller Machine；ATM）與虛擬櫃員機（Virtual Teller Machine；VTM）等管道完成，且也不發放實體金融卡與信用卡。因爲幾乎沒有實體據點的營業費用，所以直銷銀行可以降低營運成本，並可將利潤直接回饋給客戶，這就是直銷銀行最重要的核心價值。

---

19 有關金融控股公司說明，請參閱本書 7-3。

此外，由於近代網路的普及發達，所以現在的直銷銀行，大都是以網路經營爲主；那就跟之前所提的「網路銀行」就很相像，但其實兩者經營的本質上，仍有所不同。通常「直銷銀行」可以是一家大型銀行，另外附設的子銀行，有點像之前所提的「數位銀行」型態、或亦可單獨以獨立的個體存在，就像國內新開放籌設的「純網路銀行」，就是此型態；但網路銀行就是一般傳統銀行利用網路經營業務，因此網路銀行並不以單獨的個體存在。

有關國內「網路銀行」、「數位銀行」與「純網路銀行」之差異，本文再進一步利用表 7-1 說明之：

表 7-1 國內「網路銀行」、「數位銀行」與「純網路銀行」之差異

類型	網路銀行	數位銀行	純網路銀行（直銷銀行）
經營型態	國內各商業銀行都有設網路平台	國內部分商業銀行，另外增設的子品牌之數位銀行	國內新籌設的網路銀行
國內經營業者	國內所有商業、專業銀行與基層金融都有網路銀行服務	王道銀行－O-Bank、台新銀行－Richart、永豐銀行－大戶 DAWHO、國泰世華－KOKO 等 13 家	將來銀行、LINE Bank、樂天國際商業銀行，共 3 家
經營特色	各銀行網路平台能執行轉帳、買匯、查詢餘額等簡單金融服務；但部分服務受到銀行營業時間限制	原傳統銀行所增設的子品牌，其數位帳戶無實體存摺、可以設立實體分行，不過多為線下體驗性質；但服務範圍跟一般銀行無區別，所有服務皆透過網路進行	新籌設的網路銀行，除了總行外，沒有實體分行，可進行所有傳統銀行業務，並可透過異業結盟打造新的服務體系，激發金融創新

市場焦點

未來銀行五種樣貌一次搞懂

中央銀行指出，金融科技日新月異，促成銀行金融業務與服務加速創新，未來銀行可能有五種樣貌，包括「改良式銀行」、「新型銀行」、「分散式銀行」、「委託型銀行」與「去中介化銀行」。

「改良型銀行」是指，傳統銀行運用科技，改變既有的商業模式及調整使用者介面，以維持客戶關係及核心業務。「新型銀行」，例如：純網銀，則是運用先進科技提供數位金融服務，直接經營客戶關係。「分散式銀行」，傳統銀行、金融科技公司及大型科技公司各依專業，透過數位平台提供特定具利基的服務。「委託型銀行」，傳統銀行純粹提供金融商品，而銷售及客戶關係維持委託給金融科技公司或大型科技公司。「去中介化銀行」，金融科技或大型科技公司直接透過平台提供金融服務。

央行且進一步詳細敘述銀行型態的進化，從 Bank 1.0，到 Bank 4.0。

Bank 1.0 為實體銀行階段，客戶須在銀行營業時間上門，親自臨櫃交易，服務受到場地與營業時間限制。Bank 2.0 為網路銀行時代，1990 年代起，個人電腦及網際網路蓬勃發展，網路銀行業務興起，使金融服務不受時空限制，不過，此階段的虛擬網路服務仍著重於「支援」實體通路。Bank 3.0 為行動銀行，智慧型手機使用人口數逐漸增加，促使行動銀行業務增加，在此階段，行動支付與行動錢包盛行，金融服務更加多元，銀行不再侷限於一個地方，而是一種行為。Bank 4.0 時代，銀行服務將無所不在，結合智慧裝置及人工智慧等技術，提供融入日常生活且互動的金融服務，不受時間與地域限制。

在未來 Bank 4.0 時代，藉由分析消費行為及應用情境，即時提供更好的理財與消費建議，提升客戶對金融服務的情感依賴及黏著度。央行表示，「未來銀行服務可能不在銀行」。換句話說，銀行服務到處都在，只是不一定發生在銀行裡。

圖文資料來源：摘錄自經濟日報 2019/07/10

【解說】

近年來，由於網路、行動通訊與感測設備等科技的普及發達，讓金融產業也受到這股科技潮流的驅使，讓科技與金融兩者相互融合，因此銀行的經營發是發生變化。央行舉出未來銀行的五種經營樣貌，並闡述述銀行型態的進化，由 Bank 1.0 進展到 Bank 4.0 的過程。

七、影子銀行

傳統的銀行業務不外乎借貸、匯款與換匯等業務，但有些機構，雖不是政府法令的銀行單位，但其所經營的業務也牽扯到資金的借貸、匯款與換匯等類銀行業務，稱之爲「影子銀行」（Shadow Banks）。在國內從事影子銀行之相關機構，主要是非政府明定的金融機構，當然就未受到嚴格的金融監理與管制。以下本處將介紹幾種國內較常見的影子銀行單位：

（一）創業投資公司

創業投資公司（Venture Capital Company；VC）爲一專業的投資公司，由一群專業人士所組合而成的，以直接投資被投資公司股權的方式，提供資金給需要資金者（被投資公司）。

（二）租賃公司

租賃公司（Leases Company）主要承做設備或工具出租之業務。通常租賃公司承諾在約定的期間內，將固定資產使用權出租給承租人，並收取租金；租賃公司等同間接的提供資金給廠商買進固定資產後，再承租給它們使用。

（三）P2P 借貸平台

傳統的金融活動中，資金的借貸大都是透過銀行體系的存放系統來進行；銀行可以決定放款對象、金額多寡與利息高低。但「P2P 借貸平台」是指由電商公司提供的網路平台，並藉由平台媒合有資金需求與供給的個體戶，讓供需雙方在網路上完成 P2P 的借貸交易，不用再經過傳統銀行的仲介。國內現較知名的 P2P 借貸平台，如：「哇借貸」與「LnB 信用市集」。

（四）群衆募資平台

所謂的群眾募資（Crowdfunding）是指由電商公司成立網路平台，提供給「微小型企業」或「具創意或公益等專案」，向不特定大眾宣傳其公司未來前景、或者創意或公益等專案的概念、設計或作品，藉以達到募資的目的。國內至今共有 13 家募資平台（如：FlyingV 等）。

（五）當鋪業者

通常當鋪業者接受典當者的物品，然後融資資金給典當者，待將來典當者有足夠資金，亦可贖回典當物品，但亦可不贖回典當物品。所以當鋪對客戶的融資行爲，有點像銀行接受用擔保品抵押融資的金融活動。

（六）銀樓業者

通常銀樓業者會從事金融市場中的黃金現貨的買賣，亦可從事外幣的兌換業務俗稱「黑市」交易。通常銀樓的換匯買賣價差較一般銀行窄，且也較的簡單方便，所以吸引許多小額的換匯需要。

（七）地下金融公司

所謂的地下金融（Unorganized Financial）公司是指一般民間公司其經營業務乃提供短期免擔保的資金，給企業或個人週轉使用；或者經營已向銀行擔保融通過的不動產，再從事第二或第三次放款（俗稱二胎或三胎），並以收取高額利息爲目的。

中國影子銀行活動下降　惠譽：傳染風險仍高

中國政府近來頒布多項新政，希望能遏制影子銀行風險規模。惠譽評級表示，中國政府的決心超乎預期，導致影子銀行資產的下降速度比預計快。惠譽認為，中國的監理措施將在2020 年持續進行，以控制影子銀行活動成長。

隨著中國影子銀行資產下降，銀行與非銀金融機構之間的潛在傳染風險也有所緩和。惠譽認為，銀行與非銀金融機構之間持續存在的關聯性，傳染性風險仍高。也就是說，非銀金融機構行業內的資產品質惡化和融資壓力仍然是銀行的風險來源。

中國影子銀行資產在繼 2013 至 2017 年成長超過 4 倍，惠譽估計，趨勢將會反轉，2018 年初以來已縮水 20%，占名義 GDP 的比重也從近 70% 的高峰降至 2019 年上半年的 50% 左右，降速超乎預期。惠譽現預測，中國影子銀行資產將在 2019 年末降至 GDP 的 47%。

由於向銀子銀行借款的人普遍信用較差，不太可能轉向一般銀行借款，惠譽認為，在經濟增速放緩的環境下，融資壓力或會持續，對民營企業的衝擊可能會更為嚴重。

圖文資料來源：摘錄自蘋果日報 2020/01/03

【解說】

由於中國長久以來，傳統金融的普及率並不高，所以才會造就該國「影子金融」的發達。經過幾年的發展，也發現風險逐漸升高，於是中國政府當局頒布多項新政，希望能遏制影子銀行的風險規模。近期，國際知名評等公司－惠譽表示，中國政府的決心超乎預期，導致影子銀行的資產下降速度比預計快。但仍須注意銀行與非銀金融機構之間持續存在的關聯性，所以傳染性風險仍高。

◎ 中國影子銀行系統

中國影子銀行系統所承作的業務，主要是遊走於被監管邊緣的灰色地帶。大致上，在中國從事影子銀行的機構，以投資銀行、避險基金、私募基金、貨幣市場基金、保險公司、結構性投資機構（Structured Investment Vehicles；SIV）、以及 P2P 借貸平台等非商業銀行的金融機構為主；其主要的承作的業務，以類銀行理財商品、非銀行貸款商品和民間借貸為主。

此外，由中國電商所發展出來的電商金融，也是中國影子金融的一環。如：阿里巴巴集團下，由第三方資金支付系統「支付寶」所衍生出的貸款平台「阿里小微」、可投資於貨幣型基金的類投資信託平台「餘額寶」、可進行財富管理平台的「招財寶」、「螞蟻聚寶」與「衆安保險」等相關的類金融服務平台，都是中國影子金融的範疇。

7-2 銀行業的制度

通常開設一家銀行，都需要經過政府單位的核准，才能開辦營業。在美國因土地幅員廣大，每個州政府各自的法令限制，所以對於銀行的開設，它們實施所謂的雙軌制（Dual Banking System）。也就是若要設立國家級銀行（National Bank）須經過美國聯邦政府的核准；若要成立州立銀行（State Bank）僅須州或地方政府核准即可。因此美國區域性的小型銀行相當的多，規模亦多不大。

在臺灣若要開設一家「銀行」或「基層基融機構」都須經過中央政府的核准設置，銀行可在全國各地設置分行，以便擴大營業規模；但基層基融機構僅可在某地區內經營。因此臺灣與美國在銀行的基本制度上是有些差異的。

一般而言，銀行的基本制度有兩種（雙軌制）：其一爲單一銀行制度（Unit Banking），此爲美國銀行制度的演進結果，盛行於早期的美國；另一爲分支銀行制度（Branch Banking），此爲英國銀行制度的發展依據，爲現今大多數國家所採行，臺灣亦採行此制度。

貨幣與生活

另類銀行－垃圾銀行

全球知名的渡假小島峇里島，這個充滿南國風味的小島，吸引來自全球的遊客，但觀光產業發達的背後，卻也對這個小島造成傷害，尤其是垃圾問題。由於觀光產業的蓬勃發展，讓峇里島的居民大幅增加，產生的垃圾量以倍數成長，短短 8 年時間，垃圾量大增 7 倍，但是垃圾的處理能力，卻遠遠趕不上垃圾產生的速度。

圖片來源：新快網

為了減少垃圾產量，峇里島上的最大城市丹帕沙出現了「垃圾銀行」，民衆只要將可以回收使用的垃圾拿到銀行去，就可以換成錢，或是把錢存在銀行裡，如果有急用還可以跟銀行借款，再以垃圾歸還。「垃圾銀行」是由當地的非營利組織發起，架構其實很單純，民衆將垃圾拿到銀行換成錢，垃圾銀行再將收集來的垃圾轉賣給回收業者，而垃圾銀行的出現，也讓民衆慢慢養成垃圾分類的習慣，目前整個丹帕沙一共有 26 個垃圾銀行的分行。

資料來源：摘錄自民視新聞 2013/10/9

【解說】

觀光產業發達的峇里島，因政府處理垃圾能力，趕不上垃圾產生的速度。因此鼓勵民眾回收「可使用的垃圾」，拿到「垃圾銀行（非營利組織）」去就可以換成錢，亦可先跟銀行借款，再以垃圾歸還，真是「垃圾變黃金」的典型案例。

以下除了將介紹這兩種制度的特性與優缺點外，並進一步介紹因這兩種制度的缺陷，所衍生的其它銀行制度：

一、單一銀行制度

單一銀行制度是指銀行設立時，僅成立一家營業據點，並沒有設置其它分支機構；且銀行僅有一個章程與董事會。以下表 7-2 爲單一銀行制度的優缺點之介紹：

表 7-2 為單一銀行制度的優缺點

	項目	說明
優點	便於經營管理	銀行的股東、職員與所接觸的客戶大都為在地人，彼此關係密切且熟識，這樣對銀行的經營管理具便利性。
	有助地方發展	因銀行為在地人經營，所以對於當地的經濟發展較為熟稔，因此對當地的經濟發展較有助益。
	避免獨佔局面	因無分支機構，所以使得銀行的家數衆多，可以維持彼此競爭的情形，避免出面獨占或寡佔的局面。
缺點	地區客戶有限	銀行僅在當地營業，因當地客戶有限，且不易與位於大都會發展的大企業取得聯繫，所以資金的借貸對象受限制，無法擴大營業規模。
	營運風險較高	因業務集中於一地，銀行較容易受當地經濟景氣或產業結變化的影響，所以無法風散風險，營運風險較高，較易發生倒閉。
	營業項目受限	單一銀行規模小，營業項目通常有限，因此較無法提供完整的服務，例如：無法承作買賣外匯或基金等商品的服務。
	不易網羅人才	因銀行規模小，所以銀行人員有限，內部升遷機會不易，也缺乏教育訓練，因此較不容易網羅優秀的人才來此工作。

二、分支銀行制度

分支銀行制度是指銀行設立時，除了設立一家總營業據點，並設立其它分支機構；但銀行亦僅有一個章程與董事會。以下表 7-3 爲分支銀行制度的優缺點介紹：

表 7-3 為分支銀行制度的優缺點

	項目	說明
優點	有助營運規模	銀行分支機構多，往來客戶較多，營業規模較大，並可分散風險與提高銀行地位。
	籌資成本低廉	銀行分支機構多，除可吸納更多的存款外，且各地資金可以相互調度運用，有助降低利息支出的成本。
	營運互相支援	各分行分擔管銷成本，節省經營費用，且營運損益互補，有助銀行整體性的發展。
	升遷易人才留	銀行分行機構多，所以需要更多人才加入，內部升遷機會較多，可以網羅較多優秀的人才來此工作。
缺點	易形成獨寡占	因為銀行數不多，容易造成獨佔或寡佔的情形，對整體社會經濟發展不一定有利。
	難與在地契合	因分支機構的管理者不一定是當地人，且總行也不一定知道當地的經濟發展需要，所以難與在地發展契合。
	危機來衝擊大	因銀行分支機構多，營業規模較大，所以當經營不善或遭受金融危機時，對社會經濟發展所帶來的衝擊較大。

三、其它的銀行制度

上述的兩種銀行的基本制度中，各有其缺陷，所以歷史發展中衍生出幾種制度來補救制度上的缺陷，以下將介紹「聯行制度」與「連鎖銀行制度」。

（一）聯行制度

因單一銀行規模較小，所以有些營業項目受限，基於便利性考量，小銀行會選擇某些位於大都會的國家級銀行進行業務合作。透過與大銀行的聯繫，可以使得銀行的資金融通、匯兌交換、聯合貸款等營業活動更加便利，此乃聯行制度（Correspondent Banking）或稱代理銀行制度。

（二）連鎖銀行制度

基本上是以一家大型國家級銀行為中心，除了本身籌設分支機構擴大營業外，並開放其他較小的區域性銀行加盟。這樣大銀行可以藉由區域性銀行更了解當地地方經濟的發展需要，區域性銀行也可以享有大銀行較豐富的營業資源，此乃連鎖銀行制度（Chain Banking）。

7-3 金融業務綜合化

近年來全球金融業面對市場高度的國際化，以及必須面對未來更大的自由化競爭，因此金融業必須走向「大型化」與「專業化」，才能符合世界的潮流。所以銀行的經營必須朝向金融業務綜合化（Syntheticalization of Financial Business）的方向邁進。所謂的金融業務綜合化是指銀行所經營的業務，除了傳統的存放款業務外，必須跨及證券、票券、期貨、基金、保險、信託、財務諮詢等業務的經營。就好像我們進入一家金融百貨公司，銀行可以經營各式各樣的金融商品的交易買賣，讓投資者能滿足一次購足（One-stop Shopping）的需求。金融業務綜合化讓銀行同時扮演「間接金融」與「直接金融」的角色，使得銀行的業務更加多元性。

早期世界各國多嚴禁商業銀行跨足投資銀行的領域，美國曾通過「葛拉斯 - 史迪格法」（Glass-Steagall Act），在兩者間設立所謂的金融防火牆，以區隔兩者的業務往來。但近年來世界各國為了強化本國的金融競爭實力，紛紛允許商業銀行跨業經營投資銀行業務。例如：日本、美國、臺灣政府當局分別於1997、1999、2001年制定「金融控股公司整備法」、「金融現代化法案」、「金融控股公司法」，皆准許金融機構以控股公司名義兼營銀行、證券、票券、期貨、保險、信託等業務，使得銀行的經營走向大型綜合化的模式。以下我們將介紹幾種銀行經營金融業務綜合化的類型與優缺點：

一、金融業務綜合化的類型

一般而言，銀行經營金融業務綜合化的營運模式，大概可以分成「綜合銀行」、「金融集團」與「金融控股公司」這三種類型，其這三種類型的營運特性見表7-4說明。表7-5為2017年全世界銀行規模排名前20強，由表7-5得知：現今世界大銀行的趨勢大都採用綜合銀行、金融集團與金融控股公司的型態；例如：德國德意志銀行、英國巴克萊銀行等採用「綜合銀行」型態；法國農業信貸金融集團、法國巴黎銀行、日本三菱日聯金融集團與美國花旗集團等採用「金融集團」型態；英國匯豐控股公司等採用「金融控股公司」的型態。

表7-4 銀行經營金融業務綜合化的營運模式

類型	說明
綜合銀行（Universal Bank）	是指除了經營傳統銀行的存放款業務外，直接參與信託、證券、票券、保險、資產管理與不動產等多樣性的業務經營。
金融集團（Financial Conglomerate）	是指同一金融集團底下，設立許多個子公司，子公司分別經營金融產業內，各種不同領域的業務。
金融控股公司[20]（Financial Holding Company）	是指以一家金融機構為母公司（控股公司），母公司擁有銀行、證券、票券、期貨、保險、租賃等其他金融機構的股權。

20 臺灣於2001年6月通過的「金融控股公司法」，將金融控股公司分成三種主體，分別為銀行控股公司、保險控股公司與證券控股公司。

表 7-5　2017 年全世界銀行資產規模排名前 20 強

排名	銀行名稱	國籍	會計準則	資產規模（億美元）
1	ICBC（中國工商銀行）	中國	IFRS	40,055.8
2	China Construction Bank（中國建設銀行）	中國	IFRS	33,971.3
3	Agricultural Bank of China（中國農業銀行）	中國	IFRS	28,177.4
4	Mitsubishi UFJ Financial Group（三菱日聯金融集團）	日本	Japanese GAAP	27,738.2
5	Bank of China（中國銀行）	中國	IFRS	26,131.2
6	J.P. Morgan Chase（摩根大通集團）	美國	U.S. GAAP	25,336.0
7	HSBC Holdings Plc（匯豐控股公司）	英國	IFRS	25,217.7
8	BNP Paribas SA（法國巴黎銀行）	法國	IFRS	23,481.1
9	Bank of America（美國銀行）	美國	U.S. GAAP	22,812.3
10	China Development Bank（國家開發銀行）	中國	IFRS	22,018.6
11	Crédit Agricole Group（法國農業信貸金融集團）	法國	IFRS	21,120.4
12	Wells Fargo（富國銀行集團）	美國	U.S. GAAP	19,517.6
13	Japan Post Bank（日本郵貯銀行）	日本	Japanese GAAP	18,735.0
14	Mizuho Financial Group（瑞穗金融集團）	日本	Japanese GAAP	18,501.0
15	Sumitomo Mitsui Financial Group（三井住友金融集團）	日本	Japanese GAAP	18,474.7
16	Citigroup（花旗集團）	美國	U.S. GAAP	18,430.6
17	Deutsche Bank（德意志銀行）	德國	IFRS	17,668.5
18	Banco Santander SA（桑坦德銀行）	西班牙	IFRS	17,300.8
19	Barclays Plc（巴克萊銀行）	英國	IFRS	15,288.9
20	Société Générale SA（法國興業銀行）	法國	IFRS	15,274.3

註 1：資料來源 Relbanks 與維基百科（2020/02）

註 2：世界上大多數國家計算銀行資產採用國際財務報導準則（International Financial Reporting Standards；IFRS），然而美國與日本採用的是一般公認會計準則（Generally Accepted Accounting Principles；GAAP），所以在計算資產上並不一致。

二、金融業務綜合化的優缺點

銀行從事金融業務綜合化後，會出現經營上的優勢，但也會出現管理上的一些疏失，以下將介紹業務綜合化的一些優缺點（見表 7-6 說明）：

表 7-6 金融業務綜合化的優缺點

	項目	說明
優點	資源共享	金融業內各子產業的客戶、業務或資訊資料可以相互交流互補，以達到資源共享的效益。
	規模經濟	產業整合後可以擴大經營範圍，降低經營成本，以發揮規模經濟的效果。
	降低風險	金融業務多角化經營，可以減輕單一產業不景氣所帶來的風險，以增加營收的穩定性。
	增加市占	金融集團整併後，可以提升公司對金融機構的影響力，並可提高市場的營業佔有率，增加營業利益。
	提高聲譽	產業整合後公司規模變大，可以提高公司的知名度與聲譽，並可降低籌資成本。
缺點	被控壟斷	產業整合後，營運規模可能已經達到獨寡佔的情形，會被相關主管單位罰款或糾正，造成公司的營業損失。
	風險曝光	之前單一行業未揭露的風險或不良資產，在產業整併後才被發現，會削弱整體公司的利潤與競爭力。
	利益衝突	金融各子產業之間，因業務重疊或資金排擠的情形，使得彼此利益衝突，削弱原有的績效。
	危機蔓延	當一個子產業發生財務危機時，會波及給整個金融集團，造成危機的蔓延效應。

7-4 金融防火牆

本書之前有提過在金融產業裏，銀行是屬於貨幣機構，也就是它可以「創造貨幣」，說白點也就是說：那裏有許多錢可以進進出出，就像錢是銀行創造出來似的。因此金融業中非貨幣機構的證券公司（或投資銀行），想若自己也能吸收存款，再把錢借給欲融資買股票的投資人；或者一般的企業想去設廠投資，想若自己也有辦法很容易就可向銀行借到錢，這樣不是很完美嗎？所以當一家銀行要成立時，政府有關單位必須防備有人想從銀行很容易取得資金，並且無效率或非法的使用這資金。因此必須設立所謂的「金融防火牆」（Fire Wall）制度，以防止一些弊端或利益衝突。

但近年來國際金融自由化後，銀行必須朝向大型綜合化才有競爭力，因此金融業務綜合化是世界的潮流，那就是要打破阻隔在「商業銀行」與「投資銀行」或「一般企業」之間的藩籬。所以壁壘分明的金融防火牆制度需要適度的調整，才能使銀行的業務綜合化發揮效益。以下將介紹金融防火牆的種類、以及說明取消金融防火牆制度的優缺點。

一、金融防火牆的種類

一般而言，金融防火牆須在「商業銀行」與「投資銀行」、或在「商業銀行」與「一般企業」之間設置：

（一）「商業銀行」與「投資銀行」之間

美國於 1933 年頒布的「葛拉斯－史迪格法」，就明訂「商業銀行」與「投資銀行」之間的業務須設一道金融防火牆，以區隔分離。商業銀行不得從事證券業務，投資銀行不得從事商業銀行的存放款業務。因為必須規避它們之間因業務需要，所產生的利益衝突。例如：若以往投資銀行無法將包銷的證券銷售完畢時，可能須自行買下，承擔風險或損失；但如果投資銀行也可經營商業銀行的存放款業務，此時可利用客戶存款資金買下未銷售完的證券，這樣會可能無形中會將風險移轉給商業銀行中的存款戶。

（二）「商業銀行」與「一般企業」之間

通常一般的企業需要資金時，除了自行發行股票或債券融資外，最常利用的融通管道就是去「商業銀行」借錢。有些財團規模龐大，基於財務需要，集團內有經營「商業銀行」，當集團內有子公司經營不善需要資金時，若可以很方便的從自家的「商業銀行」取得資金，這樣會影響「商業銀行」的經營，甚至危害到存款戶的安全。因此一般企業與商業銀行存在著轉投資關係、或商業銀行爲集團內的關係企業時，必須在「商業銀行」與「一般企業」之間設一道金融防火牆，以防止關係人之間的貸款。

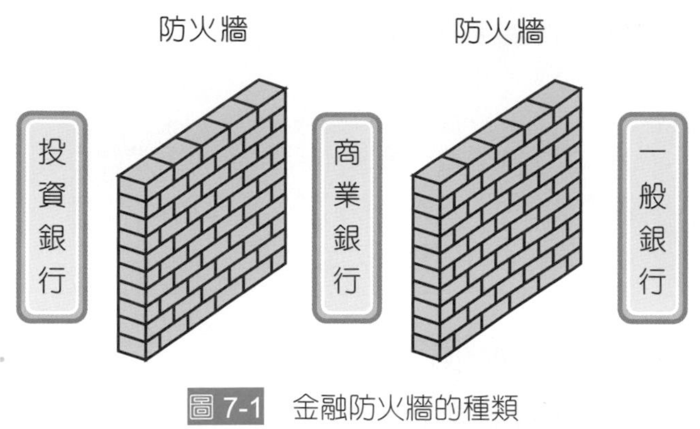

圖 7-1 金融防火牆的種類

二、取消金融防火牆制度的優缺點

設置金融防火牆，主要是基於風險考量，防止利益衝突與弊端。但隨著金融自由化的潮流，這道防火牆受到很大的考驗而逐漸的瓦解崩潰。就像美國於 1999 年推動的「金融現代化法案」、以及臺灣於 2001 年制定「金融控股公司法」，皆放寬了商業銀行、保險公司與證券商（投資銀行）之間相互的合併的限制，因此金融防火牆制度已隨著法令的放寬逐漸被侵蝕消失中。以下將介紹若取消金融防火牆制度後的優缺點：

（一）「商業銀行」與「一般企業」之間

首先，介紹取消「商業銀行」與「一般企業」之間金融防火牆的優缺點，如表 7-7 說明。

表 7-7 取消「商業銀行」與「一般企業」之間金融防火牆的優缺點

	項目	說明
優點	增加資訊透明	若商業銀行可介入企業的經營，這樣會更清楚企業內部的經營情形，對於企業的財務狀況與還款能力能更明瞭掌控，這樣可以防止逾期放款或呆帳的產生。
	減少摩擦成本	因為商業銀行與企業可能都同屬一集團，當銀行要對關係企業放款時，因彼此較為熟識，所以在放款上的徵信程序較為簡便，這樣可以減少摩擦交易成本。

	項目	說明
缺點	經營利潤下降	若商業銀行借錢給一般企業，利率可能就根據市場一般的行情，若借錢給自家集團的企業，可能利率會被壓低，這樣會造成銀行的經營利潤減少。
	危害存款安全	若一家企業經營不善，可能至一般的商業銀行借不到錢，但至自家集團的銀行可能還可融通到資金。若企業發生倒閉，還不出貸款，有可能會危害銀行存款戶安全。

（二）「商業銀行」與「投資銀行」之間

其次，介紹取消「商業銀行」與「投資銀行」之間金融防火牆的優缺點，如表 7-8 說明。

表 7-8 取消「商業銀行」與「投資銀行」之間金融防火牆的優缺點

	項目	說明
優點	滿足顧客需求	銀行的營業項目變得比較多樣性，顧客如同進入一家金融百貨公司，可以滿足客戶一次購足的需求，將客戶資金留在銀行內，不致外流。
	增加營業利潤	商業與投資銀行的業務衝突之處，可經控股公司或集團內進行調和後，增加營業利潤。例如：企業可至商業銀行的貸款或至投資銀行發行債券，控股公司可以選擇對整體營業利潤最有利的方式與企業往來。
	增強市場競爭	同時經營商業與投資銀行業務，使得業務綜合化的銀行營業規模更大，可以提升銀行的知名度與聲譽，增強銀行在市場的競爭力。
	分散經營風險	因為銀行營業項目較多樣，可將銀行資金做最有效率的運用，以分散營運風險。例如：當商業銀行的放款業務衰退，此時可將資金轉移至證券融資放款，以提高資金運用與分散經營風險。
缺點	彼此利益衝突	利用商業銀行存款戶的資金，買下投資銀行包銷未銷售完畢的證券。若被承銷的公司股價下跌或經營不善，此時會增加存款戶的風險，但投資銀行卻可規避風險，因此商業銀行與投資銀行之間，會產生利益衝突。
	增加道德風險	若一家企業無法按時還給商業銀行的借款，此時商業銀行不想使自家的逾放比率增加，於是利用投資銀行的角色替企業發行公司債，再將債券所募得資金先還給銀行。但此時購買公司債的投資人可能會面臨債務的違約風險，這樣整體銀行也有道德上的風險存在。

本章習題

一、選擇題

【基礎題】

1. 下列何者非我國銀行法的「銀行」？ (A) 中央銀行 (B) 信合社 (C) 農漁會 (D) 郵匯局。
2. 下列何者非商業銀行的主要任務？ (A) 長期放款 (B) 短期存款 (C) 國內外匯兌 (D) 支票存款。
3. 下列何者非專業銀行所服務的對象？ (A) 工業 (B) 農業 (C) 教育業 (D) 不動產業。
4. 下列何者屬於基層金融？ (A) 信合社 (B) 農會信用部 (C) 漁會信用部 (D) 以上皆是。
5. 下列何者不屬於存款銀行？ (A) 商業銀行 (B) 投資銀行 (C) 專業銀行 (D) 信用合作社。
6. 下列何者以中長期放款業務爲主的銀行？ (A) 商業銀行 (B) 專業銀行 (C) 中央銀行 (D) 投資銀行。
7. 下列何者以證券承銷爲主的金融機構？ (A) 投資銀行 (B) 中央銀行 (C) 專業銀行 (D) 商業銀行。
8. 下列何者非直銷銀行之特性？ (A) 也是商業銀行 (B) 提供網路金融服務 (C) 設立大量實體分行 (D) 也提供換匯服務。
9. 下列何者比較屬於國內的影子銀行型態？ (A) 信用合作社 (B) 創投公司 (C) 網路銀行 (D) 直銷銀行。
10. 下列何者以百貨銀行方式經營？ (A) 商業銀行 (B) 投資銀行 (C) 專業銀行 (D) 綜合銀行。
11. 我國的銀行採行何種制度？ (A) 單一銀行制度 (B) 分支銀行制度 (C) 總行制度 (D) 投資銀行制度。
12. 下列何者非單一銀行制的優點？ (A) 便於經營管理 (B) 有助地方發展 (C) 避免獨佔局面 (D) 容易網羅人才。

13. 銀行設立時，一個章程與董事會，但設立二家以上營業機構，請問爲何種銀行制度？ (A) 單一銀行制度 (B) 分支銀行制度 (C) 總行制度 (D) 投資銀行制度。
14. 下列何者非分支銀行制的缺點？ (A) 易形成獨寡占 (B) 難與在地契合 (C) 危機來衝擊大 (D) 營業項目受限。
15. 下列哪一種銀行制度，乃小銀行透過與大銀行的聯繫，可以使得銀行的資金融通、匯兌交換、聯合貸款等營業活動更加便利？ (A) 單一銀行制度 (B) 分支銀行制度 (C) 聯行制度 (D) 連鎖銀行制度。
16. 下列哪一種銀行制度，是以一家大型國家級銀行爲中心，除了本身籌設分支機構擴大營業外，並開放其他較小的地區性銀行加盟？ (A) 總行銀行制度 (B) 分支銀行制度 (C) 聯行制度 (D) 連鎖銀行制度。
17. 下列哪一種銀行制度無法兼顧地方的經濟發展？ (A) 單一銀行制度 (B) 分支銀行制度 (C) 聯行制度 (D) 連鎖銀行制度。
18. 下列何者爲銀行經營業務綜合化的營運模式？ (A) 綜合銀行制度 (B) 金融集團 (C) 金融控股公司 (D) 以上皆是。
19. 下列何者非國內金融控股公司法允許的金融控股公司主體？ (A) 銀行 (B) 票券公司 (C) 證券公司 (D) 保險公司。
20. 下列何者非金融業務綜合化後所產生的優點？ (A) 規模經濟 (B) 增加市占 (C) 提高聲譽 (D) 股東增加。
21. 請問金融防火牆，一般指一般企業或投資銀行與何者之間的防弊措施？ (A) 中央銀行 (B) 商業銀行 (C) 投資信託公司 (D) 保險公司。
22. 下列何者非取消「商業銀行」與「投資銀行」之間金融防火牆的優點？ (A) 滿足更多顧客需求 (B) 增加道德風險 (C) 增強市場競爭力 (D) 分散經營風險。

【進階題】

23. 下列何者敘述有誤？ (A) 郵局亦可像銀行一樣承作放款業務 (B) 通常專業銀行著重在中長期的存放款業務 (C) 信託投資公司亦屬於貨幣機構 (D) 中央銀行又稱銀行中的銀行。
24. 下列何者敘述有誤？ (A) 通常商業銀行著重短中期放款業務 (B) 直銷銀行可不設分行 (C) 信合社屬於基層金融 (D) 影子銀行爲直銷銀行的一種。

25. 有關銀行制度何者有誤？ (A) 美國早期的銀行制度盛行單一銀行制 (B) 在美國要成立銀行不一定要聯邦政府通過 (C) 分支銀行制度源自於英國 (D) 臺灣的銀行制度是採行雙軌制。

26. 下列對於銀行制度的敘述何者有誤？ (A) 單一銀行制通常有助地方發展 (B) 聯行制度為大與小銀行可以相互支援 (C) 分支銀行制度可以避免獨寡占的情形 (D) 連鎖銀行制度也可能形成獨占。

27. 下列敘述何者正確？ (A) 金融控股公司乃同一金融集團底下，設立許多個子公司，子公司分別經營同產業不同領域的業務 (B) 在臺灣可以成立以票券公司為主體的金融控股公司 (C) 金融防火牆乃防範「商業銀行」與「中央銀行」之間的弊端 (D) 若取消「商業銀行」與「投資銀行」之間金融防火牆，容易讓滿足顧客一次購足的需求。

28. 下列敘述何者正確？ (A) 商業銀行通常亦可從事證券承銷 (B) 金融防火牆主要在保護中央銀行 (C) 投資銀行通常不可從事存放款業務 (D) 若取消「商業銀行」與「一般企業」之間金融防火牆，容易讓滿足顧客一次購足的需求。

【國考題】

29. 美國著名的葛拉斯 - 史迪格法案之內涵為 (A) 禁止銀行跨州設立分行 (B) 禁止商業銀行從事證券或保險業務 (C) 對存款利率設定上限以降低銀行間的競爭 (D) 銀行應針對存款提存法定準備金。 （2010 初等考）

30. 我國銀行的基本結構，係屬 (A) 總行制 (B) 分支銀行制 (C) 單一銀行制 (D) 雙軌銀行制。 （2011 初等考）

31. 下列何者為存款機構？ (A) 信用合作社 (B) 產物保險公司 (C) 人壽保險公司 (D) 共同基金。 （2012 農業金庫）

32. 根據我國現行的金融體系中，下列何者屬於存款貨幣機構？ (A) 農、漁會信用部 (B) 中央再保險公司 (C) 信託投資公司 (D) 人壽保險公司。 （2012 初等考）

33. 下列何者不是我國銀行法中所謂的「銀行」？ (A) 投資銀行 (B) 商業銀行 (C) 專業銀行 (D) 外商銀行。 （2013 初等考）

34. 下列關於我國銀行控股公司的敘述，何者正確？ (A) 根據銀行法設立 (B) 不可持有子公司全部股份 (C) 公司股票由少數大股東持有 (D) 子公司可跨足證券及保險業。 （2013 初等考）

35. 下列那一種金融機構不屬於存款貨幣機構？ (A) 郵局 (B) 信用合作社 (C) 農會信用部 (D) 商業銀行。 （2014 初等考）
36. 下列何種金融機構將會協助企業發行與銷售證券，並積極參與購併、公司重整、財務諮詢？ (A) 信託投資公司 (B) 投資銀行 (C) 融資公司 (D) 商業銀行。 （2019 初等考）
37. 根據臺灣的 金融控股公司法 ，目前金融控股公司依照業務主體，可分爲那三類？ (A) 銀行、基金、租賃 (B) 保險、證券、不動產 (C) 資產管理、銀行、基金 (D) 銀行、保險、證券。 （2019 初等考）
38. 關於影子銀行（shadow banks）的敘述，下列何者較適當？ (A) 商業銀行在境外的分支機構 (B) 商業銀行在境內從事國外匯兌的子行 (C) 無實體營業據點的商業銀行 (D) 從事資金借貸，卻未受到如商業銀行般金融監理與管制之機構。 （2019 初等考）

二、問答與計算題

【基礎題】

1. 請問臺灣的專業銀行，提供哪些行業專業信用的資金？
2. 請問臺灣的基層金融屬於哪些機構？
3. 通常銀行的基本制度可分爲哪兩種？
4. 通常金融業務綜合化的營運模式可分爲哪三類？
5. 請問臺灣的金融控股公司，以哪三種公司當作主體？
6. 金融防火牆可分爲哪兩種形式？

【進階題】

7. 下列哪些屬於存款銀行？那些屬於國內的貨幣機構？
   A. 投資銀行、B. 商業銀行、C. 專業銀行、D. 郵匯局、E. 信用合作社
   F. 信託投資公司、G. 投資信託公司、H. 農漁會信用部
8. 請敘述直銷銀行與傳統銀行的主要差異？

9. 下列哪些單位比較屬於國內的影子銀行？

   A. 網路銀行、B. 信用合作社、C. 租賃公司、D. 直銷銀行

   E. P2P 借貸平台、F. 投資信託公司、G. 數位銀行、H. 群眾募資平台

   I. 當鋪、J. 創投公司、K. 郵匯局、L. 直銷銀行

10. 請問單一銀行制度的優缺點為何？
11. 請問分支銀行制度的優缺點為何？
12. 請問金融業務綜合化的優缺點為何？

8 CHAPTER 銀行的經營與風險

【本章大綱】

本章內容為銀行的經營與風險，主要介紹銀行的財務狀況表、經營管理以及風險與管控等內容，其詳細內容詳見下表。

節次	節名	主要內容
8-1	銀行的財務狀況表	介紹銀行的資產、負債與股東權益的組成。
8-2	銀行的經營管理	介紹銀行的資產、負債、資本與流動性管理。
8-3	銀行的風險與管控	介紹銀行的經營風險類型、以及信用風險管控。

8-1 銀行的財務狀況表[21]（資產負債表）

我們一般生活中，最常接觸的金融機構應該是銀行。因爲不管是個人投資理財或企業商業營業活動中，都必須跟銀行打交道。銀行藉由存放款的業務，串起市場資金供需的橋梁，亦扮演著資金融通的重要角色。一般而言，銀行的資金供給與需求情形（或說資金的來源與流向），我們可以從銀行的財務狀況表（資產負債表）一窺究竟。

根據會計的原理：資產＝負債＋股東權益。通常銀行的「資產」可視爲「資金運用的流向」；銀行的「負債」與「股東權益」可視爲「資金的來源」。其中，銀行的「資產」大致包括國外資產、現金、放款、投資與其他資產這五部分；銀行的「負債」大致包括國外負債、存款、借入款、金融債券與其他負債這五部分；銀行的「股東權益」亦即銀行的淨值（或稱資本）。我們可從表 8-1 銀行的財務狀況表（資產負債表）內的子項目，得知銀行資金的「流向」與「來源」，兩者須平衡。以下將進一步介紹這些項目的組成：

21 依據最新國際財務報導準則（International Financial Reporting Standards；IFRSs）的規定，為了更能反映該報表的內涵與功能，主張應該將資產負債表改稱為「財務狀況表」，惟企業仍可依習慣沿用資產負債表的名稱。

表 8-1 銀行的財務狀況表（資產負債表）的子項目

「資產」（資金的流向）	「負債」與「股東權益」（資金的來源）
1. 國外資產	1. 國外負債
2. 現金	2. 存款
3. 放款	3. 借入款
4. 投資	4. 金融債券
5. 其他資產	5. 其他負債
	6. 股東權益（淨值）

一、資產

銀行的資產大致包括國外資產、現金、放款、投資與其他資產這五部分。

（一）國外資產

國外資產主要是以外幣持有的資產，其包括庫存外幣、存放外國機構的存款、買入出口商的即期與遠期外匯、以及外幣有價證券等。通常銀行持有國外資產，主要用於外匯業務需要、以及投資營利與資產分散的需要。

（二）現金

銀行的現金部位主要以「準備金」以及「待交換的票據」爲主。一般而言，商業銀行以短期存放款爲主，其握有的現金部位會較其他種類型的銀行來的多。通常現金部位的多寡，會根據央行的法定準備率（Required Reserve Ratio）而定。

1. 準備金：通常中央銀行基於銀行的經營風險考量，會規定各項存款依法定準備率提列準備金，稱爲法定準備金（Required Reserves）。準備金（Reserves）包括銀行的庫存現金、存放在中央銀行的存款、以及存放在其他金融機構的存款。
2. 待交換的票據：待交換的票據是指存入的票據，但尚未收到現金的資金。例如：某人將一張支票存入他的往來銀行，通常幾天後往來銀行才會收到支票的金額，銀行尚未收到支票金額的資金屬於「待收現金」，亦屬於現金的一部分。

（三）放款

放款是銀行最主要的資產項目，以及資金被運用的流向。通常放款的利息收入，亦是銀行最主要的收入來源。一般而言，銀行的放款業務大致可分爲「放款」、「貼現」與「透支」這三種形式。

1. **放款（Loan）**：乃銀行將資金貸款給顧客，並分期或到期收取本息的融資方式，此種融資是一般客戶最常使用的貸款方式。通常放款的種類又可依據「放款期限」、「擔保與否」以及「放款性質」分成三種類型，以下將分別說明之：
   (1) 依放款期限：通常可分成「活期放款」與「定期放款」兩種形式。
   ① 活期放款（Demand Loans）：並不預先約定到期日，通常由銀行欲收回資金前提早通知客戶、或由客戶自由選擇還款的日期。
   ② 定期放款（Time Loans）：定期放款則須事先約定還款期限，又可分爲短期放款（期限在 1 年之內）、中期放款（期限在 1 年之內，不超過 7 年）、長期放款（期限超過 7 年）等三種。
   (2) 依擔保與否：依據借款人是否出具擔保品爲「擔保放款」與「無擔保放款」兩種形式。
   ① 擔保放款（Secured Loans）：乃借款人提供擔保品給予銀行當作放款的抵押品，當借款人不能履行債務時，銀行爲了確保債權，可變賣擔保品或向保證人、背書人進行追索。一般放款擔保品，包括不動產或動產抵押權、動產或權利質權、合法交易的票據、以及信用保證機關的保證與書面承諾等。
   ② 無擔保放款（Unsecured Loans）：乃以借款人或保證人的信用作爲擔保，不另外提供擔保品當作放款的抵押，一般又稱爲「信用貸款」。通常銀行爲了防止借款人無力清償債務，且又無任何債權保障，銀行會向借款人要求較高的放款利率，或是透過加收保險金的方式投保信用保險，將信用風險轉嫁給信用保證基金。
   (3) 依放款性質：依用途分爲「商業性放款」、「資本性放款」、「房地產放款」、「證券放款」、「消費性放款」與「政策性放款」等這六種。
   ① 商業性放款（Commercial Loans）：此類放款是提供廠商短期的週轉金貸款，通常都在 1 年以內，通常需要擔保品與保證人。這是傳統上商業銀行的主要業務。

② 資本性放款（Capital Loans）：此類放款是提供公司購置、興建、更新、擴充、改良其營運所需之固定資產、以及從事重大之投資開發計畫所需資金。通常公司購入機器設備後，必須作爲貸款的擔保品。

③ 房地產放款（Real Estate Loans）：此類放款是提供公司取得建築土地或建造廠房、辦公大樓所提供的資金。通常銀行會提供購買土地、或建築物成本約70% ～ 80% 的資金給公司。

④ 證券放款（Loans for security）：此類放款是提供借款人投資有價證券所提供的資金。通常公司購入有價證券後，必須作爲貸款的擔保品。

⑤ 消費性放款（Consumer’s Loans）：此類放款乃銀行針對消費者個人用於購買耐用消費品、或支付其他費用的放款。其放款內容包含個人用於購買汽車、家用電器、房屋以及學生的助學貸款等。

⑥ 政策性放款（Policy-related Loans）：此類放款乃銀行爲配合政府提升國家競爭力，推動經濟發展，扶植傳統產業與中小企業改善產業結構，並協助其提昇產品品質，以達產業升級爲目的，所提供的政策性資金。

2. 貼現（**Discount**）：是銀行提供客戶將未到期的票據，提前轉換成現金的一種貸款服務。通常客戶在需要資金時，將未到期的票據（匯票、本票、支票）先存入銀行，銀行經過一定的轉換程序後，依票據面額扣除貼現利息後轉成現金給持票人。通常銀行會評估個人或公司的信用及財務狀況提供票貼業務，因此不同的申請者也會有不同的貸款條件。

3. 透支（**Overdraft**）：乃是銀行允許存款戶在約定的額度內，可以提取超過存款帳戶餘額的一種短期放款業務。透支乃銀行提供一項循環備用的信用貸款額度，在一定的額度範圍內，客戶隨時可透過其支票帳戶，直接開立支票取用，儘管客戶戶頭內可能並無存款或是存款不足，銀行都能以透支交付，客戶不必事先辦理撥款手續或知會銀行。此服務讓客戶保有充裕資金，應付各種突發的財務需要。通常銀行僅對信用良好的存款戶，提供透支額度。

（四）投資

銀行的投資包括有價證券與不動產投資。其中，有價證券的部分包括公民營機構所發行的股票、債券與票券等。通常銀行的投資項目是僅次於放款的主要資產，其投資方針須兼顧資金流動性、安全性與獲利性。

（五）其他資產

其他資產是指不屬於以上分類的資產，包括應收款項、預收款項與催收款等項目。

二、負債

商業銀行的負債大致包括國外負債、存款、借入款、金融債券與其他負債這五部分。

（一）國外負債

國外負債是銀行以外幣支付的負債，主要包括國外銀行的存款、應付的國外票據、匯出國外匯款、國外銀行借款等。通常國外負債是外商銀行的在台分行的一項重要的資金來源。

（二）存款

存款（Deposit）是銀行最主要的資金來源，其接受存款的對象包括個人、企業與政府機構。存款依「期限」、「存款人」與「幣別」的不同，大致可以分成「支票存款」、「活期存款」、「活期儲蓄存款」、「定期存款」、「定期儲蓄存款」與「外幣存款」等六種。

1. 支票存款（**Check Deposits**）：是指存款戶簽發支票給客戶，存款戶須先將資金放到支票存款戶內，以為讓客戶憑支票可以隨時提領到資金。通常支票存款戶有可能將資金存入帳戶後，就會被立即領走，因此資金的流動很快，所以通常銀行不支利息。此外，一般民間將支票存款稱為「甲存」（甲種活期存款）。
2. 活期存款（**Demand Deposits**）：是指存款人將錢存入帳戶，隨時都可以提領該帳戶的資金。此外，一般民間將活期存款稱為「乙存」（乙種活期存款）。
3. 活期儲蓄存款（**Savings Deposits**）：與活期存款相同，將錢存入帳戶，隨時都可以提領該帳戶的資金。但活期儲蓄存款的開戶對象只限定個人或非營利事業法人，且利息通常較活期存款高一些。
4. 定期存款（**Time Deposits**）：是指存款戶存入資金後，有一定的期限限制（如：1 個月、3 個月、6 個月、1 年與 3 年等），存款戶須到期才可領出資金。承作定期存款通常不得中途轉讓給其他人，若要提早解約，利息會被打折。
5. 定期儲蓄存款（**Time Savings Deposits**）：特性與定期存款相同，但定期儲蓄存款的開戶對象只限定個人或非營利事業法人，且承作天期通常須在 1 年以上（如：1 年、15 個月、2 年與 3 年等）。

6. 外幣存款（**Foreign Currency Deposits**）：是指以外幣表示的活期或定期存款。其存款方式包括外幣現鈔、旅行支票、外幣匯款與外國票據等方式。

（三）借入款

借入款（Borrowed）是指銀行向中央銀行或其他金融機構借款。通常銀行會發行可轉讓定期存單、或承作債券附買回交易、或至金融同業拆款市場拆借等方式，以取得所需資金。通常借入款所得資金，大部分爲應付法定準備金的不足、或供銀行進行短期套利、或供其他的臨時資金需求。

（四）金融債券

金融債券指根據銀行法規定所發行的債券，其主要用途爲供應銀行於中長期放款、或改善銀行的資本適足率。

（五）其他負債

其他負債是指不屬於以上分類的負債，包括國內匯出款項、預付款項、應付款項、稅捐與費用等。

三、股東權益

股東權益（Stockholder's Equity）爲銀行資產減負債的餘額，此就是銀行的「淨值」（Net Worth）或稱爲「資本」。銀行淨值包括股本、保留盈餘、資本公積與各項準備。通常銀行的資本主要用於購買營業設備、或提供招募人才所需資金以及當作放款損失的準備金等用途。

圖 8-1 爲 2019 年臺灣全體銀行資產負債的結構情形。由圖 8-1 得知：國內銀行資金的兩大來源，負債部分佔 87.38% ($\frac{43.69}{50}$)；權益部分僅占約 12.62% ($\frac{6.31}{50}$)。無疑的，銀行的存款是銀行資金的最大來源。

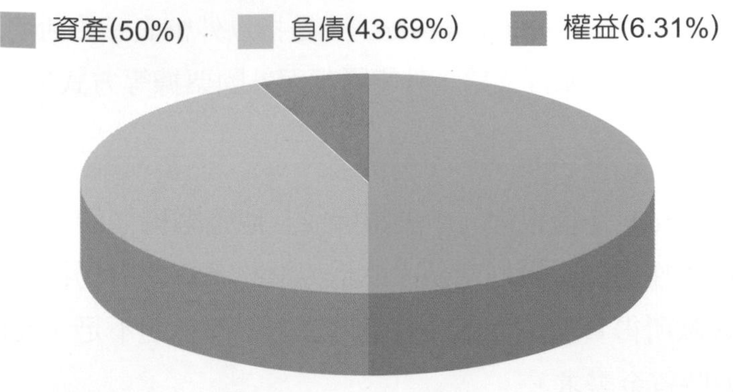

資料來源：中央銀行

圖 8-1　2019 年臺灣全體銀行資產負債表結構圖

8-2 銀行的經營管理

銀行的資金來源來自「負債」與「股東權益（資本）」；銀行的資金流向為銀行的「資產」。若要將銀行經營管理好，很重要的就是要將銀行的資金來源與流向管控得宜，因此銀行的「資產」、「負債」與「資本」的「流動性」管理對於銀行的經營優劣，具有舉足輕重的影響性。本節以下將介紹銀行的「資產管理」、「負債管理」、「資本管理」與「流動性管理」這四項對銀行經營的重要性。

一、資產管理（Asset Management）

銀行的資產大致包括國外資產、現金、放款、投資與其他資產這五部分。其中，「放款」與「投資」這兩部分是銀行較積極進行管理運用的資產。銀行對於資產的管理原則，大致必須掌握其安全性、流動性與獲利性這三種原則。這三原則基本上是根據三個資產管理的理論：自償性、移轉性與預期收入理論而來。以下將介紹這三原則與理論。

（一）資產管理原則

銀行從事資產管理希望能在追求最大的「獲利性」，但同時也必須兼顧資產的「安全性」與「流動性」的管理原則，如表 8-2 為資產管理原則的說明。

表 8-2 資產管理原則說明

項目	說明
安全性	銀行對於資產管理中，首重安全性。對於放款對象必須審慎的徵信與授信，來管控信用風險；對於投資標的必須透過專業分析與配置，以其降低風險。
流動性	銀行資產中，除了保留部分隨時可流動的現金部位，以備臨時需要以及符合法定準備金之需要。且在進行投資時，也要考慮購買流動性較高的有價證券，以作為超額準備金之需。
獲利性	銀行通常會尋找願意支付高利息且信用好的借款人放款，並會盡量的將現金部位進行短期且安全的投資、或去購買高報酬低風險的有價證券，以使資產具有良好的獲利性。

（二）資產管理理論

資產管理理論是在說明各種理論其運用資產的考量與原則，各有其優缺點，以下將逐一介紹之：

1. 自償性理論（Self-liquidating Theory）

自償性理論又稱商業放款理論（Commercial Loan Theory）或實質票據學說（Real Bills Doctrine），是指銀行基於資產的流動性考量，將資金承作短期且具實質交易的自償性[22]放款。例如：廠商的訂單貸款、應收帳款貸款、週轉金貸款與票據貼現貸款等。此理論作爲銀行放款的原則，早期經濟學家認爲有其優點存在，但晚近學者並無法完全接受，認爲有其缺失存在。以下將說明該理論的優缺點，如表 8-3 所示。

2. 移轉性理論（Shift-ability Theory）

移轉性理論認爲只要銀行保有部分足夠可供存款戶隨時提兌的資金後，銀行可將其餘資金移轉至獲利較高的中長期放款、或投資在流動性較好的有價證券（如：票券與債券）。此理論的論點：讓銀行不再侷限在短期的商業放款，資產項目可擴及有價證券的投資與中長期放款，以提高銀行的獲利性。以下進一步分析該理論之優缺點，如表 8-4 所示。

22 自償性放款是指客戶借款的用途本身就會自動產生收入，以供未來償還貸款的資金。

表 8-3　自償性理論的優缺點

	項目	說明
優點	低流動性風險	因資金的放款期限較短，可與商業銀行以短期支票存款與活期存款為主的負債結構相互配合，並可避免流動性風險。
	貸款具自償性	因資金的貸款具有自償性，所以當貸款客戶的財貨或票據到期時，就會自動產生收入，以償還貸款，所以違約風險較低。
	不會干擾物價	此種放款會隨著放款增加，貸款者將貸款資金投入所生產的物品也隨之增加，所以市場上的資金與物品同步增加，不至於干擾社會的物價水準。
缺點	不利營利需求	若銀行只專營短期自償性放款，會忽略長期資金的需求，並不能滿足銀行營利的需求，亦不利於社會經濟的發展。
	資金未必流動	銀行的短期自償性放款，未必比其他放款更具流動性。例如：將資金借給某廠商資金去買一批貨品，若該廠商的貨品無法順利銷售完畢，也無法順利還款給銀行。
	影響物價水準	銀行借款給廠商去生產物品，通常市場上貨幣的流通速度較物品生產速度快，所以有可能出現過多的貨幣流通而影響物價水準。

表 8-4　移轉性理論的優缺點

	項目	說明
優點	活絡金融市場	銀行可將資金移轉直接去購買企業所發行的票券或債券，這樣可暢通直接金融的融資管道，使金融市場更加活絡。
缺點	具流動性風險	有時金融市場出現緊急狀況，銀行急需現金，但所投資的有價證券亦有可能無法即時出售變現，造成資金的流動性風險。
	產生資本損失	銀行所持有的票券或債券部位，當市場利率走高時，若出售這些有價證券，將會出現資本損失，影響銀行的獲利情形。

3. 預期收入理論（Anticipated Yield Theory）

預期收入理論是指銀行是否要放款給貸款者，將取決於貸款者未來的還款能力。尤其現在借款人可以採分期償還貸款的情形很普遍，所以只要借款人未來預期收入的資金結構，可以應付每期須償還的借款，銀行就可將資金融通給借款人。此理論的論點：讓銀行不再侷限在自償性與生產性放款，只要放款對象在未來有充分的預期收入可以償付，銀行就可安排放款資金的期限結構，以維持銀行的流動性。以下進一步分析該理論之優缺點，如表 8-5 所示。

表 8-5 預期收入理論的優缺點

	項目	說明
優點	妥善運用資金	銀行只要確定借款者或欲投資的有價證券，未來有固定的支付本息能力，銀行就可將長短期資金規劃不同的用途，將能妥善的運用資金。
缺點	流動性不確定	若借款人（或有價證券）的未來的預期收入不穩定時，將會增加放款（或投資）資金期限結構的不確定性，影響資金的流動性。

二、負債管理（Liability Management）

銀行的負債大致包括國外負債、存款、借入款、金融債券與其他負債這五部分。傳統上「存款」這部分是屬於較被動的負債，銀行較無法掌控的項目。因此近年來銀行藉由「借入款」項中的可轉讓定期存單的發行、或向其他金融機構拆借資金；以及發行「金融債券」這二大部分，取得更廣泛的資金，擴大負債的管理範圍，也使得銀行亦較積極的管理負債。因此更多元的資金來源，使得銀行能更靈活的管理負債，但卻也產生了一些經濟上的問題。以下我們先介紹銀行負債管理具有哪些特性，再進一步說明其所衍生的爭議。

（一）負債管理的特性

銀行利用發行可轉讓定存單、金融債券等方式，從事積極的負債管理，此管理方式具有以下三種特性：（如表 8-6 的說明）

表 8-6　負債管理的特性

特性項目	特性說明
非存款性負債	銀行以發行可轉讓定存單或金融債券等非存款性負債，以取得資金，有別於傳統存款方式。
主動管理方式	銀行發行可轉讓定存單或金融債券，是屬於較主動式的負債管理方式，非被動方式的存款。
資金意涵有異	傳統上賣出資產可以取得資金，與自行發行有價證券取得資金的涵意上並不相同。例如：銀行將投資的債券賣出，與自行發行金融債券，這兩者都可取得資金，但意涵並不一樣。

（二）負債管理的爭議

銀行的積極性負債管理，創造了更多元的資金來源，使得銀行的資金調度更具彈性靈活，但若銀行過度的使用，但卻也衍生出一些社會經濟爭議，如：利益分配不均、貨幣政策失效與銀行風險提高等問題。以下將說明之：（如表 8-7 的說明）

表 8-7　過度運用負債管理的爭議

爭議項目	爭議說明
利益分配不均	銀行以發行可轉讓定存單或金融債券尋覓新資金，因發行面額通常較大且收益率較好，並不適合小額儲蓄者購買，比較適合資金較雄厚的儲蓄者，因此可能會造成利益分配不均的情形。
貨幣政策失效	傳統上中央銀行靠著銀行的存放款的流動性，去控制貨幣的流通速度。但銀行現在利用發行可轉讓定存單，亦可影響貨幣的流動，這樣嚴重的話會造成央行的貨幣政策失效。
銀行風險提高	銀行藉由自行發行有價證券，可以獲取更多的資金。但若沒有妥善的運用或過分依賴這些資金，將會造成資金流動性的問題，甚至發生倒閉。

三、資本管理（Capital Management）

銀行的資本包括股本、保留盈餘、資本公積與各項準備。衡量一家銀行的資本大小，主要看股東所投入的資金多寡。通常要設置一家銀行，政府單位會要求最低的資本額，國際上也會規範銀行的「資本適足性」須達到某一個標準，因爲那攸關銀行承受風險的能力。所以銀行的資本管理對一家銀行的經營是很重要的，以下我們將介紹銀行資本的重要性以及國際上對資本適足性的規範。

（一）資本的重要性

銀行的資本大小，會直接影響銀行的營業規模與承擔風險的能力。所以銀行的資本管理對於銀行相當重要，以下將介紹銀行資本的重要性。（如表 8-8 的說明）

表 8-8　資本的重要性

項目	說明
降低倒閉機率	銀行的資本愈雄厚，可以承擔的風險就愈高；相對的股東所出資的資金就愈多，股東就會愈謹慎的經營；所以可以減少道德風險，降低倒閉的機率。
擴大信用基礎	銀行可以放款多寡，通常會用銀行的淨值（資本）當作計算基礎，所以股本愈多的銀行，愈有能力去擴大信用，為銀行創造更多的利潤。
業務成長需要	銀行如果要擴大營運規模或增加投資與放款，通常需要擴大資本，才能使得業務成長。

（二）資本適足性

所謂的資本適足性（Capital Adequacy）是指銀行的自有資本，必須尋找一個合適的標準，使在兼顧利潤下，足夠應付各種經營上的風險。通常銀行的最適資本爲何？國際上聯合國的重要組織或各國政府都會設置一個基準，以提供銀行經營上的參考。以下將介紹資本適足性的起源發展、資本適足率的計算與提高資本適足率的方法。

1. 起源與發展（Basel Ⅰ→ Basel Ⅱ→ Basel Ⅲ）

(1) Basel Ⅰ：隨著金融國際化與自由化的進展，銀行的經營範圍與業務不斷的增加，股東所出資的資本必須隨之增加，這樣才能應付國際化的競爭與降低銀行的經營風險。根據國際清算銀行（Bank of International Settlement；BIS）於 1988 年所發佈的「巴塞爾協定」（Basel Accord；簡稱爲 Basel Ⅰ）規範銀行須符合某一水準的資本適足率（Capital Adequacy Ratio；CAR），這樣才能降低銀行的經營風險，以及保障存款人的權益。

(2) Basel Ⅱ：由於近 20 年來，金融創新商品的推陳出新、以及 1997 年亞洲金融風暴的襲擊後，發現金融業所存在的不只有信用風險或市場風險的問題，而是由「信用風險」、「市場風險」與「作業風險」互相共同造成的問題。於是國際清算銀行（BIS）於 2001 年發佈「新巴塞爾協定」（簡稱爲 Basel Ⅱ），除了修正 Basel Ⅰ的「信用風險」外，而且特別加入與銀行內部控管有關的「作業風險」規範，並於 2007 年初開始實施此協定。

(3) Basel Ⅲ：新巴塞爾協定（Basel Ⅱ）於 2007 年初實施後，當年就爆發了美國次級房貸危機。經過這次金融危機對新巴塞爾協議（Basel Ⅱ）的考驗後，國際清算銀行（BIS）又修正了一些規定，於 2007 年重新發佈「更新版的巴塞爾協定」（簡稱爲 Basel Ⅲ），並於 2010 年 9 月後開始實施。經過修訂後新版巴塞爾協議（Basel Ⅲ）已顯得更加完善，對銀行業的監管要求也明顯提高，亦要求銀行須增提「緩衝資本」（Capital Conservation Buffer）、並嚴格監管資本抵扣項目、以及提高資本規模和質量等規定，以增強銀行非預期損失的抵禦能力與防範系統風險的能力。

2. 資本適足率

所謂的資本適足率是指銀行的自有資本占風險資產的比例。根據最新版的巴塞爾協議（Basel Ⅲ）的規定，在 2016 年以前，國際上對銀行資本適足率的要求須達到 8% 以上，但 2019 年後須緩步增加至 10.5%（8% 再加計 2.5% 的緩衝資本比率）以上；若只用第一類資本來衡量，資本適足率只須維持 6% 以上即可。

國內金管會對本國銀行的要求又比國際規定稍具嚴格，金管會已於 2012 年 11 月修正發布「銀行資本適足性及資本等級管理辦法」中規定，2019 年後國內銀行的資本適足率須達 10.5%，若只用第一類資本來衡量須達 8.5%。這樣的規範使國內銀行的經營風險更爲降低。有關國際版（Basel Ⅲ）與國內版對銀行適足率之規定差異，如表 8-9 所示。

表 8-9 國際版（Basel Ⅲ）與國內版對銀行適足率之規定差異

	資本項目	2015 年	2016 年	2017 年	2018 年	2019 年
國際版（Basel Ⅲ）	最低總資本	8%	8.625%	9.25%	9.875%	10.5%
	第一類資本	6%	6%	6%	6%	6%
臺灣版	最低總資本	8%	8.625%	9.25%	9.875%	10.5%
	第一類資本	6%	6.625%	7.25%	7.875%	8.5%

資料來源：整理於金管會與 BIS

以下將對資本適足率的計算公式（式 8-1 與式 8-2）與組成進行說明。有關資本適足率公式中的風險資產主要是指銀行的「放款」與「投資」這兩部分；有關銀行的資本的分類就較爲複雜，又分成三類，以下利用表 8-10 來說明之：

$$\text{資本適足率 (CAR)} = \frac{\text{自有資本}}{\text{加權風險性資產}} \quad (8\text{-}1)$$

$$= \frac{\text{第一類資本} + \text{第二類資本} + \text{第二類資本}}{\text{信用風險加權資產} + (\text{市場風險應計提資本} + \text{作業風險應計提資本}) \times 12.5} \quad (8\text{-}2)$$

表 8-10 銀行資本的分類

資本項目	資本項目的組成
第一類資本	1. 普通股、2. 永續非累積特別股、3. 永續非累積次順位債券、4. 預收股本、5. 資本公積、6. 法定盈餘公積、7. 特別盈餘公積、8. 累積盈虧、9. 少數股權、10. 股東權益其他項目、11. 出售不良債權未攤銷損失
第二類資本	1. 永續累積特別股、2. 永續累積次順位債券、3. 固定資產增值公積、4. 重估增值、5. 備供出售金融資產未實現利益之 45%、6. 可轉換債券、7. 營業準備及備抵呆帳、8. 長期次順位債券（5 年以上）、9. 非永續特別股（5 年以上）
第三類資本	1. 短期次順位債券（2～5 年）、2. 非永續特別股（2～5 年）

3. 提高資本適足率的方法

銀行爲了達到 BIS 所要求的最低資本適足率的水準，通常會採取以下幾項方法來提高資本適足率。

(1) 增加發行普通股、特別股、可轉換債券與次順位債券。

(2) 減少盈餘分配，增加保留盈餘。

(3) 減少高風險放款或投資，將風險高的資產移轉至風險較低的資產。

例 8-1

【資本適足率】

假設某家銀行股東出資 500 億元，並發行 100 億元的次順位債券，且持有以下 5 種資產其金額與風險權重如下：

資產類型	金額	風險權數
現金部位	100 億元	0%
投資地方政府債券	500 億元	10%
投資其他金融機構債券	1,000 億元	20%
房地產放款	2,000 億元	50%
一般民間商業放款	5,000 億元	100%

請問該銀行的資本適足率為何？

解

$$資本適足率\ (CAR) = \frac{自有資本}{加權風險性資產}$$

$$= \frac{500+100}{500\times10\%+1,000\times20\%+2,000\times50\%+5,000\times100\%} = 9.6\%$$

市場焦點

銀行資本適足率改革啟動

銀行資本適足率新規定重點

措施重點	可能影響
調整銀行轉投資金融相關事業資本計提規定	●轉投資少的銀行，資本適足率可提高 ●轉投資較多的銀行，資本適足率可能下降
個人貸款適用較低風險權數門檻，從1,000萬元以下擴大到2,000萬元以下	有助銀行提高資本適足率，及承作這項業務意願
房貸風險權數改依貸款成數計算	有助降資本適足率愈高，讓銀行更願意承作相關業務
放寬銀行投資基金及創投事業計提資本規定	資本適足率可望因此提高，增加銀行投資基金及創投意願
衍生性商品交易計提資本新規定	可精準反映銀行承作衍生性商品的風險，各家銀行影響情況不同

資料來源：金管會　邱金蘭／製表

金管會推動銀行資本適足率改革，五大措施今年上路，包括轉投資金融相關事業、基金投資、個人貸款業務、房貸業務及衍生性商品交易等新規定，都將影響銀行的資本適足率計算，除房貸及重大投資外，其餘均從 2020 年第 1 季開始適用。跟進國際標準，金管會大幅翻修銀行資本適足率規定，有五大重要措施今年上路。

第一，調整銀行轉投資金融相關事業資本計提規定。現行轉投資金融相關事業，投資金額須從資本扣除，第一類及第二類資本各扣 50%，其中第一類資本的普通股及其他第一類資本各扣 25%。

第二，個人貸款適用較低風險權數門檻從 1,000 萬元以下擴大到 2,000 萬元以下，有助銀行提高資本適足率，及承做這項業務意願。

第三，房貸風險權數目前分自用 35% 與非自用 75%，將改依貸款成數計算。銀行評估，新規有助降低風險權數，風險權數愈低，計算出來的資本適足率就愈高，讓銀行更願意承作相關業務。

第四，放寬銀行投資基金及創投事業計提資本規定，銀行資本適足率可望因此提高，增加銀行投資基金及創投意願。

第五，銀行在交易所交易衍生性商品資本計提新規定，及新增交易對手信用風險標準法，這兩項新規定均可精準反映銀行承作衍生性商品的風險，各家銀行影響情況不同。

圖文資料來源：摘錄自經濟日報 2020/02/05

【解說】

近年來，經過金融風暴的洗禮後，國際對銀行的規範日趨嚴格，紛紛提高資本適足率的標準。近期，國內金管會亦積極推動銀行資本適足率改革，將實施五大措施，包括：轉投資金融相關事業、基金投資、個人貸款業務、房貸業務及衍生性商品交易等新規定，預計近期將上路。

四、流動性管理（Liquidity Management）

銀行最主要資產與負債分別爲放款與存款，銀行必須管理好這兩者之間的資金流動，才能兼顧銀行的安全性與獲利性。因此銀行的存放款之間的流動性管理，對於銀行的經營具有重要的影響性。通常銀行的流動性的管理優劣，大致可以從「準備金制度」、「流動比率」以及「存放比率」這三方面來進行分析探討。以下將針對這三方面進行說明。

（一）準備金制度

準備金制度乃中央銀行基於銀行的經營風險考量，會規定各項存款依法定準備率提列準備金，稱爲「法定準備金」（Required Reserves）或稱「應提準備金」。準備金制度讓銀行從存款中先預留一部分的資金，當作流動準備使用，以應付各種資金的需要。

通常銀行所提的「實際準備金」（Actual Reserves）會比央行所規定的法定準備金，多預留一些庫存現金，以被不時之需，那些庫存現金稱爲「超額準備金」（Excess Reserves）。「超額準備金」中有一些是向「央行借入款」，若將那些款項扣除後，剩下的稱爲「自由準備金」（Free Reserves），此準備金表示銀行可自由使用的資金。有關「實際準備金」「法定準備金」「超額準備金」與「自由準備金」的關係圖，詳見圖 8-2 與表 8-11 的說明。

準備金制度是央行規範銀行經營上的一個重要制度。以下將介紹這個制度的重要須知。

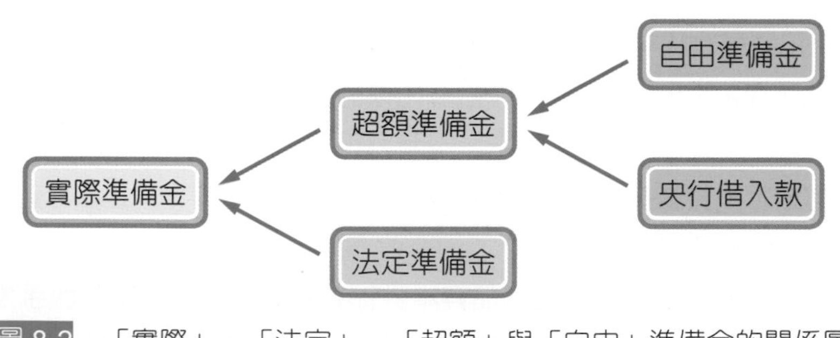

圖 8-2 「實際」、「法定」、「超額」與「自由」準備金的關係圖

表 8-11 「實際」、「法定」、「超額」與「自由」準備金的關係說明

各類準備金	關係式	意義
實際準備金	= 庫存現金＋在央行存款 = 法定準備金＋超額準備金	銀行實際提領的準備金。一部分保留在央行的準備金帳戶，一部分放在自家或其他銀行裡的庫存現金。
法定準備金（應提準備金）	= 實際準備金－超額準備金	央行所規定的法定準備金。將各類銀行存款，乘上各存款的法定準備率後的金額加總。
超額準備金	= 實際準備金－法定準備金 = 自由準備金＋央行借入款	銀行實際提領的現金超過法定準備的部分。
自由準備金	= 超額準備金－央行借入款	銀行超額準備金扣除央行借入款後，剩下可自由使用的資金。

例 8-2

【存款準備金】

若某銀行存款 3,000 億元，央行規定法定準備率為 7%，此時銀行存在央行的準備金帳戶為 180 億元，銀行保留現金部位為 70 億元，保留現金部位中有 15 億元是向央行借入，請問

(1) 法定準備金為何？

(2) 實際準備金為何？

(3) 超額準備金為何？

(4) 自由準備金為何？

解

(1) 法定準備金 = 3,000 × 7% = 210 億元

(2) 實際準備金 = 庫存現金 + 央行準備金帳戶金額 = 70 + 180 = 250 億元

(3) 超額準備金 = 實際準備金 法定準備金 = 250 − 210 = 40 億元

(4) 自由準備金 = 超額準備金 央行借入款 = 40 − 15 = 25 億元

1. 準備金制度的功能

準備金的制度對於銀行本身的經營以及社會經濟的發展，都具有重要的功能，以下表 8-12 爲準備金制度的功能說明：

表 8-12　準備金制度的功能

項目	說明
資金流動需要	銀行保有準備金，以應付各種資金流動的需要，降低經營上的風險。
穩定短期利率	央行透過準備金制度，可以更清楚金融市場的資金狀況，提高央行管理資金流動性的效率，並有助於降低短期利率的波動。
貨幣政策需要	央行透過準備率的調整，可改變銀行體系的貸放能力，進而控制貨幣供給額，以促進經濟金融的穩定。

2. 應提準備金的負債種類與準備率

銀行須提多少準備金，才能符合央行的規定呢？通常央行會根據銀行的各項負債，規定提列一定比率的準備金。表 8-13 是銀行各項負債的應提準備率的上限與銀行實際提存的準備率。

表 8-13　應提準備金的負債種類與準備率

銀行各種負債		應提準備率的法定上限	實際提存準備率
支票存款		25%	10.75%
活期存款		25%	9.775%
儲蓄存款	活儲	15%	5.5%
	定儲	15%	4%
定期存款		15%	5%
其他各種負債	外匯存款	25%	0.125%
	其他項目	25%	0%
信託資金		20%	15.125%

註：準備率數據乃根據 2011 年 1 月 1 日中央銀行所公布資料。

3. 須提存準備金之金融機構

基本上，存款準備金制度只要是貨幣機構都須提列（如：銀行與基層金融機構），但在臺灣因中華郵政公司（郵匯局）雖非貨幣機構，但因也涉及存款業務，所以央行也要求它也須提列準備金，表 8-14 爲須提存準備金之金融機構。

表 8-14 須提存準備金之金融機構

金融機構種類	金融機構明細
銀行	本國一般銀行
	外國銀行在台分行
	中小企業銀行
基層金融機構	信用合作社
	農會信用部
	漁會信用部
其他金融機構	中華郵政公司

4. 可充當準備金的資產與利息計算

銀行可充當準備金的資產，主要包括庫存現金與在中央銀行（或受託收管機構）所開立的準備金帳戶存款。其中，銀行存於中央銀行的準備金，央行分成準備金甲戶（往來戶）與準備金乙戶（計息戶）兩個帳戶收存，這兩帳戶的規定並不同，如表 8-15 之說明。

表 8-15 中央銀行存款準備金帳戶說明

帳戶	利率	說明
甲戶	0%	由於存款可隨時提存，所以不計利息。
乙戶	源自活存部分 0.146%	由於金融機構平時不能自由動用乙戶資金，因此酌予給息。其提列成數為應提準備金的 55%。
	源自定存部分 0.820%	

註：乙戶利率水準根據 2016 年 7 月中央銀行的公布的資料。

5. 準備金的計算期與提存期

我國準備金的計算期與提存期間計算方式，皆是以一個月爲一期，且稱爲「一旬」。「計算期」爲每月第 1 日起至月底止；「提存期」爲每月第 4 日起至次月第 3 日止，因此提存期落後計算期 3 日。「提存期」落後「計算期」3 日的制度，乃因銀行無法於「計算期」到期日前，即時知道各類存款的總額，並計算出應提之法定準備金，所以此時在計算實際準備金會出現困難。因此採用落後 3 日爲「提存期」到期日時，再來計算實際準備金，這樣可方便銀行資金調度。存款準備金的計算期與提存期之關係圖，詳見圖 8-3 說明。

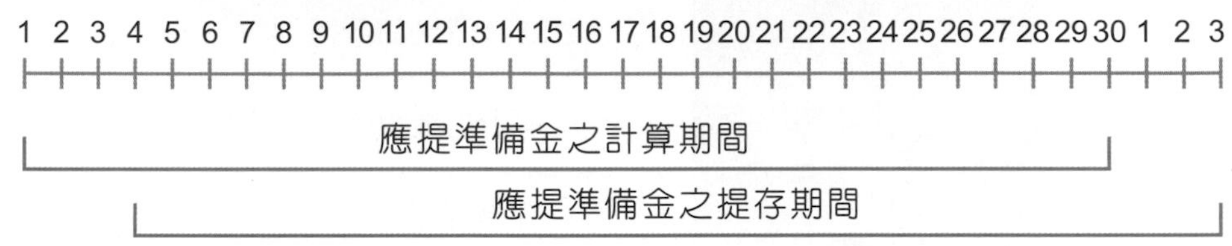

圖 8-3 我國存款準備金的計算期與提存期之關係

6. 準備金的計算與不足時的懲罰

銀行會根據央行所規定之法定準備金提列，通常銀行實際提存的準備金不一定等於法定準備金，因此銀行實際準備金與法定準備金的差額部分；若爲正數，則稱爲「超額準備」；若爲負數，則稱爲準備不足。

在該提存期中，若銀行當日的準備部位若有多餘或不足時，皆需累加成爲當月的累計準備部位。在提存期旬底（每月 3 日）進行結算時，累計的準備部位需大於等於零；若爲負數，表示準備部位不足，此時銀行需受央行之懲罰，央行因銀行準備金不足的懲罰性利率爲短期融通利率的 1.5 倍。

（二）流動比率

流動比率（Liquidity Ratio）是指銀行「流動資產」與「總負債淨額」的相對比率。若流動比率愈高，表示銀行的流動性風險愈低。通常銀行吸收客戶存款資金後，將資金用於放款或投資各項生利資產，但背後所承擔的風險，則是客戶隨時可能發生資金需求而要求提領。因此銀行必須保有一定的現金部位或可立即變現的流動資產，不然要具有迅速向同業調度資金的能力，否則將可能發生流動性風險。爲了促使銀行保有適當的資產流動性，中央銀行規定銀行的最低流動比率須達 10%[23]。有關流動比率的計算公式如下式（式 8-3）。

23 流動比率由原先 1978 年制定的 7%，已於 2011 年修正為 10%。

$$流動比率=\frac{流動資產}{總負債淨額} \quad (8\text{-}3)$$

至於流動比率計算式中，被中央銀行所認可的「流動資產」與「負債」項目，詳見表 8-16 的說明。

表 8-16 流動比率中被認可的「流動資產」與「負債」項目

流動比率中的「流動資產」項目	流動比率中的「負債」項目
1. 超額準備	1. 支票存款
2. 銀行互拆之借入差額	2. 活期存款
3. 國庫券	3. 定期存款
4. 央行定期存單	4. 儲蓄存款
5. 可轉讓定期存單	5. 公庫存款
6. 銀行承兌匯票	6. 銀行互拆之貸出差額
7. 商業承兌匯票	7. 債、票券附買回餘額
8. 經保證商業本票	
9. 公債	
10. 公司債	
11. 金融債券	
12. 轉存其他行庫 1 年內之轉存款	
13. 外國債券	
14. 資產證券化的受益證券	
15. 其他經央行核准的流動資產	

例 8-3

【流動比率】

下列為某銀行流動資產的項目與金額，若銀行負債淨額為 6,000 億元，請問

流動資產項目	金額
超額準備不足	20 億元
銀行互拆借入差額	50 億元
國庫券	30 億元
可轉讓定期存單	60 億元
經保證商業本票	120 億元
公債	300 億元

(1) 銀行的流動資產為何？

(2) 銀行的流動比率為何？

解

(1) 流動資產 = − 20 + 50 + 30 + 60 + 120 + 300 = 540 億元

(2) 流動比率 $= \dfrac{\text{流動資產}}{\text{總負債淨額}} = \dfrac{540}{6,000} = 9\%$

（三）存放比率

存放比率（Loan-to-deposit Ratio）是指計算銀行所吸收的存款用於放款的相對比率，也就是銀行總放款金額占總存款金額的比率。存放比率是衡量銀行流動性風險的重要參考指標，若存放比率愈高，表示銀行的流動性愈低，亦即流動性風險愈高。其計算公式[24]如下式（式 8-4）：

24 現行存放比率的公式，因現在「非存款性質資金」比重日增而失真，所以央行於 1998 年研議，將以「淨存放比率」來替代原有的「存放比率」。其計算公式如下（式 8-5）：

$$\text{淨存放比率} = \frac{\text{放款總額}}{\text{存款總額}} \tag{8-5}$$

其中，放款淨額 = 放款 − 非存款性資金。

- 非存款性資金 = 自有資本剩餘金額 + 金融債券 + 次順位債權債券 + 備抵呆帳 + 撥入放款基金。
- 自有資本剩餘金額 =（資本 + 各項公積）− 運用於固定資產之帳面價值 − 運用於企業轉投資 − 運用於國外部基金及子銀行資本。

$$存放比率 = \frac{放款總額}{存款總額} \qquad (8\text{-}4)$$

目前臺灣對存放比率的限制，主要以「基層金融機構」爲主，乃因基層金融機構的營業範圍受到區域性的限制，較容易造成授信太過於集中且易受到景氣變化的影響，所以經營風險較一般的銀行高，因此對基層金融的存放比率有所限制。現行臺灣的基層金融機構的存放比率最高限額如下：信用合作社爲 78%，鄉鎮地區農會信用部爲 80%，直轄市及省、縣轄市農會信用部爲 78%。

例 8-4

【存放比率】

假設某銀行存款總額為 5,000 億元，除了央行規定須保留法定準備金 500 億元外，另多保留超額準備金 300 億元，剩下的存款資金皆放款出去，請問此時的存放比率為何？

解

放款資金 =5,000 − 500 − 300 = 4,200 億元

$$存放比率 = \frac{放款總額}{存款總額} = \frac{4,200}{5,000} = 84\%$$

8-3 銀行的風險與管控

近年來金融市場隨著國際化與自由化，使得銀行的經營環境更加的競爭激烈。銀行須面對各種經營上的不確定因素，所以風險的管控對銀行經營是一項重要的工作，尤其在最主要的業務－放款，其信用風險的管控，更是銀行風險管理上最重要的一環。以下本節將介紹銀行所面臨的各種風險，以及銀行信用風險的管控。

一、銀行的經營風險類型

銀行的經營管理中所面對的風險類型，大致上可分以下八種類型。

（一）信用風險

信用風險（Credit Risk）又稱違約風險，是指銀行因放款或投資不當，使得放款資金無法如期收回、以及投資的商品或交易對手發生違約，這將造成銀行營運上的風險。

（二）流動風險

流動風險（Liquidity Risk）是指銀行因存放款的資金供需不平衡，使得準備部位不足且資金調度不及，而形成流動性危機，這將造成銀行利息支出上的損失，因而影響銀行的獲利。

（三）利率風險

利率風險（Interest Risk）是指因市場利率劇烈變動，使得銀行無法立即調整內部資產或負債的部位，而造成存放款利差縮小、或投資債券與票券出現損失，使得銀行獲利受到影響。

（四）匯率風險

匯率風險（Exchange Risk）是指金融市場因匯率的變動過於激烈，使得銀行所持有的外匯部位、或與客戶簽訂的外匯合約（如：外匯保證金交易、遠期外匯交易），遭受到匯兌損失。

（五）市場風險

市場風險（Market Risk）是指市場上除了利率與匯率，這兩種跟經濟相關的市場風險外，市場尚有些不可抗拒的重大事件（如：戰爭、天災或政爭等）出現，這些非經濟因素的市場風險，亦會使得銀行營業受到衝擊。

（六）營運風險

營運風險（Operation Risk）又稱操作風險，是指銀行可能因內部作業控管不良、資訊系統異常、人員舞弊、詐欺或作業管理疏失，所造成營運上的損失。

（七）法律風險

法律風險（Law Risk）是指銀行因行使業務不當而觸犯或違反法律、條例、規範或營業契約設計不當，而與客戶發生糾紛，這將使銀行發生損失。

（八）聲譽風險

聲譽風險（Reputational Risk）是指銀行因重大虧損或舞弊，使得銀行聲譽受到負面的傷害，客戶對銀行的信用失去信心，造成客戶大量流失，營業規模萎縮。

二、銀行信用風險的管控

放款是銀行最主要的業務，銀行對於借款人的信用必須審慎評估，才能降低放款的信用風險。在信用風險的管控，銀行必須嚴防在資訊不對稱（Asymmetric Information）的情形下，所可能會出現「逆選擇」[25]（Adverse Selection）與「道德風險」[26]（Moral Hazard）的問題，所以銀行對借款人的信用必須嚴格掌控。

因此銀行從「放款前的信用評估」、至放款時對「信用額度的掌控」、且須對借款人要求「擔保品的徵提」、甚至希望借款人須用「補償性存款」來增強信用、以及「放款後的監督與查核」等等措施，都須一步一步確實的執行，才能做好信用風險的管控。以下我們將介紹這幾種銀行信用風險管控的措施。

（一）放款前的信用評估

銀行要對放款給借款人，通常會作事先的信用評估驗證，也就是「徵信」。徵信調查是指對客戶的信用資料加以蒐集、整理與分析後，以評價客戶的信用程度，作爲日後授信的參考。實務上，銀行慣用 5C 或 5P 的原則，來評估客戶的信用可靠度，作爲訂定貸款條件的依據。以下我們將說明銀行信用評估的 5C 與 5P 原則的內容：（詳見表 8-17 與表 8-18 的說明）

表 8-17 銀行信用評估的 5C 原則

資本項目	資本項目的組成
品格（Character）	品格是指借款人過去的綜合評價，如：個人的品性操守、習慣生活、或企業的形象商譽等，藉以評估其未來償還本息的承諾。
能力（Capacity）	能力是指借款人償債能力，包括：個人的收入、資歷、溝通判斷力等；企業的營業收入、銷售能力、獲利能力、經營管理效率等。
資本（Capital）	資本是指債務人的淨資產，包括個人的財富、企業的淨値，可藉以評估該借款人承受風險的能力。

25 所謂的「逆選擇」是指放款市場中，通常信用不佳的客戶亟需向銀行借錢，但信用良好的客戶卻不缺錢，所以銀行有時沒有仔細審核借款人的條件，常常會出現借錢給不該借的人，因為這些人的違約的機會相當高。

26 所謂的「道德風險」是指借款者向銀行取得資金後，去從事高風險的投資活動。若投資成功，獲利大都歸自己所有；若投資失敗，則將爛攤子丟給銀行，可能不還銀行本息，貸款資金變成銀行的呆帳。

資本項目	資本項目的組成
擔保品（Collateral）	擔保品具有補強作用，借款人提供實質擔保品，作為日後還款之保證，可以減低銀行潛在的風險。
營業狀況（Conditions）	營業狀況是指借款人的未來前景、或指企業的產業發展狀況，可藉以瞭解借款人未來財務情況，是否足以應付不可預期的風險。

表 8-18 銀行信用評估的 5P 原則

5P 項目	說明
借款戶（People）	評估借款人之責任感、誠實度、經營績效與金融機構往來情形。從借款人過去歷史信用狀況、經營理念與銀行往來的記錄之情形，評估衡量其誠信度。
資金用途（Purpose）	評估貸款資金的動機與償還借款的計劃，以確認資金用途與財務規劃是否合法、合理。且須考慮借款資金與銀行的放款政策須一致，並要持續追蹤資金，是否按照原訂計畫在運用，以免被濫用。
還款來源（Payment）	通常借款戶的還款來源，來自借款人營運過程的收現情形與營業利潤，所以必須注意與他往來客戶的信用狀況、市場淡旺季的因素、或貸款所購入的生財工具的使用效能等。
債權保障（Protection）	債權保障可分兩種，其一為以公司財務結構健全、擔保品質量為保障的「內部保障」，另一為由第三者保證或背書的「外部保證」。通常大部分須注意擔保品的價值，是否被高估與流動性問題。
授信展望（Perspective）	對客戶辦理授信，不僅要考慮過去情形，更要評估借款人所經營的行業未來，是否具有展望性，藉以判斷借款人是否具備持續性穩定成長的基礎。

（二）信用額度的控管

信用額度（Credit Line）是指銀行對借款人最高的放款額度，以防止信用風險過於集中。通常會依借款人的不同資金需求，而給予不同的信用額度，並限制其總信用額度。例如：銀行對同一家企業的短期商業放款、票據貼現或中長期放款，都分別訂定一個信用額度，並限制其總信用額度。

(三) 擔保品的徵提

對借款人徵提擔保品(Collateral)乃提供銀行放款時的保障，其保障大致可分成兩個層次，其一爲當借款人無法償還貸款時，銀行可以處分擔保品，用來彌補無法回收資金的損失；另一爲因借款人擔心擔保品被銀行處分，所以在使用貸款資金上會較爲謹慎，無形中保障貸款資金的安全。所以徵提擔保品，可以降低借款人從事高風險投資的慾望。

(四) 補償性存款

補償性存款(Compensating Balances)亦稱借款「回存」。借款人向銀行借款時，銀行往往會要求借款的特定比例資金須回存銀行，且不得動用。借款回存的結果，因借款人要負擔全部借款利息，但只能動用一部分的貸款資金，使得眞實的貸款利息負擔增加，形成變相補償銀行的放款利息；且銀行多了一層保障，對此筆貸款具有信用增強的作用。

例 8-5

【補償性存款】

假設 A 公司向銀行貸款 100 萬元，貸款利息 6%，但 A 公司須回存 10% 的資金，10 萬元當作補償性存款，且回存利息 2%。請問 A 公司此筆借款的實質利率為何？

解

A 公司借款 100 萬每年利息費用為 100 萬 $\times 6\% = 60{,}000$

A 公司補償性存款部分 10 萬，每年利息收入為 10 萬 $\times 2\% = 2{,}000$

A 公司的淨利息支出為 $60{,}000 - 2{,}000 = 58{,}000$

A 公司借款 100 萬回存 10 萬的實質利率為 $\dfrac{58{,}000}{900{,}000} = 6.44\%$

(五) 放款放的監督與查核

放款後銀行須持續追縱查核資金的流向與用途，借款人是否有依據放款契約的規定，在使用貸款的資金，並須隨時注意擔保品的價値變化，以確保放款的安全性。若一旦發現，借款人有不法或不遵守約定使用資金，可即時的制止或甚至收回資金，以降低銀行的貸款風險。

貨幣與生活

全滲透！芝麻信用決定了你的生活與價值

讓信用等於財富，為世界帶來微小而美好的改變。螞蟻金服旗下的徵信業務「芝麻信用」，2015 年起正悄悄為中國社會掀起另一波訊息革命。芝麻信用是第三方信用評估與管理機構，透過雲端運算、大數據分析、機器學習等技術，蒐集來自政府、金融機構、電商平台、支付工具的數據，呈現出你的信用水平高低，簡單來說就是「幫你這個人打分數」。

芝麻信用分要怎麼算？芝麻信用是「依據方方面面的數據而設計的信用體系」，透過「信用歷史」、「行為偏好」、「履約能力」、「身份特質」、「人脈關係」五項個人訊息，分析出你的信用分數。例如，你是否會準時還款、即時履約；你在購物、繳費、理財、轉帳時的偏好與穩定程度；你的個人資訊是否充足；你的好友特徵、與好友的互動程度，這些瑣碎的數據，都會被芝麻信用的列入考量，再給予你一個綜合評比分數，分數介於 350 到 950 之間，分數越高代表你的信用水平越好。

不同機構可以參考你的芝麻分，更快速地做決策、提供服務，舉例來說：租車、訂房：分數越高越容易租、訂到，還可以免押金！求學求職：在履歷上秀出你的芝麻分，分數越高越容易錄用！交友、婚姻：配對前先看對方的芝麻分，分數越高越容易遇到好對象！

芝麻信用提供一個簡單、量化的信用評比平台，是金融大數據中的理想應用。在商業邏輯中，當信用成為一種消費力，能凸顯出每個人的獨特性，讓各機構依據個人特質提供更適切的服務。隱憂是什麼？芝麻信用蒐集大大小小、任何人事時地物的數據，在中國特殊的政經環境下，未來政治傾向會不會也被列入信用記錄中，演變成「失控的大數據」？現階段雖未達成，卻也讓人心存疑慮。

圖文資料來源：摘錄自數位時代 2016/06/28

【解說】

通常國內的個人借款信用的評估，都是由銀行來評估。在中國，由於電商金融發達，所以阿里巴巴電商集團下－「芝麻信用管理公司」，利用網戶在電商平台所留下的足跡，透過大數據分析去挖掘小型網戶的信用，建立了一套信用風險控管體系，幫助網戶累積與創造信用，以讓信用來決定貸款的額度。

本章習題

一、選擇題

【基礎題】

1. 下列何者屬於銀行的資產？ (A) 存款 (B) 放款 (C) 借入款 (D) 金融債券。
2. 下列何者屬於銀行的負債？ (A) 存款 (B) 放款 (C) 現金 (D) 投資。
3. 下列何者不屬於銀行的現金部位？ (A) 存在中央銀行的存款 (B) 待收現金 (C) 投資在短期票券的資金 (D) 存在郵局的存款。
4. 下列何者不屬於銀行的放款形式？ (A) 商業放款 (B) 票據貼現 (C) 透支業務 (D) 汽車租賃。
5. 請問一般稱信用貸款是指？ (A) 定期放款 (B) 擔保放款 (C) 無擔保放款 (D) 不動產放款。
6. 請問若聯強電腦公司須擴充電腦設備，向銀行申請貸款，比較屬於何種放款？ (A) 證券放款 (B) 資本性放款 (C) 房地產放款 (D) 消費性放款。
7. 請問若國泰公司欲新建一棟新的辦公大樓，向銀行申請貸款，比較屬於何種放款？ (A) 證券放款 (B) 資本性放款 (C) 房地產放款 (D) 消費性放款。
8. 請問一般學生所申請的助學貸款，比較屬於何種放款？ (A) 證券放款 (B) 資本性放款 (C) 房地產放款 (D) 消費性放款。
9. 請問銀行允許客戶在一定的額度範圍內，隨時可透過其支票帳戶，直接開立支票取用資金的貸款方式為何？ (A) 放款 (B) 貼現 (C) 透支 (D) 承兌。
10. 請問一般實務界稱為「甲存」，是屬於何種存款？ (A) 支票存款 (B) 活期存款 (C) 定期存款 (D) 活期儲蓄存款。
11. 下列何種存款只限定個人或非營利事業法人？ (A) 支票存款 (B) 活期存款 (C) 定期存款 (D) 活期儲蓄存款。
12. 下列何者不屬於銀行借入款的項目？ (A) 發行可轉讓定存單 (B) 應付款項 (C) 至拆款市場拆借的資金 (D) 承作債券附買回交易。
13. 下列何者不屬於銀行的淨值之一？ (A) 資本公積 (B) 保留盈餘 (C) 金融債券 (D) 普通股股本。

14. 下列何者非銀行資產管理所考慮的原則？ (A) 安全性 (B) 流動性 (C) 隱密性 (D) 獲利性。
15. 請問銀行資產管理中，自償性理論所認定的放款是屬於何者？ (A) 證券放款 (B) 商業放款 (C) 房地產放款 (D) 消費性放款。
16. 請問銀行資產管理中，下列何者不屬於移轉性理論的論述？ (A) 可承作中長期放款 (B) 比較偏向商業放款 (C) 可投資債券 (D) 可投資票券。
17. 請問銀行資產管理中，何者認為只要貸款者有還款計畫，就可借資金給他？ (A) 預期收入理論 (B) 自償性理論 (C) 商業放款理論 (D) 移轉性理論。
18. 下列何者非負債管理要積極管理的負債項目？ (A) 同業拆款市場調度 (B) 可轉讓定存單 (C) 金融債券 (D) 存款。
19. 請問資本適足率的公式中，為自有資本除以何者？ (A) 存款總額 (B) 風險性負債 (C) 放款總額 (D) 風險性資產。
20. 下列何者可以增加銀行資本適足率？ (A) 發行可轉債 (B) 減發股利 (C) 減少高風險放款 (D) 以上皆是。
21. 請問若某銀行法定準備金為 300 億元，此時超額準備金為 -30 億元，請問此時銀行的實際準備金部位為何？ (A)330 億元 (B)300 億元 (C)270 億元 (D)30 億元。
22. 請問在臺灣下列何者金融機構不需提法定準備金？ (A) 中小企業銀行 (B) 投資銀行 (C) 農會信用部 (D) 中華郵政公司。
23. 請問我國準備金的提存期，以每月第幾日為開始？ (A)1 日 (B)2 日 (C)3 日 (D)4 日。
24. 請問流動比率為流動資產除以何者？ (A) 總負債淨額 (B) 總資產淨額 (C) 流動負債 (D) 長期負債。
25. 請問依據現行我國央行規定銀行的流動比率須高於？ (A)5% (B)7% (C)8% (D)10%。
26. 請問存放比率愈高，表示銀行的流動性愈？ (A) 低 (B) 高 (C) 兩者無關 (D) 不一定。
27. 請問若有一信合社總存款 3,000 億元，總放款為 2,400 億元，請問此時的存放比率為何？ (A)125% (B)80% (C)100% (D)60%。

28. 下列何者為銀行須面對的風險？ (A) 匯率風險 (B) 法律風險 (C) 信用風險 (D) 以上皆是。
29. 請問銀行信用評估中，何者非5C的項目？ (A)Capital (B)Collateral (C)llection (D)Character。
30. 請問一般何者又稱為借款回存？ (A) 補償性放款 (B) 自償性放款 (C) 資本性放款 (D) 消費性放款。

【進階題】

31. 下列對銀行資產負債表的敘述何者正確？ (A) 現金部位屬於銀行的負債 (B) 投資屬於銀行的資產 (C) 存款屬於銀行的資產 (D) 股東權益是銀行資金的流向。
32. 下列敘述何者有誤？ (A) 銀行的代收票據屬於現金的一部分 (B) 通常銀行匯票的貼現應屬於短期放款業務 (C) 銀行的法定準備金一定要用現金部位準備 (D) 銀行可以投資公民營股票。
33. 下列敘述何者有誤？ (A) 支票存款又稱為甲存 (B) 活期儲蓄存款又稱乙存 (C) 銀行的借入款項屬於銀行的負債 (D) 通常活儲利息高於活存。
34. 下列對銀行的資產管理的敘述何者有誤？ (A) 首重安全性 (B) 自償性理論偏向短期放款 (C) 移轉性理論認為銀行資產可以擴及中長期放款 (D) 預期收入理論認為放款資金須具實質商業交易。
35. 下列對銀行的負債管理敘述何者有誤？ (A) 主要管理銀行的存款 (B) 主要管理被動的負債 (C) 認為可轉讓定存單是屬於銀行的主動負債 (D) 認為金融債券是屬於銀行的主動負債。
36. 下列對銀行的資本適足率敘述何者錯誤？ (A) 現行國際上規定銀行的資本適足率須高於8% (B) 當自有資本愈高時，資本適足率會愈高 (C) 當風險資產愈高時，資本適足率會愈高 (D) 銀行減少股利發放，可以提高資本適足率。
37. 下列對銀行的準備金制度的敘述何者正確？ (A) 在臺灣中華郵政公司不用提準備金制 (B) 通常央行的甲戶準備金不支付銀行利息 (C) 準備金的提存期為每月的1日開始計算 (D) 支票存款銀行不需要提準備金。
38. 下列敘述何者有誤？ (A) 銀行流動比率為流動資產與流動負債的比值 (B) 現行我國規定銀行的流動比率須高於10% (C) 存放比率為銀行放款與存款的比值 (D) 在臺灣存放比率主要是針對基層金融機構的規範。

39. 下列敘述何者敘述有誤？ (A) 利率風險亦屬於銀行的市場風險之一 (B) 銀行經營風險中最常見應該是信用風險 (C) 銀行信用評估的 5P 原則中包括債權保障 (Protection) 這項 (D) 債權保障中由第三者保證背書屬於內部保障。

40. 下列敘述何者有誤？ (A) 債權保障中由第三者保證背書屬於外部保障 (B) 補償性存款會增加借款人的利息支出 (C) 銀行信用評估的 5C 原則中包括客戶的選擇 (Collection) 這項 (D) 補償性存款又稱借款回存。

【國考題】

41. 當銀行發現有利的放款或投資機會，而主動發行可轉讓定期存單以取得資金，此一作法屬於 (A) 流動性管理 (B) 資產管理 (C) 資本適足性管理 (D) 負債管理。（2010 初等考）

42. 中央銀行所規定的支票存款、活期存款，與定期存款的應提準備率（或法定準備率）大小如何？ (A) 均相同 (B) 支票存款者最低 (C) 活期存款者最低 (D) 定期存款者最低。（2010 初等考）

43. 銀行以折扣方式預收利息而購入未到期票據的資金融通行爲稱爲 (A) 透支 (B) 票據託收 (C) 貼現 (D) 擔保放款。（2010 初等考）

44. 銀行對於隨時可能發生的資金需求，源自銀行的變現力與舉債能力不足所產生的風險，稱爲 (A) 信用風險 (B) 市場風險 (C) 利率風險 (D) 流動性風險。（2011 陽信銀）

45. 當資本適足率未達標準時，下列方法何者錯誤？ (A) 發行新普通股 (B) 減少盈餘分配 (C) 調整資產組合 (D) 減少發行次順位債券。（2011 三信銀）

46. 銀行的資產經營理論中，下列何者指出：銀行所持有之資產，應不限於短期商業放款，只要市場性而可隨時轉讓或出售之資產，亦可成爲銀行之投資對象，而維持本身之流動性？ (A) 自償性理論 (B) 預期收入理論 (C) 移轉性理論 (D) 市場性理論。（2011 臺新銀）

47. 下列何者爲道德風險？ (A) 缺錢且信用不好的人積極找銀行貸款 (B) 愛飆車的人正在尋找高額保險 (C) 貸款者貸款前美化報表以利申請貸款 (D) 貸款者貸款後將款項使用於非申請用途的投資。（2012 農業金庫）

48. 除考慮信用風險外，計算資本適足率的加權風險性資產尚包括哪些風險？ (A) 市場風險、作業風險 (B) 利率風險、市場風險 (C) 國家風險、作業風險 (D) 經營風險、利率風險。 （2012 臺銀）

49. 銀行依規定應提準備 350，假設庫存現金為 500，在央行存款是 250，並向央行借入 150，則該銀行的自由準備是多少？（忽略單位） (A)750 (B)600 (C)400 (D)250。 （2012 臺銀）

50. 銀行事先同意於某一特定期間，提供其客戶一定金額之內的貸款稱之為 (A) 保證準備 (B) 銀行承兌匯票 (C) 貸款承諾 (D) 信用分配。 （2012 初等考）

51. 金融市場中資訊不對稱所衍生的逆選擇問題，可以透過以下什麼方法來降低？ (A) 銀行加強對貸款用途的監督 (B) 個人向銀行借款時提供足額擔保品 (C) 銀行向客戶收取較高的放款利率 (D) 邀請民意代表協助向銀行遊說借款。（2012 初等考）

52. 下列何者可以反映銀行的資金運用效率？ (A) 流動比率 (B) 資本適足率 (C) 逾放比率 (D) 存放比率。 （2013 初等考）

53. 銀行對借款顧客要求在其所借款項中，至少有部分（即百分之若干）須存於該銀行，不得動用，該部分資金稱為 (A) 放款承諾 (B) 補償性存款 (C) 信用分配 (D) 資產轉換。 （2013 初等考）

54. 為了因應新版的巴賽爾資本協定，何種策略將可提高商業銀行的資本適足性？ (A) 吸收大面額定期存款 (B) 發行無擔保金融債券 (C) 增加證券投資 (D) 增加保留盈餘。 （2013 初等考）

55. Basel III 將於西元 2019 年實施完成，2019 年完全實施時，銀行自有資本占風險資產比率將達 (A)9% (B)8% (C)10.5% (D)12.5%。 （2014 初等考）

56. 在銀行的資產管理理論中，銀行只能承作以實質票據為基礎的放款，稱之為： (A) 移轉性理論 (B) 自償性理論 (C) 預期收入理論 (D) 缺口管理理論。

（2015 初等考）

57. 第三版巴賽爾資本協定（Basel III）的資本比率要求銀行依據下列何者持有資本？ (A) 風險加權的資產值 (B) 總資產值 (C) 負債 (D) 存款。 （2018 初等考）

58. 根據第三版巴賽爾資本協定（Basel III），有關 ①第一類資本 ②第二類資本 ③資本保留緩衝等項目，何者可被納入自有資本規範？ (A) ①、②和③ (B) 僅①和② (C) 僅① (D) 僅②和③。 （2018 初等考）

59. 下列何者是銀行提高自有資本比率的方法？ (A) 增加高風險性放款 (B) 減少發行新普通股 (C) 增加發行次順位債券 (D) 減少保留盈餘。 （2019 初等考）

60. 下列那一個項目屬於商業銀行資產負債表中的資產？ (A) 銀行向中央銀行借入款 (B) 銀行吸收的外幣定期存單 (C) 銀行持有之中央銀行可轉讓定期存單 (D) 股東權益。 （2019 初等考）

61. 銀行利用各種資訊尋找信用良好客戶，並經由審慎的徵信與授信，來控管信用風險的作法，此屬銀行管理中的： (A) 流動性管理 (B) 資產管理 (C) 負債管理 (D) 資本適足性管理。 （2019 初等考）

62. 下列何者不是銀行業爲減輕放款過程中，衍生資訊不對稱問題的適當作法？ (A) 補償性存款 (B) 提高超額準備 (C) 信用分配 (D) 與顧客保持長期關係。

（2019 初等考）

二、簡答與計算題

【基礎題】

1. 下列項目哪些屬於銀行資產？哪些屬於銀行負債？

   A. 現金、B. 存款、C. 放款、D. 投資、E. 借入款、F. 金融債券

2. 請問銀行的放款業務可分爲哪三種？
3. 請問活期存款與活期儲蓄存款有何差別？
4. 請問資產管理須掌握哪三項原則？
5. 請問銀行的負債管理主要管理哪兩項？
6. 何謂資本適足性？
7. 請問資本適足率的計算公式爲何？
8. 請問我國準備金的計算期與提存期各爲何？
9. 何謂法定準備金？自由準備金？
10. 何謂超額準備與準備不足？
11. 若某銀行存款 5,000 億元，央行規定法定準備率爲 5%，此時銀行存在央行的準備金帳戶爲 200 億元，銀行保留現金部位爲 80 億元，保留現金部位中有 20 億元是向央行借入，請問：

    (1) 法定準備金爲何？

(2) 實際準備金爲何？

(3) 超額準備金爲何？

(4) 自由準備金爲何？

12. 請問銀行的流動比率計算式爲何？

13. 請問銀行的存放比率爲何？

14. 下列爲某銀行存款總額爲 3,200 億元，除了央行規定須保留法定準備金 500 億元，超額準備金 300 億元，剩下的存款資金皆爲放款資金，請問此時的存放比率爲何？

15. 請問銀行的經營風險有哪些類型？

16. 何謂銀行信用評估的 5C 原則？

17. 何謂銀行信用評估的 5P 原則？

18. 何謂補償性存款？

【進階題】

19. 下列哪些可以增加銀行資本適足率？

A. 發行普通股、B. 增發現金股利、C. 發行特別股、D. 發行可轉換債券

E. 減少商業放款、F. 發行次順位債券、G. 增加股票投資

20. 假設某家銀行股東出資 1,000 億元，並發行 100 億元的次順位債券，且持有以下 6 種資產其金額與風險權重如下：

資產類型	金額	風險權數
現金部位	500 億元	0%
投資地方政府債券	1,000 億元	10%
投資其他金融機構債券	2,000 億元	20%
房地產放款	4,000 億元	50%
一般民間商業放款	8,000 億元	100%
投資股票	200 億元	100%

請問：

(1) 銀行的第一類資本適足率爲何？

(2) 銀行的整體資本適足率爲何？

21. 某銀行存款（總負債）爲 5,000 億元，法定準備率 5%，下列表中爲銀行的流動資產項目與金額，請問：
(1) 銀行的實際準備金部位爲何？
(2) 銀行的的流動資產爲何？
(3) 銀行的流動比率爲何？

流動資產項目	金額
超額準備不足	50 億元
銀行互拆借差	70 億元
國庫券	40 億元
可轉讓定期存單	60 億元
經保證商業本票	80 億元
銀行承兌匯票	30 億元
公債	300 億元

22. 假設公司向銀行貸款 500 萬元，貸款利息 5%，但公司須回存 6% 的資金當作補償性存款，且回存利息 1%。請問公司此筆借款的實質利率爲何？

9 CHAPTER 中央銀行

【本章大綱】

本章內容為中央銀行，主要介紹中央銀行的源起與角色、臺灣與各國的中央銀行的運作制度以及中央銀行的獨立性等內容，其內容詳見下表。

節次	節名	主要內容
9-1	中央銀行源起與功能	介紹中央銀行的源起與在經濟體系中所扮演的角色。
9-2	臺灣中央銀行的制度	介紹臺灣中央銀行的組織架構與業務內容。
9-3	各國中央銀行制度	介紹美國與歐盟的中央銀行制度。
9-4	中央銀行的獨立性	介紹中央銀行獨立性的層面與重要性。

9-1 中央銀行源起與功能

中央銀行（Central Bank）爲一個國家中，掌控貨幣供需的最重要執行機構。通常每個國家的中央銀行僅有一個，所以中央銀行也扮演著國家（或政府）銀行的角色，必須擔負起整個國家的貨幣政策與經濟發展的重責大任。以下我們將介紹中央銀行的源起以及它在經濟體系中所扮演的角色。

一、中央銀行的源起

全世界最早成立的中央銀行是由私人銀行演變而來，乃成立於 1656 年的瑞典里克斯銀行，爾後於 1668 年由瑞典政府收歸爲瑞典的國家銀行（Swedish Riksbank），但該銀行並不具備現代中央銀行的各種功能。所以一般認爲眞正具有中央銀行功能的國家銀行，是 1694 年英國成立的英格蘭銀行（Bank of England），該銀行於 1833 年於全國發行具爲法償地位的紙幣，1844 年又將銀行分成發行部與業務部兩大部分，逐而奠定中央銀行的運作模式。

自從英格蘭銀行成立後經過一段很長時間，世界少數幾個國家也逐漸成立自己國家的央行，如：法國於 1800 年成立的法蘭西銀行（Bank of France）、日本於 1882 年成立日本銀行（Bank of Japan）、美國於 1913 年成立美國聯邦準備銀行（Federal Reserve Bank of U.S.A.）。直到第一次大戰前，全世界成立央行的國家僅約 20 多個，且大都集中在實施金本位制度的國家。至於沒有成立中央銀行的國家，大都由商業銀行發行銀行券或票據，擔負著整個貨幣制度的運轉。

由於第一次大戰後，各國為應付龐大的軍需費用，開始濫發信用，導致金本位制度崩潰，逐而紙本位制度取代金本位制度之後，世界各國才紛紛成立自己國家的央行。直到 2020 年，全球的央行的家數已達 189 家左右。

通常世界各國的對央行的稱謂不盡相同，一般而言，大致上使用四種名稱，詳見表 9-1 世界各國的央行名稱的分類與使用國家。

表 9-1 世界各國的央行名稱分類

名稱型式	使用的國家
國家銀行	英國、日本、韓國等
中央銀行	歐盟、臺灣、巴西等
準備銀行	美國、澳洲、印度等
金融管理局	新加坡、香港、澳門等

二、中央銀行的角色

中央銀行在經濟體系中，扮演著各種不同的角色，對一個國家的經濟發展與金融穩定，具有舉足輕重的影響性與獨特性。以下將介紹幾種中央銀行在經濟體系中所扮演的角色。

（一）發行的銀行

通常一個國家或政府的貨幣發行權，都是由中央銀行擔當，所以央行扮演著發行銀行（Issue Bank）的角色。中央銀行所發行的貨幣，如：紙幣與硬幣，都具有法償效力。由中央銀行統一發行貨幣，可以防止發行權的混淆，且可控制貨幣的發行額，以避免過度發行，導致通貨膨脹。

（二）銀行的銀行

一般客戶與銀行資金往來，若銀行轉變成一個客戶，那跟他往來的銀行就是中央銀行，所以中央銀行又被稱爲「銀行的銀行」（Bank for Bankers）。一般客戶缺錢時，會請求銀行予以融資；同樣的，若當銀行缺錢時，則必須請求中央銀行予以融資，所以中央銀行在經濟體系扮演著「最後貸款者」（Lender of Last Resort）的角色。

（三）政府的銀行

通常政府的收支是透過中央銀行辦理，中央銀行負責經理國庫的業務，爲「政府的銀行」（Bank for Government）。其所處理的業務包括：經理中央政府各機關之現金、票據與有價證券的保管、收支、移轉等事務。此外，並經理中央政府公債、國庫券的發行與還本付息等業務。

（四）負責外匯管理的銀行

中央銀行負責保管一個國家的外匯存底，並利用外匯存底調節國際收支，穩定匯率與國內物價。此外，央行除了保管外匯存底外，也保管另一個可當發行貨幣基礎的黃金。

（五）負責清算支付的銀行

各銀行間的票據交換、債務與債權的清算支付，都是透過中央銀行所開立的存款準備金帳戶進行轉換結算。這樣可以節省現金流通的使用，並有效的降低交易成本。此外，藉此清算支付系統，央行可以與銀行安全的移轉資金，使貨幣政策能有效率的傳遞。

（六）負責監理銀行的銀行

中央銀行須監督各銀行的經營情形、稽查銀行有無違反法規與法令、評議銀行的管理能力；並維持金融秩序，使金融市場穩定，這樣銀行才對存款戶具有保障。

（七）執行貨幣政策的銀行

中央銀行可以利用各種貨幣工具與政策的執行，來影響經濟活動，以達到貨幣政策目標。通常中央銀行利用調整存款準備率、重貼現率、公開市場操作或選擇性信用管制，以達到控制目標。

市場焦點

臺灣恐入列匯率操縱國觀察名單

金融市場震盪讓熱錢四處流竄，中央銀行總裁楊金龍表示，如果美國觀察主要貿易夥伴外匯的三項標準沒有改變，臺灣目前已知會有兩項符合預計4月公布的匯率操縱國觀察名單。

美國對匯率操縱國有三項標準，一是貿易夥伴國對美國貿易順差超過200億美元，二是貿易夥伴國擁有高額經常帳順差，且順差金額高於其GDP的3%，三是貿易夥伴國持續性進行單邊外匯市場干預，且年度內重複進行淨外匯購買金額超過GDP的2%。

臺灣自2017年下半年被移出觀察名單後，至今年1月止都沒被納入，但在美國新公布名單是否入列，央行也不諱言，「確實有可能會被列入觀察名單」。但楊金龍也強調，相關單位都知道這個狀況，也有在安排因應，例如：加強與美方溝通；且針對單邊外匯市場干預，美方看的是去年資料，與主要貨幣相比，近年新台幣波動度較低，央行在必要時調節匯市是為減緩匯率過度波動，而不是扭轉趨勢，新台幣對美元匯率有升有貶，呈現雙向波動，具有彈性，並非僵固不變。

央行干預的三大觀察指標，強調為維持新台幣匯率市場秩序，央行會密切關注資金移動、外資行為若擾亂秩序時會告訴外資、資金短時間大量進出時央行會進場維持穩定。

圖文資料來源：摘錄自工商時報 2020/03/13

【解說】

中央銀行扮演維持該國匯率穩定的重要角色，但若過度干預匯率的變動，也可能被他國列為匯率操縱國。最近，臺灣預期可能會被美國列為匯率操縱國。

◎ 匯率操縱國（Currency Manipulator）

匯率操縱國，乃是指美國財政部以下列三個條件，認定一個國家有沒有操縱匯率：一是對美國的貿易順差達到每年 200 億美元以上；二是該經濟體的經常帳順差占國內生產毛額（GDP）比率超過 3%；三是匯率買賣未尊重市場機能，例如持續性單向買入外國資產促使本國貨幣貶值，且年度內購買總量占 GDP 的比率達到 2% 以上。如果一個經濟體三個標準都滿足，就會被認定為「匯率操縱國」；如果只滿足兩個指標，則會被列入觀察名單。

截至 2020 年 1 月，被美國財政部列為匯率操縱國觀察名單，有這八個國家分別為：日本、義大利、愛爾蘭、新加坡、馬來西亞、韓國、越南和德國。

9-2 臺灣中央銀行的制度

1945 年臺灣結束日治時代，隨後民國政府接手後，所有中央銀行應執行的業務都是交由「臺灣銀行」處理。所以當時的臺灣銀行雖無中央銀行之名，卻有中央銀行之實。直到 1961 年 7 月 1 日起中央銀行在臺灣開始營業，政府並於 1979 年修改「中央銀行法」，明定中央銀行爲國家銀行，隸屬於行政院，其經營目標明訂爲促進金融穩定、健全銀行業務、維護對內及對外幣值的穩定，且爲我國執行貨幣機構的最高決策機構。以下我們將介紹中央銀行的組織架構與業務。

一、中央銀行的組織架構

依據現行「中央銀行法」，中央銀行的組織架構中，主要設有理事會、監事會、總裁、副總裁以及管理各項業務的四局（業務局、發行局、外匯局、國庫局）與四處（金融業務檢查處、經濟研究處、會計處、秘書處），另有兩個附屬事業機構（中央印製廠、中央造幣廠）。其組織架構圖詳見圖 9-1。

根據中央銀行法規定，中央銀行在決策、監察與業務執行的組織系統可分爲三個部分：理事會、監事會與總裁、副總裁。以下將介紹這三部分：

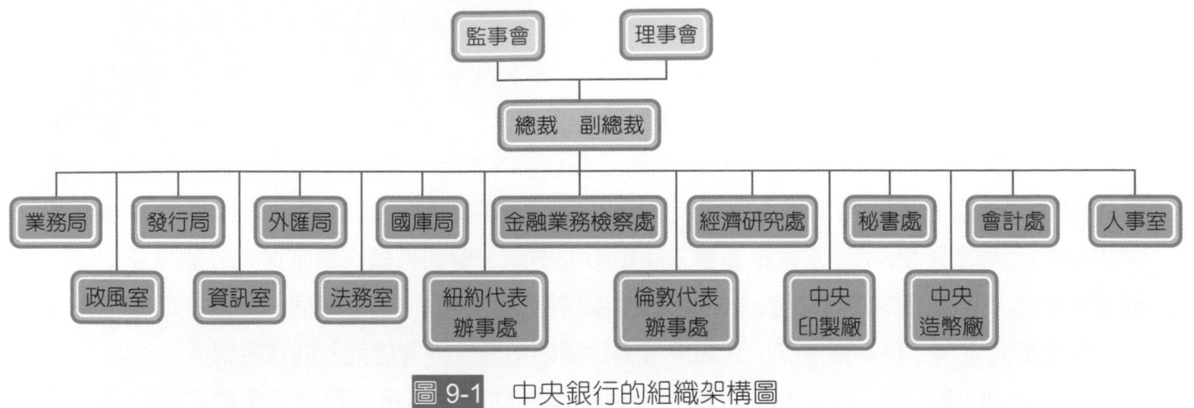

圖 9-1　中央銀行的組織架構圖

（一）理事會

央行理事會置有 11 至 15 位理事，由行政院報請總統指派之，並指定其中 5 至 7 位爲常務理事。理事會除中央銀行總裁、財政部部長、經濟部部長爲當然理事，並遴選具實際經營農業、工業、商業及銀行業者各一人擔任理事。理事的任期均爲 5 年，期滿得續派連任之。通常理事會主要執掌有關貨幣、信用與外匯政策的審議等事宜。理事會每年召開四次會議，主要討論與審議重要的政策與業務的執行。

（二）監事會

央行監事會置有 5 至 7 位監事，由行政院報請總統指派之。監事會除行政院主計長爲當然監事外，並遴選具財會與法律背景擔任監事。除當然監事外，監事的任期均爲 3 年，期滿得續派連任之。通常監事會主要執掌中央銀行資產與負債的檢查、帳目的稽核，通貨發行準備的檢查、通貨發行額的查核與央行決算的審核。

（三）總裁、副總裁

央行設置總裁 1 人，副總裁 2 人，均由總統任命，任期 5 年，期滿得續派連任之。總裁爲理事會主席，綜理全行事務，執行理事會決議，對外代表央行。副總裁則輔佐總裁處理行務。

二、中央銀行的業務

中央銀行經營目標明訂爲促進金融穩定、健全銀行業務、維護對內及對外幣值的穩定，並在上列的目標範圍內，協助經濟發展。隨著經濟快速成長，中央銀行所肩負的首要任務由原先的追求經濟高度成長，轉變爲維持物價與金融穩定，並積極參與金融體系的建制與改革。中央銀行為國內執行貨幣、信用與外匯政策的最高決策組織。其業務包含以下六項：

（一）調節資金

中央銀行是金融市場最後的資金融通與調節者，當金融市場資金過於寬鬆或不足，中央銀行可運用調整存款準備率、重貼現率、公開市場操作、選擇性信用管制等策略，調節市場資金，以維持市場利率穩定。

（二）外匯管理

中央銀行是維持一國匯率穩定的重要機構。當外匯市場受某些因素干擾，以致無法正常運作時，中央銀行將維持外匯市場之秩序。中央銀行對於外匯存底的管理，係以流動性、安全性及收益性為基本原則，並兼顧促進經濟發展與產業升級的經濟效益。

（三）金融穩定

維護金融穩定係各國央行之共同目標。只有在金融穩定下，貨幣政策工具之操作才能發揮預期效果。為避免金融不穩定對國家經濟造成重大損害，各國央行均積極發展維護金融穩定之架構，其透過系統性之分析及監控，適時採行適當政策或措施，以達到金融穩定之目標。

（四）支付清算

中央銀行建置之金融同業資金調撥清算作業系統，連結票據交換結算系統、金資跨行支付結算系統、票券保管結算交割系統、中央銀行中央登錄債券等國內主要系統；構成一完整之支付清算體系，處理金融市場交易及零售支付交易所涉及之銀行間資金移轉。

（五）經理國庫

中央銀行係法定之國庫代理機關，並受財政部委託以政府公款保管人之立場經理國庫，經管中央政府庫款之收付及保管事務。央行亦經理中央政府公債與國庫券之發售、登錄轉帳及還本付息。

（六）發行貨幣

中央銀行是國內唯一可以發行貨幣的機構。央行根據經濟發展需求，並衡量庫存券幣數量，以發行貨幣。其主要目的在提供社會大眾一種安全可靠、價值穩定及廣被接受的支付工具。

市場焦點

電子化支付普及升 中央造幣廠「生意」受重創

由於電子商務興起，電子化支付普及率也逐漸提升，但連帶也讓中央造幣廠「生意」受到影響。自 2015 年起，不僅硬幣鑄造數量逐年衰退，「銷售」收入也遭重創，大減 32.77%，成數位化支持時代另類受害者，立院預算中心要求謀求對策。

金管會 2016 年 5 月發布「金融科技發展策略白皮書」，提出電子支付比率 5 年倍增計畫，要由 2015 年的 26%，至 2020 年提升至 52%。而電子支付普及率提升，勢必將減少現金使用，結果也影響中央鑄幣廠鑄造流通幣的需求。因此立院預算中心建議，因應電子支付普及化衝擊，中央鑄幣廠應提升包含記念幣等副業產品行銷。

圖文資料來源：摘錄自聯合新聞網 2020/01/25

【解說】

近年來，政府積極推動數位支付，造成國人使用現今逐漸減少，連帶著使得中央銀行附屬中央造幣廠的「生意」受到影響，成為數位化時代另類受害者，因此立院預算中心要求謀求對策。

9-3 各國中央銀行制度

由於世界各國的經濟情勢、國情與國土幅員的不同，所以世界各國的中央銀行制度與運作模式不見得相同。尤其全球較大的二個經濟體——美國與歐盟，其中央銀行制度一直是世界各國參考依據。以下我們介紹兩個國家（或地區）的中央銀行制度。

一、美國

美國的中央銀行制度是採聯邦準備體系（Federal Reserve System；Fed），其乃根據 1913 年「聯邦準備法」所制定的。該體系的運作原則是採用「分權制衡」，乃將貨幣政策的權限分散至全國各區域與各部門。整個體系包括五大組織，分別為「聯邦準備理事會」、「聯邦公開市場委員會」、「聯邦準備銀行」、「聯邦諮詢委員會」以及「會員銀行」。

整個聯邦準備體系，表面上是權力分散在「聯邦準備理事會」、「聯邦準備銀行」與「會員銀行」。但聯邦準備理事會主席兼任聯邦公開市場委員會主席，且理事會的 7 位理事亦是公開市場委員會的當然成員，所以實際上，聯邦準備理事會主席擁有最大的職權。在職權劃分上，「聯邦準備理事會」有權決定「法定準備率」與「貼現率」的水準；「聯邦公開市場委員會」有權主導「公開市場操作」的方針；「聯邦準備銀行」也有權參與「貼現率」的擬定（但依慣例仍由理事會決定）、以及對轄區會員銀行貼現放款的權利；「聯邦諮詢委員會」提供貨幣「政策資訊」給理事會參考；「會員銀行」有票選聯邦準備銀行 6 位董事的權力。這五個組織的相互關係詳見圖 9-2。

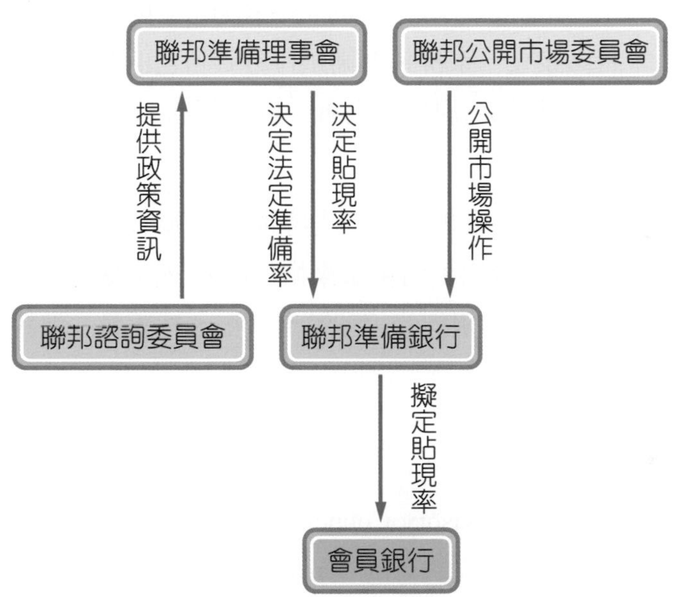

圖 9-2 美國聯邦準備體系內成員與貨幣政策執行關係圖

（一）聯邦準備理事會

聯邦準備理事會（簡稱「聯準會」或「理事會」）（Board of Governors of Fed；Fed）是聯邦準備體系的最高決策機構，由 7 位委員組成，其中 1 位爲理事主席，其委員與主席皆由美國總統提名，參議院批准。委員任期通常爲 14 年，不允許連任；理事主席任期 4 年，可以連任。在實際中，通常委員在任期滿之前就自動辭職，並由總統再次提名，參議院批准而獲得實際連任；且一旦某屆理事主席被免職，他必須退出 7 人委員會，以避免前任主席因政治或私人利益，去影響新任主席。

聯準會的主要的工作職權，爲調整市場的「法定準備率」與「貼現率」的水準。且因聯準會的 7 位委員是公開市場委員會的當然委員，由於公開市場委員會由 12 位委員組成，所以聯準會掌握過半的權利，所以具有實權參與制定「公開市場操作」的決策與方針。

（二）聯邦公開市場委員會

聯邦公開市場委員會（Federal Open Market Committee；FOMC）是公開市場操作政策的主導者，由12位委員組成，其中7名爲聯準會委員，且紐約聯邦準備銀行總裁爲當然委員，其餘4名委員由其他11家聯邦準備銀行總裁輪流擔任，任期1年。FOMC的主席亦由聯準會主席擔任，副主席由紐約聯邦準備銀行總裁擔任。FOMC定期集會討論貨幣政策，並制定公開市場操作的方針。

（三）聯邦準備銀行

美國聯邦準備銀行（Federal Reserve Banks；FRBs）是聯邦準備體系的運作分支，全國共分成12個地區，各區設立一家聯邦準備銀行分管自己的轄區，且以所在地的城市[27]命名。其中，紐約聯邦準備銀行爲規模最大者，且總裁爲FOMC當然委員，所以影響力最大。

聯邦準備銀行的職權爲制定貼現率（但主導權仍在聯準會）、評估該地區哪些銀行可以獲得貼現放款。且每家須選出1名董事來擔任聯邦諮詢委員會的成員，以提供重大政策的諮詢；並從12家聯邦準備銀行的總裁輪流選出5席委員（但紐約聯邦準備銀行總裁爲當然委員），來擔任FOMC委員，藉以影響公開市場操作方針。

（四）聯邦諮詢委員會

聯邦諮詢委員會（Federal Advisory Council）是由12家聯邦準備銀行分別選出1名董事所組成，共12名委員。其設立的目的在於廣徵各方的意見，以提供聯準會參考，爲諮詢性質，不具決策權力。

（五）會員銀行

依「聯邦準備法」規定，所有經聯邦政府設立的國家銀行，都是聯邦準備制度的會員銀行（Member Bank），各州所設立的州立銀行可以自由選擇是否加入成會員銀行。各地區的會員銀行共同持有該地區聯邦準備銀行的股份，並選出6位董事，在加上聯準會指派的3名公益董事，組成各地區聯邦準備銀行的董事會，再從9位董事推選出聯邦準備銀行的總裁。會員銀行爲聯邦準備體系的最基層，所以執行聯準會政策居多，對貨幣政策無實質表決權。

---

27 12家聯邦準備會銀行分別位於波士頓、紐約、費城、克利夫蘭、里奇蒙、亞特蘭大、芝加哥、聖路易斯、明尼阿波利斯、堪薩斯、達拉斯、舊金山。

二、歐盟

歐盟的歐洲中央銀行體系（European System of Central Bank；ESCB）乃於 1999 年 1 月 1 日歐元誕生後開始運作。該制度是由歐洲中央銀行（European Central Bank；ECB）與歐盟各會員國的中央銀行（National Central Bank；NCBs）所共同組成。歐洲中央銀行（ECB）為制定歐盟的共同貨幣政策的主要決策單位，歐盟各會員國的中央銀行（NCBs）則負責執行貨幣政策。該制度的運作採「集體決策、分權執行」之原則，其組織結構由「管理委員會」、「執行理事會」與「一般委員會」這三大組織所組合而成。這三個組織的相互關係詳見圖 9-3。

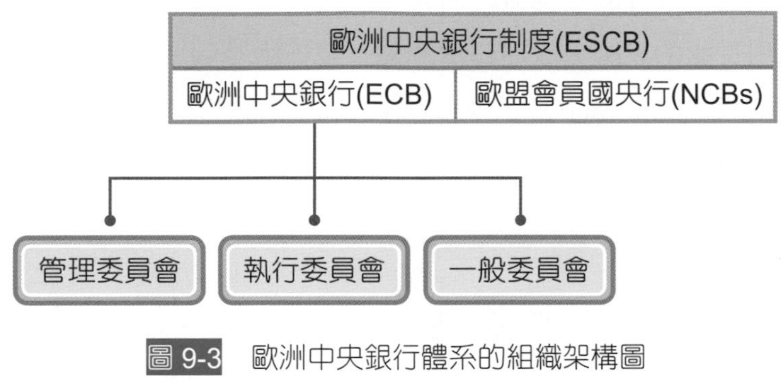

圖 9-3 歐洲中央銀行體系的組織架構圖

（一）管理委員會

管理委員會（Governing Council）是 ESCB 的最高決策單位，其成員包括執行理事會的所有理事、以及採用歐元各會員國的中央銀行的總裁，理事任期為 8 年，NCBs 總裁任期至少 5 年。其職權乃負責制定歐盟區貨幣政策，並核定指導原則。

（二）執行理事會

執行理事會（Executive Board）的成員包括 ECB 總裁、副總裁與 4 位具貨幣專業素養的理事，共 6 人，理事任期為 8 年，不允許連任。其職權乃主要負責貨幣政策的操作，並擬定匯率政策、制定銀行管理規則、提供清算支付的運作機制以及發行歐元。

（三）一般委員會

一般委員會（Executive Board）的成員包括 ECB 總裁、副總裁以及歐盟各會員國的中央銀行的總裁。其職責主要執行 ECB 所指派的任務，由於仍有成員國未加入歐元區，因此須處理未加入歐元區會員國的央行和 ESCB 之間貨幣政策上的協調。

9-4 中央銀行的獨立性

中央銀行爲一個國家最高的貨幣決策機構，它所制定的政策與執行，必須具有高度自主性，不受任何單位的干擾與控制，這樣中央銀行才具有獨立性（Independence）。中央銀行該不該具獨立性，長久以來一直是個被議論的話題。贊成央行具獨立性者，認爲這樣對於貨幣政策的執行能較發揮功效，且較不受政治干擾，政策較一致與人事較穩定；反對央行具獨立性者，認爲央行的貨幣政策應與政府其他部門相配合，且須對民主政治下的民意負責。

雖央行是否該具獨立性的爭議並沒有定論，但世界各國大多支持央行應增加獨立性，這樣央行比較能用長遠的思維去處理經濟問題，較不用受到太多短期非理性因素的干擾。以下我們將介紹央行若要具獨立性，應顯現在哪些層面上；且將進一步介紹獨立的重要性。

一、獨立性的層面

通常央行是屬於國家的重要機構，所以在行使職權上、人事的派任與經濟財源的支配上，難免會受到政府的干預，所以央行若要顯現出獨立性，必須在「職責」、「人事」、與「經濟」層面上表現出自主性。

（一）職責獨立性

中央銀行能夠自主獨立的制定與執行貨幣政策，若當貨幣政策與財政政策之間發生衝突時，仍不受政府所置酌，才能展現高度的職責獨立性。例如：美國聯準會可以獨立制定貨幣政策，不受政府干涉貨幣政策的實施，如果與政府發生矛盾時，只能通過協商解決。

（二）人事獨立性

通常央行的人事任命權，雖在政府的最高行政首長（總統），但人事有固定的任期，不應隨著總統異動而異動，且總統一次無法決定所有的人事權，這樣才能保持人事的獨立性。例如：美國聯準會的 7 名理事，由總統任命，參議院核准，任期 14 年，不允許連任，因此理事不必爲爭取連任而迎合總統的意見。此外，理事的任命爲輪流制，且理事任期相互錯開，正常情況下每 2 ～ 3 年才有 1 人屆滿，所以總統在任期內也頂多只能提名 2 名理事，因此總統無法控制整個理事會的人事權。

（三）經濟獨立性

中央銀行應有可獨立支配的財源，不須仰賴政府於財政撥款，這樣才具經濟獨立性。例如：美國聯準會的資金來源爲分佈在美國各地的 12 家聯邦準備銀行，每家會員銀行須向聯邦準備銀行交存款準備金，且存款準備金沒有利息，聯準會這這些準備金可以去營利獲取利潤，不用政府的財政的支援，才能顯現經濟獨立。但全世界大多數的中央銀行都屬於國家所有，中央銀行資本金的所有權大多由財政部門代表國家持有，所以中央銀行的盈虧都爲國家財政所認列。

二、獨立性的重要

中央銀行的業務經營應該秉持著獨立原則，不受行政部門的干預，這樣對政策的執行與維持穩健的金融市場具有正面的作用，以下我們將說明中央銀行具獨立性的重要。

（一）提高政策效益

中央銀行對於自己制定的貨幣政策，比較能徹底的執行，政策也較容易被社會大眾所觀察與了解，且不受政府財政短期因素的干擾，使政策能夠發揮較長遠的效益。

（二）控制通貨膨脹

政府在執行經濟政策時，容易著眼於短期績效，常常擴大財政支出、增加政府消費與公共投資，促使短期內經濟成長，但也增加通貨膨脹的壓力。所以央行愈具獨立性，愈有權力拒絕政府來對央行融通資金，這樣比較能控制通貨膨脹的壓力。且有眾多經濟學家[28]的研究顯示，中央銀行獨立性愈強，則通貨膨脹率就愈低。

（三）增強金融監理

中央銀行通常須負責監督銀行的經營情形、稽查銀行有無違反法規與法令、評議銀行的管理能力。若中央銀行獨立性愈強，愈能公正有效率的實施金融監管職能，這樣對於金融秩序的維持與金融市場的穩定有很大的助益。

（四）提高央行信譽

中央銀行爲國家的銀行，若中央銀行愈獨立，表示受到政府的干預愈少，央行執行政策可具自主性，加強央行對經濟的影響力，且無形中提高央行的聲譽。所以當中央銀行的信譽增強，亦可增加政府的公信力，對於國家的國際聲望與民眾對政府的信任感具有正面的幫助。

28 例如：費許（S. Fischer）、桑莫斯（L. H. Summers）與密席金（F. S. Mishkin）等。

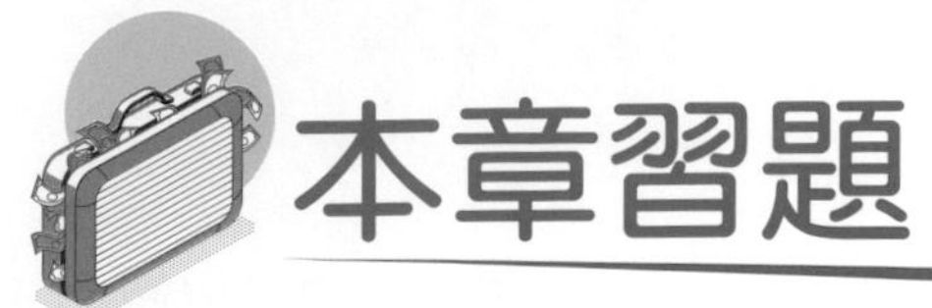

本章習題

一、選擇題

【基礎題】

1. 請問全世界最早成立中央銀行的是哪個國家？ (A) 瑞典 (B) 美國 (C) 日本 (D) 法國。
2. 請問中央銀行被視爲「銀行的銀行」的原因？ (A) 保管銀行的黃金 (B) 發行通貨 (C) 最後的貸款者 (D) 負責清算支付。
3. 下列何項不是央行所扮演的角色？ (A) 清算支付的銀行 (B) 股市的造市銀行 (C) 外匯管理的銀行 (D) 金融監理的銀行。
4. 請問一個國家貨幣政策的最高決策機關爲何者？ (A) 金管會 (B) 財政部 (C) 經濟部 (D) 中央銀行。

5 請問我國的中央銀行隸屬於？ (A) 立法院 (B) 行政院 (C) 總統府 (D) 金管會。

6. 請問我國貨幣的發行權爲何者？ (A) 中央銀行 (B) 財政部 (C) 臺灣銀行 (D) 金管會。
7. 下列何者非中央銀行的業務？ (A) 發行貨幣 (B) 經理國庫 (C) 清算支付 (D) 提振股市。
8. 請問美國聯邦準備體系的最高決策機構爲何者？ (A) 聯邦準備理事會 (B) 聯邦公開市場委員會 (C) 聯邦準備銀行 (D) 聯邦諮詢委員會。
9. 請問美國聯邦準備體系將全國分成幾個區？ (A)10 個 (B)12 個 (C)14 個 (D)16 個。
10. 請問美國聯邦準備體系公開市場操作政策的主導者爲何？ (A) 聯邦公開市場委員會 (B) 聯邦準備銀行 (C) 聯邦諮詢委員會 (D) 總統。
11. 請問美國聯邦準備銀行中，哪一分行者影響力最大？ (A) 芝加哥 (B) 紐約 (C) 費城 (D) 舊金山。
12. 請問歐洲中央銀行體系的組織中不含下列何者？ (A) 管理委員會 (B) 執行委員會 (C) 一般委員會 (D) 仲裁委員會。
13. 下列何者爲歐洲中央銀行體系的最高決策單位？ (A) 管理委員會 (B) 執行委員會 (C) 一般委員會 (D) 仲裁委員會。

14. 下列何者非中央銀行所應具備的獨立性？ (A) 經濟獨立 (B) 人事獨立 (C) 政黨獨立 (D) 職責獨立。
15. 下列何者非中央銀行獨立性的重要性？ (A) 提高央行信譽 (B) 增強金融監理 (C) 增加國家收入 (D) 控制通貨膨脹。

【進階題】

16. 下列敘述何者正確？ (A) 全世界最早成立央行制度爲美國聯準會 (B) 因爲央行負責清算支付，所以又稱銀行中的銀行 (C) 通常央行是一個國家唯一可以發行貨幣的機構 (D) 新加坡的中央銀行名稱是以國家銀行命名。
17. 下列對我國中央銀行的敘述何者有誤？ (A) 中央銀行隸屬於行政院 (B) 央行理事會理事任期爲 4 年 (C) 央行總裁任期爲 4 年 (D) 央行理事是由行政院報請總統指派之。
18. 下列對中央銀行制度的敘述何者有誤？ (A) 美國公開市場委員會是聯邦準備體系的最高決策機構 (B) 美國全國共有 12 家聯邦準備銀行 (C) 美國聯準會的主要工作職權爲調整市場的「法定準備率」與「貼現率」的水準 (D) 管理委員會是 ESCB 的最高決策單位。
19. 下列敘述何者有誤？ (A) 通常央行具獨立性對政策執行較透明 (B) 通常央行具獨立可控制通貨膨脹 (C) 全世界大多數的中央銀行都屬於國家所有 (D) 美國聯準會的財務來源爲政府支應。
20. 下列敘述何者有誤？ (A) 臺灣央行總裁一任任期爲 5 年 (B) 美國聯準會理事主席一任任期爲 5 年 (C) 歐洲 ECB 總裁一任任期爲 8 年 (D) 美國聯邦諮詢委員會共有 12 位委員。

【國考題】

21. 有關各國中央銀行之敘述，下列何者正確？ (A) 美國聯邦準備體系依照由東至西的時區差異，將美國分成 3 個聯邦準備行政區，每個聯邦準備行政區各有一個聯邦準備銀行 (B) 歐洲中央銀行制度包括歐洲中央銀行與會員國財政部 (C) 英國英格蘭銀行爲最古老的中央銀行 (D) 日本的中央銀行爲三菱銀行，組織上獨立於政府之外。 （2011 陽信銀）

22. 有關中央銀行之敘述，下列何者正確？ (A) 目前臺灣的中央銀行隸屬於總統府 (B) 財政部長是中央銀行理事會的當然理事 (C) 法務部長是中央銀行監事會的當然監事 (D) 內政部長是中央銀行理事會的當然理事。 （2011 合作銀）

23. 目前新台幣的發行權是屬於 (A) 財政部 (B) 中央銀行 (C) 臺灣銀行 (D) 金管會。 （2011 臺土銀）

24. 負責我國中央政府國內外公債、國庫券的發售與還本付息業務的單位是 (A) 財政部 (B) 中央銀行 (C) 臺灣銀行 (D) 交通部。 （2011 初等考）

25. 下列有關中央銀行的敘述，何者是錯誤的？ (A) 銀行的銀行 (B) 公眾的銀行 (C) 政府的銀行 (D) 貨幣政策的制定者。 （2011 初等考）

26. 有關臺灣中央銀行之組織，下列何者正確？ (A) 中央銀行隸屬行政院，其理事會由行政院長特派理事 11 ～ 15 人組成 (B) 中央銀行設有監事會，由總統特派監事 5 ～ 7 人組織之，行政院主計長爲當然監事 (C) 中央銀行隸屬總統府，中央銀行理事會由行政院長擔任主席召集開會 (D) 中央銀行理事會成員不得就有關貨幣、信用或外匯政策對外發言。會議有關政策決議事項，於會後由行政院新聞局長統一對外說明。 （2012 華南金融）

27. 下列有關我國中央銀行的描述，何者正確？ (A) 根據銀行法設立 (B) 因代理國庫，故公債發行量屬於中央銀行負債 (C) 總裁的任期不受政黨輪替影響 (D) 雖具通貨發行權，但新臺幣仍委由臺灣銀行負責發行。 （2013 初等考）

28. 下列關於中央銀行的敘述，何者錯誤？ (A) 中央銀行應具有超然性及獨立性，才能有效引導貨幣政策 (B) 臺灣的中央銀行隸屬於總統府 (C) 中央銀行爲銀行中之銀行 (D) 中央銀行是貨幣政策之執行者。 （2014 初等考）

29. 面對金融危機，中央銀行常常扮演什麼角色？ (A) 最後貸款人 (B) 最後借款人 (C) 資金緊縮者 (D) 代管經營困難之金融機構。 （2015 初等考）

30. 下列那一項不在中央銀行法中所規定的央行經營目標？ (A) 健全銀行業務 (B) 維護對內及對外幣值的穩定 (C) 維持利率的穩定 (D) 促進金融穩定。 （2017 初等考）

31. 下列何者可以提高中央銀行的獨立性？ (A) 縮短中央銀行總裁與理事的任期 (B) 設定單一明確的物價穩定目標 (C) 由行政部門審核中央銀行預算 (D) 中央銀行資本由公部門持有。 （2019 初等考）

32. 一般而言，中央銀行獨立性愈高，則： (A) 失業率愈高 (B) 利率波動幅度愈大 (C) 匯率波動幅度愈大 (D) 物價膨脹率愈低。 （2019 初等考）

二、簡答與計算題

【基礎題】

1. 請問中央銀行扮演哪些角色？
2. 請問我國的中央銀行隸屬於哪一部門？
3. 請問美國聯邦準備體系中，整個體系分成哪五大組織？
4. 請問歐洲中央銀行體系的組織中，整個體系分成三大組織？
5. 請問中央銀行應具備哪些層面的獨立性？
6. 請問中央銀行獨立性具有哪些的重要性？

【進階題】

7. 世界各國實施中央銀行制度，但所採取的名稱並不相同？下列哪些國家的名稱分別採取：(1) 國家銀行、(2) 中央銀行、(3) 準備銀行、(4) 金融管理局
   A. 英國、B. 歐盟、C. 日本、D. 臺灣、E. 香港、F. 韓國、G. 美國、H. 巴西、I. 澳洲 J. 印度、K. 新加坡
8. 請說明美國聯邦準備理事會、聯邦公開市場委員會的主要工作內容與理事的組成情形？

10 CHAPTER 金融監理與存款保險

【本章大綱】

本章内容為金融監理與存款保險，主要介紹金融監理制度、金融監管科技制度、存款保險制度、以及臺灣監理與存款保險制度的運作情形，其内容詳見下表。

節次	節名	主要內容
10-1	金融監理制度	介紹金融監理的目的、方法與制度的分類。
10-2	金融監管科技制度	介紹科技滲入金融所衍生的風險與監管機制。
10-3	臺灣金融監理制度	介紹臺灣負責金融監理的主管機關—金融監督管理委員會的業務、以及金融監理的範圍。
10-4	存款保險制度	介紹存款保險制度的源起與發展、重要性以及保險理賠的方式。
10-5	臺灣存款保險制度	介紹中央存款保險公司的存款保障標的與對象以及金融預警系統。

10-1 金融監理制度

通常颱風要來侵襲家園，氣象局會事前預測颱風的走勢、或預期可能會對哪些地區造成傷害。但近年來的全球所發生的重大金融危機（如：2007-2008 年全球金融危機），卻沒有一個金融預警單位，有辦法事先預測出來；縱使學界與政府花了大把銀子去研究金融危機預警模型、以及實務界的平時金融稽核檢查，也無法做好完善的預防。由此可見要建立一道「有效的」金融危機預防機制，必須規劃好一套完善的金融監理制度，並確實的執行，才能適時的對金融弊端提出警訊。

所謂「金融監理」（Financial Supervision and Management）是指金融主管機關依相關法律執行監督與管理金融體系的權力。其主要目的乃在於健全金融機構的發展、保障存款大眾的權益，確保金融交易的公平、以及維持金融秩序的安定。金融監理體系如同一個防護網，其在「監理機構」、「金融機構」與「投資人」三者互相之間，進行彼此的監理與管制。因此金融監理制度，對於金融市場的健全發展，具有重要的影響性。以下我們將介紹金融監理的方法、目的以及制度的分類。

一、金融監理的目的

金融機構與其他營利事業法人一樣皆從事營利活動，提供服務品質，以追求利潤爲主要目的。但因金融機構以吸收社會大眾存款予以運用，其影響的層面較其他營利事業來得廣。所以政府必須對金融機構實施更爲嚴密監督與管理，才能確保社會大眾的存款安全。政府實施金融監理的最重要目的乃在於「健全金融機構的發展」、「保障存款大眾的權益」，「確保金融交易的公平」、以及「維持金融秩序的安定」。表 10-1 爲實施金融監理制度的目的之說明。

表 10-1 實施金融監理制度的目的

項目	說明
健全金融機構的發展	透過金融監理制度，可以健全銀行的經營業務，防止不法的營業活動，使金融機構朝向穩健的發展。
保障存款大衆的權益	金融監理會依法建立存款保險制度，透過此制度可確立存款人對銀行支付的信心，並進一步保障存款人權益。
確保金融交易的公平	金融監理可以禁止或降低銀行，對內部人或職員進行優惠放款，以確保金融交易的公平性。
維持金融秩序的安定	透過金融監理制度，可以預先糾正有問題的金融機構，此可降低金融危機的發生，使得金融秩序更為穩定。

二、金融監理的方法

通常金融監理方式，除了「主管機關的監理」外，仍可依賴「市場機制的約束」以及「金融機構的自律」。

（一）主管機關的監理

主管機關對的金融機構監理方式，大致可分成「法規管制」、「監督檢查」與「法令處分」這三部分。

1. 法規管制

通常政府對銀行的營業活動，所進行的「金融管制」（Financial Regulation），大致會對銀行的設立標準、股權集中、經營業務範圍以及財務狀況等設定管制的標準，其管制項目的說明，詳見表 10-2 的說明。

表 10-2 主管機關對金融機構進行管制的項目

項目	說明
設立管制	限制最低的設立門檻，以及增設分行的管制。
股權管制	限制單一股東的持股比率，以避免股權過於集中。
業務管制	業務經營必須在主管機關所核准的範圍內（如：轉投資限制）。
財務管制	各種財務比率（如：資本適足率、流動比率等）須達到一定水準之上。

2. 監督檢查

監理機關對平時銀行的監督與檢查，希望透過實地檢查與場外監控，希望能盡早發現銀行的問題，即時解決問題並做好預防措施。監理機關對銀行的督察，通常會使用「CAMELS」[29] 的評鑑分級標準，來對銀行進行評定經營優劣的標準。有關 CAMELS 評鑑的項目與說明，詳見表 10-3 所示。

3. 法令處分

主管機關發現銀行從事違法或不穩健的營業活動時，主管機關必須依法處分，並限期內改善。若無法如期改善，將連續開罰至改善爲止，若情節重大者，可能會撤銷銀行的營業執照。

表 10-3 CAMELS 的評鑑項目與說明

CAMELS 的項目	說明
資本適足性（Capital Adequacy）	主要評估銀行的資本是否足夠應付各種經營風險、以及是否足夠穩健經營發展之所需。
資產品質（Asset Quality）	主要評估銀行的資產品質是否風險太高、放款是否太過集中以及對不良資產的處置能力。

29 評鑑標準除了一般採用 CAMELS 評等分級外，我國央行對金融機構的評鑑標準是採 CARSEL 標準，其評鑑項目如下：1. 資本適足性（Capital Adequacy）、2. 資產品質（Asset Quality）、3. 守法性（Regulations Compliance）、4. 穩定性與經營策略（Strategies and Stability）、5. 獲利能力（Earnings）、6. 流動性（Liquidity）。

CAMELS 的項目	說明
管理能力（Management）	主要評估經營管理者的資歷、決策能力、應變能力以及對內部職員的管理能力。
獲利能力（Earnings）	主要評估銀行的淨獲利能力、資產報酬率、成長性以及未來展望性等因素。
流動性（Liquidity）	主要評估銀行資產的變現性、調度資金的能力以及現金準備部位是否足夠。
市場風險敏感性（Sensitivity to Market Risks）	主要評估銀行的資產，當市場利率、匯率與股價大幅變動或重大危機發生時，銀行對風險的忍受程度與調整速度的能力。

註：CAMELS 的評鑑標準，會將每一項目分成 1 至 5 個等級。第 1 級表示最優，依次順序……，第 5 級表示最劣。等級較差的銀行，會接受監理單位較嚴格與頻繁的監督，直到改善為止；等級較佳的銀行，監理單位就比較不用花太多心力來督察。

（二）市場機制的約束

主管機關會要求金融機構的財務資料、經營狀況與信用評等資訊，須公開揭露給社會大眾所瞭解。藉由資訊的公開，讓社會大眾更清楚銀行的經營優劣情形，提供投資人或存款人是否願意與這些金融機構繼續來往的參考，藉此市場公開資訊揭露的機制對銀行產生約束。

（三）金融機構的自律

金融機構本身可以利用內部控制與稽核的方式、或同業之間的規範，以達到自律的標準。內部控制與稽核可以初步的防止公司內部人的違法，以確保經營的安全；同業之間的規範，可以避免同業的過度競爭，造成彼此的損失，對於金融業務的發展具有正面的幫助。

三、金融監理制度的分類

負責金融監理的主關機關，大致可分爲「單一監理」與「多重監理」兩類。「單一監理制度」是指由單一監理機關來執行所有金融機構的監理工作；「多重監理制度」是指由多個監理機關來執行不同金融機構的監理工作。此兩種制度各有其優缺點，詳見表 10-4 的說明。

表 10-4　金融監理制度的分類與優缺點

制度優缺點項目			說明
單一監理制度	優點	監理權責明確	單一監理機關，權力與責任很明確；不若多重監理機關容易產生監理權之爭或互推責任。
		監理成本降低	各監理機關整合單一化，可以節省人事費用與降低處理監理事務所需成本。
	缺點	監理反應遲緩	由於只有一個監理機關，使得組織系統過於龐大；在處理監理事務上，可能會出現反應遲緩的情形。
		監理權責過大	單一監理機關，容易使得監理權力與責任過於集中；在處理監理事務容易出現舞弊或不客觀的情形。
多重監理制度	優點	監理效率提高	每個監理單位所負責的事務較單一，處理效率會較組織龐大的單一監理機關來得有效率。
		監理權責分散	每個監理單位所負責的事務不同，彼此各司其職，監理權責分散，可以避免單一監理機關權責過大。
	缺點	監理資源浪費	若多個監理單位分工不當，可能會出現重複監理，導致監理資源浪費。
		監理權責不分	若多個監理單位權責分配不當，容易在處理監理事務上，互相推卸責任。

10-2 金融監管科技制度

近年來，全球受惠於網路科技的普及發達，讓「金融科技公司」（FinTechs）及「大型科技公司[30]」（BigTechs）在金融服務市場快速發展，它們涉及支付、存貸款、募資、跨境匯款以及保險等多項金融服務領域。由於它們是跨業經營，所以營業活動可能衍生與洗錢、資助恐怖活動、個資保護以及金融穩定等相關的問題，因此原本針對金融業所設計的金融監理制度可能無法適用它們，所以政府相關單位，必須再建立一套合宜的「金融監管科技」（Regulation Technology；RegTech）制度，簡稱「法遵科技」制度，以明

30 全球大型科技公司，如：谷歌（Google）、臉書（FB）、蘋果（Apple）、亞馬遜（Amazon）、阿里巴巴、騰訊等。

確規範業者的權責，以保護消費者與業者雙方的權益。

以下本節將討論「金融科技公司」與「大型科技公司」的營運活動，所可能帶來的風險、與其如何制定監理它們的機制。

一、科技滲入金融所衍生的風險

近年來，由「金融科技公司」及「大型科技公司」所涉及的金融活動，由於跨業與著重網路的經營，難免對現今的「金融秩序」、「資訊安全」與「客戶保護」造成威脅與風險。以下利用表 10-5 進一步說明其所衍生的風險：

表 10-5 科技滲入金融所衍生的風險

項目		說明
金融秩序	資金不法流動	通常利用網路帳戶進行資金移動，若非實名制或者人頭帳戶都可能會淪為洗錢與資助恐怖活動的管道，並為害金融秩序的穩定。
	虛擬貨幣交易	由於虛擬貨幣的隱蔽性，可能淪為洗錢與詐騙籌資[31]的管道；且過度使用虛擬貨幣當作支付工具，會弱化貨幣政策的傳遞機制。
	金融結構改變	由於具知名度的大型科技公司挾帶龐大的客戶資訊與數據，利用網路低成本的競爭模式，將對傳統金融業的營運造成威脅，且若市佔率過高，造成寡佔，可能會有「太大不能倒[32]」的問題出現。
資訊安全	系統軟體安全	由於利用網路進行金融服務，那科技業者所建構的資訊系統、或網頁介面，可能會被駭客植入病毒、或具侵犯性的程式，導致電腦系統失靈，造成嚴重損失。
	過度信任資訊	由於頻繁的網路流通與交易產生龐雜數據，但這些數據本身可能並不完美，即使完整，也可能使用不合宜的演算法，導致錯誤的結果，所以不要過度信任人工智慧（AI）對大數據所分析的結果。

31 虛擬貨幣的籌資管道，例如：利用「虛擬代幣」（Crypto Token）的發行，以首次公開募資（ICO）的名義對外籌資。通常這些大量 ICO 的籌資專案，並無一個完善的發行機制與標準，所以對出資者而言，容易有被詐騙的風險。

32 「太大不能倒」（too big to fail）的問題，是指規模較大機構一旦出問題，將引爆系統性風險，所以為了讓它不產生危機，只好繼續掩蓋弊端，繼續營業。

項目		說明
客戶保護	客戶隱私保障	若科技公司將客戶在網路留下的個人資料，進行非法使用或不慎外洩，都會造成客戶隱私受到侵犯。
	客戶消費權益	若由科技公司所設置的金融服務平台跟客戶之間發生交易紛爭時，可能會損及消費者權益時，應由何種機制來裁定紛爭，仍有待監理單位來釐清責任與權責歸屬。

二、對科技滲入金融的監管機制

一般而言，「金融科技公司」大都是中小型的新創科技公司，其所提供的金融服務相對傳統金融業的威脅較小，基本上兩者上尚具互補關係，所以只要鬆綁金融法規，並設立一個兼具安全與創意的「監理沙盒」（Regulatory Sandbox）空間，以引導金融科技創新產業的正常發展，就可與現今的傳統金融相輔相成。

通常現今的全球「大型科技公司」，都具高知名度與信賴度，且挾帶著數據分析（Data Analytics）、網路外部性（Network Externalities）與多元化商業活動（Activities）之「DNA」競爭優勢，其所提供的金融服務對傳統金融業的威脅較大，甚至可能重組市場競爭版圖，因此必須對其進行高度的審慎監管，才能維持金融結構的穩定。

由於現今全球對「金融科技公司」的監理，已著墨一陣子，但對「大型科技公司」的監理，仍在積極的摸索著。因此以下本單元將針對兩者的營運活動，所制定的監理機制，分別說明之。

（一）對「金融科技公司」（FinTechs）的監理

由於主導金融科技營運模式的機構，大都是屬於破壞性創新的電商公司。這些新創公司試圖打破以往傳統金融的運作模式，嘗試建立起新的營運規則，但新的嘗試，通常並沒有合宜的法規，給予適切的限制與管理。因此，政府須建立一個安全的實驗空間，讓新創公司可以在裡面盡情的嘗試創新，且暫時不受成熟法規的規範，這個空間就是一般所說的「監理沙盒」。

所謂的「監理沙盒」是指監理單位提供新創公司，一個不受金融法令規範限制的環境，讓這些新創公司，可逕行的發揮其創新的金融營運模式。通常這些新創公司，所開發的金融服務，可以把商品或服務先賣給消費者，並且享有金融相關法規的暫時「責任豁免權」，所以業者可不必擔心新業務或新產品，會觸犯法令或遊走在法規的灰色模糊地帶。

一般而言，最早提出監理沙盒的構想的是英國－金融業務監理局（Financial Conduct Authority），乃於 2016 年 5 月爲了因應金融科技的快速發展，所制定出來的機制。因爲大部分金融科技公司，都屬於破壞式創新的公司，欲嘗試建立新的營運模式，但市場上的法令，並無法提供相對應監管。因此，英國政府率先打造一個安全的環境，讓新創公司可在裡面，盡情的嘗試新服務與產品，並且不受法令的規範。且 2018 年，FCA 進一步打造「全球監理沙盒」，以便於跨國整合測試合作，共同解決跨境洗錢等問題。

全球繼英國之後，自 2016 年 6 月起陸陸續續有許多國家，相繼成立監理沙盒機制，也希望藉由這個制度的建立，以更安全開放的環境，來培植當地的金融科技新創產業。截至 2020 年 3 月，目前全球發展金融監理沙盒的國家已逾 30 個國家。此外，有些國家雖未使用「監理沙盒」這個名詞，卻有類似機制，例如：阿布達比的「金融監理實驗室」。國內也於 2017 年底，設立「金融科技發展與創新實驗條例」，作爲國內版的「監理沙盒」。以下將簡單說明國內的「金融科技發展與創新實驗條例」的實施重點要項。

以下爲國內的「金融科技發展與創新實驗條例」的實施重點要項，詳見表 10-6 之說明。

表 10-6　國內「金融科技發展與創新實驗條例」之重點要項

主管機關	行政院金融監督管理委員會
適用對象	金融與非金融業者皆可提申請
審查條件	審查委員應邀集金融、科技及其他與實驗相關領域之專家、學者、機關（構）代表。外部審查委員人數應佔總數，不高於委員總數 1/2，但不低於 1/3
實驗期間	實驗期間以 1 年為限，可申請延長 1 次、最長 6 個月；若涉及修法，最長可延長至 3 年（全球最長的實驗期）[33]

（二）對「大型科技公司」（BigTechs）的監理

由於大型科技公司運用雲端運算、大數據與人工智慧（AI）等工具，透過多樣化商業活動，且整合客戶資訊流、物流及金流等數據，以提供更低成本、有效率的金融服務。由於這些大型科技公司，具高知名與信賴度，藉由網路無遠弗屆的影響力已讓傳統金融業備感威脅，況且它們的市場規模甚至連國際的大型銀行都仰之彌高，因此具有主導市場的能力，足以顛覆金融穩定，現已引起全球各國金融監理機關的密切關注。

33 英國、新加坡、澳洲的監理沙盒實驗期，大都皆介於 6 ～ 12 個月之間。

由於世界各國的監理單位，對大型科技公司涉及金融事務，都抱著戒愼恐懼的心態，因此都擬採取較高度管制措施，以防止發生金融結構性的改變。至今，全球各國對大型科技公司的所採取的監理措施仍在摸索中，但大都擬採從嚴管制，也仍希望在創新與風險控管之間，取得平衡。現在世界各國對大型科技公司所採取的監理機制，以「反壟斷調查」、「開徵數位稅」、以及「加強管制」等幾項措施。

例如：歐盟曾對大型科技公司（如：Google），以違反「反托拉斯法」（Antitrust Law）祭出重罰，另美國、澳洲及印度等，亦針對大型科技公司展開反壟斷調查，以限制獨佔市場。又如：大型科技公司所提供跨境服務，大都在低稅負國家申報獲利，按現行屬地主義稅制，許多國家無法對其課稅，因此歐盟、英國、法國等國，基於所有企業皆須繳納最低稅負的原則，皆提案課徵「數位稅」，以解決支付稅率過低之問題。

再如：中國政府當局，亦對該國大型科技公司（如：阿里巴巴、騰訊等），其旗下的支付系統（如：支付寶、微信支付）、以及理財業務平台（如：餘額寶、招財寶）等採取高度監管措施。此外，臉書（FB）於 2020 年，本預計要發行虛擬貨幣（Libra）計畫，希望作爲全球支付工具，由於該公司的用戶數逾 20 億，足以影響全世界金融體系，因此現已多國（包括：美國、法國、英國及日本等）的主管機關，都對 Libra 的發行計畫表達反對或警戒的立場，並呼籲應加強對臉書（FB）的管制。

臺灣搶全球第一！基金即時互換金融監理沙盒實驗將推出

臺灣「金融監理沙盒」剛剛核准的「即時基金互換」服務，將在正式投入沙盒實驗，這是一個全球首例的創新試驗，也被外界視為「年底最大亮點」。有買過基金的讀者會知道，現在就算透過手機、數位銀行申購，贖回時一般都需要 3 到 5 個交易日時間，而且交易費也不低，如果想要換購基金，必須先贖回再申購，或是受限同基金公司轉換，耗時又花錢。

遠東銀行旗下的數位銀行 Bankee，將與新創公司好好投資正式展開「即時基金互換」監理沙盒實驗。這項實驗採用區塊鏈做為底層技術，投資人可以將持有的基金，以基金淨值與其他會員做等價即時交換，好處是不必贖回就能換到喜歡的基金，還能省下交易費用，能更彈性的調整投資目標。

實驗將採取會員制，投資人成為會員後，好好投資每月會收取月費，由遠銀負責信託保管基金與現金款項，會從自家上架的基金中，選出 10 到 20 檔參與實驗。月費制跟約 20 檔以內基金可換，會是想參與這個創新沙盒實驗前必須有所認知的。

遠銀數位金融事業群副總戴松志表示，雙方只花一個月就決定合作，最大的亮點是，基金交換服務是全球首例，過去沒有類似的合作案例。未來 Bankee 的目標是打破銀行跟客戶的關係，融入更多的金融產品，把數位銀行變成一個什麼都有的金融百貨。

圖文資料來源：摘錄自數位時代 2019/10/07

【解說】

由國內金融監理單位－金管會，所成立的國內版的「監理沙盒」，近期業者經實驗後，推出「即時基金互換」服務，並為全球首例的創新試驗。投資人只要加入基金互換平台，可以將持有的基金，以基金淨值與其他會員做等價即時交換，好處是不必贖回就能換到喜歡的基金，還能省下交易費用，能更彈性的調整投資目標。

10-3 臺灣的金融監理制度

臺灣現行所採納的金融監理制度爲「單一監理制度」，其監理機關爲 2004 年 7 月所成立的「金融監督管理委員會」（簡稱金管會）。在金管會成立之前，乃採多重監理制度，其監理機關包括中央銀行、財政部金融局等。現行中央銀行僅對金融機構，涉及貨幣、信用、外匯政策與支付系統之業務進行查核或專案檢查。其餘監理工作皆由金管會負責。所以金管會負責個體金融的監理，以保障個別金融機構的健全與安全；央行則負責總體經濟的安定，二者相互合作，金融市場才能穩健發展。以下將介紹金融監督管理委員會的業務、以及金融監理的範圍。

一、行政院金融監督管理委員會

金融監督管理委員會成立宗旨在建立公平、健康、能獲利的金融環境，全面提升金融業競爭力，並包含四項目標：維持金融穩定、落實金融改革、協助產業發展、加強消費者與投資人保護以及金融教育。金管會主要業務分別由銀行局、證券期貨局、保險局與檢查局等四個分局負責，另設金融科技發展與創新中心，協助國內金融科技之發展，分別詳述如下。

（一）銀行局

其主要掌管銀行業與票券業等相關事宜。銀行局主要工作爲健全金融制度，維持金融穩定與創造完善的金融環境，以提升銀行績效與國際競爭力。且加強消費者與投資人保護及教育工作，並在維護國內金融穩定的前提下，循序開放兩岸金融機構從事金融業務往來。

（二）證期局

其主要掌管證券業、期貨業與投信投顧業等相關事宜。證券期貨局主要工作爲維持證券與期貨市場交易秩序、健全相關的法令與制度、推動證券與期貨業的國際化，並加強公開資訊的揭露與對投資人保護及教育工作。

（三）保險局

其主要掌管保險業等相關事宜。保險局主要工作爲強化保險業之社會資本功能，並加強全球金融安全網之建構，進一步提升保險監理國際化之進程。

（四）檢查局

其主要掌管對金融業的監督事宜。檢查局主要工作爲金融檢查制度之建立、金融機構申報報表之稽核，以及處理金融機構內部稽核報告及內部稽核等相關事項，並進行金融檢查資料之蒐集及分析。

（五）金融科技發展與創新中心

其主要掌管金融科技產業等相關事宜。金融科技發展與創新中心爲國內金融科技產業規劃發展政策，並執行金融科技創新實驗園區之監督及管理，以提升金融業務的服務效率及競爭力。

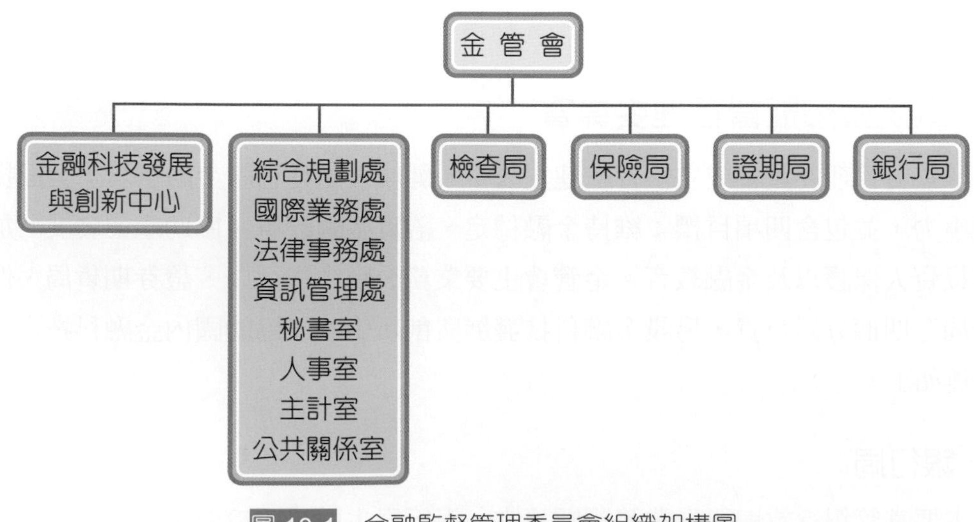

圖 10-1 金融監督管理委員會組織架構圖

二、金融監理的範圍

國內的金融監理事務乃由金管會底下所設的銀行局、證券期貨局、保險局與檢查局等四個分局負責，其受到金融監理制度所管制的金融機構，如表 10-7 所示。

表 10-7 臺灣受到金融監理制度所管制的金融機構

一、依銀行法分類之銀行
1. 商業銀行
2. 專業銀行：包括工業、農業、輸出入、中小企業、不動產、地方性銀行。
3. 外國銀行
4. 信託投資公司
二、依其他法令設置登記之金融及貨幣性機構
1. 金融控股公司
2. 保險機構：包括人壽保險公司、產物保險公司、再保險公司
3. 基層金融機構：包括信用合作社、農會信用部、漁會信用部
4. 郵政儲金匯業局
5. 信用保證基金：包括中小企業信用保證、農業信用保證、華僑信用保證基金
6. 票券公司
7. 信用卡公司
8. 證券公司
9. 期貨公司
10. 投資信託公司
11. 投資顧問公司
12. 電子票證公司
13. 電子支付公司

10-4 存款保險制度

存款人將錢存入存款機構孳息，希望資金能有個穩定安全且收益不錯的儲蓄管道。但近年來金融危機頻傳，導致存款機構嚴重虧損，甚至發生倒閉，使得存款人的權益受到波及。因此對存款人的存款施以保險，確實有其必要性。

所謂的「存款保險制度」（Deposit Insurance）是指存款機構依本身存款數量，向存款保險機構繳交一定存款比例的保險費，當作存款保險準備金；當被保機構發生經營危機或面臨破產倒閉時，由存款保險機構向存款人支付部分或全部的存款，進而保護存款人的權益，並維護銀行信用以及穩定金融秩序。

存款保險制度對於現今金融體系的發展，是一項不可或缺的保障制度。以下將介紹存款保險制度的源起與發展、重要性以及保險理賠的方式。

一、存款保險制度的源起與發展

存款保險制度的起源始於美國，美國於 1930 年代發生經濟大恐慌，在危機的衝擊下，整個銀行體系瀕臨崩潰，全國將近三分之一的銀行倒閉，導致存款人對銀行失去信心，存款資金大量流失，更加重銀行經營上的困難。有鑑於此，美國政府爲了協助銀行對存款資金的保障，於是在 1934 年成立「聯邦存款保險公司」（Federal Deposit Insurance Corporation；FDIC）。美國自從實施存款保險制度以後，存款人對銀行體系逐漸恢復信心，使得金融體系更加的穩定。

日後隨著金融業朝向自由化與國際化的發展，使得金融風險日趨上升。在 1960 年代以後，絕大多數的西方已開發國家，都相繼在本國金融體系中引入存款保險制度，以穩定金融市場。爾後，在 1990 年代，由於全球相繼發生了一系列金融危機（如：1994 年墨西哥匯率崩盤危機、1997 年亞洲金融風暴、1998 年俄羅斯金融危機等），促使更多國家著手建立或改善已有的存款保險制度，使得存款保險制度，已是現代每個國家金融體系內不可或缺的要角。

二、存款保險制度的重要性

存款保險制度對於現在金融體系而言，具有以下三項的重要性。（詳見表 10-8 說明）

表 10-8 存款保險制度的重要性

	說明
保障存戶權益	存款保險公司提供存款戶一定金額的賠償，對存款戶的資金權益提供保障。
維護信用秩序	實施存款保險制度，使得銀行避免被過分提領，而造成信用支付體系崩潰，可以維護金融體系的信用秩序。
健全金融發展	存款保險公司對有問題銀行，須承擔保證支付的責任，可有效防止銀行擠兌的發生和蔓延，促進金融體系的穩定。

三、存款保險的理賠方式

通常存款保險公司會對倒閉銀行的存款戶，提供存款金額的保障。其保障理賠的處理方式，大致可分爲三種方式：（詳見表 10-9 說明）

表 10-9 存款保險公司的保障理賠處理方式

方式	說明
現金賠付法（Payoff Method）	若金融機構無力償還存款人時，存款保險公司以現金或類似方式（如支票），於存款保險保障範圍內，直接賠付存款人的存款。
購買承受法（Purchase & Assumption Method）	存款保險公司在銀行倒閉前，先將有問題的資產與負債清除或提供補貼後，再尋求願意接手的銀行，之後由新接手的銀行賠付存款人所有的存款。
概括承受法（Whole Bank Purchase & Assumption Method）	存款保險公司先尋找新接手銀行，並由新接手的銀行概括承受，倒閉銀行的所有資產與負債，所以新接手的銀行須賠付存款人所有存款。

10-5 臺灣存款保險制度

存款保險制度的起源始於 1934 年的美國，隨後眾多國家紛紛引入於該國的金融體系，而我國於 1970 年代已著手研議要設立存款保險公司，直到 1985 年初國內爆發多家金融機構擠兌事件（如：台北十信、國泰信託投資公司），政府爲使金融穩定與支付系統正常運作，乃於同年 9 月設立「中央存款保險公司」。爾後，中央存款保險公司就擔負起臺灣存款保險制度的重責大任。

中央存款保險公司成立於 1985 年 9 月，初期運作以尊重各金融機構投保意願，乃採「自由投保」方式，並無強制金融機構加入存款保險；但卻造成部分金融機構因未加入存款保險，使得存款人無法受到存款保險之保障。因此爲了保障全體存款人權益，政府於 1999 年底立法通過將存款保險，從「自由投保」改採「全面投保」，且存保公司於 2011 年起規定，每一存款人，在國內同一家要保機構之存款本金及利息之合計，受到最高保額新臺幣 300 萬元之保障，且亦將境內「外幣存款及存款利息」納入存款保險保障範圍，但不包括銀行所設之國際金融業務分行（OBU）收受之存款。所以存保公司幾乎將所有國內存款帳戶，都納入保障範圍。

中央存款保險公司爲了保障國內存款帳戶的安全，除了積極加入國際清算銀行（BIS）之「國際存款保險機構協會（International Association of Deposit Insurers；IADI）」會員，以吸收國外存款保險的經驗；且於國內建立「金融預警系統」，定期評量吸收存款之金融機構之經營良窳，並依據體質優劣，實施「差別費率」承保制度，以讓存款保險制度更加完善。

以下我們將進一步介紹中央存款保險公司的存款保障標的與對象以及金融預警系統。

一、存款保險之標的

依據國內存款保險條例第 12 條規定，現行存款保險標的乃以臺灣境內存款爲保障範圍。（詳見表 10-10 的說明）。

表 10-10 受存款保險保障之標的

受保障之存款
1. 支票存款
2. 活期存款
3. 定期存款
4. 依法律要求存入特定金融機構之轉存款
5. 其他經主管機關核准承保之存款

資料來源：中央存款保險公司

二、存款保險的對象

依我國存款保險條例第 10 條規定，凡經依法核准收受存款、郵政儲金或受託經理具保本保息之代爲確定用途信託資金之金融機構，應向存保公司申請參加存款保險，經存保公司審核許可後爲要保機構。存款保險之對象，大致可分爲下列四大類：（詳見表 10-11 說明）。

表 10-11 存款保險之對象

1. 銀行：本國一般銀行、中小企業銀行、信託投資公司、外國銀行在台分行。
2. 農業金融機構：全國農業金庫、設置信用部之農、漁會。
3. 信用合作社
4. 中華郵政公司

資料來源：中央存款保險公司

此外，表 10-12 爲現行臺灣金融機構參加存款保險概況表，由表 10-12 得知：截至 2020 年 3 月底止，全體收受存款金融機構計 400 家，除了德商－德意志銀行台北分行，已受德國存款保險制度之保障，依法得免參加我國之存款保險外，其餘 399 家金融機構皆已參加存款保險。此外，國內預計陸續營業的 3 家純網路銀行，也都有加入存款保險行列。所以國內近 100% 的金融機構，都已加入中央存款保險的行列。

表 10-12 現行臺灣金融機構參加存款保險概況表

金融機構別		可投保家數	已投保家數
民營金融機構	本國銀行	34	34
	外國及大陸地區銀行在臺分行	29	28
	純網路銀行	3	3
	信用合作社	23	23
	農會信用部	283	283
	漁會信用部	28	28
	小計	400	399

金融機構別		可投保家數	已投保家數
公營金融機構	銀行	2	2
	中華郵政公司	1	1
	小計	3	3
合計		403	402

資料來源：中央存款保險公司

市場焦點

純網銀開張 有中央存款保險

純網銀最快 2020 年第一季就會有一家開幕，民眾把錢存在純網銀一樣受到中央存款保險保障，最高上限 300 萬元。純網銀被歸為銀行類，和一般實體銀行一樣，保險費率為萬分之 5、6、8、11 和 15，五個等級；據了解，純網銀首年度保險費率為萬分之 8，也就是每收到存款 1 萬元，需繳納保費八元。一年之後根據考核積分決定差別費率，如果分數到達標準，費率可以下調，最低至萬分之 5。

存保對要保金融機構提供存款保險，如果有銀行經營不善面臨倒閉，存保對這家銀行每一存款人提供最高額度 300 萬元的保障，包括定存、活存、支票存款等，合計在 300 萬元以內全額保障，投資人不至於因為銀行倒閉而有損失，超過 300 萬元以上部分則不予保障。包括 37 家本國銀行、28 家外商銀行以及信用合作社和農漁會，目前總計 399 家金融機構加入存保，三家純網銀加入之後，加入存保的金融機構將增加為 402 家。

現行存保制度規定，依法核准收受存款、郵政儲金或受託經理具保本保息之代為確定用途信託資金之金融機構，應向存保公司申請參加存款保險；目前保險對象有四大類，銀行、中華郵政公司、信用合作社以及農業金融機構，四類金融機構分別採取不同的差別費率。

圖文資料來源：摘錄自聯合晚報 2019/09/24

【解說】

近期，國內將開設三家純網路銀行，民眾至純網路銀行存款，存款金額一樣跟一般的商業銀行，受到中央存款保險保障，最高上限 300 萬元。目前三家純網銀加入存保之後，則有 402 家金融機構的客戶受到保障。

三、金融預警系統

中央存款保險公司爲了保障國內存款戶的權益安全，必須對吸收存款之金融機構進行監管，於 1993 年建立一套「金融預警系統」（Financial Early Warning System）乃以統計計量方法定期評量金融機構經營優劣之模型，藉以鑑定國內吸收存款金融機構之營運是否健全，並依據評鑑分數之高低，實施「差別費率」制度。以下說明金融預警系統的監理對象以及風險差別費率之評鑑標準。

（一）監理對象

目前中央存款保險公司將在國內吸收存款之金融機構，包括：銀行（本國銀行與外國銀行在台分行）、信用合作社、農漁會信用部等，都須列入金融預警系統之監理對象。

（二）風險差別費率 [34]

風險差別費率評等系統係參酌美國聯邦金融檢查評議委員會之「統一金融機構評等制度」（即 CAMELS Rating 制度），將評估項目分爲資本適足性、資產品質、管理能力、盈利性、流動性、市場風險敏感性及其他等七項，並依各組群金融機構之特性，選出各評估項目之評估指標，各評估指標則依其屬性及重要性給予不同之權數及配分，最後求出個別金融機構之綜合評分，並依綜合評分之高低將金融機構之評等結果分爲 A、B、C、D、E 等五個等級，以判別經營狀況之優劣，以實施差別費率之收費。以下表 10-13 爲風險差別費率評等系統之評等級別與代表之意義。

表 10-13 風險差別費率評等系統之評等級別與代表之意義

級別	級別代表意義
A 級	表示營運狀況健全。
B 級	表示營運狀況尚健全。
C 級	表示營運狀況稍弱，業務經營存有缺失。
D 級	表示業務操作有缺失，須行改善。
E 級	表示業務經營有重大缺失，財務狀況有待積極調整。

34 風險差別費率的說明資料來自於中央存款保險公司。

本章習題

一、選擇題

【基礎題】

1. 下列何者非金融監理的方法？ (A) 主管機關的監理 (B) 市場機制的約束 (C) 金融機構的自律 (D) 政治機制的制衡。
2. 請問現今全球對金融科技產業的監理大都採取何種機制？ (A) 創新育成中心 (B) 創新加速器 (C) 監理沙盒 (D) 創新孵化器。
3. 下列何者非金融監理的目的？ (A) 健全金融機構的發展 (B) 保障放款大眾的權益 (C) 確保金融交易的公平 (D) 維持金融秩序的安定。
4. 原則上，現行臺灣的金融監理制度採用何者？ (A) 單一監理制度 (B) 多重監理制度 (C) 單一監理制度與多重監理制度並行 (D) 以上皆非。
5. 下列對於多重監理制度的敘述何者有誤？ (A) 監理權責較分散 (B) 監理效率較高 (C) 監理權責過大 (D) 會有重複監理情形。
6. 請問臺灣主要對銀行業務的監理單位在何者？ (A) 中央銀行 (B) 金管會 (C) 財政部 (D) 經濟部。
7. 請問現行國內票券公司的監理單位，爲臺灣金管會的哪一個局處理？ (A)銀行局 (B) 證期局 (C) 保險局 (D) 檢查局。
8. 下列何者非國內監理單位所管制的金融機構？ (A) 信託投資公司 (B) 租賃公司 (C) 保險公司 (D) 信用卡公司。
9. 請問存款保險制度的起源始於哪個國家？ (A) 英國 (B) 德國 (C) 日本 (D) 美國。
10. 下列何者非存款保險公司對倒閉銀行的處理方法？ (A) 現金賠付法 (B) 購買承受法 (C) 資產負債相抵法 (D) 概括承受法。
11. 請問美國的存款保險由何者負責？ (A)Fed (B)FDIC (C)FOMC (D)ECB。
12. 請問我國的存款保險由何者負責？ (A) 中央銀行存保單位 (B) 中央存款保險公司 (C) 財政部存保局 (D) 國庫署。
13. 請問臺灣現行對存款人的存款保障額度爲何？ (A) 新台幣 100 萬 (B) 新台幣 300 萬 (C) 新台幣 500 萬 (D) 新台幣 1,000 萬。

14. 下列何種存款非國內存款保險的標的項目？ (A) 支票存款 (B) 活期存款 (C) 定期存款 (D) 可轉讓定存單。

15. 下列何者非中央存款保險公司的保險對象？ (A) 信託投資公司 (B) 中華郵政公司 (C) 農會信用部 (D) 票券金融公司。

【進階題】

16. 下列對敘述何者有誤？ (A) 金融監理可以透過市場機制的約束而達成 (B) 國內現行對金融科技公司的監理單位為行政院金管會 (C) 國內負責金融預警指標建構的單位為中央存款保險公司 (D) 通常多重監理制度的監理成本較單一監理制度低。

17. 下列對於金融監理制度的敘述何者有誤？ (A) 單一監理較多重監理制度的監理成本低 (B) 通常多重監理制度的監理反應較單一制度慢 (C) 多重監理制度容易出現權責不分的情形 (D) 通常多重監理制度的監理權責較單一監理制度分散。

18. 下列對存款保險制度的敘述何者正確？ (A) 英國是最早推出存款保險制度的國家 (B) 在國內票券的交易，亦在存款保險保障內 (C) 臺灣的存款保險機構為中央銀行 (D) 在國內存在農會信用部的資金，亦在存款保險保障內。

【國考題】

19. 有關評估銀行財務狀況的 CAMELS 分級標準，下列何者非屬之？ (A) 獲利能力 (B) 負債比率 (C) 資產品質 (D) 市場風險敏感性。 （2011 三信銀）

20. 下列何者不是「存款保險公司」的角色之一？ (A) 存款的保障者 (B) 銀行的監視者 (C) 銀行危機的預警者及處理者 (D) 銀行的銀行。 （2011 初等考）

21. 目前中央存款保險對於存款保險的最高保額為新臺幣 300 萬元，最高保額是指每一存款人，在國內同一家要保機構存款之本金及利息受到存款保險保障的最高額度，下列何者不是受保障範圍之存款？ (A) 可轉讓定期存單支票存款 (B) 支票存款 (C) 活期存款 (D) 定期存款。 （2012 農業金庫）

22. 下列何者不是銀行的監理機關？ (A) 中央銀行 (B) 中央存款保險公司 (C) 行政院內政部 (D) 金融監督管理委員會。 （2012 農業金庫）

23. 評價銀行財務表現有所謂的 CAMELS 標準，何種指標可用於代表當中的「E」？ (A) 流動比率 (B) 資本適足率 (C) 每股盈餘 (D) 逾放比。 （2013 初等考）

24. 下列有關臺灣現階段的存款保險制度，何者錯誤？ (A) 強制參加存款保險 (B) 存款保險採取差別費率 (C) 存款保障金額無上限 (D) 中央存款保險公司是主要存款保險負責機構。 （2013 初等考）
25. 評估銀行財務狀況的金融檢查常採用 CAMELS 分級標準，其中 S 是指 (A) 資產品質 (B) 市場風險敏感性 (C) 管理能力 (D) 流動性。 （2014 初等考）
26. 於存款保險制度，下列何者不是存款保險公司處理倒閉銀行的方法？ (A) 現金理賠法 (B) 購買承受法 (C) 概括承受法 (D) 直接經營法。 （2017 初等考）
27. 我國目前金融監理之主要機關爲： (A) 經濟部 (B) 財政部 (C) 中央銀行 (D) 行政院金融監督管理委員會。 （2017 初等考）
28. 目前負責臺灣金融預警系統之建置、維護和計算金融預警指標的機構是： (A) 中央銀行 (B) 中央存款保險股份有限公司 (C) 金融監督管理委員會 (D) 財政部。 （2019 初等考）

二、簡答與計算題

【基礎題】

1. 何謂金融監理？
2. 請問金融監理制度的目的爲何？
3. 請問通常金融監理的方法有哪三種？
4. 請問 CAMELS 的評鑑項目有哪些？
5. 請問臺灣的主要金融監理單位爲何？
6. 請問存款保險制度的重要性爲何？
7. 請問美國的存款保險制度的主管單位爲何？成立於何時？
8. 請問臺灣存款保險制度的主管單位爲何？負責金融預警指標建構的單位爲何？
9. 請問臺灣現行中央存款保險公司對存款戶的存款保障最高額度爲何？
10. 請問存款保險公司的保障理賠處理方式有哪三種？

【進階題】

11. 下列各金融機構哪些須受到金融監理制度所管制？哪些須參加存款保險制度？
A. 中小企業銀行、B. 農漁會信用部、C. 票券公司、D. 信用合作社、E. 租賃公司
F. 中華郵政公司、G. 信用卡公司、H. 信用保證基金
12. 請敘述單一金融監理制度與多重金融監理制度之優缺點？

第 4 篇

貨幣供給與需求

一個經濟體系內貨幣供給與需求的多寡，會影響整個經濟體系內的各項活動與物價水準。因此中央銀行須對經濟體系內的貨幣供需情形，瞭若指掌，以期達到經濟穩定發展與物價平穩之情勢。本篇包含 3 大章，主要介紹存款貨幣是被如何創造出來的、以及貨幣供給與需求的運作過程。希望藉由此介紹讓讀者了解貨幣的供需，對經濟發展的重要性。

11 CHAPTER 存款貨幣

【本章大綱】

本章內容為存款貨幣，主要介紹存款貨幣如何被創造、以及存款貨幣的乘數效果等內容，其內容詳見下表。

節次	節名	主要內容
11-1	存款貨幣的創造	介紹存款貨幣的創造過程與創造來源。
11-2	存款貨幣的乘數效果	介紹原始存款與引申存款的乘數效果。

11-1 存款貨幣的創造

假設在生活中，汽車廠商生產出 1,000 部汽車，經過新車的買賣，人們的使用後，再流二手車市場的買賣，經過一段時間後（假設這些汽車並沒有耗損），這些汽車在社會中的數量仍然維持 1,000 部。但如果這個商品是 1,000 元的貨幣，經過人們透過銀行的存款放款系統的存入、借出、再存入、再借出的運作過程，將會使原來的那筆 1,000 元貨幣創造出許多種用途，也使得 1,000 元的貨幣變成數倍的「存款貨幣」（Deposit Money），增加了整個經濟體系裡的貨幣供給數量，所以存款貨幣是可以被創造出來的。以下我們將介紹存款貨幣的創造過程與來源。

一、存款貨幣的創造過程

「存款貨幣的創造」是指一筆原始貨幣，經過銀行存放機制的運作後，能夠變成數倍於自己的存款貨幣，流通於市面上。那一筆原始貨幣是如何被創造出來的？那又如何創造出數倍的存款貨幣呢？以下舉一簡例說明之，簡例示意圖，請參閱圖 11-1。假設 A 將 1,000 元的資金存入銀行，B 向銀行借出 1,000 元後，去向 C 買 1,000 元的商品，C 獲取 1,000 元後再存入銀行；D 再向銀行借出 1,000 元後，去向 E 買 1,000 元的商品，E 獲取 1,000 元後再存入銀行；F 再向銀行借出 1,000 元後，去向 G 買 1,000 元的商品，G 獲取 1,000 元後再存入銀行；……這筆資金依此模式不斷的存入再借出，只要中間過程沒有被消耗，這筆 1,000 元的資金會被創造出許多用途，也可以創造出無限量的存款貨幣出來，此模式就是存款貨幣的創造過程。

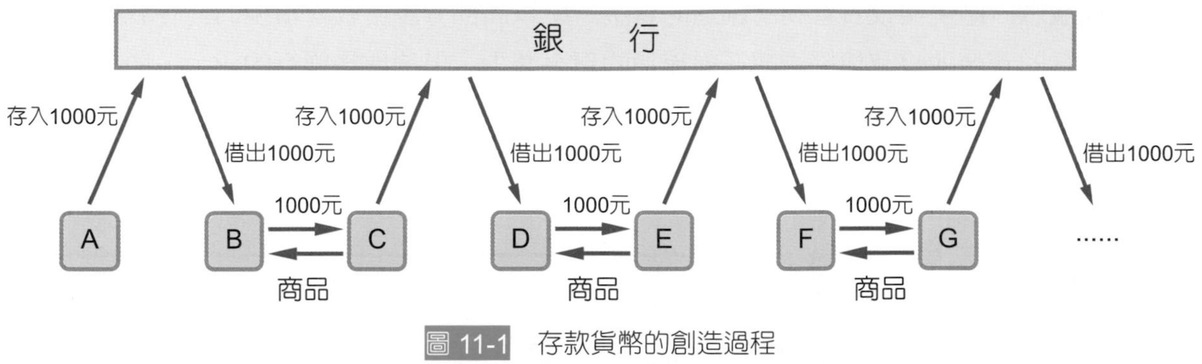

圖 11-1　存款貨幣的創造過程

二、存款貨幣的來源

上述中銀行藉由一筆資金，透過不斷的存款與放款創造出所謂的存款貨幣。那銀行要創造存款貨幣的資金，通常可經由兩種存款途徑來獲取，分別爲「原始存款」與「引申存款」兩種。有關兩者的比較，如表 11-1 之說明。

表 11-1　原始存款與引申存款比較表

	原始存款	引申存款
資金來源	顧客被動的存款資金	銀行主動利用放款、投資所得資金
主被動性	消極性存款貨幣	積極性存款貨幣
貨幣供給	不會立即增加貨幣供給量	會立即增加貨幣供給量增加
乘數效果	較小	較大

（一）原始存款

原始存款（Primary Deposits）是指顧客將現金或銀行支票存入銀行，以換取可以隨時動用或移轉給他人的資金。通常此部分的資金，是銀行被動的等待客戶上門的存款資金，所以此部分屬於較「消極的」存款貨幣。原始存款的資金會減少經濟體系內流通的現金，但卻也同步同額的增加銀行的存款，所以並不會影響整個經濟體系內的貨幣供給量，且其貨幣的乘數效果較小。

（二）引申存款

引申存款（Derivative Deposits）是指銀行向中央銀行融資、或本身透過放款、貼現與投資後所得到的資金。通常此部分的資金，是銀行主動積極的向央行借入資金、或透過各種放款、貼現與投資營利所創造的資金，所以此部分屬於較「積極的」存款貨幣。引申存款的資金並沒有使經濟體系內流通的現金減少，但卻增加銀行的資金，所以會使整個經濟體系內的貨幣供給量增加，且其貨幣的乘數效果較大。

市場焦點

【加密貨幣】Libra 必須納入央行監管框架

Facebook 擬推出的加密貨幣 Libra 繼續受到全球關注，繼美國眾議員要求該公司「立即停止」Libra 計劃、英國金融市場監管機構「金融行為監管局」表示 Libra 計劃不可能輕鬆獲得批准後，人行亦加入關注行列。

圖片來源：路透社

中國人民銀行支付司稱，Libra 必須納入央行的監管框架，防止出現壟斷，尤其是網絡效應產生的贏者通吃問題。而 Libra 若獲得廣泛應用，有些交易就會用 Libra 定價，與之相關的賒銷、貿易融資、消費信貸也會用 Libra，從而進入信貸市場，用 Libra 發放貸款，需要有機構精細測算並控制貨幣乘數來確定等值儲備量，而能公正測算的只有央行類機構。

除此之外，Libra 不與單一貨幣掛鉤，盯住的是一籃子貨幣，亦會產生匯率套利問題；而 Libra 協會授權經銷商能夠利用市場做市商地位進行價差套利賺錢，但沒有說明在市場流動性不好的時候，這些經銷商有沒有平滑市場流動性的責任，引致第三方做市風險。

文資料來源：摘錄自明報財經 2019/07/09

【解說】

關於 FB 要發行虛擬貨幣 Libra 計劃，全球各界吵的沸沸揚揚，各國央行們大都持反對立場，但也激勵各國央行發行 CBDC 的腳步。全球反對的主因是 FB 的全球會員超過 20 億人，且 Libra 發行是採擔保資產當儲備，所以具「穩定幣」之特質。若將來 FB 自己當起銀行來，提供 Libra 可進行借貸，那就會有「貨幣乘數效果」出現，這一定會影響各國央行的貨幣政策。

11-2 存款貨幣的乘數效果

在圖 11-1 存款貨幣的創造過程說明中，只要貨幣中間的流通過程沒有被消耗，不斷的經過存款放款的運作，那存款貨幣會被無限的創造出來。但現實的生活中，銀行會被央行規定每筆存款，須保留部分比例的準備金下來，當作流動準備使用，剩下的資金才能拿去放款；此外，銀行除了保留「法定準備金」外，尚可能多保留一些「超額準備金」，這也會影響銀行的放款資金；再者，人們向銀行借出錢後，經過工商交易活動之後，再回存的資金，可能已不是原來貸款出來的金額，有可能減少了一些，所以存款戶的「現金保留率」，也會影響銀行再放款的金額。

因此在計算存款貨幣的創造，必須考慮銀行的「法定準備率」、「超額準備率」與客戶的「現金保留率」的影響。以下本文將針對銀行兩種資金管道，其一爲來自央行的借款，此屬於引申存款；另一爲來自客戶的存款，此屬於原始存款；進行存款貨幣創造的過程與所產生的貨幣乘數（Money Multiplier；m）效果說明。

一、資金來自央行的借款（引申存款）

（一）只考慮「法定準備率」的影響

若假設銀行向央行融通的資金爲 D，考慮銀行法定存款準備率爲 r。存款貨幣創造的過程與所產生的乘數效果說明如下：

此資金不是客戶存入，所以不用提存準備金，可以一開始就全部貸放出去資金 D；客戶又將資金 D 全數存入，此時銀行須保留部分法定準備率 r 的資金後，其餘資金 $D(1-r)$ 可以貸放出去；客戶又將資金 $D(1-r)$ 全數存入，銀行再保留部分法定準備率 r 的資金後，其餘資金 $D(1-r)^2$ 可以貸放出去；這筆資金依此模式不斷的存入再貸放出去。其資金所產生的貨幣乘數效果，如圖 11-2 所示。其乘數效果的計算式[35]，如式 11-1 所示。

$$\begin{aligned} M &= D + D(1-r) + D(1-r)^2 + \cdots \\ &= D[1 + (1-r) + (1-r)^2 + \cdots] \qquad (11\text{-}1) \\ &= D \times \frac{1}{1-(1-r)} = D \times \frac{1}{r} = m \times D \end{aligned}$$

35 計算式 11-1 ～ 11-6，我們都須運用無窮等比級數之觀念，$1 + X + X^2 + \cdots = \frac{1}{1-X}$，$0 < X < 1$。

其中，11-1 式的 m 爲資金來自央行借款，只考慮「法定準備率」的貨幣乘數。

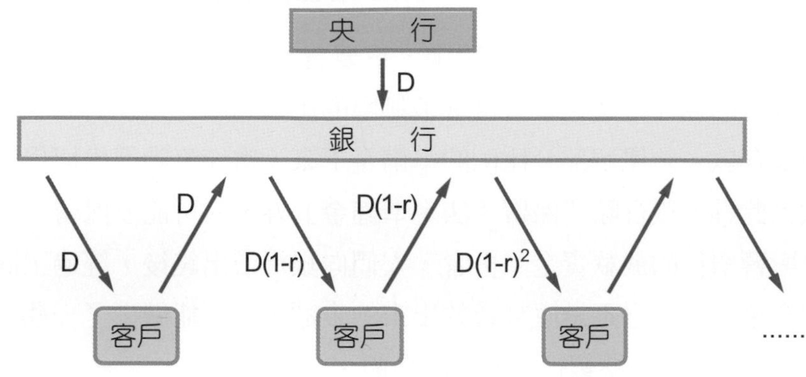

圖 11-2　資金來自央行借款，只考慮「法定準備率」的乘數效果

（二）考慮「法定準備率」與「超額準備率」的影響

若假設銀行向央行融通的資金爲 D，考慮銀行法定存款準備率爲 r，超額準備率爲 v。存款貨幣創造的過程與所產生的乘數效果說明如下：

此資金不是客戶存入，所以不用提存準備金，可以一開始就全部貸放出去資金 D；客戶又將資金 D 全數存入，此時銀行須保留部分法定準備率 r、與超額準備率 v 的資金後，其餘資金 $D(1-r-v)$ 可以貸放出去；客戶又將資金 $D(1-r-v)$ 全數存入，銀行再保留部分法定準備率 r、與超額準備率 v 的資金後，其餘資金 $D(1-r-v)^2$ 可以貸放出去；……這筆資金依此模式不斷的存入再貸放出去。其資金所產生的貨幣乘數效果，如圖 11-3 所示。其乘數效果的計算式，如式 11-2 所示。

$$
\begin{aligned}
M &= D + D(1-r-v) + D(1-r-v)^2 + \cdots \\
&= D\,[\,1 + (1-r-v) + (1-r-v)^2 + \cdots] \\
&= D \times \frac{1}{1-(1-r-v)} = m \times D
\end{aligned}
\qquad (11\text{-}2)
$$

其中，11-2 式的 m 爲資金來自央行借款，只考慮法定準備率與超額準備率的貨幣乘數。

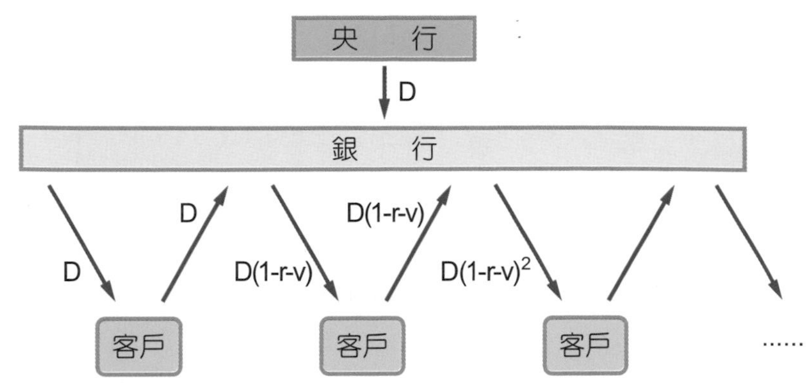

圖 11-3　資金來自央行借款，考慮「法定準備率」與「超額準備率」的乘數效果

（三）考慮「法定準備率」、「超額準備率」與「現金保留率」的影響

若假設銀行向央行融通的資金爲 D，考慮銀行法定存款準備率爲 r，超額準備率爲 v，客戶現金保留率爲 f。存款貨幣創造的過程與所產生的乘數效果說明如下：

此資金不是客戶存入，所以不用提存準備金，可以一開始就全部貸放出去資金 D；客戶保留部分現金比率 f 後，將資金 $D(1-f)$ 存入，此時銀行須保留部分法定準備率 r、與超額準備率 v 的資金後，其餘資金 $D(1-f)(1-r-v)$ 可以貸放出去；客戶保留部分現金比率 f 後，將資金 $D(1-f)^2(1-r-v)$ 存入，銀行再保留部分法定準備率 r、與超額準備率 v 的資金後，其餘資金 $D(1-f)^2(1-r-v)^2$ 可以貸放出去；……這筆資金依此模式不斷的存入再貸放出去。其資金所產生的貨幣乘數效果，如圖 11-4 所示。其乘數效果的計算式，如式 11-3 所示。

$$
\begin{aligned}
M &= D + D(1-f)(1-r-v) + D(1-f)^2(1-r-v)^2 \cdots \\
&= D[1 + (1-f)(1-r-v) + (1-f)^2(1-r-v)^2 \cdots] \qquad (11\text{-}3) \\
&= D \times \frac{1}{1-(1-f)(1-r-v)} = m \times D
\end{aligned}
$$

其中，11-3 式的 m 爲資金來自央行借款，考慮「法定準備率」、「超額準備率」與「現金保留率」的貨幣乘數。

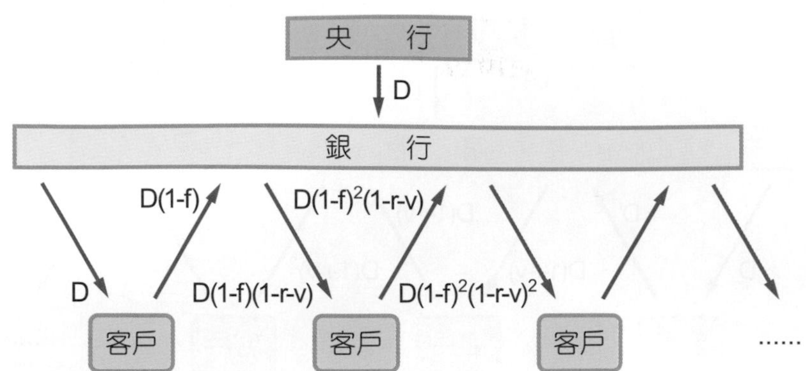

圖 11-4 資金來自央行借款，考慮「法定準備率」、「超額準備率」與「現金保留率」的乘數效果

例 11-1

【引申存款的乘數倍數】

如果 A 銀行向中央銀行，融通一筆資金，其中，銀行法定準備率為 8%，銀行超額準備率為 2%，客戶現金保留率為 5%。請問在以下三種情形限制下，貨幣乘數為幾倍？

(1) 考慮「法定準備率」的影響

(2) 考慮「法定準備率」與「超額準備率」的影響

(3) 考慮「法定準備率」、「超額準備率」與「現金保留率」的影響

解

(1) 考慮法定準備率 8%

$$m=\frac{1}{1-(1-r)}=\frac{1}{8\%}=12.5$$

(2) 考慮法定準備率 8%、超額準備率 2%

$$m=\times\frac{1}{1-(1-r-v)}=\frac{1}{1-(1-8\%-2\%)}=10$$

(3) 考慮法定準備率為 8%、超額準備率為 2%、現金保留率為 5%

$$m=\frac{1}{1-(1-f)(1-r-v)}=\frac{1}{1-(1-5\%)(1-8\%-2\%)}=6.89$$

二、資金來自客戶的存款（原始存款）

（一）只考慮「法定準備率」的影響

若假設客戶存入原始存款資金爲 D，考慮銀行法定存款準備率爲 r。存款貨幣創造的過程與所產生的乘數效果說明如下：

此資金是客戶所存入的原始存款 D，所以必須提存準備金，此時銀行須保留部分法定準備率 r 後，貸放出去資金 $D(1-r)$；客戶又將資金 $D(1-r)$ 全數存入，銀行又保留部分法定準備率 r 的資金後，其餘資金 $D(1-r)^2$ 可以貸放出去；客戶又將資金 $D(1-r)^2$ 全數存入，銀行再保留部分法定準備率 r 的資金後，其餘資金 $D(1-r)^3$ 可以貸放出去；這筆資金依此模式不斷的存入再貸放出去。其資金所產生的貨幣乘數效果，如圖 11-5 所示。其乘數效果的計算式，如式 11-4 所示。

$$
\begin{aligned}
M &= D(1-r)+D(1-r)^2+D(1-r)^3\cdots \\
&= D(1-r)\left[1+(1-r)+(1-r)^2+\cdots\right] \qquad (11\text{-}4) \\
&= D\times\frac{1-r}{1-(1-r)} = m\times D
\end{aligned}
$$

其中，11-4 式的 m 為資金來自客戶原始存款，只考慮「法定準備率」的貨幣乘數。

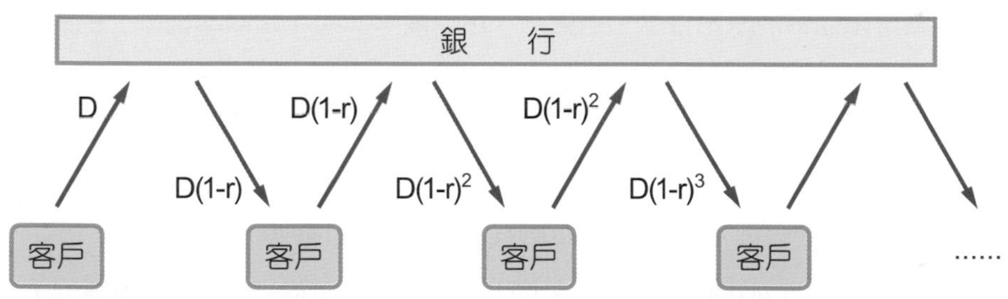

圖 11-5 資金來自客戶原始存款，只考慮「法定準備率」的乘數效果

（二）考慮「法定準備率」與「超額準備率」的影響

若假設客戶存入原始存款資金為 D，考慮銀行法定存款準備率為 r，超額準備率為 v。存款貨幣創造的過程與所產生的乘數效果說明如下：

此資金是客戶所存入的原始存款 D，所以必須提存準備金，此時銀行須保留部分法定準備率與超額準備率 v 的資金 r 後，貸放出去資金 $D(1-r-v)$；客戶又將資金 $D(1-r-v)$ 全數存入，銀行又保留部分法定準備率 r、與超額準備率 v 的資金後，其餘資金 $D(1-r-v)^2$ 可以貸放出去；客戶又將資金 $D(1-r-v)^2$ 全數存入，銀行再保留部分法定準備率 r、與超額準備率 v 的資金後，其餘資金 $D(1-r-v)^3$ 可以貸放出去；這筆資金依此模式不斷的存入再貸放出去。其資金所產生的貨幣乘數效果，如圖 11-6 所示。其乘數效果的計算式，如式 11-5 所示。

$$
\begin{aligned}
M &= D(1-r-v) + D(1-r-v)^2 + D(1-r-v)^3 \cdots \\
&= D(1-r-v)\,[\,1 + (1-r-v) + (1-r-v)^2 + \cdots] \qquad (11\text{-}5) \\
&= D \times \frac{1-r-v}{1-(1-r-v)} = m \times D
\end{aligned}
$$

其中，11-5 式的 m 爲資金來自客戶原始存款，只考慮「法定準備率」與「超額準備率」的貨幣乘數。

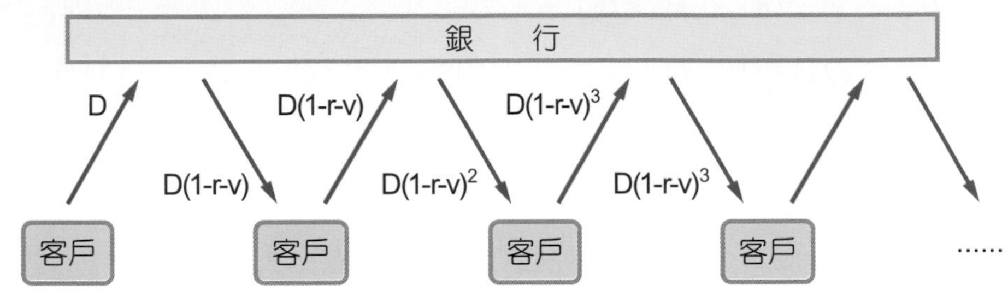

圖 11-6 資金來自客戶原始存款，考慮法「定準備率」與「超額準備率」的乘數效果

（三）考慮「法定準備率」、「超額準備率」與「現金保留率」的影響

若假設客戶存入原始存款資金爲 D，考慮銀行法定存款準備率爲 r，超額準備率爲 v，客戶現金保留率爲 f。存款貨幣創造的過程與所產生的乘數效果說明如下：

此資金是客戶所存入的原始存款 D，所以必須提存準備金，此時銀行須保留部分法定準備率與超額準備率 v 的資金 r 後，貸放出去資金 $D(1-r-v)$；客戶保留部分現金比率 f 後，將資金 $D(1-r-v)(1-f)$ 存入，銀行又保留部分法定準備率 r、與超額準備率 v 的資金後，其餘資金 $D(1-r-v)^2(1-f)$ 可以貸放出去；客戶又保留部分現金比率 f 後，將資金 $D(1-r-v)^2(1-f)^2$ 存入，銀行再保留部分法定準備率 r、與超額準備率 v 的資金後，其餘資金 $D(1-r-v)^3(1-f)^2$ 可以貸放出去；這筆資金依此模式不斷的存入再貸放出去。其資金所產生的貨幣乘數效果，如圖 11-7 所示。其乘數效果的計算式，如式 11-6 所示。

$$
\begin{aligned}
M &= D(1-r-v) + D(1-r-v)^2(1-f) + D(1-r-v)^3(1-f)^2 + \cdots \\
&= D(1-r-v)\,[\,1 + (1-r-v)(1-f) + (1-r-v)^2(1-f)^2 + \cdots] \\
&= D \times \frac{1-r-v}{1-(1-r-v)(1-f)} = m \times D \qquad (11\text{-}6)
\end{aligned}
$$

其中，11-6 式的 m 爲資金來自客戶原始存款，考慮「法定準備率」、「超額準備率」與「現金保留率」的貨幣乘數。

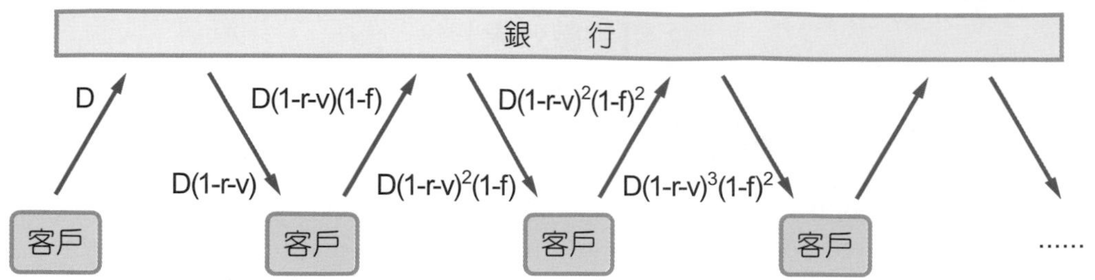

圖 11-7　資金來自央行，考慮「法定準備率」、「超額準備率」與「現金保留率」的乘數效果

表 11-2　各種資金來源與限制條件下的貨幣乘數效果整理表

	資金來自央行借款（引申存款）	資金來自客戶存款（原始存款）
考慮「法定準備率」	$M=D\times\frac{1}{1-(1-r)}=D\times\frac{1}{r}$	$M=D\times\frac{1-r}{1-(1-r)}$
考慮「法定準備率」 「超額準備率」	$M=D\times\frac{1}{1-(1-r-v)}$	$M=D\times\frac{1-r-v}{1-(1-r-v)}$
考慮「法定準備率」 「超額準備率」 「現金保留率」	$M=D\times\frac{1}{1-(1-f)(1-r-v)}$	$M=D\times\frac{1-r-v}{1-(1-r-v)(1-f)}$

註：M 為貨幣供給額，D 為存款，r 為法定準備率，v 為超額準備率，f 為現金保留率

例 11-2

【原始存款的乘數倍數】

如果某客戶存入一筆資金至銀行，其中，銀行法定準備率為 8%，銀行超額準備率為 2%，客戶現金保留率為 5%。請問在以下三種情形限制下，貨幣乘數為幾倍？

(1) 考慮「法定準備率」的影響

(2) 考慮「法定準備率」與「超額準備率」的影響

(3) 考慮「法定準備率」、「超額準備率」與「現金保留率」的影響

解

(1) 考慮法定準備率為 8%

$$m=\frac{1-r}{1-(1-r)}=\frac{1-8\%}{1-(1-8\%)}=11.5$$

(2) 考慮法定準備率為 8%、超額準備率為 2%

$$m=\frac{1-r-v}{1-(1-r-v)}=\frac{1-8\%-2\%}{1-(1-8\%-2\%)}=9$$

(3) 考慮法定準備率為 8%、超額準備率為 2%、現金保留率為 5%

$$m=\frac{1-r-v}{1-(1-r-v)(1-f)}=\frac{1-8\%-2\%}{1-(1-8\%-2\%)(1-5\%)}=6.21$$

例 11-3

【乘數效果】

請計算下列兩種資金來源與限制條件下的貨幣供給額，其中，銀行法定準備率為 10%，銀行超額準備率為 5%，客戶現金保留率為 3%。

1. 銀行向央行融通 1,000 元	2. 客戶存入 1,000 元原始存款入銀行
(1) 考慮「法定準備率」	
(2) 考慮「法定準備率」、「超額準備率」	
(3) 考慮「法定準備率」、「超額準備率」、「現金保留率」	

解

1. 銀行向央行融通 1,000 元

(1) 考慮法定準備率 r 為 10%

$$M = D \times \frac{1}{1-(1-r)} = D \times \frac{1}{r} = 1{,}000 \times \frac{1}{10\%} = 10{,}000$$

(2) 考慮法定準備率 r 為 10%、超額準備率 v 為 5%

$$M = D \times \frac{1}{1-(1-r-v)} = 1{,}000 \times \frac{1}{1-(1-10\%-5\%)} = 6{,}666.67$$

(3) 考慮法定準備率 r 為 10%、超額準備率 v 為 5%、現金保留率 f 為 3%

$$M = D \times \frac{1}{1-(1-f)(1-r-v)} = 1{,}000 \times \frac{1}{1-(1-3\%)(1-10\%-5\%)} = 5{,}698$$

2. 客戶存入 1,000 元原始存款入銀行

(1) 考慮法定準備率 r 為 10%

$$M = D \times \frac{1-r}{1-(1-r)} = 1{,}000 \times \frac{1-10\%}{1-(1-10\%)} = 9{,}000$$

(2) 考慮法定準備率 r 為 10%、超額準備率 v 為 5%

$$M = D \times \frac{1-r-v}{1-(1-r-v)} = 1{,}000 \times \frac{1-10\%-5\%}{1-(1-10\%-5\%)} = 5{,}666.67$$

(3) 考慮法定準備率 r 為 10%、超額準備率 v 為 5%、現金保留率 f 為 3%

$$M = D \times \frac{1-r-v}{1-(1-r-v)(1-f)} = 1{,}000 \times \frac{1-10\%-5\%}{1-(1-10\%-5\%)(1-3\%)}$$

$$= 4{,}843.30$$

貨幣與生活

餿水油回收重製 VS 存款貨幣的乘數效果

圖片來源：三立新聞網

臺灣於 2014 年底黑心油事件爆發，食安問題搞得沸沸揚揚，但我們食用的油安全了嗎？從事廢油回收的業者認為，餿水油好做又好賺，儘管環保署推出廢食用油回收新制，餿水油仍然到處流竄，食安風暴似乎還未結束。

小蜜蜂不收花蜜、收廢油

小蜜蜂通常將回收廢油後交給飼料廠，張姓小蜜蜂說，之前會發生食安問題，就是有人與飼料廠合作，低價收購這些餿水油拿來交給食品公司，再去精煉後當食用油。所以市場上就有不斷將油回收後再使用的問題。

文資料來源：部分摘錄自三立新聞網 2015/01/21

【解說】

一套原始正常的油脂提煉後，經販售被使用後，變成廢油後；又被回收後，再精煉成重製油，再經販售被使用後，再變成廢油後；又被回收後，再精煉成重製油，……一直循環下去，直到那一套原始正常油，由於中間回收再精煉產生耗損至無為止。但這套原始正常油脂經過幾次的再回收再銷售，也產生好幾次用途。

此現象如同：一套原始資金，經銀行的存款放款系統的存入、借出、再存入、再借出的運作過程，由於銀行準備金制度與民眾的保留現金的情形，最後也使得貨幣的創造收斂至零為止。但這套原始正常資金經過幾次的存放，也產生好幾次用途。

且一套資金經銀行存放之後，被人們使用後產生了許多存款貨幣放在銀行裡；同樣的一套油脂經回收再精練後，被人們吃了後，產生了許多致癌物累積在人體裡。所以餿水油回收重製現象，是不是跟存款貨幣的經過存放之後，所產生的乘數效果很像啊。

一、選擇題

【基礎題】

1. 客戶以現金或票據存入銀行，此存款稱爲何？ (A) 原始存款 (B) 轉帳存款 (C) 引申存款 (D) 貨幣存款。
2. 由銀行放款或投資轉存的存款，此存款稱爲何？ (A) 原始存款 (B) 轉帳存款 (C) 引申存款 (D) 貨幣存款。
3. 下列對於原始存款敘述何者有誤？ (A) 屬於積極性存款貨幣 (B) 不會經濟體系內的貨幣供給量 (C) 客戶將原始現金存入銀行的存款 (D) 會同步同額的增加銀行的存款。
4. 下列何項不屬於銀行的引申存款？ (A) 銀行向央行融資 (B) 客戶存入銀行的定存 (C) 銀行投資債券所得利息收入 (D) 銀行去拆款市場拆借資金。
5. 下列何項不會影響存款貨幣的創造？ (A) 銀行法定準備率 (B) 銀行存款利率 (C) 客戶現金保留率 (D) 銀行超額準備率。
6. 下列何項是銀行可以自主影響存款貨幣的創造？ (A) 銀行法定準備率 (B) 銀行存款利率 (C) 客戶現金保留率 (D) 銀行超額準備率。
7. 如果一筆引申存款，現在銀行的法定準備率爲 10%，請問貨幣乘數爲幾倍？ (A)1 倍 (B)3 倍 (C)9 倍 (D)10 倍。
8. 若某銀行向中央銀行融通一筆資金，考慮銀行法定準備率爲 12%，銀行超額準備率爲 3%，客戶現金保留率爲 5%，請問貨幣乘數爲幾倍？ (A)4.89 倍 (B)5.19 倍 (C)6.09 倍 (D)9.09 倍。
9. 若銀行增加一筆原始存款，現在銀行的法定準備率爲 10%，請問貨幣乘數爲幾倍？ (A)1 倍 (B)3 倍 (C)9 倍 (D)10 倍。
10. 若銀行增加 1000 元的現金存款，考慮銀行法定準備率爲 12%，銀行超額準備率爲 3%，客戶現金保留率爲 5%，請問貨幣供給額爲何？ (A)4,415 元 (B)5,666 元 (C)6,333 元 (D)9,500 元。
11. 央行調高銀行準備率，將使貨幣乘數如何變動？ (A) 增加 (B) 減少 (C) 不變 (D) 不一定。

12. 客戶減少現金保留率，將使貨幣乘數如何變動？ (A) 增加 (B) 減少 (C) 不變 (D) 不一定。
13. 貨幣的乘數效果與下列何項成正比？ (A) 銀行法定準備率 (B) 銀行超額準備率 (C) 客戶現金保留率 (D) 以上皆非。
14. 下列何種情形會造成貨幣乘數增加？ (A) 央行調高法定準備率 (B) 銀行提高超額準備率 (C) 客戶降低現金保留率 (D) 銀行增加庫存現金。
15. 下列何種情形會造成貨幣乘數減少？ (A) 外幣存款利率提高 (B) 銀行降低超額準備 (C) 銀行提高實際準備 (D) 中央銀行調高貼現率。

【進階題】

16. 下列敘述何者有誤？ (A) 引申存款的乘數效果通常會大於原始存款 (B) 原始存款的增加，通常會影響整個經濟體系內的貨幣供給量 (C) 原始存款通常對銀行而言是較消極的存款貨幣 (D) 銀行向央行借入的資金屬於引申存款。
17. 下列敘述何者有誤？ (A) 銀行的法定準備率增加，會使貨幣的乘數效果減弱 (B) 民眾保留現金增加，會使貨幣的乘數效果減弱 (C) 銀行的超額準備愈高，乘數效果愈強 (D) 銀行的庫存現金愈多，會使貨幣的乘數效果減弱。
18. 如果央行向銀行買進可轉讓定單 100 億，若銀行法定準備率 10%，銀行無超額準備率，客戶無現金保留率，請問哪些選項正確？ a. 存款貨幣會增加 900 億、b. 屬於引申存款的貨幣創造、c. 存款貨幣會增加 1,000 億、d. 此資金為消極的存款貨幣 (A) bc (B) ac (C) acd (D) bcd。

【國考題】

19. 若中央銀行今日有 100 萬元之定期存單到期，且存款的法定準備率為 20%，則此舉對於貨幣供給的最大影響為 (A) 貨幣供給增加 100 萬元 (B) 貨幣供給增加 500 萬元 (C) 貨幣供給減少 100 萬元 (D) 貨幣供給減少 500 萬元。（2010 初等考）
20. 中央銀行調高法定準備率，則貨幣供給量會有何變化？ (A) 貨幣供給量增加 (B) 貨幣供給量減少 (C) 貨幣供給量不受影響 (D) 貨幣供給量的變化無法預測。（2011 合作銀）
21. 民眾所得中有 20% 以現金方式持有，餘 80% 全部存入銀行，銀行未持有超額準備，法定準備率為 5%，則貨幣乘數約等於 (A)4.80 (B)4.17 (C)4.05 (D)3.82。（2011 初等考）

22. 就存款貨幣的創造，下列敘述何者錯誤？ (A) 有現金外流的比率愈高，創造的存款貨幣數量愈低 (B) 銀行所創造的存款貨幣數量與法定存款準備率成正比關係 (C) 閒置資金比率愈高，創造的存款貨幣數量愈低 (D) 銀行所創造的存款貨幣數量與法定存款準備率成反比關係。（2012 彰商銀）

23. 在簡單模型下，假設法定準備率爲 10%，沒有現金流失與超額準備，銀行出售 500 元的公債給央行，則存款創造共多少？ (A)4,000 元 (B)4,500 元 (C)5,000 元 (D)5,500 元。（2012 臺銀）

24. 在貨幣供給創造過程中，何種參與者扮演主導者的角色？ (A) 商業銀行 (B) 中央銀行 (C) 貸款者 (D) 存款者。（2013 初等考）

25. 下列何種因素變化不會影響貨幣乘數？ (A) 重貼現率 (B) 超額準備率 (C) 法定準備率 (D) 現金外流率。（2013 初等考）

26. 超額準備率越高： (A) 貨幣乘數變大 (B) 貨幣乘數變小 (C) 貨幣乘數不變 (D) 貨幣供給不變。（2016 初考）

27. 假設法定存款準備率爲 10%。現有某一商業銀行向中央銀行借款 10,000 元，則銀行體系可創造的最大存款貨幣總額爲： (A)10,000 元 (B)100,000 元 (C)90,000 元 (D)11,000 元。（2016 初等考）

28. 下列有關法定存款準備率與存款貨幣創造的敘述，何者錯誤？ (A) 法定存款準備率提高，則存款創造乘數變小 (B) 法定存款準備率下降，則存款創造乘數變大 (C) 法定存款準備率由中央銀行規定，存款貨幣是由銀行創造出來的 (D) 若法定存款準備率一律爲 10%，原始存款爲現金 10 萬元，則銀行可創造出來的最大存款貨幣總額爲 100 萬元。（2017 初等考）

29. 假定民眾持有現金占存款比率 20%，法定存款準備率 10%，銀行超額準備率 5%，貨幣乘數爲： (A)3.714 (B)3.1428 (C)3.428 (D)3。（2018 初等考）

30. 金融危機發生時，貨幣乘數常明顯下降的原因是：現金對活期存款比率①，銀行超額準備率②： (A) ①上升，②上升 (B) ①下降，②上升 (C) ①上升，②下降 (D) ①下降，②下降。（2019 初等考）

二、問答與計算題

【基礎題】

1. 何謂原始存款？
2. 何謂引申存款？
3. 下列哪些資金屬於引申存款？

   A. 央行發行通貨、B. 客戶存入銀行的定存、C. 銀行發行可轉讓存單賣給同業

   D. 銀行去拆款市場拆借資金
4. 如果某銀行向中央銀行借入一筆資金，其中，銀行法定準備率為 5%，銀行超額準備率為 3%，客戶現金保留率為 2%。請問在以下三種情形限制下，貨幣乘數為幾倍？

   (1) 考慮「法定準備率」的影響？

   (2) 考慮「法定準備率」與「超額準備率」的影響？

   (3) 考慮「法定準備率」、「超額準備率」與「現金保留率」的影響？
5. 如果某客戶存入一筆資金至銀行，其中，銀行法定準備率為 10%，銀行超額準備率為 2%，客戶現金保留率為 3%。請問在以下三種情形限制下，貨幣乘數為幾倍？

   (1) 考慮「法定準備率」的影響？

   (2) 考慮「法定準備率」與「超額準備率」的影響？

   (3) 考慮「法定準備率」、「超額準備率」與「現金保留率」的影響？
6. 請問貨幣乘數與「法定準備率」、「超額準備率」與「現金保留率」呈何者變動關係？

【進階題】

7. 下列何種情形會造成貨幣乘數增加？或減少？

   A. 民眾持有的通貨減少、B. 央行調高貼現率、C. 銀行保留較多的超額準備

   D. 銀行提高定存利率、E. 銀行減少現金庫存、F. 銀行降低活存利率

   G. 央行調低法定準備率、H. 央行對銀行放款增加、I. 民眾持有現金增加
8. 請計算下列兩種資金來源與限制條件下的貨幣供給額，其中銀行法定準備率為 6%，銀行超額準備率為 2%，客戶現金保留率為 2%。

   (A) 銀行向央行融通 1,000 元　　(B) 客戶存入 1,000 元原始存款入銀行

   (1) 考慮「法定準備率」

   (2) 考慮「法定準備率」、「超額準備率」

   (3) 考慮「法定準備率」、「超額準備率」、「現金保留率」

12 CHAPTER 貨幣供給

【本章大綱】

本章內容為貨幣供給，主要介紹貨幣供給的貨幣乘數、影響貨幣供給乘數的因素以及準備貨幣等內容，其內容詳見下表。

節次	節名	主要內容
12-1	貨幣供給的貨幣乘數	介紹兩種貨幣供給額（M_{1B}&M_2）的貨幣乘數。
12-2	影響貨幣供給乘數的因素	介紹影響貨幣供給乘數的各種因素。
12-3	準備貨幣	介紹央行的資產負債表、準備貨幣的組成、以及控制準備貨幣變動的方式。

12-1 貨幣供給的貨幣乘數

在衡量貨幣供給的衡量指標中，M_{1B} 是狹義的貨幣供給額，泛指市場流動性較活絡的資金；M_2 是廣義的貨幣供給額，泛指整個經濟體系內所有的貨幣供給量。M_{1B} 與 M_2 的數量增減，對於經濟體系內的資金互動影響很大，所以它們所產生的乘數效果，亦最受到關注與重視。以下將介紹這兩種貨幣供給額 M_{1B} 與 M_2 的貨幣乘數。

一、貨幣供給額（M_{1B}）的貨幣乘數

前述我們說明貨幣供給所創造的乘數效果，其基本運作模式乃是貨幣的供給額（M）、貨幣乘數（Money Multiplier；m）與貨幣基數[36]（Monetary Base；B）這三者所建構而成，其三者關係式，如式 12-1 貨幣乘數方程式所示。

$$M = m \times B \qquad (12\text{-}1)$$

36 所謂的「貨幣基數」是指創造貨幣供給的基礎；其大致包含金融機構的「準備金」、與流通在金融機構外「通貨淨額」的合計數。本章的三節（12-3）會詳細介紹之。

在衡量貨幣供給的衡量指標中，M_{1B} 是狹義的貨幣供給額，其定義如下表示：

$$M_{1B} = M_{1A} + \text{活期儲蓄存款}$$
$$= \text{通貨淨額} + \text{支票存款} + \text{活期存款} + \text{活期儲蓄存款}$$

M_{1B} 貨幣供給額的組成中，大致包含「通貨淨額（C）」與「銀行的活期性存款（支票存款 + 活期存款 + 活期儲蓄存款；D）」這兩部分所組合而成。此外，要計算出社會的貨幣的供給數量，要先知道可以創造貨幣的貨幣基數爲何？貨幣基數大致包含：流通在社會的現金餘額、銀行的各種活期性與定期性的法定準備金、以及銀行多預留超額準備金。因此，M_{1B} 貨幣供給額的貨幣基數（B），大致包含通貨淨額（C）、以及銀行的活期性存款準備金（R_D）、定期性存款準備金（R_T）與超額準備金（R_E）這些項目。

有關 M_{1B} 貨幣供給額與其貨幣基數的組成項目，分別見式 12-2 與式 12-3 的說明。

$$M_{1B} = C + D \tag{12-2}$$
$$B = C + R_D + R_T + R_E \tag{12-3}$$

我們由貨幣乘數方程式（式 12-1）得知：$M_{1B} = m \times B$，經過推導後，M_{1B} 貨幣供給額的貨幣乘數（m）爲式 12-4 所示。

$$M_{1B} = C + D = m \times B = m \times (C + R_D + R_T + R_E)$$
$$\Rightarrow m = \frac{C + D}{C + R_D + R_T + R_E} \tag{12-4}$$

C：通貨淨額（現金）

D：活期性存款（支票存款 + 活期存款 + 活期儲蓄存款）

R_D：活期性存款的法定準備金

R_T：定期性存款的法定準備金

R_E：超額準備金

二、貨幣供給額（M_2）的貨幣乘數

在衡量貨幣供給的衡量指標中，M_2 是廣義的貨幣供給額，其定義如下所示：

$M_2 = M_{1B}$ + 準貨幣
= （通貨淨額 + 支票存款 + 活期存款 + 活期儲蓄存款）+ 準貨幣

M_2 貨幣供給額的組成中，「M_{1B}」包含通貨淨額（C）與銀行的活期性存款（D）這兩部分；「準貨幣」則多屬於定期性存款（T）金額，因此 M_2 貨幣供給額的組成，大致包含「通貨淨額（C）」、「活期性存款（D）」與「定期性存款（T）」這三部分所組合而成。此外，要創造社會的貨幣的供給數量的貨幣基數，大致包含：流通在社會的現金餘額、銀行的各種活期性與定期性的法定準備金、以及銀行多預留超額準備金。因此，要創造 M_2 供給額的貨幣基數（B），大致包含通貨淨額（C）、以及銀行的活期性存款準備金（R_D）、定期性存款準備金（R_T）與超額準備金（R_E）這些項目。

有關 M_2 貨幣供給額與其貨幣基數的組成項目，分別見式 12-5 與式 12-6 的說明。

$$M_2 = C + D + T \qquad (12\text{-}5)$$

$$B = C + R_D + R_T + R_E \qquad (12\text{-}6)$$

我們由貨幣乘數方程式（式 12-1）得知：$M_2 = m \times B$，經過推導後，M_2 貨幣供給額的貨幣乘數（m）爲式 12-7 所示。

$$M_2 = C + D + T = m \times B = m \times (R_D + R_T + R_E)$$

$$\Rightarrow m = \frac{C + D}{C + R_D + R_T + R_E} \qquad (12\text{-}7)$$

C：通貨淨額（現金）

D：活期性存款（支票存款 + 活期存款 + 活期儲蓄存款）

T：定期性存款（準貨幣）

R_D：活期性存款的法定準備金

R_T：定期性存款的法定準備金

R_E：超額準備金

表 12-1 M_{1B} 與 M_2 貨幣供給額的貨幣基數與貨幣乘數整理表

	M_{1B} 貨幣供給額	M_2 貨幣供給額
貨幣供給額（M）	$M_{1B} = C + D$	$M_2 = C + D + T$
貨幣基數（B）	$B = C + R_D + R_T + R_E$	$B = C + R_D + R_T + R_E$
貨幣乘數（m）	$m = \dfrac{C + D}{C + R_D + R_T + R_E}$	$m = \dfrac{C + D + T}{C + R_D + R_T + R_E}$

註：C：通貨淨額，D：活期性存款，T：定期性存款，R_D：活期性存款的法定準備金
R_T：定期性存款的法定準備金，R_E：超額準備金。

例 12-1

【貨幣乘數】

假設現在民眾持有現金 1,000 億元，全體銀行的活期性與定期性存款資金各為 3,000 與 8,000 億元，銀行的活期性與定期性存款法定準備金為 300 與 500 億元，且銀行多保留 100 億元的超額準備金，請問

(1) 貨幣基數為何？

(2) M_{1B} 貨幣供給額的貨幣乘數為何？

(3) M_2 貨幣供給額的貨幣乘數為何？

解

(1) 貨幣基數

$$B = C + R_D + R_T + R_E = 1{,}000 + 300 + 500 + 100 = 1{,}900$$

(2) M_{1B} 貨幣供給額的貨幣乘數

$$M_{1B} = C + D = 1{,}000 + 3{,}000 = 4{,}000$$

$$m = \frac{C + D}{C + R_D + R_T + R_E} = \frac{4{,}000}{1{,}900} = 2.11$$

(3) M_2 貨幣供給額的貨幣乘數

$$M_2 = C + D + T = 1{,}000 + 3{,}000 + 8{,}000 = 12{,}000$$

$$m = \frac{C + D + T}{C + R_D + R_T + R_E} = \frac{12{,}000}{1{,}900} = 6.32$$

例 12-2

【貨幣乘數】

假設現在流通在金融市場外的現金有 500 億元，下表為銀行體系內的資金狀況，請計算

(1) M_{1B} 貨幣供給額的貨幣乘數

(2) M_2 貨幣供給額的貨幣乘數

	金額（億元）	法定準備率	超額準備率
支票存款	300	15%	1%
活期存款	500	10%	3%
活期儲蓄存款	1,000	8%	2%
定期性存款	3,000	5%	1%

解

(1) M_{1B} 貨幣供給額的貨幣乘數

$M_{1B} = C + D = 500 + 300 + 500 + 1{,}000 = 2{,}300$

$B = C + R_D + R_T + R_E$

$= 500 + (300 \times 15\% + 500 \times 10\% + 1{,}000 \times 8\%) + (3{,}000 \times 5\%)$

$+ (300 \times 1\% + 500 \times 3\% + 1000 \times 2\% + 300 \times 1\%)$

$= 893$

$$m = \frac{C + D}{C + R_D + R_T + R_E} = \frac{2{,}300}{893} = 2.58$$

(2) M_2 貨幣供給額的貨幣乘數

$M_2 = C + D + T = 500 + 300 + 500 + 1{,}000 + 3{,}000 = 5{,}300$

$B = C + R_D + R_T + R_E = 500 + (300 \times 15\% + 500 \times 10\% + 1{,}000 \times 8\%)$

$+ (3{,}000 \times 5s\%) + (300 \times 1\% + 500 \times 3\% + 1000 \times 2\% + 300 \times 1\%)$

$= 893$

$$m = \frac{C + D + T}{C + R_D + R_T + R_E} = \frac{5{,}300}{893} = 5.94$$

貨幣與生活

社區貨幣經濟大不易，蘭嶼達悟幣正式發行

為促進蘭嶼在地產業的發展，把金錢流留在島上，DTCO 數金科技要在蘭嶼發行社區加密貨幣達悟幣（Tao Coin）。達悟幣終於在 2019 年 4 月 16 日正式發行，發行總量為 100 億。DTCO 去年已經和蘭恩文教基金會、臺灣說蘭嶼環境教育協會推出蘭嶼永續護照，這次三方更共同發行達悟幣，且同樣要瞄準蘭嶼在地觀光和循環經濟。

達悟幣與數位身分目前已整合於蘭嶼永續護照，透過 App 內建的電子錢包功能，民眾將可用達悟幣於合作店家進行消費，達悟幣採場外交易的模式，民眾可用新台幣 1 比 1 的價格，向手中握有達悟幣的族人購買，另外，未來接受達悟幣付款的店家，也會同時提供達悟幣給遊客購買。

待蘭嶼數位身分及達悟幣達一定的規模，將與當地人進一步發展社群金融，讓他們可以利用達悟幣，進行 P2P 群衆小額借貸，用於生活問題的資金需求，像是緊急醫療、小額創業等。未來透過這樣的借貸模式，省去傳統金融機構信評程序所需的時間，更快速地促成當地人取得資金。

圖文資料來源：摘錄自 iThome 2019/04/16

【解說】

為促進蘭嶼在地產業的發展，蘭嶼當地基金會與 DTCO 數金科技合作，發行社區加密貨幣「達悟幣」，希望透過「達悟幣」的發行，將資金留在當地使用，以活絡當地的觀光發展。

12-2 影響貨幣供給額乘數的因素

M_2 是廣義的貨幣供給額，泛指整個經濟體系內所有的貨幣供給量。以下藉由 M_2 貨幣供給額的貨幣乘數，來討論影響貨幣乘數的因素有哪些？由式 12-7 得知：影響 M_2 貨幣供給額的貨幣乘數（m）大致有 3 個主要因素，分別爲現金（C）、各類存款金額〔活期性存款（D）、定期性存款（T）〕與各類準備金〔（活期存款準備金（R_D）、定期存款準備金（R_T）與超額準備金（R_E）〕。以下將針對這些因素對貨幣供給額（M_2）的影響情形進行說明。表 12-2 爲影響 M_2 貨幣乘數的因素、以及各因素與 M_2 變動關係之整理。

表 12-2　影響 M_2 貨幣乘數的因素、以及各因素與 M_2 變動關係整理表

影響因素	各影響因素與 M_2 變動關係
現金（C）	反向變動
各類存款金額（D & T）	正向變動
各類準備金（R_D & R_T & R_E）	反向變動

一、現金（C）

當民眾持有現金增多時，表示存款貨幣創造過程中，現金流失率增加，使可供創造存款貨幣的數量減少，所以貨幣供給額將減少。以下表 12-3 進一步說明影響民眾持有現金比率高低的因素、以及各因素與 M_2 變動情形。

表 12-3　影響民衆持有現金比率高低的因素

項目	說明	與 M_2 變動
存款水準	若銀行的存款利率提高，民衆基於機會成本考量，會減少現金持有，增加銀行存款金額，所以間接的使貨幣供給額增加。	正向變動
稅率水準	當銀行存款利息稅率愈高，民衆逃避課稅的誘因愈大，此時民衆會增加現金的持有，所以間接的使貨幣供給額減少。	反向變動
地下經濟	若社會中地下的經濟活動愈熱絡，民衆怕留下非法的交易紀錄，通常會使用現金交易，此時民衆會增加現金的持有，所以間接的使貨幣供給額減少。	反向變動

二、各類存款金額（$D\&T$）

當銀行的各類存款金額（包括：活期性存款與定期性存款）增加時，表示存款貨幣創造過程中，現金流失率減少，有利於存款貨幣創造，所以使貨幣供給額增加。以下表12-4 進一步說明影響民眾持有各類存款金額高低的因素、以及各因素與 M_2 變動情形。

表 12-4 影響民眾持有各類存款金額高低的因素

項目	說明	與 M_2 變動
存款利率	若銀行的存款利率提高，民眾基於機會成本考量，會減少現金持有，增加銀行存款金額，所以間接的使貨幣供給額增加。	正向變動
存款替代	隨著金融創新商品的發達，銀行存款的替代商品增多，將使銀行的存款資金減少，所以間接的使貨幣供給額減少。	反向變動
所得財富	當民眾所得財富增加時，通常會將財富寄存於銀行的存款內，將使銀行的存款資金增加，所以間接的使貨幣供給額增加。	正向變動

三、各類準備金（R_D & R_T & R_E）

當銀行提高各類準備金（包括：活期存款準備金、定期存款準備金與超額準備金）時，表示可供創造存款貨幣的數量減少，所以使得貨幣供給額減少。上述準備金中，活期存款與定期存款這兩項法定準備金，是由中央銀行所控制；銀行尚可調整超額準備金的存量，間接的影響貨幣供給額。以下表 12-5 進一步說明影響銀行持有超額準備金高低的因素、以及各因素與 M_2 變動情形。

表 12-5 影響銀行持有超額準備金高低的因素

項目	說明	與 M_2 變動
短期利率	若貨幣市場的短期利率上升，銀行運用超額準備金進行投資的意願提高，就會減少持有超額準備金的數量，所以間接的使貨幣供給額增加。	正向變動
銀行態度	若銀行的經營態度較積極且重視獲利，通常會盡量將超額準備拿去投資孳息，這樣會減少超額準備金的數量，所以間接的使貨幣供給額增加。	正向變動

項目	說明	與 M_2 變動
貨幣政策	若央行實施較寬鬆的貨幣政策，銀行比較容易向央行融通資金，此時超額準備金保留的數量減少，所以間接的使貨幣供給額增加。	正向變動
景氣變化	市場景氣愈差，銀行的放款容易產生逾期或變成呆債，因此銀行會減少放款，此時超額準備金（爛頭寸）的數量增加，所以間接的使貨幣供給額減少。	正向變動
提款變異	若銀行預期民眾提款的變異增大，銀行為應付客戶的提領需求，會增加超額準備金的數量，所以間接的使貨幣供給額減少。	反向變動

12-3 準備貨幣

一般而言，銀行體系內「準備貨幣」的增減，是最直接影響銀行體系的可使用資金，其可透過信用創造，使得貨幣供給額產生倍數的擴張效果；它是創造貨幣供給的基礎，因而亦稱爲「基礎貨幣」（Base Money）或稱「貨幣基數」（Monetary Base）或稱爲「強力貨幣」（High Power Money）。

所謂的準備貨幣（Reserve Money）是指金融機構的「準備金」與流通在金融機構外「通貨淨額」的合計數。因爲「準備金」與「通貨淨額」是中央銀行的貨幣性負債，所以欲討論準備貨幣的組成，則必須先了解中央銀行的資產負債表的項目。

一、中央銀行的資產負債表

中央銀行的資產負債表的各項目，詳見表 12-6 的說明。「資產」項目包括國外資產、央行對政府、銀行業與公民營事業機構債權以及其他資產。「負債」項目包括通貨淨額、銀行準備金、政府存款、銀行業轉存款、央行發行的可轉讓定存單與國庫券、以及其他負債；其中的「通貨淨額」與「銀行準備金」這兩項合計，就是準備貨幣的組成項目。權益項目亦即淨值。

表 12-6　中央銀行的資產負債表的項目

資產	
1. 國外資產	包括黃金、存放國外銀行業、外幣有價證券。
2. 對政府債權	央行對政府機構的放款。
3. 對銀行業的債權	央行對銀行的資金融通放款。
4. 對公民營事業機構債權	央行持有公民事業機構所發行的有價證券。
5. 其他資產	包括應收利息、不動產、廠房及設備、遞延資產等。
負債	
1. 通貨淨額（準備貨幣）	為金融機構以外，一般民衆持有的現金。
2. 銀行準備金（準備貨幣）	金融機構依據央行規定所提列的準備金。
3. 政府存款	各級政府機關在央行的存款。
4. 銀行業轉存款	金融機構所吸收存款，轉存央行的部分。
5. 央行發行單券	央行所發行的國庫券或可轉讓定期存單。
6. 其他負債	包括應付利息、附買回票券及債券負債等。
權益	
權益＝淨值	包括資本、法定公積、特別公積、未分配盈餘等。

二、準備貨幣的組成

由於準備貨幣是中央銀行的貨幣性負債，根據會計原理：資產＝負債＋權益，所以由中央銀行的資產負債表得知：準備貨幣的組成，如式 12-8 所示；此式亦稱爲貨幣基數方程式（ Monetary Base Equation）。準備貨幣的數量增減與「央行的資產」、「央行準備貨幣以外的負債」與「央行的淨值」三者息息相關。

$$\text{準備貨幣}=\begin{cases}\text{國外資產}\\\text{對政府債權}\\\text{對銀行業債權}\\\text{對公民事業機構債券}\end{cases}-\begin{cases}\text{政府存款}\\\text{銀行業轉存款}-\text{淨值}\\\text{央行發行單券}\end{cases}\qquad(12\text{-}8)$$

表 12-7 爲我國 2017 與 2018 年底的中央銀行的資產負債表，其中「發行券幣」（是指通貨淨額）與「銀行業存款」（是指銀行放在央行的準備金）這兩部分的合計數就是「準備貨幣」。由表 12-7 得知：在 2018 年底國內的準備貨幣已突破 4 兆元新台幣（2 兆 1,973 億元 +1 兆 8,664 億元）。

此外，圖 12-1 爲國內 2004 年至 2018 年，這 15 年的準備貨幣數量趨勢圖。由圖 12-1 得知：國內近 15 年來準備貨幣有逐年攀高之趨勢，從 2004 年的 1.7 兆元成長至 2018 年已達 4 兆元，成長幅度超過一倍。這些準備貨幣再透過貨幣的乘數效果，使國內的資金錢滿爲患，也造成銀行許多的「爛頭寸」。

表 12-7 我國中央銀行的資產負債表（單位：新臺幣百萬元）

項目	2017 年 12 月 31 日	2018 年 12 月 31 日
資產	15,762,272	16,480,678
國外資產	13,629,492	14,350,852
存放國內銀行業	898,461	981,958
銀行業融通資金	225,532	227,314
其他資產	1,008,787	920,554
負債及權益（淨值）	15,762,272	16,480,678
負債	14,744,164	15,403,149
準備貨幣｛發行券幣（通貨發行額）	2,042,185	2,197,292
準備貨幣｛銀行業存款（準備金）	1,743,038	1,866,420
銀行業定期存款	7,880,140	7,816,730
銀行業轉存款	2,161,255	2,163,450
公庫及政府機關存款	176,862	190,870
其他負債	740,684	1,168,387
權益（淨值）	1,018,108	1,077,529

註：發行券幣是指央行所有發行紙幣與硬幣的總和。

資料來源：中央銀行

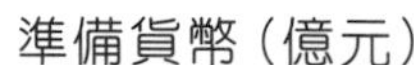

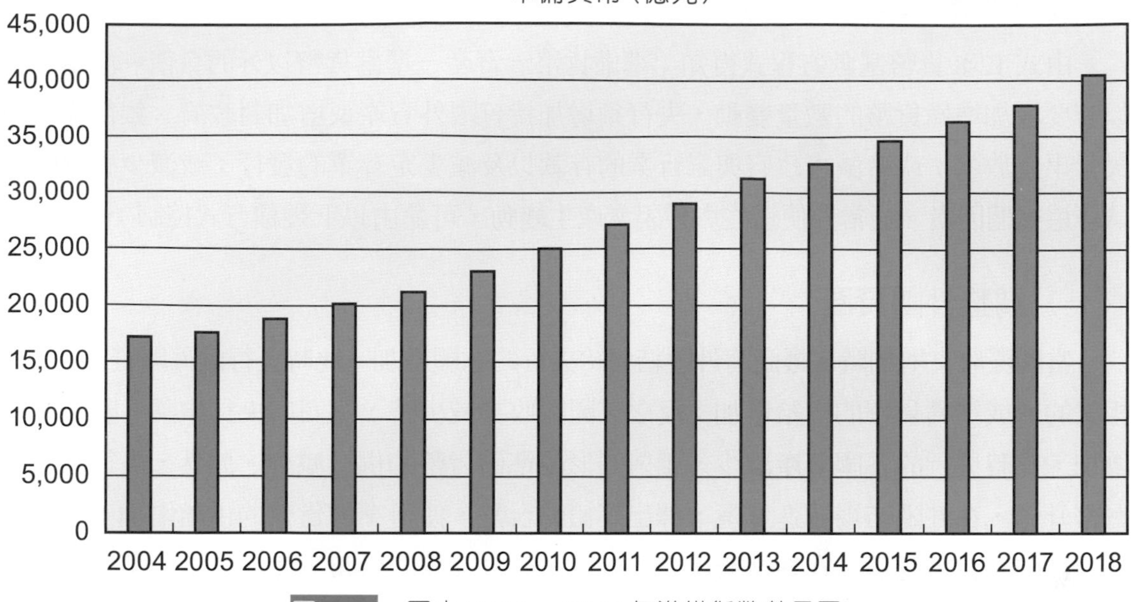

圖 12-1　國內 2004 ～ 2018 年準備貨幣數量圖

例 12-3

【準備貨幣】

下列為央行的資產負債的變動，請計算準備貨幣的變動為何？

1. 央行增加國外資產 500 億元
2. 對政府放款減少 300 億元
3. 對銀行放款增加 200 億元
4. 中央銀行發行 150 億可轉讓定存單
5. 郵匯局轉存央行 200 億元

解

$$\text{準備貨幣} = \left\{\begin{array}{l}\text{國外資產}\\\text{對政府債權}\\\text{對銀行業債權}\\\text{對公民事業機構債券}\end{array}\right. - \left\{\begin{array}{l}\text{政府存款}\\\text{銀行業轉存款} - \text{淨值}\\\text{央行發行單券}\end{array}\right.$$

準備貨幣 = (500 － 300 + 200) － (150 + 200) = 50 億元

三、控制準備貨幣變動的方式

由式 12-8 貨幣基數方程式得知：準備貨幣 = 資產－準備貨幣以外的負債－淨值。所以若要增加準備貨幣的數量變動，央行須增加持有國外資產或增加對政府、銀行業、公民營事業放款；或者減少政府與銀行業的存款以及減少定存單的發行；或減少央行的淨值等這幾個因素。通常要使這些影響因素產生變動，可藉由以下幾種方式控制：

（一）調整外國資產

當國際收支增加時，廠商將外匯結售給央行的意願增加，此時央行的外國資產增加，相對的形成準備貨幣的供給增加；反之，國際收支減少時，廠商向央行申購外匯的意願增加，此時央行的外國資產減少，相對的形成準備貨幣的供給減少。此外，央行爲防止台幣升值，在外匯市場買進外匯，釋出等值的台幣，使得準備貨幣的供給增加；反之，央行爲防止台幣貶值，在外匯市場賣出外匯，回收等值的台幣，使得準備貨幣的供給減少。

（二）公開市場操作

公開市場操作（Open Market Operation）是指央行透過在金融市場買賣債票券，去影響資金的流動。當中央銀行在市場買進債票券時，將釋出資金流入銀行體系，此時銀行的準備金部位增加，使得準備貨幣的供給增加；反之，當中央銀行在市場賣出債票券時，將銀行的資金回收至中央銀行，此時銀行的準備金部位減少，使得準備貨幣的供給減少。

（三）貼現放款融通

貼現放款融通是指銀行向中央銀行申請資金融通，其可藉由票據貼現或直接要求擔保放款融通。當銀行向央行申請貼現放款融通資金增加時，銀行的準備金部位增加，使得準備貨幣的供給增加；反之，當銀行向央行申請貼現放款融通資金減少時，銀行的準備金部位減少，使得準備貨幣的供給減少。

貨幣與生活

日銀持續寬鬆！日本去年底貨幣基數連 9 年創歷史高

根據日本央行（BOJ）公佈的經濟數據顯示，截至 2019 年 12 月底為止日本貨幣基數餘額為 518 兆 2,425 億日圓，較前一個月底（2019 年 11 月底）小增 0.19%（增加 9,582 億日圓），4 個月來第 3 度呈現增加。

2019 年 12 月底，日本貨幣基數餘額較 2018 年 12 月底增加 2.78%，連續第 9 年創下歷史新高紀錄，不過增幅鈍化、創 2013 年開始導入異次元貨幣寬鬆政策（QQE）以來最小增幅。

貨幣基數包括流通紙幣、流通硬幣以及金融機構存放在 BOJ 的準備金活期帳戶餘額；貨幣基數是創造貨幣供給的基礎，能產生貨幣乘數效果，故亦可稱為準備貨幣或強力貨幣。

圖文資料來源：摘錄自 MoneyDJ 新聞 2020/01/07

【解說】

強力貨幣是指民眾手上持有的通貨，再加上金融機構的準備金；因此又稱準備貨幣或貨幣基數，它是創造貨幣供給額的基礎。根據上述報導：日本央行持續採取量化加質化貨幣寬鬆政策（QQE），已釋出貨幣基數規模達 518 兆日圓，連續第 9 年創下歷史新高紀錄，希望能夠刺激日本經濟。

貨幣小百科

◎ 量化加質化貨幣寬鬆政策（Qualitative and Quantitative Easing Monetary Policy；QQE）

QQE 乃是日本央行在調節長短期利率曲線結構，讓日本長期公債殖利率維持在零或負利率情形下，所實施的寬鬆貨幣政策。

本章習題

一、選擇題

【基礎題】

1. 請問要組成 M_{1B} 供給額的貨幣基數，不包含下列何項？ (A) 活期存款 (B) 活期性存款準備金 (C) 定期性存款準備金 (D) 現金。
2. 請問要組成 M_2 供給額的貨幣基數，不包含下列何項？ (A) 通貨淨額 (B) 活期性存款準備金 (C) 定期性存款準備金 (D) 活期性存款。
3. 若現在流通在金融市場外的現金有 500 億元，銀行的活期性與定期性存款資金各爲 2,000 與 5,000 億元，銀行的活期性與定期性存款法定準備金爲 200 與 400 億元，且銀行多保留 50 億元的超額準備金，請問此時貨幣基數爲何？ (A)500 億元 (B)650 億元 (C)1,100 億元 (D)1,150 億元。
4. 同上題，請問此時 M_{1B} 貨幣供給額的貨幣乘數爲何？ (A)2.17 (B)2.27 (C)6.52 (D)6.82。
5. 同上題，請問此時 M_2 貨幣供給額的貨幣乘數爲何？ (A)2.17 (B)2.27 (C)6.52 (D)6.82。
6. 下列有關貨幣基數的敘述何者有誤？ (A) 包含現金 (B) 與活期性存款的法定準備金成正比 (C) 與超額準備金成反比 (D) 與定期性存款的法定準備金成正比。
7. 下列有關 M_2 的貨幣乘數敘述何者有誤？ (A) 與通貨淨額成正比 (B) 與活期性存款的法定準備金成反比 (C) 與超額準備金成反比 (D) 與定期性存款成正比。
8. 當通貨淨額增加，將使貨幣供給額？ (A) 增加 (B) 減少 (C) 不變 (D) 不一定。
9. 當銀行活期存款金額增加，將使貨幣供給額？ (A) 增加 (B) 減少 (C) 不變 (D) 不一定。
10. 當銀行超額準備金增加，將使貨幣供給額？ (A) 增加 (B) 減少 (C) 不變 (D) 不一定。
11. 下列哪一因素會提高民眾持有現金比率？ (A) 銀行提高存款利率 (B) 銀行存款利息的稅率提高 (C) 民眾減少地下經濟活動 (D) 銀行提高超額準備率。
12. 下列哪一因素會提高民眾持有各類銀行存款？ (A) 銀行降低存款利率 (B) 銀行的存款替代商品推陳出新 (C) 民眾的所得財富增加 (D) 銀行降低超額準備率。

13. 下列哪一因素會提高銀行持有超額準備金？ (A) 市場短期利率上升 (B) 銀行愈積極從事獲利投資 (C) 市場景氣繁榮 (D) 央行實施緊縮的貨幣政策。
14. 一般而言，準備貨幣不包含下列何項？ (A) 通貨淨額 (B) 活期性存款準備金 (C) 定期性存款準備金 (D) 活期性存款。
15. 下列對準備貨幣敘述何者有誤？ (A) 中央銀行的貨幣性資產 (B) 又稱強力貨幣 (C) 包含通貨淨額 (D) 包含銀行的超額準備金。
16. 央行發行可轉讓定存單，通常會造成準備貨幣？ (A) 增加 (B) 減少 (C) 不變 (D) 不一定。
17. 若央行為防止台幣貶值，在外匯市場賣出外匯，回收等值的台幣，使得準備貨幣的供給？ (A) 增加 (B) 減少 (C) 不變 (D) 不一定。
18. 若當中央銀行在市場執行買進的公開市場操作，將使得準備貨幣的供給？ (A) 增加 (B) 減少 (C) 不變 (D) 不一定。
19. 當銀行向央行申請貼現放款融通資金減少時，將使得準備貨幣的供給？ (A) 增加 (B) 減少 (C) 不變 (D) 不一定。
20. 如果央行增加國外資產 200 億，對銀行放款增加 100 億元，發行 150 億可轉讓定存單，請問準備貨幣的變動為何？ (A) 增加 450 億元 (B) 減少 50 億元 (C) 增加 250 億元 (D) 增加 150 億元。

【進階題】

21. 下列敘述何者有誤？ (A) 通常 M_2 的貨幣乘數較 M_{1B} 小 (B) 計算 M_{1B} 與 M_2 供給額的貨幣基數相同 (C) 貨幣供給額的貨幣基數包含超額準備金 (D) M_{1B} 與 M_2 的貨幣乘數皆與活期存款金額成正比。
22. 下列敘述何者有誤？ (A) M_2 供給額的貨幣基數包括通貨淨額 (B) 銀行定期存款愈多，通常會使貨幣供給額增加 (C) 銀行法定準備金愈多，通常會使貨幣供給額減少 (D) 銀行超額準備金愈多，通常會使貨幣供給額增加。
23. 下列哪項目會使貨幣供給增加？ (A) 銀行存款利息稅率提高 (B) 銀行存款的替代商品增多 (C) 貨幣市場的短期利率上升 (D) 市場景氣變差。
24. 下列敘述何者有誤？ (A) 準備貨幣包含通貨淨額 (B) 準備貨幣是央行的貨幣性負債 (C) 央行增加發行可轉讓定存單，會相對使準備貨幣減少 (D) 準備貨幣是銀行的庫存現金加上通貨淨額。

25. 下列哪項目會使準備貨幣增加？ (A) 央行為防止台幣貶值，在外匯市場賣出外匯 (B) 廠商向央行申購外匯的意願增加 (C) 中央銀行在市場買進債票券 (D) 銀行向央行申請貼現放款融通資金減少。

【國考題】

26. 以下何狀況會造成貨幣總計數 M_{1B} 乘數增加？ (A) 銀行預期會發生擠兌 (B) 民眾持現金交易的比例降低 (C) 中央銀行釋出強力貨幣 (D) 活期存款的法定準備率增加。（2010 初等考）

27. 有關中央銀行的資產負債表之敘述，下列何者正確？ (A) 國外資產是中央銀行的負債 (B) 政府存款是中央銀行的資產 (C) 中央銀行發行債券是中央銀行的資產 (D) 對金融機構債權是中央銀行的資產。（2011 合作銀）

28. 假設中央銀行自公開市場中買入 10 億元的政府債券，則貨幣基數會有何變化？ (A) 貨幣基數增加 10 億 (B) 貨幣基數減少 10 億 (C) 貨幣基數不變 (D) 貨幣基數的變化無法預測。（2011 陽信銀）

29. 如果商業銀行提高超額準備，對於貨幣乘數有何影響？ (A) 會使貨幣乘數變大 (B) 會使貨幣乘數變小 (C) 貨幣乘數沒有影響 (D) 對貨幣乘數的影響無法預測。（2011 合作銀）

30. 假設中央銀行欲使貨幣供給額從 9,000 億元增加至 10,600 億元，在貨幣乘數不變且為 4 的情況下，貨幣基數必須 (A) 增加 400 億元 (B) 減少 400 億元 (C) 增加 6,400 億元 (D) 減少 6,400 億元。（2011 初等考）

31. 有關貨幣乘數之敘述，下列何者正確？ (A) 貨幣乘數 = 貨幣供給量 × 準備貨幣 (B) 各種貨幣供給量定義的貨幣乘數都是相同的，即 M_2 的貨幣乘數等於 M_{1B} 的貨幣乘數 (C) 若中央銀行將法定準備率由 10% 調整為 20%，則貨幣乘數會增加兩倍 (D) 其他條件不變情況下，若一般民眾將活期性存款自銀行提領出來，改以通貨（現鈔）的形式持有，會使貨幣乘數變小。（2012 高銀）

32. 下列那一項中央銀行貨幣工具的使用，不一定會使得貨幣基數增加？ (A) 中央銀行向某銀行買進其持有的歐元 (B) 中央銀行買進某公司持有的美元 (C) 中央銀行降低重貼現率 (D) 中央銀行向民眾購入其持有的政府公債。（2012 初等考）

33. 下列何者會造成準備貨幣增加？ (A) 中央銀行於外匯市場賣出美元 (B) 中央銀行於外匯市場買進歐元同時發行等額的可轉讓定存單 (C) 中央銀行調低法定準備率 (D) 中央銀行於公開市場買進中央政府公債。（2013 初等考）

34. 在其他情況不變下，何種狀況會使準備貨幣增加？ (A) 貿易逆差 (B) 金融機構轉存款增加 (C) 中央銀行發行可轉讓定存單 (D) 中央銀行增加借款給政府。（2013 初等考）

35. 若一個國家的法定存款準備率是，通貨淨額爲 300 億元，活期存款爲 900 億元，則此國的貨幣乘數爲多少？ (A)2.5 (B)2.8 (C)2.0 (D)0.67。（2014 初等考）

36. 在其他情況不變下，下列那一項會造成貨幣供給的增加？ (A) 銀行增加超額準備的持有 (B) 中央銀行進行公開市場賣出 (C) 一般民眾現金持有的減少 (D) 存款準備率的上升。（2017 初等考）

37. 當你從銀行提款機領出現金，中央銀行的資產負債表會產生那項變化？ (A) 貨幣基數會下降 (B) 貨幣基數會上升 (C) 貨幣基數不會改變 (D) 準備性存款上升。（2017 初等考）

38. 中央銀行增加其發行之定期存單，對貨幣基數產生的效果與下列那一項動作相同？ (A) 買入政府公債 (B) 增加對銀行之放款 (C) 賣出政府公債 (D) 買入外匯。（2017 初等考）

39. 下列那一項不屬於目前臺灣中央銀行所定義之「準貨幣」？ (A) 定期儲蓄存款 (B) 貨幣市場共同基金 (C) 股票市場共同基金 (D) 郵政儲金。（2017 初等考）

40. 當中央銀行對準備金支付利息時： (A) 超額準備增加，貨幣乘數變小 (B) 超額準備和準備貨幣皆會增加 (C) 超額準備減少，準備貨幣會增加 (D) 超額準備增加，貨幣乘數變大。（2018 初等考）

41. 若某國中央銀行發行通貨餘額爲 400 億元，貨幣機構存放在中央銀行的存款和庫存現金各爲 500 億元和 20 億元，請問該國的準備貨幣爲多少？ (A)880 億元 (B)900 億元 (C)920 億元 (D)520 億元。（2018 初等考）

42. 當通貨淨額減少時，中央銀行可採取何項措施以維持準備貨幣不變？ (A) 減少國外資產 (B) 賣出公債 (C) 減少中央銀行定期存單 (D) 增加金融機構轉存。（2018 初等考）

43. 若中央銀行欲使貨幣供給額從 1000 億減少至 800 億，貨幣乘數爲 4，則中央銀行應該在公開市場中如何操作？ (A) 買進債券 200 億 (B) 賣出債券 200 億 (C) 買入債券 50 億 (D) 賣出債券 50 億。（2019 初等考）

44. 在其他情況不變下，下列何者會使準備貨幣增加？ (A) 中央銀行在外匯市場買進外匯 (B) 銀行轉存款至中央銀行 (C) 中央銀行發行定期存單 (D) 中央銀行外匯資產孳生利息。 （2019 初等考）

45. 中央銀行自外匯市場中買入美金 10 萬元，則其資產負債表的變化為何？ (A) 資產增加，負債增加 (B) 資產減少，負債減少 (C) 資產增加，負債不變 (D) 資產不變，負債不變。 （2019 初等考）

二、簡答與計算題

【基礎題】

1. 請問貨幣乘數方程式為那三項之間的關係？彼此之間的關係式為何？
2. 請問組成 M_2 供給額的貨幣基數包含哪些項？
3. 假設現在社會中流通的通貨淨額為 2,000 億元，全體銀行的活期性與定期性存款資金各為 6,000 與 9,000 億元，銀行的活期性與定期性存款法定準備金為 500 與 800 億元，且銀行有 300 億元的超額準備金，請問：
   (1) 貨幣基數為何？
   (2) M_{1B} 貨幣供給額的貨幣乘數為何？
   (3) M_2 貨幣供給額的貨幣乘數為何？
4. 請問貨幣供給乘數與 (1) 現金、(2) 銀行存款金額、(3) 銀行準備金，各呈何種變動關係？
5. 下列哪些因素會造成貨幣供給乘數如何變動？
   (1) 民眾持有現金增加
   (2) 活期存款增加
   (3) 定期存款減少
   (4) 活期性存款準備金減少
   (5) 定期性存款準備金增加
   (6) 超額準備金減少
6. 請問影響民眾持有現金比率高低的因素有哪些？並說明這些因素與 M_2 的變動情形？
7. 請問影響民眾持有各類存款金額高低的因素有哪些？並說明這些因素與 M_2 的變動情形？
8. 請問影響銀行持有超額準備金高低的因素有哪些？並說明這些因素與 M_2 的變動情形？

9. 何謂準備貨幣？
10. 請問準備貨幣的數量增減與央行資產負債表哪三大項目息息相關？
11. 請說明下列各種情形準備貨幣的變動？

    (1) 央行減少國外資產 600 億元

    (2) 對公民營機構放款增加 100 億元

    (3) 對銀行放款減少 300 億元

    (4) 政府增加存款 500 億元

    (5) 中央銀行發行 250 億可轉讓定存單

    (6) 郵匯局轉存央行 300 億元
12. 請問央行有哪些方法可以控制準備貨幣的變動？

【進階題】

13. 假設現在流通在金融市場外的現金有 1,000 億元，下表爲銀行體系內的資金狀況：

	金額（億元）	法定準備率	超額準備率
支票存款	500	12%	1%
活期存款	800	8%	2%
活期儲蓄存款	2,000	6%	2%
定期性存款	5,000	5%	1%

    請計算：

    (1) M_{1B} 貨幣供給額的貨幣乘數？

    (2) M_2 貨幣供給額的貨幣乘數？
14. 下列哪些項目間接會使貨幣供給增加？或減少？

    A. 銀行存款利率下降、B. 銀行存款利息稅率增加、C. 地下的經濟活動熱絡

    D. 銀行存款的替代商品增多、E. 民眾所得財富增加、F. 貨幣市場的短期利率下降

    G. 銀行的經營態度較積極、H. 央行實施較緊縮的貨幣政策、I. 市場景氣蕭條

    J. 銀行預期民眾提款的變異增大
15. 下列哪些項目會使準備貨幣增加？或減少？

    A. 央行淨值增加、B. 政府至央行的存款減少、C. 央行增加發行可轉讓定存單

    D. 央行提高國外資產、E. 央行對政府放款增加、F. 央行對銀行放款增加

    G. 銀行提高法定準備金

13 CHAPTER 貨幣需求

【本章大綱】

本章內容為貨幣需求，主要介紹影響貨幣需求的因素、以及貨幣需求理論的演進等內容，其內容詳見下表。

節次	節名	主要內容
13-1	影響貨幣需求的因素	介紹四個影響貨幣需求的因素。
13-2	貨幣需求理論的演進	介紹五個有關貨幣需求的理論。

13-1 影響貨幣需求的因素

在討論分析貨幣與經濟活動的關係中，貨幣的供給與需求是一體的，前幾章我們討論了貨幣供給的種種，此章我們來探討貨幣需求，受哪些因素的影響與其理論的演進。在社會的任何交易活動中，都需要利用貨幣當作交易工具。如果將貨幣當作一個商品，這個商品的需求量，人們到底需持有多少數量，才夠應付生活所需，這是經濟學家所關心的議題。

所謂的貨幣需求（Demand for Money）是指在某一時點，人們希望持有的貨幣數量。基本上，整個機濟體系所需持有的貨幣數量，大抵上跟整體社會的財富所得、物價水準以及使用或保有貨幣的機會成本有關。因此影響貨幣需求數量的因素，大致可分爲「實質所得」、「物價水準」、「通貨膨脹率」與「名目利率」這四個因素。以下我們利用表 13-1 來說明影響貨幣需求的四個因素、以及說明這些因素與貨幣需求之間的變動情形。

表 13-1 影響貨幣需求的因素與其變動情形

影響因素	說明	變動方向
財富所得	當整個社會的財富所得增加時，通常會有較高的消費力與較高的交易規模，交易規模愈大，貨幣需求就會愈多。	同向變動
物價水準	一個商品的價格愈高時，購買此商品就需支付愈多的貨幣，此時民衆必需增加貨幣的持有，貨幣需求就會增加。	同向變動
通貨膨脹率	當通貨膨脹率發生時，貨幣的購買力下降，因此人們會選擇較保值的資產來維持財富，就會減少貨幣的持有，貨幣需求就會減少。	反向變動
名目利率	民衆持有貨幣的機會成本，就是放棄其他資產的收益，若當其他資產的報酬率增加時（如：銀行定存利率），民衆會減少持有貨幣，貨幣需求就會減少。	反向變動

13-2 貨幣需求理論的演進

貨幣需求理論主要在探討貨幣數量，是受哪些因素的影響。經濟學上對貨幣的供需數量的探討，已有多年歷史，其中有許多的學派學者提出種種的理論與論述。以下我們將逐一介紹這些貨幣需求的理論。

一、古典學派的貨幣需求理論

經濟學派中，最早對貨幣需求理論提出見解乃爲古典學派的費雪（Fisher），古典學派所提出的貨幣數量學說，早期是由「交易型交易方程式」來說明，再擴展爲「所得型交易方程式」來說明。以下將分別介紹這兩種交易方程式與其差異之：

（一）交易型交易方程式

古典學派的費雪認爲一個社會的貨幣數量，與其經濟活動的總交易量有關，因爲現代社會裡，幾乎所有的交易都是透過貨幣媒介，人們爲了交易活動「必須」保有貨幣。所以當經濟活動的交易量愈大時，相對貨幣流通的數量就應該愈多。因此費雪提出「交易方程式」（Equation of Exchange），來闡述交易量與貨幣流通數量的關係，其「交易方程式」如 13-1 式所示。

$$M \times V = P \times T \quad (13\text{-}1)$$

M：貨幣的流通數量

V：貨幣的流通速度（貨幣被交易次數）

P：物價水準

T：商品及勞務的交易量

在 13-1 式中，左邊（$M \times V$）表示一個經濟體某段期間內，貨幣流通數量的總值；右邊（$P \times T$）表示一個經濟體某段期間內，商品及勞務交易的總金額；所以一個經濟體某段期間內，「貨幣流通的數量總值」應等於「商品及勞務交易的總金額」。

以下我們舉一例來說明交易方程式，假設甲將 1,000 元向乙買 2 個隨身碟，每個 500 元；乙拿到 1,000 元後，去找丙幫他腳底按摩，每次 1,000 元。此例中，1,000 元（M）的貨幣被交易 2 次（V），其所購買的商品與服務交易的總金額（$P \times T$）爲 2,000 元，該例的交易方程式如下式所示：

$$M \times V = P \times T \Rightarrow 1{,}000 \times 2 = (2 \times 500) + (1 \times 1{,}000)$$

費雪所提出的「交易方程式」，只是單純闡述「貨幣流通總值」恆等於「交易的總金額」的關係式，並無說明任何因果關係，亦無貨幣需求之概念。若要用「交易方程式」來定義貨幣需求函數（M^d），則「交易方程式」須修改成 13-2 式。

$$M^d = \frac{P \times T}{V} \quad (13\text{-}2)$$

由式 13-2 的得知：貨幣需求（M^d）與物價水準（P）、交易量（T）呈正比；與貨幣交易的流通速度[37]（Velocity of Money；V）呈反比。

（二）所得型交易方程式

古典學派的經濟學家，又將交易型的「交易方程式」進一步擴展爲所得型的「交易方程式」。其擴展的推導如下說明：原方程式 13-1：左邊（$M \times V$）表示一個經濟體某段期間內，貨幣流通數量的總值；右邊（$P \times T$）表示一個經濟體，某段期間內，商品及勞務交易的總金額，此總金額即爲一個經濟體，某段期間內，「名目國民所得」（Y）；所以一個經濟體，某段期間內，「貨幣流通的數量總值」（$M \times V$）應等於「名目國民所得」（Y）。其關係式，如 13-3 式所示。

37 貨幣流通速度：是指一單位貨幣在一段期間內的周轉次數。

$$M \times V = P \times T = Y \quad (13\text{-}3)$$

此外，一國的「名目國民所得」（Y），經物價水準（P）的平減調整後[38]可得「實質國民所得」（y）⇒ = $Y = P \times y$。此時，我們將名目國民所得（Y）、物價水準（P）與實質國民所得（y），三者關係帶入 13-3 式，即爲所得型的「交易方程式」，如 13-4 式所示。

$$M \times V = Y = P \times y \quad (13\text{-}4)$$

在所得型交易方程式中，把貨幣的流通速度（V）是爲一常數，且名目國民所得（Y）與貨幣流通數量（M）之間成一定的比例。古典學派認爲在經濟體系內，短期間內，人們的貨幣支付習慣與發薪間隔不會有什麼改變，所以貨幣的流通速度（V）可以視爲常數。當貨幣的流通速度維持不變時，一個社會的貨幣的流通數量取決於名目國民所得。

圖 13-1 爲 1990 年至 2019 年，利用臺灣 M_{1B} 與 M_2 貨幣供給額，所計算出的貨幣流通速度。由圖顯示：這幾年來台幣的 M_{1B} 與 M_2 流通速度逐年下降中，尤其以 M_{1B} 下降幅度較大。其主要原因，大致上跟「利率」、「所得成長」與「貨幣的替代性商品」比較有關。

1. 利率因素：市場利率愈高，持有貨幣的機會成本上升，貨幣流通速度將加快；但臺灣近 20 年來，利率持續走低，當然持有貨幣的機會成本下降，貨幣流通速度就下降。
2. 所得成長因素：通常所得成長愈快速，民眾愈敢消費，貨幣流通速度將加快；但臺灣近 20 年來，經濟成長速度趨緩，民眾消費力道不像以前高經濟成長，所以貨幣流通速度就會下降。
3. 貨幣的替代性商品因素：近 20 年來，塑膠與電子貨幣發達，其對傳統貨幣具有替代性，這些貨幣使得人們對現金需求減少、且常被使用一次大額交易，無形中就降低傳統貨幣的使用與流通速度。

---

38 物價平減指數（P）= $\dfrac{\text{名目國民所得}（Y）}{\text{實質國民所得}（y）} \Rightarrow P = \dfrac{Y}{y} \Rightarrow Y = P \times y$

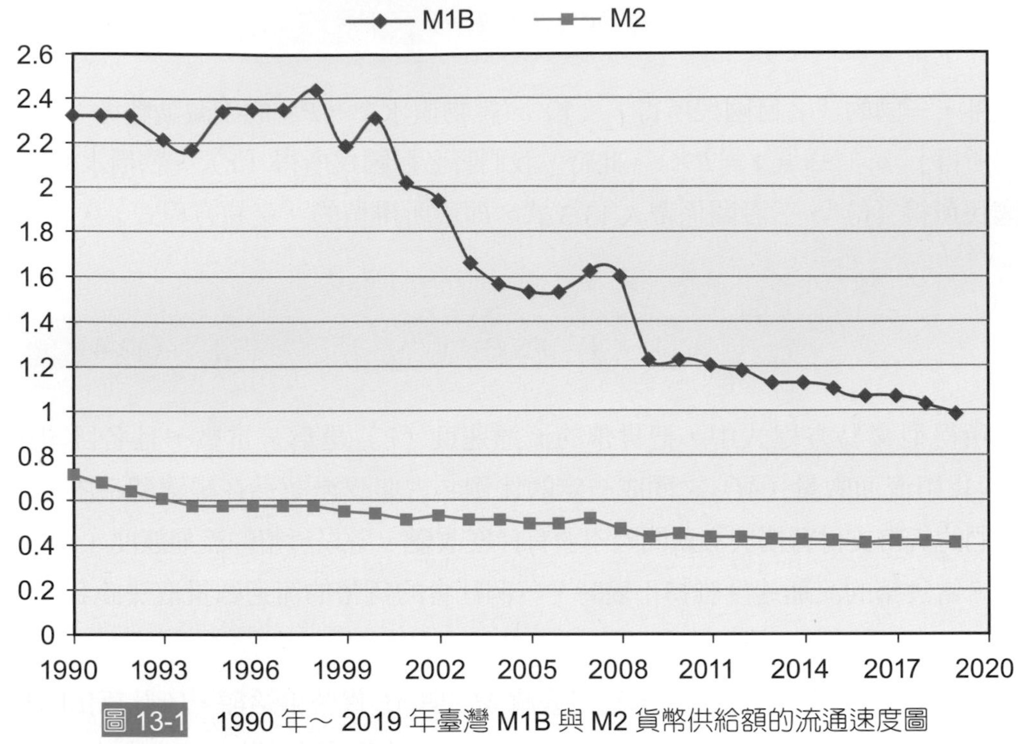

圖 13-1 1990 年～ 2019 年臺灣 M1B 與 M2 貨幣供給額的流通速度圖

（三）兩交易方程式的差異

「所得型」方程式是由「交易型」方程式擴展而來，但兩者在「貨幣所扮演的任務」與「貨幣流通速度的衡量」上，仍有些差異，兩者差異如下說明：

1. **貨幣所扮演的任務差異**：所得型交易方程式未考慮中間產品的交易，僅單純考慮貨幣最終商品的交易總額（國民所得）。但在實際生活中，貨幣用於二手資產與金融資產的交易都被忽略。所以這是「所得型」較「交易型」欠考慮的地方。
2. **貨幣流通速度的衡量差異**：在衡量貨幣流通速度時，所得型所使用的實質國民所得（Y）的數據相較交易型所使用交易量（T）容易計算與取得。所以這是「所得型」較「交易型」有用的地方。

例 13-1

【交易型交易方程式】

假設湯姆熊遊樂場發行 500 枚遊戲代幣，若遊客每玩一種遊樂設施需要 4 枚代幣，某一年該遊樂場的遊樂設施供被使用 1,000 次，請問該代幣的流通速度為何？

解

$M \times V = P \times T \Rightarrow 500 \times V = 4 \times 1{,}000 \Rightarrow V = 8$ 次

例 13-2

【所得型交易方程式】

假設某一年名目國民所得為 5,000 億元，該年流通在外貨幣為 1,000 億元，請問貨幣的流通速度為何？

解

$M \times V = P \times y = Y \Rightarrow 1{,}000 \times V = 5{,}000 \Rightarrow V = 5$

例 13-3

【所得型交易方程式】

假設 t 年與 t + 1 年某國的貨幣供給額與貨幣的流通速度如下表，請問這兩年的名目國民所得變動如何？

	t 年	t + 1 年
貨幣供給額	1,000 億元	1,200 億元
貨幣的流通速度	2.5	2.4

解

t 年名目國民所得為⇒ $M \times V = Y \Rightarrow 1{,}000 \times 2.5 = 5{,}000$ 億元

t + 1 年名目國民所得為⇒ $M \times V = Y \Rightarrow 1{,}200 \times 2.4 = 2{,}880$ 億元

這兩年的名目國民所得增加 2,880 － 2,500 = 380 億元

市場焦點

美國貨幣流通速度創 1959 年最低

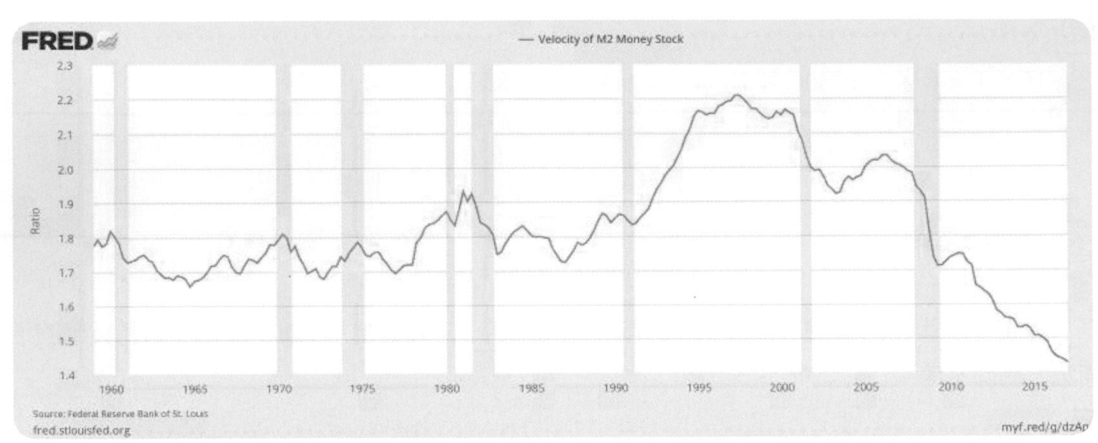

2017 年第 1 季美國貨幣流通速度（Velocity of M2 Money Stock）為 1.428（見圖），已創 1959 年開始統計以來新低紀錄，連續第 7 個季度呈現下滑。美國貨幣流通速度為名目 GDP 除以 M2 貨幣供給，下跌意味著美國消費者與企業對經濟復甦的信心依舊相當低落。美國前總統歐巴馬（Barack Obama）2009 年第 1 季剛上任時貨幣流通速度還高達 1.736。

圖文資料來源：摘錄自 Money DJ 2017/05/03

【解說】

影響貨幣流通速度的因素繁多，且每個國家每個時期都不一定一樣。根據上述報導，2017 年美國 M2 貨幣的流通速度已創下自 1959 年歷史新低紀錄。這表示美國經濟成長趨緩，民眾消費力道不如高經濟成長時，因此消費者與企業對經濟復甦的信心依舊相當低落。

二、劍橋學派的貨幣需求理論

古典學派將貨幣的交易型方程式擴展成所得型方程式，將「貨幣需求」與「名目所得」的關係相連結。英國經濟學家馬歇爾（Marshall）與皮古（Pigou）所提出的「劍橋方程式」（Cambridge Equation）與古典學派的「所得型方程式」，其實是相通的，都是在分析「貨幣需求」與「名目所得」的關係。以下兩式為「所得型方程式」與「劍橋方程式」的連結關係。

所得型方程式：$M \times V = P \times y \Rightarrow M = \frac{1}{V} \times P \times y$　　(13-5)

$$\text{劍橋方程式：}\frac{M}{P}=k\times y \Rightarrow M=k\times P\times y \qquad (13\text{-}6)$$

M：貨幣的流通數量

P：物價水準

k：實質貨幣餘額比例

y：實質所得

由 13-5 式與 13-6 式整理得知：$k=\frac{1}{V}$，也就是說「所得型方程式」的貨幣的流通速度（V）就是「劍橋方程式」的實質貨幣餘額比例（k）的倒數。所謂的「實質貨幣餘額比例」是指某一段期間內，一般人通常持有的貨幣數量佔實質所得的比例。例如：假設現在貨幣的流通速度爲 $V=5$，那實質貨幣餘額比例爲 $k=\frac{1}{5}$，也是說個人平常持有的貨幣是實質所得的 $k=\frac{1}{5}$，也就是說某人 1 年實質所得爲 100,000 元，那他平時持有的貨幣數量爲 20,000 元（$100{,}000\times\frac{1}{5}$）；此外，若我們把 1 年當作一段期間，也就是說 1 年 365 天，人們平時保有的 20,000 元貨幣約足夠使用 73 天（$365\times\frac{1}{5}=73$）。

劍橋方程式認爲貨幣是資產的一種，除了具有交易媒介外，還有價值儲藏功能；所以個人對貨幣的需求可以依據個人的需求，選擇「想」保有多少數量。此外，劍橋方程式強調實質貨幣餘額比例（k）對貨幣需求的影響，其認爲即使個人的實質所得很穩定，但實質貨幣餘額比例卻會隨時變動，所以會導致貨幣的流通速度也會變動。

雖然「所得型方程式」與「劍橋方程式」的關係式是相通的，但兩者對貨幣需求的觀念與理論涵義並不相同，以下表 13-2 爲兩者的差異比較表。

表 13-2 所得型方程式與劍橋方程式差異比較表

差異項目	所得型方程式	劍橋方程式
貨幣的功能	強調貨幣為交易媒介，著重貨幣會不停的週轉流動。	強調貨幣是一種資產，具有交易媒介與價值儲藏功能。
貨幣的持有	貨幣需求為了交易活動「必須」保有貨幣。	貨幣需求依據個人實際需要，選擇「想」保有多少貨幣。

差異項目	所得型方程式	劍橋方程式
貨幣流通速度	貨幣流通速度相對穩定。	貨幣流通速度會變動。
對貨幣需求的影響	強調名目所得對貨幣需求的影響。	強調實質貨幣餘額比例對貨幣需求的影響。

例 13-4

【劍橋方程式】

若貨幣數量為 500 億元，平均物價為 100 元，實質所得 400 億元，請問實質貨幣餘額比例為何？

解

$M = k \times P \times y = Y \Rightarrow$ 500 億元 $= k \times 100 \times 400$ 億元 $\Rightarrow k = \dfrac{1}{80}$

例 13-5

【劍橋方程式】

若貨幣的流通速度為 4，國民名目所得為 100 億元，請問

(1) 實質貨幣餘額比例為何？

(2) 貨幣數量為何？

解

(1) 實質貨幣餘額比例

$$k = \frac{1}{V} = \frac{1}{4} = 0.25$$

(2) 貨幣數量

$M = k \times P \times y = k \times Y = 0.25 \times 100 = 25$ 億元

三、凱因斯的貨幣需求理論

劍橋學派認為貨幣除了具有交易媒介外，還有價值儲藏功能。凱因斯（Keynes）於 1936 年進一步提出了流動性偏好理論（Liquidity Preference Theory），其認為人們需要貨幣，乃因它具有高度流動性，人們因偏好貨幣的流動性，才願意捨棄其他收益高的資產轉而持有貨幣，因為貨幣可以滿足人們的「交易」、「預防」與「投機」等這三大動機。凱因斯持有貨幣的三大動機之說明，詳見表 13-3 所示。

表 13-3 凱因斯持有貨幣的三大動機說明

動機	說明	影響因素
交易動機（Transactions Motive）	人們為了交易而持有貨幣，貨幣的需求和交易規模成正比，交易規模又與實質所得成正比，因此交易性貨幣需求與所得成正向關係。	實質所得
預防動機（Precautionary Motive）	人們有時會應付額外的支出而持有貨幣，貨幣的需求和偶發支出成正比，偶發支出又與所得成正比，因此預防性貨幣需求與實質所得成正向關係。	實質所得
投機動機（Speculative Motive）	人們因從事高收益的投機活動而持有貨幣，貨幣的需求和投機金額成正比，投機金額又與名目利率成反比，因此投機性貨幣需求與利率成反向關係。	名目利率

基於上述凱因斯對持有貨幣所提出的三大動機說明中，我們得知貨幣需求與實質所得成正比、與名目利率成反比。基於此，可將凱因斯的貨幣需求函數寫成，如 13-7 式所示。

$$\frac{M}{P} = L(y, r) \tag{13-7}$$

M：貨幣的流通數量

P：物價水準

$L(y, r)$：流動性函數

y：實質所得

r：名目利率

凱因斯對貨幣需求理論的貢獻在於將「貨幣需求」與「利率」相連結，有別於之前的古典學派與劍橋學派僅考慮所得的因素。此外，對於貨幣的持有態度，凱因斯與劍橋學派的認知較相同，都認爲貨幣需求乃依據個人實際需要，選擇「想」保有多少貨幣，而非古典學派所認知的貨幣需求只爲交易活動，所以「必須」被動的保有貨幣。再者，對於貨幣流通的速度，凱因斯與劍橋學派的認知較相同，都認爲貨幣流通的速度會隨時變動，有別古典學派所認知貨幣流通的速度是穩定的。以下將古典、劍橋與凱因斯學派對貨幣需求的觀點異同比較表，整理於表 13-4 所示。

表 13-4 古典、劍橋與凱因斯學派對貨幣需求的觀點異同比較表

差異項目	古典學派	劍橋學派	凱因斯學派
貨幣的持有	貨幣需求為了交易活動「必須」保有貨幣。	貨幣需求依據個人實際需要，選擇「想」保有多少貨幣。	貨幣需求依據個人實際需要，選擇「想」保有多少貨幣。
貨幣流通速度	貨幣流通速度相對穩定	貨幣流通速度會變動	貨幣流通速度會變動
對貨幣需求的影響	強調社會的「所得」對貨幣需求的影響	強調「實質貨幣餘額比例」對貨幣需求的影響	強調「利率」對貨幣需求的影響

四、包莫爾與托賓的貨幣需求理論

美國經濟學家包莫爾（Baumol）與托賓（Tobin）對貨幣需求理論，也提出了他們的見解。他們認爲交易性的貨幣需求對利率是敏感的，兩者應呈反向關係；且與名目所得以及交易成本成正向關係；物價水準並不影響貨幣需求。所以下式 13-8 爲包莫爾－托賓的貨幣需求模型。

$$M=\sqrt{\frac{c\times Y}{2\times r}} \qquad (13\text{-}8)$$

M：貨幣的流通數量

c：交易成本

Y：名目所得

r：名目利率

例 13-6

【包莫爾－托賓的貨幣需求模型】

若國民名目所得為 100 萬元，交易成本為 2,000 元，名目利率為 10%，請用包莫爾－托賓的貨幣需求模型，求貨幣需求數量？

解

$$M=\sqrt{\frac{c\times Y}{2\times r}}=\sqrt{\frac{2{,}000\times 1{,}000{,}000}{2\times 10\%}}=100{,}000$$

五、傅利德曼的貨幣需求理論

凱因斯所提出的貨幣需求理論，強調貨幣需求與利率之間的關係，曾引領爲主流一段時期。直到美國經濟學家傅利德曼，重新強調貨幣需求與「所得」的關係後，經濟學家又將焦點轉回古典學派的貨幣數量學說。傅利德曼所推導的理論與費雪的貨幣數量學說所強調的論點相同，所以經濟學家將傅利德曼與其追隨者所建立的學理稱爲「現代貨幣數量學說」（Model Quantity Theory of Money）。

傅利德曼認爲影響貨幣需求最重要的因素爲「恆常所得」[39]（Permanent Income）；至於利率對貨幣需求的影響較小，且影響也非決定於單一的絕對利率，而是取決於貨幣與各種資產之間的報酬率差異，並指出通貨膨脹率對貨幣需求的影響。有關傅利德曼的貨幣需求函數，如下 13-9 式所示。

$$\frac{M}{P}=f(Y_P, r_b-r_m, r_e-r_m, \pi_e-r_m) \tag{13-9}$$

M：貨幣的流通數量

P：物價水準

Y_P：恆常所得

r_b：債券預期報酬率

r_e：股票預期報酬率

π_e：通貨膨脹率

r_m：貨幣的預期報酬率

從傅利德曼的貨幣需求函數得知：貨幣需求與恆常所得成正比，所以當人們的恆常所得增加時，貨幣需求才會隨之增加。此外，貨幣需求亦分別受到「其他資產（如：債券、股票）」、「通貨膨脹率」與「貨幣報酬率」之間差異的影響，且兩者之間的互動關係爲反向；這表示當兩者差距變大時，此時持有貨幣的機會成本會增加，人們會減少貨幣的需求。

39 恆常所得是指一般人（或家庭）在一生中的平均所得水準。

本章習題

一、選擇題

【基礎題】

1. 下列何者與貨幣需求呈反向關係？ (A) 實質所得 (B) 名目所得 (C) 物價水準 (D) 名目利率。
2. 下列何者與貨幣需求呈正向關係？ (A) 通貨膨脹率 (B) 實質利率 (C) 物價水準 (D) 名目利率。
3. 請問通常物價水準提高，會造成貨幣需求？ (A) 增加 (B) 減少 (C) 不變 (D) 以上皆非。
4. 請問古典學派費雪所提出的交易方程式，$M = V = P \times T$，請問 V 代表何種意思？ (A) 經濟成長速度 (B) 貨幣的流通速度 (C) 貨幣交易速度 (D) 所得流動速度。
5. 請問依據古典學派的交易方程式，若現在流通的貨幣數量爲 1,000 元，將貨幣去買 40 個物價爲 50 元的商品，請問貨幣的流通速度爲何？ (A)12.5 (B)8 (C)2 (D)1。
6. 若依據古典學派的所得方程式，若貨幣數量增加 20%，貨幣流通速度減少 25%，則名目所得會如何變動？ (A) 減少 10% (B) 增加 10% (C) 減少 5% (D) 增加 5%。
7. 若依據所得方程式，貨幣數量與貨幣流通速度的乘積爲何？ (A) 實質所得 (B) 名目所得 (C) 實質利率 (D) 名目利率。
8. 請問劍橋學派的貨幣需求，認爲貨幣需求受何種因素的影響？ (A) 實質利率 (B) 貨幣流通速度 (C) 實質貨幣餘額比例 (D) 名目利率。
9. 依據劍橋方程式，若貨幣流通速度爲 10，則實質貨幣餘額比例爲何？ (A) 10 (B) 1 (C) 0.1 (D) 不受影響。
10. 下列何者非凱因斯學派所認爲人們持有貨幣的動機？ (A) 交易動機 (B) 預防動機 (C) 投機動機 (D) 儲存動機。
11. 凱因斯的貨幣需求函數爲下列何者的函數？ (A) 所得與消費 (B) 所得與利率 (C) 利率與支出 (D) 利率與貨幣供給。

12. 下列何項非凱因斯對貨幣需求觀點的論敘？ (A) 貨幣的流通速度會變動 (B) 與所得成正比 (C) 與利率呈反比 (D) 貨幣需求爲了交易活動「必須」保有貨幣。

13. 下列何項非包莫爾－托賓模型對貨幣需求觀點的論敘？ (A) 與交易成本成正比 (B) 與所得成正比 (C) 與利率呈反比 (D) 與消費支出呈反比。

14. 若現在國民名目所得爲 50 萬元，交易成本爲 20 元，名目利率爲 1.25%，請用包莫爾－托賓的貨幣需求模型計算貨幣需求數量？ (A)10,000 (B)20,000 (C)50,000 (D)80,000。

15. 下列何項非傅利德曼對貨幣需求觀點的論述？ (A) 與恆常所得成反比 (B) 又稱現代貨幣數量學說 (C) 受通貨膨脹率影響 (D) 與貨幣及各種資產報酬率差異呈反比。

【進階題】

16. 下列敘述何者有誤？ (A) 實質所得增加時，貨幣的需求會增加 (B) 物價水準提高時，貨幣的需求會增加 (C) 當發生通貨膨脹時，貨幣的需求會增加 (D) 當名目利率增加時，貨幣的需求會減少。

17. 下列對古典學派的貨幣數量學說的敘述何者有誤？ (A) 貨幣流通速度相對穩定 (B) 利用交易型衡量貨幣流通速度較所得型方便 (C) 所得型交易方程式未考慮中間產品的交易 (D) 人們爲了交易活動必須保有貨幣。

18. 下列對劍橋方程式的敘述何者有誤？ (A) 貨幣的流通速度就是實質貨幣餘額比例的倒數 (B) 貨幣需求依據個人實際需要，選擇「想」保有多少貨幣 (C) 認爲貨幣流通速度會變動 (D) 古典學派的交易型方程式與劍橋方程式是的相通的。

19. 下列對凱因斯對貨幣需求的敘述何者有誤？ (A) 強調利率對貨幣需求的影響 (B) 貨幣需求依據個人實際需要，選擇「想」保有多少貨幣 (C) 認爲貨幣具高度流動性 (D) 貨幣需求與實質所得成反比。

20. 下列的敘述何者有誤？ (A) 傅利德曼和劍橋學派都強調貨幣需求與所得的關係 (B) 包莫爾－托賓的貨幣需求模型認爲貨幣需求與所得成正比 (C) 古典學派的所得型方程式認爲貨幣流通速度是固定的 (D) 傅利德曼認爲貨幣需求與恆常所得成正比。

【國考題】

21. 以下關於凱因斯之流動性偏好理論的看法何者為正確？ (A) 貨幣流通速度不變 (B) 人們對於貨幣的需求僅係為了從事交易 (C) 利率對貨幣需求有影響力 (D) 貨幣數量的變動是造成總合需求變動的基本原因。（2010 初等考）
22. 在各種貨幣需求理論中，有關利率與貨幣需求之關係，下列敘述何者正確？ (A) 古典學派的貨幣數量學說認為利率是貨幣需求的顯著影響因素 (B) 凱因斯的流動性偏好理論，基於交易動機，貨幣需求與利率成正比 (C) 貨幣學派的傅利曼認為人們持有貨幣數量的多寡會受利率高低的顯著影響 (D) 後凱因斯學派認為交易性貨幣需求與利率成反比。（2011 陽信銀）
23. 根據交易方程式，當實質產出成長率為 2%，貨幣流通速度成長率為 1%，若中央銀行想把物價上漲率控制在 1%，則貨幣供給成長率應等於 (A)0% (B)1% (C)2% (D)3%。（2011 初等考）
24. 下列何者為凱因斯貨幣理論的特點？ (A) 交易性貨幣需求與所得呈反向變動 (B) 對利率之理論是就貨幣流量著眼 (C) 流動偏好之需求隨利率上升而增加 (D) 強調貨幣需求面。（2012 彰商銀）
25. 下列貨幣需求動機中，何者受到利率的影響？ (A) 投機動機 (B) 交易動機 (C) 預防動機 (D) 休閒動機。（2012 臺銀）
26. 依據鮑謨－托賓的貨幣需求模型分析，預防性貨幣需求會與 (A) 利率水準呈現正向相關 (B) 所得水準呈現負向相關 (C) 其他資產的預期報酬呈現負向相關 (D) 其他資產的預期報酬呈現正向相關。（2012 初等考）
27. 根據交易方程式的推論，當貨幣供給增加 2 倍，而貨幣流通速度不變，則 (A) 名目所得減少 2 倍 (B) 名目所得不變 (C) 實質所得增加 2 倍 (D) 名目所得增加 2 倍。（2014 初等考）
28. 下列何種因素會使交易動機貨幣需求下降？ (A) 利率下降 (B) 物價水準上升 (C) 所得增加 (D) 網路銀行來臨，網路交易手續費大幅下降。（2014 初等考）
29. 根據貨幣需求的數量理論，貨幣需求決定於下列何種因素？ (A) 名目所得 (B) 利率 (C) 貨幣流通速度 (D) 名目所得與貨幣流通速。（2016 初等考）

30. 有關貨幣需求理論對貨幣交易流通速度何以為順景氣循環的敘述，下列何者正確？①佛利曼（Friedman）貨幣學說認為貨幣需求為一穩定函數，因此貨幣流通速度會與所得同向變動 ②凱因斯（Keynes）流動性偏好理論認為貨幣需求為一穩定函數，因此貨幣流通速度會與所得同向變動 ③凱因斯（Keynes）流動性偏好理論認為貨幣需求為一會受利率影響的不穩定函數，因此貨幣流通速度會與利率同向變動 ④佛利曼（Friedman）貨幣學說認為貨幣需求為一會受利率影響的不穩定函數，因此貨幣流通速度會與利率同向變動 (A) 僅①② (B) 僅① (C) 僅①③ (D) 僅③④。（2016 初等考）
31. 根據凱因斯的貨幣需求理論，下列敘述何者正確？ (A) 貨幣供給增加會造成債券市場出現超額供給，因此利率上升 (B) 貨幣供給增加會造成債券市場出現超額需求，因此利率下跌 (C) 貨幣供給增加會造成債券市場出現超額供給，因此利率下跌 (D) 貨幣供給增加會造成債券市場出現超額需求，因此利率上升。（2016 初等考）
32. 下列有關凱因斯的流動性偏好理論之敘述，何者錯誤？ (A) 人們持有貨幣有三大動機：交易、預防與投機 (B) 交易動機的貨幣需求與所得呈正相關 (C) 投機動機的貨幣需求與利率呈正相關 (D) 貨幣流通量會影響利率，而利率會影響人們的資產選擇，進而影響貨幣流通速度。（2017 初等考）
33. 古典貨幣數量學說認為： (A) 貨幣需求具有穩定性 (B) 利率會影響貨幣需求 (C) 交易技術短期可以改變 (D) 實質所得不影響貨幣需求。（2018 初等考）
34. 根據古典貨幣數量學說，當貨幣數量增加 20% 時： (A) 物價上漲 20% (B) 實質所得增加 20% (C) 名目利率下跌 (D) 實質利率下降。（2018 初等考）
35. 根據古典貨幣數量學說，當貨幣流通速度不變，名目所得成長率為 12%，則代表：(A) 物價上漲率為 12% (B) 實質所得成長率為 12% (C) 貨幣供給成長率為 12% (D) 資料不足，無法判斷。（2019 初等考）

二、簡答與計算題

【基礎題】

1. 請問貨幣需求與「實質所得」、「物價水準」、「通貨膨脹率」與「名目利率」各成何種變動關係？
2. 古典學派的的交易方程式與所得方程式的公式爲何？
3. 假設某一年名目國民所得爲 3,000 億元，該年流通在外貨幣爲 500 億元，請問貨幣的流通速度爲何？
4. 若一國的實質所得 100 億元，平均物價爲 20 元，實質貨幣餘額比例 0.1，請問貨幣數量爲何？
5. 請問凱因斯學派認爲人們持有貨幣的動機爲何？這些動機許貨幣需求成何種變動關係？
6. 請問包莫爾－托賓的貨幣需求模型，貨幣數量受哪些因素影響？
7. 若現在貨幣需求數量爲 50 萬元，交易成本爲 250 元，名目利率爲 2%，請用包莫爾－托賓的貨幣需求模型，計算國民名目所得爲何？
8. 請問傅利德曼的貨幣需求函數，受哪個因素影響最大？

【進階題】

9. 假設某國估計明年貨幣供給額會增加 20%，貨幣的流通速度會減少 20%，物價上漲率減少 10%，請問：

   (1) 明年的名目國民所得變動如何？

   (2) 明年的實質國民所得變動如何？
10. 依據古典、劍橋與凱因斯學派貨幣需求的觀點異同，請就「貨幣的持有態度」、「貨幣的流通速度」以及「影響貨幣需求的最重要因素」，這三方面進行比較？

第 5 篇

貨幣政策與執行

中央銀行是一國貨幣政策的最高指導機構，中央銀行藉由調整貨幣供給額，以執行貨幣政策，希望能達成物價、金融、匯率穩定、充分就業與經濟成長的終極目標。所以一國的貨幣政策執行成效如何，攸關整個經濟情勢的發展。本篇包含 3 大章，主要介紹貨幣政策的運作機制、操作工具、以及執行的成效分析，希望讓讀者了解中央銀行執行貨幣政策對經濟發展的重要性。

14 CHAPTER 貨幣政策的運作架構

【本章大綱】

本章內容為貨幣政策的運作機制，主要介紹貨幣政策的目標、傳遞以及策略等內容，其內容詳見下表。

節次	節名	主要內容
14-1	貨幣政策的目標	介紹中央銀行貨幣政策的最終、中間與操作目標。
14-2	貨幣政策的傳遞	介紹貨幣政策的傳遞機制與時間落後。
14-3	貨幣政策的策略	介紹權衡與法則的意義與兩者的比較。

14-1 貨幣政策的目標

中央銀行是一個國家貨幣政策的最高指導機構，世界各國的中央銀行所經營目標不盡相同，大抵上都是爲了「物價穩定」、「經濟成長」、「充分就業」、「金融穩定」與「匯率穩定」這幾項目標在努力。上述的經營目標爲中央銀行貨幣政策的「最終目標」，爲了達成終極目標，通常必須利用各種機制與方法來達成。

因爲最終目標是個大方向，中央銀行在努力達成時，須藉由各種「貨幣政策工具」的執行，間接的控制貨幣數量或價格的變動，並藉設定短期內可以達到的「操作目標」與「中間目標」，才能迅速且精準的掌控方向，以期達到「最終目標」。有關中央銀行貨幣政策的目標示意圖，詳見圖 14-1 說明。

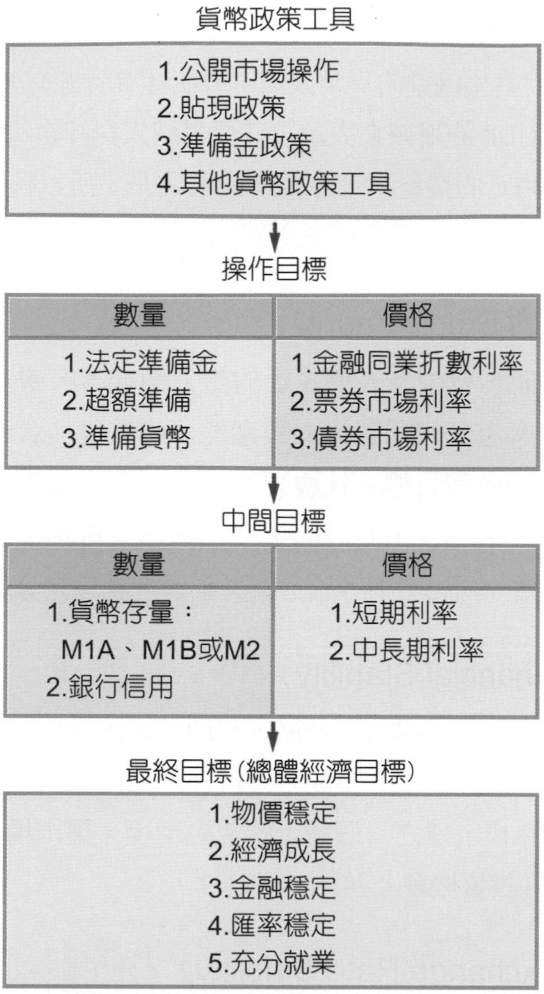

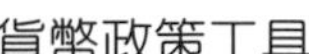

貨幣政策工具

1.公開市場操作
2.貼現政策
3.準備金政策
4.其他貨幣政策工具

↓

操作目標

數量	價格
1.法定準備金 2.超額準備 3.準備貨幣	1.金融同業折數利率 2.票券市場利率 3.債券市場利率

↓

中間目標

數量	價格
1.貨幣存量： M1A、M1B或M2 2.銀行信用	1.短期利率 2.中長期利率

↓

最終目標（總體經濟目標）

1.物價穩定
2.經濟成長
3.金融穩定
4.匯率穩定
5.充分就業

圖 14-1 中央銀行貨幣政策的目標示意圖

一、最終目標

一般而言，中央銀行貨幣政策的最終目標（Ultimate Targets）包括「物價穩定」、「經濟成長」、「充分就業」、「金融穩定」與「匯率穩定」等五項。其中前三項屬於政策目標，後兩項屬於金融目標。

（一）物價穩定（Price Stability）

維持物價穩定是大多數的中央銀行，在實施貨幣政策的首要目標。物價水準的高低，會影響一國貨幣的購買力。若物價不穩定，所引發通貨膨脹，將會造成民眾的生活水準下降，社會交易成本增加，導致資源無效率運用，嚴重危及社會安定與經濟發展。所以中央銀行會把通貨膨脹率設定在某一目標下，以監控物價穩定。

（二）經濟成長（Economic Growth）

一般而言，中央銀行實施適宜的貨幣政策，可使社會資源有效分配，促進經濟發展。經濟成長通常會用實質 GDP 的增減來表示，其代表個人與社會符合生活的資源增加。一般中央銀行會先在物價穩定的情勢下，才協助經濟成長。所以經濟成長一直視央行貨幣政策的努力目標。

（三）充分就業（Full Employment）

若一國失業問題嚴重，會帶來人們生活的壓力與痛苦，嚴重的話將導致成社會問題；此外，也代表社會有過多的閒置人力與產能，將造成社會資源浪費。因此充分就業為中央銀行貨幣政策的政策目標。社會要達到充份就業並不是指零失業率，而是勞動供給與需求相互平衡的就業量，此時的失業率稱為「自然失業率」（Natural Rate of Unemployment）。所以當一國失業率等於自然失業率，就達充分就業狀態。

（四）金融穩定（Financial Stability）

一國的金融市場與金融機構的穩定發展，有助於經濟發展。當金融危機或銀行發生倒閉時，會妨礙資金的流動與資本的形成，使得經濟活動受到阻擾。所以中央銀行須以維持金融穩定為其金融目標，建立一個穩定的金融環境，讓市場資金更具流動性，使得儲蓄資金有效率的配置在投資機會上。

（五）匯率穩定（Exchange Rate Stability）

一國的幣值維持穩定的匯率，有助於該國的國際貿易與國際投資的進行。匯率過度波動，會使進出口廠商增加不確定風險，不利國際貿易的進展。且一國匯率過度升值，會使本國產品對外競爭力下降；過度貶值，造成進口物價上漲，會帶動國內的物價上揚。因此維持一國匯率穩定，是中央銀行貨幣政策的重要金融目標。

二、中間與操作目標

中央銀行執行各種貨幣政策工具，包括公開市場操作、貼現窗口制度、準備金制度的調整等方式，希望達成貨幣政策的最終目標，但這些政策工具並無法直接影響最終目標，且在執行時會產生一段時間落差。如果中央銀行等待政策效果完全顯現後，才決定是否採取新措施，經常會緩不濟急或錯失先機，所以通常中央銀行會選取一些變數充當中間與操作目標，藉由中間與操作目標是否達到，以判斷最終目標是否可以實現。

通常變數目標的選取標準以及其價量的控制是否得當，攸關貨幣政策的最終目標是否能成功達成。以下將分別介紹中間與操作目標變數的選取標準、以及其價量的控制。

（一）變數目標的選取標準

首先，貨幣政策所選取的中間變數須與最終目標關係密切，中央銀行藉由控制這些變數來達成最終目標；央行所設定的「中間目標」（Intermediate Targets）的數量變數包括：貨幣供給額 M_{1A}、M_{1B}、M_2 與銀行信用等；價格變數包括：短期與中長期利率等。

但這些中間目標的價量變數，貨幣政策工具仍無法直接的影響它，所以必須選取與政策工具連動性高的操作目標變數來當連結。因此央行所設定的「操作目標」（Operating Targets）的數量變數包括：法定準備金、超額準備金與準備貨幣等；價格變數包括：金融同業拆款市場、票券與債券市場利率等。

央行對這些中間與操作目標變數的選取標準上，大致須符合「可測性」、「可控性」與「因果性」這三大特性。表 14-1 為中間與操作目標變數的選取標準特性說明。

表 14-1 中間與操作目標變數的選取標準

目標	特性說明
可測性（Measurability）	變數必須是央行迅速且可靠可以搜尋到的資訊。因為藉由變數的數據回饋，可以提供央行執行政策的及時調整，幫助央行減少認知的落後。
可控性（Controllability）	變數必須是央行貨幣政策可以有效控制影響的。因為若是央行無力控制影響的變數，就無法如央行所願的去影響貨幣政策目標。
因果性（Predictability）	變數必須與貨幣政策有相當的因果關係。如果是一個沒因果關係的變數，即使將來與貨幣政策目標關係密切，但並沒有多大的意義存在。

（二）變數目標的價量控制

央行為了達到貨幣政策的最終目標，須藉由中間與操作目標變數的價量控制，以監測執行的效果。在價量控制中，價格是指對「利率」的管控；數量是指對「準備金數量」或「貨幣供給數量」的管控。在價量兩變數控制中，通常會採取盯住某一變數，然後去分析另一變數的影響，所以又稱「價量不相容原則」。以下將依序介紹控制「貨幣數量」與「利率（價格）」這兩種分析方式。

1. 控制「貨幣數量」

若中央銀行採取控制「貨幣數量」為操作目標，並設定貨幣供給線[40]為 M^s，貨幣數量固定為 M_0，此時貨幣需求線[41]為 M_0^d 時，均衡利率為 r_0。當社會對貨幣需求增加時，貨幣需求線上移為 M_1^d，此時利率會上升至 r_1。若社會對貨幣需求減少時，貨幣需求線下移為 M_2^d，此時利率會下跌至 r_2。此處說明如圖 14-2 所示。所以此處央行藉由控制貨幣供給數量，然後讓利率隨著社會對貨幣需求量的增減而變動。

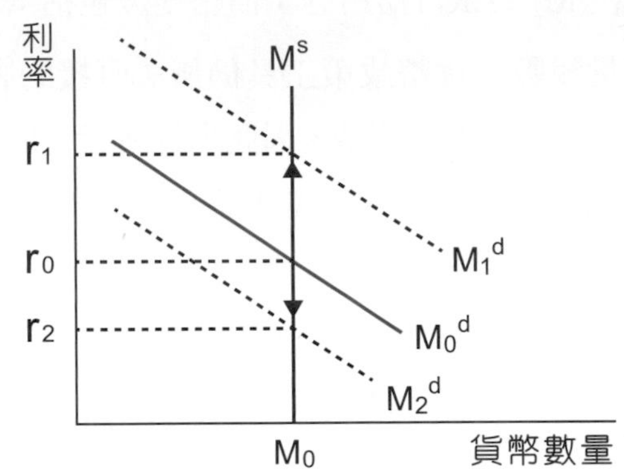

圖 14-2 控制貨幣數量時的利率變動示意圖

2. 控制「利率」

若中央銀行採取控制「利率」為操作目標，並設定利率固定為 r_0；此時貨幣供給線為 M_0^s，貨幣需求線為 M_0^d，貨幣供給數量為 M_0。當社會對貨幣需求增加時，貨幣需求線上移為 M_1^d，此時利率會上升至 r_1，中央銀行為使利率降至原來的 r_0，須將貨幣供給線需右移為 M_1^s，使得貨幣供給額增加至 M_1。

當社會對貨幣需求減少時，貨幣需求線下移為 M_2^d，此時利率會下降至 r_2，中央銀行為使利率升至原來的 r_0，須將貨幣供給線需左移為 M_2^s，使得貨幣供給額減少至 M_2。此處說明如圖 14-3 所示。所以此處央行藉由控制利率不變，然後讓貨幣供給數量隨著社會對貨幣需求量的增減而變動。

---

40 假設中央銀行可以完全控制貨幣供給額，所以貨幣供給額與利率無關，貨幣供給線（M^s）為一條垂直線。如圖 14-2 所示。

41 貨幣需求通常與利率呈反比，所以貨幣需求線（M^d），為一條負斜率線。如圖 14-2 所示。

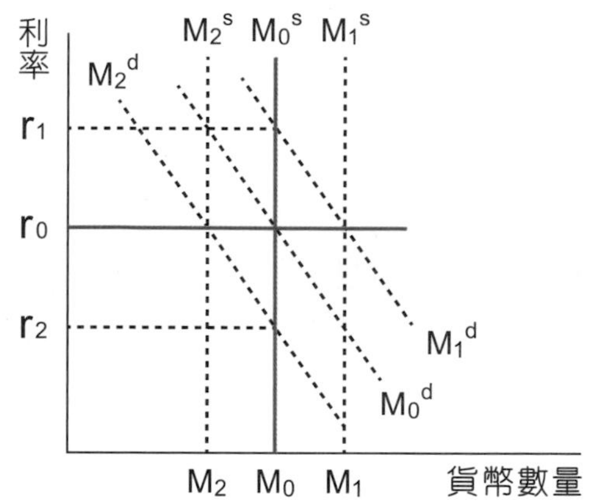

圖 14-3 控制利率時的貨幣數量變動示意圖

市場焦點

央行貨幣政策架構改變 30 年首見

央行貨幣政策架構變化

現行架構	●央行每年底根據主計總處對次年的經濟成長率、通膨率的預測值及其他因素，擬定次年的貨幣成長目標區間。若貨幣成長率能夠控制在貨幣成長目標區內，代表最終目標值大致可達成 ●近年來的M2目標區均為2.5%~6.5%
調整方向	M2年成長目標區，調整為2~3年的中期監控區域，且考慮不再逐年設定M2成長目標區數值
調整原因	容許M2在中長期參考區間內有較大波動，讓貨幣政策有較大操作彈性，也可發揮中長期定錨機制的作用

中央銀行總裁楊金龍公開表示，央行近 30 年來採行彈性的貨幣目標化機制將有大變革，央行擬將 M2 年成長目標區，調整為二到三年的中期監控區域，且考慮不再逐年設定 M2 成長目標區數值。此種做法將容許 M2 在中長期參考區間內有較大波動，不僅讓貨幣政策有較大操作彈性，也可發揮中長期定錨機制。

在全球金融危機後，雖然 M2 與物價間相關性減弱，但兩者仍具中長期穩定關係，因此未來央行擬將 M2 年成長目標區調整為二到三年的中期監控區域，且考慮不再逐年設定 M2 成長目標區數值，這種做法的好處，是容許 M2 在中長期參考區間內有較大波動，讓貨幣政策有較大操作彈性。

央行採行彈性的貨幣目標化機制，是以貨幣總計數 M2 為中間目標，並考量其他重要總體經濟金融變數。由於 M2 成長攸關經濟活動所需資金，央行在每年底根據下一年經濟成長率與物價年增率預測值等變數，推估 M2 貨幣需求，並考量其他影響 M2 成長的不確定因素，例如：國際經濟金融情勢及影響資金動能的外在環境變化，訂定適當目標區間。近年來央行 M2 目標區均在 2.5% ～ 6.5% 間，鮮少調整。

圖文資料來源：摘錄自經濟日報 2019/10/26

【解說】

近年來，隨我國金融帳逐步開放，跨境短期資本移動，除了影響新台幣匯率，同時也成為影響 M2 成長率變動的主要因素之一。因此央行認為，將 M2 年成長目標區調整為二到三年的中期監控區域，容許 M2 在中長期有較大的波動空間，將有助提升貨幣政策的操作彈性。

14-2 貨幣政策的傳遞

央行在執行貨幣政策時，使用各種貨幣政策工具，並透過各種不同的管道來進行傳遞，通常經過層層的傳遞，要到達最終目標的實現前，會產生一段時間落差。因此貨幣政策的傳遞過程的順暢度與傳遞機制的設計息息相關。以下本節將介紹貨幣政策的傳遞機制、與傳遞的過程中所產生的時間落後之議題。

一、貨幣政策的傳遞機制

所謂貨幣政策傳導機制（Conduction Mechanism of Monetary Policy）是指中央銀行運用貨幣政策工具影響中間與操作變數，進而實現最終目標的傳導途徑與過程。中央銀行利用各種貨幣政策工具，企圖利用貨幣供給數量的增減，去改變利率、匯率、股價（或資產）的價個變動、或影響銀行的信用擴張程度，進而影響社會的投資支出、消費支出、出口金額與總產出等總體經濟活動。通常貨幣政策的傳遞途徑，大致可分爲「利率」、「匯率」、「資產（財富）」與「銀行信用」這 4 個管道。

（一）利率傳遞途徑

當中央銀行實施寬鬆貨幣政策時，增加貨幣供給量，將導致利率下跌；此時個人的消費支出或企業的投資支出增加，將會使商品的需求增加，最後導致社會的總產出增加。

（二）匯率傳遞途徑

當中央銀行實施寬鬆貨幣政策時，增加貨幣供給量，將導致本國利率下跌；此時本國債權商品的報酬率下降，使得外國資金外流，本國幣值將貶值；幣值貶值後，會造成出口商品增加，進口商品減少，亦即出口淨額增加，使得商品的需求增加，最後導致社會的總產出增加。

（三）資產（或財富）傳遞途徑

當中央銀行實施寬鬆貨幣政策時，增加貨幣供給量，將導致利率下跌；此時融資買股票成本下跌會促使投資人往報酬率較高的資產進行投資，將使得股票或其他資產受到青睞而價格上揚，導致個人或企業的財富增加，進而會增加消費與投資，將使得商品的需求增加，最後導致社會的總產出增加。

（四）銀行信用傳遞途徑

當中央銀行實施寬鬆貨幣政策時，會增加貨幣供給量，導致銀行可供信用擴張的金額增加，使得準備金以及可供放款金額增加；此時銀行會增加放款意願，個人與企業更容易取得銀行融資，將使得投資或消費支出增加，將使得商品的需求增加，最後導致社會的總產出增加。

表 14-2 貨幣政策的傳遞過程與其影響情形

傳遞途徑	傳遞過程與其影響情形
利率	貨幣供給↑→利率↓→投資或消費↑→產出↑
匯率	貨幣供給↑→利率↓→匯率↓（貶值）→出口淨額↑→產出↑
資產（財富）	貨幣供給↑→利率↓→資產↑→財富↑→投資或消費↑→產出↑
銀行信用	貨幣供給↑→準備金↑→銀行放款↑→投資或消費↑→產出↑

二、貨幣政策的時間落後

當社會經濟情勢發生通貨膨脹或經濟成長遲緩等情形時，中央銀行欲執行貨幣政策去解決問題，期間使用各種的貨幣政策工具，並透過各種不同的管道來進行傳遞，通常需要經過一段時間後，才能逐漸顯現出效果。這一段落後時間可能會被人們對經濟狀況的認知落後、或被行政冗長的作業程序、或政策在社會運作所產生的影響落後等情形給耽誤到。此外，貨幣政策的時間落後問題，到底會對經濟情勢產生什麼不良的影響？也是值得我們關心的議題。以下我們將逐一的介紹執行政策的時間落後、以及時間落後所產生的問題。

（一）執行政策的時間落後

中央銀行執行貨幣政策的「時間落後」（Time Lag）問題，大致可分爲「內在落後」與「外在落後」這兩部分。有關時間落後的結構圖，詳見圖 14-4。

1. 內在落後

內在落後（Inside Lag）是指經濟問題現象發生，央行認知到問題的嚴重性後，將商討採取因應對策，至央行實際採取行動所需要花費的時間過程（$t_0 \sim t_2$）。內在落後又可細分爲「認知落後」與「行政落後」兩部分。

(1) 認知落後（Recognition Lag）：是指經濟問題現象發生，可能是央行收集的統計資料欠缺，或央行不能明確認知經濟未來變化情勢，直到央行認知到需要採取行動所花費的時間（$t_0 \sim t_1$）。

(2) 行政落後（Administrative Lag）：是指當央行認知問題後，將商討採取可行的因應對策，至央行實際採取行動，所需花費的行政程序時間（$t_1 \sim t_2$）。

2. 外在落後

外在落後（Outside Lag）又稱爲「影響落後」（Impact Lag）：是指貨幣政策執行後，經過層層的途徑的傳遞，到達社會上實際產生影響效果，所需要花費的時間（$t_2 \sim t_3$）。通常此部分的落後期間是央行所無法控制的。

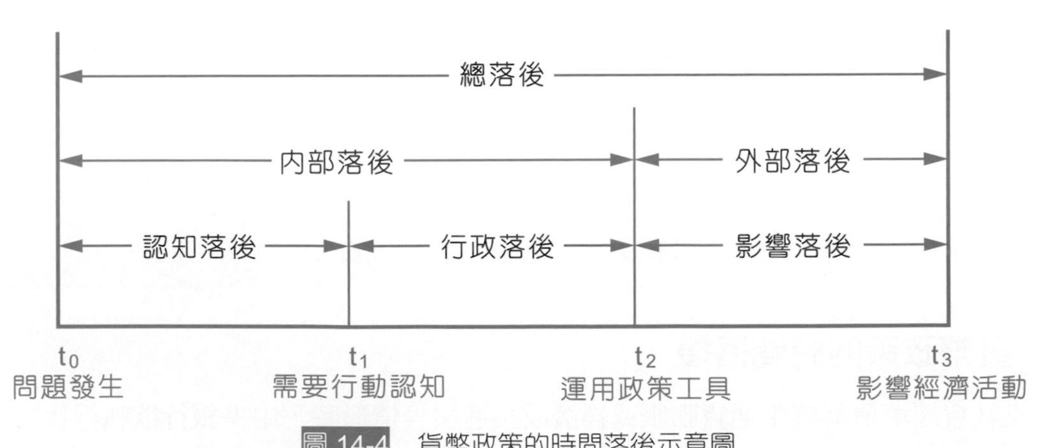

圖 14-4 貨幣政策的時間落後示意圖

（二）時間落後所造成的問題

貨幣政策的時間落後，會對社會經濟所造成的問題，如下說明。

1. 不能符合實際的經濟需要

貨幣政策的內部落後的問題，可能使中央銀行的貨幣政策遲緩執行；外部落後的問題，可能使中央銀行的貨幣政策受到打折。所以當中央銀行要執行貨幣政策時，有可能已經過時了，不能符合實際的經濟需要。例如：當社會已經發生失業率提高的現象，但央行考慮要調整貨幣政策時，可能須先花數月去了解實際的失業情形；當央行體認眞的須到調整貨幣政策，決定採行可用方案後；到政策實施後對社會產生影響，此時社會的失業率情形早已因其他情勢有所改變。所以貨幣政策的時間落後問題，可能讓政策不符合實際的經濟需要。

2. 加重經濟景氣循環的波動

貨幣政策的時間落後問題，可能會加重經濟景氣循環的波動，造成景氣波動更大。例如（見圖 14-5 說明）：假設現在（t_1）經濟相當繁榮，此時央行採取緊縮的貨幣政策；因時間落後的因素到（t_2）時點，緊縮的效果才開始顯現，因採行緊縮政策讓景氣循環的衰退更加惡化，使得景氣循環脫離原先自然循環會走的實線，改沿著虛線移動；當在（t_3）時點時，景氣自然循環的谷底原爲 A 點，但因央行採取緊縮的貨幣政策，使得谷底變爲 A_1 點，此時央行爲了刺激景氣，將採取寬鬆的貨幣政策；但仍因時間落後的因素到（t_4）時點，寬鬆的效果才開始顯現，因採行寬鬆政策讓景氣循環的擴張更加明顯，使得景氣循環脫離原先自然循環會走的實線，改沿著虛線移動；當在（t_5）時點時，景氣自然循環的峰頂原爲 B 點，但因央行採取寬鬆的貨幣政策，使得峰頂變爲 B_1 點。所以由上例得知：貨幣政策因時間落後問題，更加重經濟景氣循環的波動的情勢。

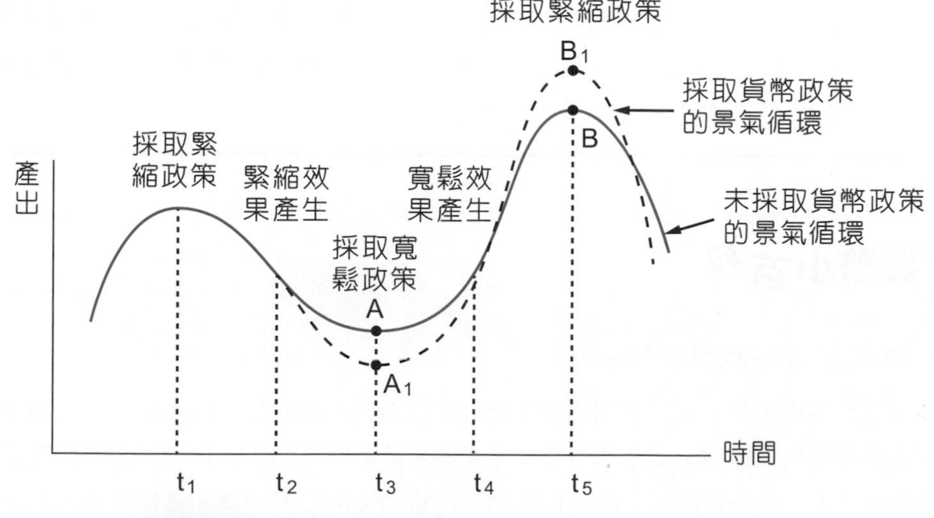

圖 14-5 貨幣政策的時間落後與景氣波動之關係示意圖

市場焦點

美國經濟該怎麼躲疫情衝擊？學者：可考慮直升機撒錢

圖片來源：大紀元時報

白宮正準備與華爾街高層會面，討論保護經濟免受 COVID-19（俗稱武漢肺炎）疫情衝擊的可行措施，部分經濟學家主張，「直升機撒錢」可能是最直接有效的方式。美國經濟學家表示，要增加消費者支出和促進增長，現金贈與是一種值得考慮的方式。

為什麼發錢可能會有效？原因在於，疫情所引起的長期低迷，比起金融泡沫的危害來得更為根本，它將帶來消費者支出的急劇下降，這約占美國經濟活動的 3 分之 2。現在為了公共衛生因素，美國有愈來愈多人接受建議而自我隔離，許多原定行程取消，這也拖累了經濟。隨著武漢肺炎病例的上升，這種狀況對經濟的影響可能迅速升級。

對美國來說，直接發錢給個人並非沒有先例可循。小布希政府曾在 2001 年，向約 3 分之 2 的美國家庭發放 300 ～ 600 美元退稅支票，這也幫助了在網路泡沫後的經濟重建。不過，對於更信任由上而下的「涓滴經濟學」的川普政府來說，直接發錢給個人不像他們的作風，實施的可能性也就更低了。

文資料來源：摘錄自聚亨網 2020/03/10

【解說】

貨幣政策經由各種管道傳遞，常常會失靈，現在可能需要特效藥就是利用「直升機撒錢」策略，此策略是一種極端的貨幣工具，其實就是一般所說的「量化寬鬆貨幣政策（QE）」。因前陣子，美國受武漢肺炎疫情衝擊，造成國內經濟活動萎縮，所以部分經濟學家主張「直升機撒錢」可能是最直接有效的方式。

貨幣小百科

◎ 直升機撒錢（Helicopter Money）

所謂的「直升機撒錢」，乃出自於諾貝爾經濟學獎得主傅利曼（Friedman）的 1969 年論文：「一架直升機飛過城鎮，從空中撒落千元美鈔，民眾急忙伸手抓住。因每位民眾都相信，這是一筆意外之財，機會難得。」因此民眾對於這筆從天而降的財富，會樂於拿去消費，進而提振整體經濟活動。現在指的「直升機撒錢」，通常是指中央銀行直接印鈔票，交由政府發放現金給民眾，透過民眾消費，促進經濟活絡。

14-3 貨幣政策的策略

中央銀行在實施貨幣政策時，通常會存在著時間後落的問題，且當時的整個經濟結構與貨幣政策的傳遞過程均不易清楚了解，所以央行要執行一個適當的貨幣政策工具，確實有許多的挑戰性。因此若要將貨幣政策發揮最大效果，央行到底要實行哪一種貨幣政策策略呢？一般而言，學理上貨幣政策的執行策略大致可分爲兩種，其一爲「權衡」策略，另一爲「法則」策略。這兩種策略各擁學派的支持，以下將介紹這兩策略的論敘以及比較各擁學派的支持論點。有關兩策略的比較，請詳見表 14-3 所示。

表 14-3 「權衡」與「法則」之比較

	權衡	法則
支持學派	凱因斯學派	貨幣學派
政府作風	利用貨幣政策干預	不用貨幣政策干預
市場機能	市場價格機能可能會失調	市場價格機能自行調整
適用國家	經濟自由受管制的國家	經濟自由開放的國家

一、權衡與法則

(一) 權衡

所謂權衡（Discretion）的貨幣政策，是指中央銀行應依社會經濟情勢的變化，適時來調整貨幣政策的方向。例如：現在經濟景氣過熱，中央銀行就採取緊縮的貨幣政策；若是景氣衰退，就採取寬鬆的貨幣政策；隨時調整貨幣政策，以因應經濟情勢的變化。支持該權衡論者是由凱因斯學派爲代表，其認爲社會商品價格機能並無法充分發揮，所以必須借助政府的干預力量，才能解決經濟過熱或衰退的問題；因此主張政府應適時利用貨幣政策或財政政策，去調節景氣的波動。

(二) 法則

所謂法則（Rule）的貨幣政策，是指中央銀行必須依據事先訂定的貨幣政策來執行，不會因經濟景氣轉變而有所調整。例如：央行採取一個固定的貨幣政策，將貨幣供給額控制在某一區間，不管將來景氣過熱或衰退，都不做任何調整。支持該法則論者是由貨幣學派爲代表，其認爲市場具有自動調節價格的機能，若市場價格短期內失衡，市場會自動解決；政府僅需控制貨幣供給額的成長率於一固定範圍內[42]，不需調整貨幣政策去介入經濟運作；因爲根據以往美國的經驗，政府介入市場的干預通常「不是太猛就是太遲」，會適得其反，並不恰當。有關兩策略的支持論點比較，請詳見表 14-4 所示。

二、權衡與法則的比較

貨幣政策的權衡與法則兩種策略，各擁學派的支持，以下比較不同支持者論點。

表 14-4 支持「權衡」與「法則」策略的論點比較

支持「權衡」策略論點	
決策彈性調整	權衡貨幣政策可隨時彈性調整，修正改進錯誤的決策，以增加經濟成長安定
解決價格失調	當市場價格機制失調時，政府利用貨幣政策進行干預，比較可以恢復市場機能。
支持「法則」策略論點	
解決時間落後	貨幣政策的時間落後很長且變異性較大，採取權衡策略將加重景氣的波動。若採取法則策略，有助於解決時間落後問題。
政策目標單一	貨幣政策若隨時變動，那所追求的政策目標較多元且彼此可能會發生衝突。若採取不干預的法則政策，政策目標比較單一。
減少經濟紛擾	根據歷史經驗，實施權衡策略，會加重美國經濟景氣循環的波動；實施法則策略，可以降低政府對的干預，減少經濟紛擾。

42 貨幣學派的傅利德曼（M Friedman）主張「固定貨幣成長法則」（Constant Money Growth Rule）認為政府僅需控制貨幣供給額的成長率於一固定範圍內，不須隨著經濟情勢做任何的貨幣政策調整，所以他主張「以法則替代權衡」。

本章習題

一、選擇題

【基礎題】

1. 一般而言，下列何者非中央銀行貨幣政策的最終目標？ (A) 穩定物價 (B) 財政穩定 (C) 匯率穩定 (D) 充分就業。
2. 通常中央銀行貨幣政策的首要目標爲何？ (A) 穩定物價 (B) 經濟成長 (C) 匯率穩定 (D) 充分就業。
3. 下列何項非中間與操作目標變數的選取標準？ (A) 可測性 (B) 可控性 (C) 因果性 (D) 穩定性。
4. 下列何者非貨幣政策的中間目標變數？ (A)M_{1A} 貨幣供給額 (B)M_{1B} 貨幣供給額 (C)M_2 貨幣供給額 (D) 法定準備金。
5. 下列哪一總體經濟變數，常被用於貨幣政策的中間目標變數？ (A) 貨幣供給額 (B) 失業率 (C) 通貨膨脹率 (D) 股價指數。
6. 下列何者非貨幣政策的操作目標變數？ (A) 超額準備金 (B) 準備貨幣 (C)M2 貨幣供給額 (D) 法定準備金。
7. 當中央銀行採取控制「貨幣數量」爲操作目標，若貨幣需求增加時，利率會如何變動？ (A) 上升 (B) 下降 (C) 持平 (D) 先升後降。
8. 當中央銀行採取控制「利率」爲操作目標，若貨幣需求減少時，如何讓利率維持不變？ (A) 貨幣數量增加 (B) 貨幣數量減少 (C) 貨幣數量持平 (D) 以上皆非。
9. 下列何項非貨幣政策的傳遞途徑？ (A) 利率價格 (B) 匯率價格 (C) 銀行信用 (D) 黃金價格。
10. 請問通常利率下跌，會導致如何？ (A) 股價下跌 (B) 產出減少 (C) 匯率貶値 (D) 消費減少。
11. 請問通常銀行準備金增加，會導致如何？ (A) 銀行放款減少 (B) 投資增加 (C) 產出減少 (D) 消費減少。
12. 請問中央銀行執行貨幣政策的時間落後，不包含下列何者？ (A) 認知落後 (B) 行政落後 (C) 影響落後 (D) 選擇落後。

13. 請問中央銀行執行貨幣政策的時間落後，可能會造成？ (A) 貨幣乘數效果 (B) 吻合經濟需要 (C) 減輕景氣波動 (D) 加重景氣循環。

14. 有關貨幣政策的權衡策略，下列敘述何者有誤？ (A) 主張政府應干預 (B) 凱因斯學派支持 (C) 市場價格機能自動調整 (D) 權衡政策較具彈性。

15. 有關貨幣政策的法則策略，下列敘述何者有誤？ (A) 主張政府不應介入 (B) 凱因斯學派支持 (C) 市場價格機能自動調整 (D) 不應受經濟情勢左右。

【進階題】

16. 下列對央行的貨幣政策目標敘述何者正確？ (A) 通常首要目標爲經濟成長 (B) 中間目標變數通常以準備金當變數 (C) 操作目標變數都以貨幣供給量當變數 (D) 中間目標變數價格的控制是以利率爲主。

17. 下列對於央行對操作目標變數價量控制的敘述何者正確？ (A) 操作目標變數價格的控制是以匯率爲主 (B) 控制「貨幣數量」爲操作目標，貨幣需求與利率呈反向 (C) 控制「利率」爲操作目標，當貨幣需求增加時，貨幣供給量亦須增加 (D) 操作目標變數數量的控制是以貨幣數量爲主。

18. 有關貨幣政策的傳遞途徑，下列敘述何者有誤？ (A) 貨幣政策傳遞，最後都是以影響總產出爲主要分析 (B) 若以匯率當途徑，通常本國幣匯率升值，總產出會增加 (C) 若以股價當途徑，通常股價與總產出成正比 (D) 若以信用當途徑，通常銀行信用與總產出成正比。

19. 有關貨幣政策的時間落後，下列敘述何者有誤？ (A) 時間落後可分內在落後與外在落後 (B) 內在落後可分認知落後與影響落後 (C) 外在落後通常是央行無法控制的 (D) 時間落後會加重景氣波動。

20. 有關權衡與法則策略的敘述何者有誤？ (A) 權衡策略有助於解決貨幣政策的「時間落後」問題 (B) 實施法則策略，其政策目標比較單一 (C) 實施法則策略，可以減少政府對經濟的干預 (D) 權衡策略比較適用於開發中國家。

【國考題】

21. 當中央銀行增加貨幣供給，下列何者是貨幣傳遞的匯率管道？ (A) 匯率升值，出口增加，所得增加 (B) 利率下降，匯率升值，出口減少，所得減少 (C) 利率下降，匯率貶值，投資增加，所得增加 (D) 利率下降，匯率貶值，出口增加，所得增加。 （2010 初等考）

22. 如果貨幣需求不穩定，則貨幣供給為中間目標，會導致下列何者？ (A) 利率下降 (B) 利率上升 (C) 貨幣供給波動 (D) 利率波動。 （2010 初等考）

23. 中央銀行若選擇貨幣供給為中間目標，將會失去對利率的控制；反之，中央銀行若選擇控制利率水準，將失去對貨幣供給的控制。此一現象稱為 (A) 防衛性操作 (B) 沖銷的干預 (C) 未沖銷的干預 (D) 價量不相容原則。 （2011 初等考）

24. 有關貨幣政策之傳遞機能，下列何者非屬能影響投資及消費之效果？ (A) 利率效果 (B) 財富效果 (C) 匯率效果 (D) 資產選擇效果。 （2012 臺土銀）

25. 貨幣政策有時間上的落後，自運用政策工具到對經濟活動產生影響的時間落後，稱為： (A) 認知落後 (B) 內部落後 (C) 行政落後 (D) 外部落後。（2012 臺土銀）

26. 當干擾來自金融面時，中央銀行應釘住的操作目標是 (A)M1B (B) 準備貨幣 (C) 長期利率 (D) 同業拆款利率。 （2012 臺銀）

27. 貨幣學派主張貨幣政策形式應為 (A) 權衡的貨幣供給成長法則 (B) 固定的貨幣供給成長法則 (C) 與景氣循環同方向操作的貨幣政策 (D) 與景氣循環反方向操作的貨幣政策。 （2012 初等考）

28. 當中央銀行採取釘住利率目標時，若景氣不佳造成貨幣需求降低，則中央銀行須採取下列何種方法？ (A) 降低存款準備率 (B) 貨幣供給維持不變 (C) 藉由公開市場操作降低貨幣供給 (D) 藉由公開市場操作增加貨幣供給。 （2012 初等考）

29. 凱因斯學派認為貨幣政策的傳遞機制，主要是透過 (A) 匯率管道 (B) 資產價格管道 (C) 利率管道 (D) 財富效果管道。 （2013 初等考）

30. 目前物價水準上漲，人們對貨幣需求會產生變化，當中央銀行採取釘住利率目標時，將會採取何種政策？ (A) 降低利率 (B) 增加貨幣數量 (C) 減少貨幣數量 (D) 維持貨幣數量不變。 （2013 初等考）

31. 關於貨幣政策的時間落後（Time Lag）問題，下列何者正確？ (A)「行政落後」指的是從問題發生到需要行動的認知 (B) 財政政策的「影響落後」比貨幣政策長 (C) 凱因斯（John Maynard Keynes）以貨幣政策存在「長而多變」的時間落後，主張「以法則替代權衡」 (D) 理性預期學派（Rational Expectation School）雖非因時間落後，但因時間不一致（Time Inconsistency）而偏愛貨幣法則。（2015 初等考）

32. 下列那一項不是中央銀行的操作目標？ (A) 準備金 (B) 消費者貸款利率 (C) 拆放利率 (D) 貨幣基數。 （2015 初等考）

33. 中央銀行的貨幣政策工具是以 ① 為操作目標，而以 ② 為中間目標： (A) ①準備金；②短期利率 (B) ①準備貨幣；② M2 (C) ①長期利率；②貨幣基數 (D) ① M1B；②中期利率。（2016 初等考）
34. 下列有關中間目標與操作目標的描述，何者錯誤？ (A) 中央銀行釘住貨幣數量目標，隱含放棄對利率的控制 (B) 近年來，中央銀行以貨幣數量作為中間目標，已日漸式微 (C) 中央銀行能同時釘住利率目標與貨幣數量目標 (D) 近年來，許多國家的中央銀行採用拆款利率等短期利率作為操作目標。（2017 初等考）
35. 下列何者比較適合描繪擴張貨幣政策，使家計單位因證券資產價值上升而增加消費，帶動總合需求上升及所得增加？ (A) 套利效果 (B) 排擠效果 (C) 替代效果 (D) 財富效果。（2019 初等考）

二、問答與計算題

【基礎題】

1. 一般而言，中央銀行貨幣政策的最終目標為何？
2. 請問中央銀行貨幣政策的中間目標的價量變數為何？
3. 請問中央銀行貨幣政策的操作目標的價量變數為何？
4. 請問中央銀行貨幣政策的中間與操作目標變數的選取標準？
5. 請問中央銀行貨幣政策的時間落後可分為哪兩種？
6. 請問中央銀行貨幣政策的時間落後可能會造成哪些問題？

【進階題】

7. 請說明中央銀行貨幣政策的 4 種傳遞途徑，如何傳遞造成產出增加的情形？
8. 請分別說明貨幣政策權衡與法則策略的各自支持者論點？

15 CHAPTER 貨幣政策的操作工具

【本章大綱】

本章內容為貨幣政策的操作工具，主要介紹公開市場操作、貼現窗口制度、準備金制度與其他管制措施等內容，其內容詳見下表。

節次	節名	主要內容
15-1	公開市場操作	介紹公開市場操作的策略、方式、目的與優點。
15-2	貼現窗口制度	介紹貼現窗口制度的融通管道、執行效果與優缺點。
15-3	準備金制度	介紹準備金制度的執行效果與優缺點。
15-4	其他管制措施	介紹選擇性信用、直接與間接管制。

中央銀行的貨幣政策操作工具，主要是利用調節貨幣供給數量，去達成政策的最終目標。通常政策的主要操作工具有三種，分別爲「公開市場操作」、「貼現窗口制度」與「準備金制度」。除了上述三種主要操作工具外，央行尚有三種管制措施，可以輔助貨幣政策的達成，其分別爲「選擇性信用管制」、「直接管制」與「間接管制」。

15-1 公開市場操作

公開市場操作（Open Market Operation）是指中央銀行在金融市場中，公開的買賣債券、票券、外匯以及發行單券等方式，希望藉由對銀行準備金的收放，來影響經濟體系的貨幣供給量與利率，並期望達成貨幣政策的最終目標。通常公開市場操作是央行最常使用、也是最重要的貨幣政策工具。以下將介紹公開市場操作的方式、策略、目的與優點。

一、操作方式

中央銀行進行公開市場操作的方式，大致上可分成四種方式：

（一）買賣斷交易

買賣斷交易是指央行在金融市場中，以買斷或賣斷的方式操作債券與票券。通常買賣斷交易的買賣立場，是以「央行的交易對手」（亦即公開市場操作指定交易商）[43] 爲出發。

1. 買斷交易（**Outright Purchase；OP**）：是指交易商向央行買進債票券，且債票券的所有權與風險皆移轉給交易商。此交易央行賣出債票券後，會從金融市場收回資金。
2. 賣斷交易（**Outright Sell；OS**）：是指債票詔交易商將債票券賣給央行，且債票券的所有權與風險皆移轉給央行。此交易央行買進債票券後，會釋出資金至金融市場。

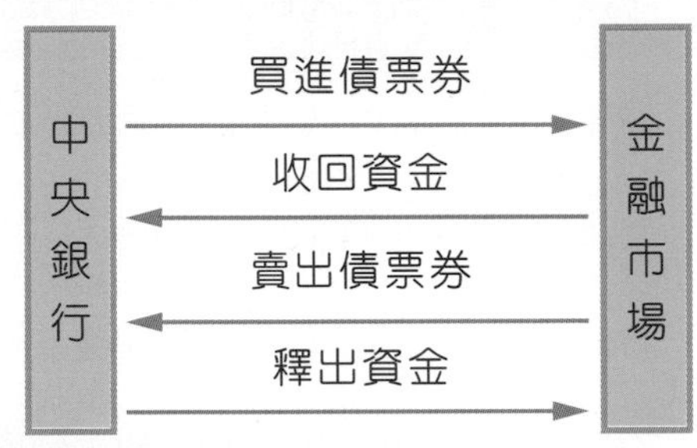

圖 15-1 中央銀行公開市場操作－買賣斷示意圖

（二）附條件交易

附條件交易是指央行在金融市場，以附買回或附賣回的方式操作債券與票券。附條件交易與買賣斷交易一樣，其交易的買賣立場乃是以「央行的交易對手」（亦即亦即公開市場操作指定交易商）爲出發。

1. 附買回交易（**Repurchase Agreement；RP**）：是指央行向交易商買進債票券後，會事先跟交易商約定一段期間後，再由交易商買回原先的債票券。此交易期初央行買進債票券時，會釋出資金至金融市場；但交易到期時，交易商向央行買回債票券，資金又被收回至央行。
2. 附賣回交易（**Reverse Sell Agreement；RS**）：是指央行賣出債票券給交易商後，會事先跟交易商約定一段期間後，再由交易商賣回原先的債票券給央行。此交易期初央行賣出債票券時，會從金融市場收回資金；但交易到期時，交易商將債票券賣回給央行，資金又被釋出至金融市場。

---

43 中央銀行為提高公開市場操作效率，並促進金融市場健全發展。將「公開市場操作指定交易商」區分為配合中央銀行調節金融之「一般指定交易商」及活絡公債交易與促進公債市場健全發展之「中央公債主要交易商」兩種；且經中央銀行核准之金融機構，得同時擔任兩種交易商。現行「公開市場操作指定交易商」總計 25 家；其中，「一般指定交易商」計 14 家，「中央公債主要交易商」計 14 家，同時擔任兩種交易商者計 3 家。

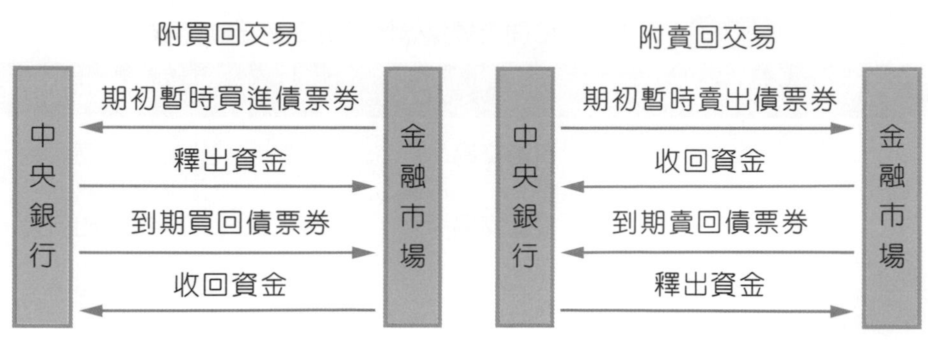

圖 15-2 中央銀行公開市場操作－附條件交易示意圖

（三）發行定存單

中央銀行利用自行發行可轉讓定期存單，以調節金融市場資金。央行可以藉由發行可轉讓定期存單，回收金融市場過多的資金；但當可轉讓定期存單到期時，又將資金釋回至金融市場。

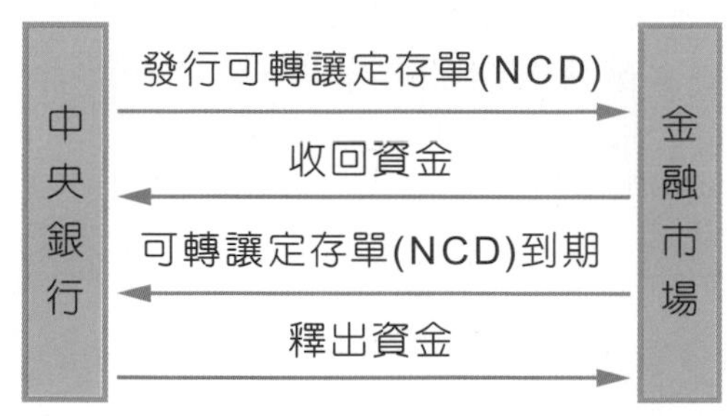

圖 15-3 中央銀行公開市場操作－發行定存單示意圖

（四）外匯操作

中央銀行利用外匯存底進行沖銷操作（Sterilization Operation），以調節金融市場資金。所謂的沖銷操作乃是央行可以向銀行買進外匯，就會相對的釋出等額的本國貨幣資金至金融市場；相反的，央行可以將外匯賣給銀行，就會相對的從金融市場收回等額的本國貨幣資金。

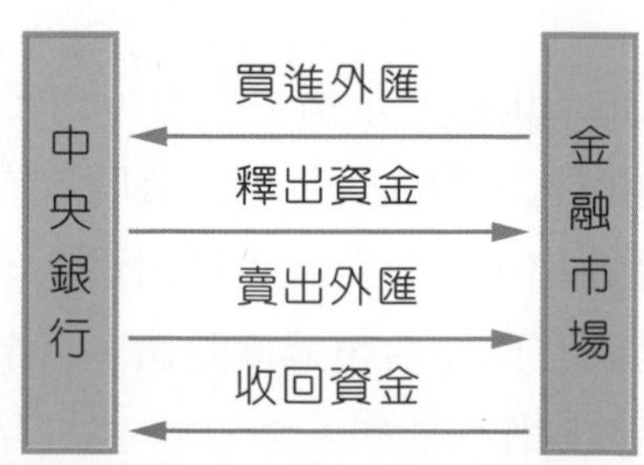

圖 15-4 中央銀行公開市場操作－外匯操作示意圖

表 15-1 中央銀行公開市場操作模式與資金流動情形

操作方式			資金流動情形
買賣斷交易	買斷交易		收回資金
	賣斷交易		釋出資金
附條件交易	附買回交易	期初	釋出資金
		到期	收回資金
	附賣回交易	期初	收回資金
		到期	釋出資金
發行定存單	發行可轉讓定存單		收回資金
	可轉讓定存單到期		釋出資金
外匯操作	買進外匯		釋出資金
	賣出外匯		收回資金

二、操作策略

中央銀行公開市場的操作策略，大致可分為兩種：

（一）動態性操作

動態性操作（Dynamic Operations）是指中央銀行為了改變金融市場的貨幣供給額，所採取的自主性操作模式。例如：假設現在經濟不景氣，中央銀行為了刺激景氣，採取寬鬆的貨幣政策而釋出資金，此時央行釋出資金的行為是屬於動態性操作。

（二）防衛性操作

防衛性操作（Defensive Operations）是指中央銀行為了抵銷外來因素對貨幣供給額的影響，所採取的防禦性操作模式。例如：每年過農曆年前，金融市場會有大量的季節性資金需求，央行為彌補資金缺口，至公開市場釋出資金，此時央行釋出資金的行為是屬於防衛性操作。此外，央行為了防止台幣過度貶值，至金融市場拋售外匯，收回等值台幣資金，此操作亦屬於防衛性操作。

三、操作目的

中央銀行執行公開市場操作的目的，大致有以下幾項：

（一）影響貨幣數量

中央銀行藉由買入（賣出）債票券，使得金融市場的資金增加（減少），此時銀行的準備金及準備貨幣亦會增加（減少），再透過貨幣的乘數效果，可以使經濟體系內的貨幣供給數量會增加（減少）。

（二）影響利率走勢

中央銀行藉由買入（賣出）債票券，使得金融市場的資金增加（減少），以讓短期利率（如：金融同業拆款利率、票券利率、債券附買回利率）或中長期利率（如：債券殖利率）下跌（上升）。但一般而言，公開市場操作主要是以調節短期利率爲主。

（三）傳達政策方向

通常中央銀行藉由持續的進行買入（賣出）債票券，使得金融市場資金持續的增加（減少），藉以傳達央行將繼續採取寬鬆（緊縮）的貨幣政策之訊息，間接影響社會大眾的心理預期，並誘導其消費與投資的活動。

（四）庫券互換操作

中央銀行可以在公開市場買進（賣出）長期債券（如：公債），並同時賣出（買進）等額的短期債券（如：國庫券），進行所謂的「庫券互換操作」或稱爲「扭轉操作」（Operation Twist；OT）。此操作將使得使得長期利率下跌（上升），短期利率上升（下跌），藉以調整長短期利率的曲線結構；但此操作並不會影響準備貨幣的數量。

四、優點

中央銀行執行公開市場操作的優點，大致有以下幾項（詳見表 15-2 說明）：

表 15-2　中央銀行執行公開市場操作的優點

優點項目	優點說明
自主性（Initiative）	中央銀行可以主動透過公開市場操作，來改變銀行的準備金與準備貨幣的數量。
精確性（Precision）	中央銀行透過公開市場操作，可以很精準的控制銀行所需要的貨幣數量。
伸縮性（Flexibility）	中央銀行可透過公開市場操作，進行微量或巨量的貨幣數量的伸縮調整。
可逆性（Reverse）	中央銀行可以隨時依據市場的情勢變化，立即進行正反向的操作調整。
迅速性（Quickly）	中央銀行的公開市場操作，可以在任一時間迅速執行，不會有行政落後的問題發生。

15-2 貼現窗口制度

貼現窗口制度（Discount Window Policy）爲銀行向中央銀行申請各項資金融通的機制，其融通的管道包括「重貼現」、「短期融通」及「擔保放款之再融通」這三種。中央銀行藉由貼現窗口制度，提供銀行融通資金，間接來影響放款與準備貨幣數量，此時央行亦扮演著金融市場最後貸款者（Lender of Last Resort）的角色。貼現窗口制度是央行最早擁有的貨幣政策工具，雖目前公開市場操作方式是央行最常使用的操作工具，但貼現窗口制度所擔負的角色，仍對貨幣政策具有宣示效果，對於穩定金融仍具關鍵的影響性。以下將介紹貼現窗口制度的融通管道、執行效果與優缺點。

一、融通管道

貼現窗口制度其融通的管道包括以下三種：

（一）重貼現

銀行可將客戶貼現所得合格的票據（如：承兌匯票或商業本票等），向中央銀行申請重貼現（Rediscount）以融通資金，此時央行向銀行收取「重貼現率」（Rediscount Rate）之利息。通常上述的合格票據，須客戶實質的交易行爲所產生的票據，因近年來經濟體系愈趨複雜，所以在認定實質交易行為上比較困難，因此在實際上銀行較少用重貼現的方式，向中央銀行申請融通資金。

（二）短期融通

銀行將所持有的政府債券、央行可轉讓定期存單等合格票據，向央行申請短期融通資金；若銀行無提供擔保品，利息則適用「短期融通利率」；若銀行有提供擔保品，利息則適用「擔保放款融通利率」。一般而言，銀行向央行申請短期的融通，大多是以所持有的央行可轉讓定期存單為擔保品，去申辦有擔保的短期融通。

（三）擔保放款之再融通

銀行已承作央行同意之放款、或承作配合貨幣政策之放款、或者現有緊急資金需求等情形下，央行同意此時可以用有價證券、或存款準備金乙戶當作擔保品，向央行申請擔保放款之再融通，但利息仍適用「擔保放款融通利率」。

有關上述貼現窗口制度所提及的三種融通利率，分別為「重貼現率」、「短期融通利率」與「擔保放款融通利率」。通常以「重貼現率」為最低；「短期融通利率」為最高；「擔保放款融通利率」則居中。根據國內央行 2020 年 3 月所公布的這三種利率，「重貼現率」為 1.125%，「擔保放款融通利率」為 1.5%，「短期融通利率」為 3.375%，皆為史上新低。圖 15-5 為我國 1990 ～ 2020 年來這三種利率之走勢圖。

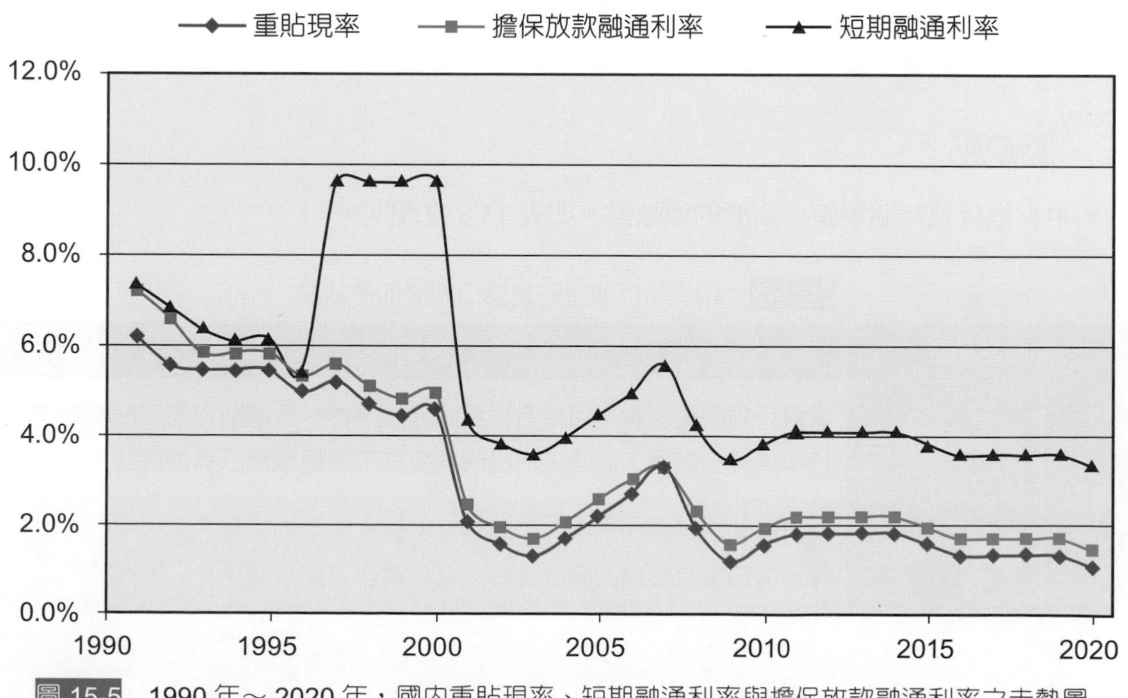

圖 15-5 1990 年～ 2020 年，國內重貼現率、短期融通利率與擔保放款融通利率之走勢圖

二、執行效果

中央銀行執行貼現窗口制度的效果，大 致有以下幾項：

（一）局部影響利率水準

央行藉由調整貼現窗口利率（包括重貼現率、短期融通利率、擔保放款融通利率），間接的影響工商企業的借貸成本，並引導短期利率的變動，但通常比較無法改變利率曲線結構，所以只能局部的影響利率水準。

此外，為了防止銀行會向央行申請貼現後，將貼現所得到成本較低的資金再到拆款市場放款收取較高的利息，進行套利投機行為，所以重貼現率常是金融同業拆款利率無形的上限利率。

（二）被動的影響貨幣數量

央行調整貼現窗口利率，雖會間接影響工商企業向銀行申請貸款的意願與資金數量，但放款的額度須取決於銀行的態度，央行並無主導權，所以對貨幣供給數量的影響較被動。

（三）宣示效果

通常央行調整貼現窗口利率，對上述的利率與貨幣供給數量的影響並不大，但比較具有宣示未來貨幣政策走向的效果。例如：央行持續提高貼現窗口利率，則表示央行將持續採取緊縮的貨幣政策之意圖。

三、優缺點

中央銀行執行貼現窗口制度的優缺點，如表 15-3 之說明。

表 15-3　中央銀行執行貼現窗口制度的優缺點

優缺點項目		說明
優點	最後貸款角色	當銀行短缺資金時，可持合格票據或債票券，透過貼現窗口制度向央行申請資金融通，此時央行扮演著金融市場最後貸款者的角色。
	具有宣示效果	央行調整貼現窗口利率，雖對利率與貨幣數量的影響並不大，但可以傳達央行未來貨幣政策的走向，具有宣示效果。

優缺點項目		說明
缺點	執行效果有限	貼現窗口制度的主導權在於銀行，即使央行調整貼現窗口利率，仍無法主動影響銀行向央行借款的意願，所以更不用說會去影響貨幣數量與利率，因此執行效果有限。
	套利投機產生	若金融同業拆款市場利率比重貼現利率高時，此時銀行會向央行申請貼現，將所得資金再到拆款市場放款，進行套利投機行為，這並不是貼現窗口制度原先的立意。

全球央行寬鬆 大踩油門

各國振興經濟與救市措施

美國	●政府考慮入股紓困企業，府會也正在討論規模1.3兆美元的計畫，包括在4月6日、5月18日直接發放現金給民眾，總額5,000億美元。川普簽署規模1,000億美元的紓困法案，提供帶薪病假、弱勢族群食物援助等 ●Fed啟用緊急工具「貨幣市場共同流動性基金」，提供貸款給金融機構，向主要貨幣市場基金買進資產
加拿大	推出規模820億加元財政刺激方案，並延後繳稅期限
歐元區	●ECB宣布規模7,500億歐元的額外緊急購債計畫，至少實施到今年底 ●德國考慮最快下周批准緊急舉債計畫，額度無上限
日本	●央行加碼1兆日圓收購公債 ●政府正在討論規模至少30兆日圓的緊急刺激方案，包括直接發現金給一般家庭
澳洲	●央行降息1碼至0.25%，並實施公債殖利率管控政策 ●政府將推出第二套刺激方案，包括擴大補助失業民眾
南韓	為小企業推出50兆韓元紓困方案，央行將買進1.5兆韓元的政府公債
菲律賓	降息2碼至3.25%
印尼	降息1碼至4.5%
土耳其	推出154億美元刺激計畫
巴西	央行降息2碼至3.75%，降至歷史低點

資料來源：綜合外電　經濟日報

隨著新冠肺炎疫情對全球經濟造成的衝擊愈來愈明顯、並引發全球金融市場劇烈震盪，世界各國央行都對寬鬆貨幣措施大踩油門，加強緊急支持力道，以解決流動性短缺、金融穩定風險和成長前景低迷的問題。

英國央行緊急降息 15 個基點至 0.1%，並擴大量化寬鬆（QE）規模至 6,450 億英鎊（7,500 億美元）。歐洲央行（ECB）緊急加碼 QE 規模，推出 7,500 億歐元的額外購債計畫，買進公共與民間證券，涵蓋符合當前 QE 準則的資產，並擴大購買範圍至商業票據，至少實施到今年底。ECB 也將考慮調高自我設定的 QE 持有限制，並為擴大資產收購計畫做好準備。ECB 上周並未降息，僅宣布今年底前將加碼購買總額 1,200 億歐元債券。

美國聯準會（Fed）宣布啓動金融海嘯期間的緊急工具「貨幣市場共同基金流動性計畫」，提供金融機構長達 1 年期的貸款，鼓勵銀行業者從共同基金購買資產。

日本銀行（央行）也臨時加碼 1 兆日圓收購公債，為市場挹注流動性。南韓央行則將收購 1.5 兆韓元（12 億美元）的政府公債，以穩定市場。

澳洲央行同日除了調降基準利率 1 碼至 0.25% 的歷史低點，也加入全球的「QE 俱樂部」，跟進日銀實施「公債殖利率曲線控管」政策，把 3 年期澳洲公債殖利率維持在 0.25%。

菲律賓央行也降息 2 碼至 3.25%，降幅大於預期，且未來可能持續降息；印尼央行一如預期降息 1 碼至 4.5%。巴西央行 18 日降息 2 碼至 3.75%，接下來可能還會加碼寬鬆，諸如進一步降息、調降存準率或其他流動性措施。

圖文資料來源：摘錄自經濟日報 2020/03/20

【解說】

前陣子，全世界受中國「武漢肺炎」的疫情影響，全球經濟步入衰退。各國央行為拯救經濟，紛紛端出自家的量化寬鬆（QE）計畫，希望能降低肺炎疫情，對經濟衰退的影響。

15-3 準備金制度

準備金制度（Reserve Requirements Policy）是指央行利用調整法定存款準備率，來控制銀行的貨幣創造能力，藉以影響貨幣供給額與利率。所謂的存款準備金為中央銀行依法要求存款貨幣機構，須將存款或負債提存一定比率之準備金至央行，以因應支付需求。通常準備金制度是央行所有貨幣政策操作工具中，影響力最大的政策工具。它透過法定準備率的調整，以及貨幣的乘數效果去影響整個經濟體系的貨幣供給數量與利率，因此它的影響性最為深遠與強烈。以下將介紹準備金制度的執行效果與其優缺點。

一、執行效果

中央銀行執行準備金制度的效果，大致有以下幾項：

（一）影響貨幣供給數量

央行藉由調整存款準備率，增減銀行的可供信用的資金，資金經由貨幣的乘數效果，會使得貨幣數量產生變動。例如：央行調降存款準備率，將使銀行的準備金部位增加，銀行的放款增加，再經過貨幣的乘數效果後，使得貨幣供給數量增加。

（二）影響利率水準

央行藉由調整存款準備率，增減銀行的可供信用的資金，資金經由貨幣的乘數效果，會使得貨幣數量產生變動，且進一步使得利率變動。例如：央行調升存款準備率，將使銀行的準備金部位減少，相對銀行的放款減少，貨幣創造的乘數效果減弱的後，使得貨幣供給數量減少，利率上升。

（三）影響銀行利潤

如果央行提高存款準備率，雖存放在央行的準備金增加，但相對的會減少銀行可供放款的資金。因爲放在央行準備金的利息收入會少於銀行放款給民間的利息收入，因此會使得會銀行的利潤受到影響。

二、優缺點

中央銀行執行準備金制度的優缺點，如表 15-4 之說明。

表 15-4 中央銀行執行準備金制度的優缺點

優缺點項目		說明
優點	政策明確中立	央行若急欲調整貨幣政策，只要調整準備率，其政策方向性最明確；且政策對所有的銀行影響一致，具公平中立的原則。
	政策效力深遠	央行即使是輕微的調整存款準備率，但經過貨幣的乘數效果，會對貨幣供給與利率造成很大的影響，所以該政策的執行效力最持久深遠。
缺點	政策缺伸縮性	央行調整準備率，即使輕微調整，對貨幣數量的影響都很大，無法像公開市場操作那樣，可以依現在金融市場的資金需求去微調，所以政策缺乏伸縮性。
	干擾銀行經營	如果央行經常調整準備率，會增加銀行資金管理的不確定性；且過高的準備率，相對的會減少銀行的放款資金，會影響銀行利潤，嚴重干擾銀行的經營。

15-4 其他管制措施

傳統上，公開市場操作、貼現窗口制度與準備金制度是央行的三大貨幣政策工具。這些工具在使用上，央行考慮有時並無法立即產生政策效果、或影響的層面太廣或太深遠，所以必須輔以其他管制措施，來協助貨幣政策的執行。通常這些管制措施包括「選擇性信用管制」、「直接管制」與「間接管制」這三種，以下將分別介紹之。

表 15-5 中央銀行貨幣政策的其他管制措施

選擇性信用管制	直接管制	間接管制
1. 保證金比率管制 2. 消費者信用管制 3. 不動產信用管制	1. 限制放款金額 2. 提高邊際準備 3. 強制裁決懲罰 4. 直接管制干涉 5. 調整轉存金額	1. 自動配合 2. 道德勸說

一、選擇性信用管制

選擇性信用管制（Selected Credit Control）是指中央銀行對特定的信用業務進行管制，以達到特定的政策目標。其包含證券業的保證金比率管制、一般消費者的分期付款的信用管制、以及不動產業可貸款的成數與期限的信用管制。

（一）保證金比率管制

保證金比率管制（Margin Requirement Control）是指投資人欲拿股票向銀行抵押借款，中央銀行對「貸款金額」與「擔保品價值」的相對比率進行管制。通常投資人拿股票當擔保品向銀行抵押借款，借款的金額不能依當時股票市價做足額貸款，須保留一部分金額當作保證金，其保證金相對當時股票市價的比率稱爲保證金比率。例如：投資人使用市值 100 萬元的股票申請貸款，若現在保證金比率爲 70%，也就是銀行只能借給投資人 30 萬元，須保留 70 萬元當作保證金。

通常中央銀行根據當時股票市場的情勢，適時的調整保證金比率，藉由比率的調整，限制銀行對證券業的放款金額，以控制貨幣數量，並維持股票市場的穩定與活絡。例如：當央行調高保證金比率，銀行對證券放款金額就須減少，相對的貨幣供給數量就減少，也間接的抑制股市的投機活動。

（二）消費者信用管制

消費者信用管制（Consumer Credit Control）是指中央銀行對消費者購買耐久財的分期付款信用（Installment Credit）、或對信用卡預借現金進行管制。央行可以調整消費者欲辦理分期付款信用的「頭期款的最低金額」與「償還期限」；或調整信用卡「可預借現金的額度」，以影響消費的信用資金需求，並控制銀行對消費信用的放款，以影響貨幣數量。例如：央行「提高頭期款金額」、「縮短貸款期限」、「降低信用卡預借金額」，都會使消費者信用需求的可用資金減少，等於減少銀行的放款資金，也間接的影響民眾的消費擴張能力。

（三）不動產信用管制

不動產信用管制（Mortgage Credit Control）是指中央銀行針對銀行對不動產業的放款條件加以規範管制，其管制包括購買不動產時，採分期付款的「頭期款的最低金額」與「償還期限」。例如：央行提高購買不動產頭期款金額、以及縮短貸款期限，都會減少銀行對不動產的放款資金，也間接的抑制不動產的價格泡沫之情形。

二、直接管制

直接管制（Direct Control）是指中央銀行直接管制銀行的信用創造活動。一般而言有下列幾種方式：

（一）限制放款金額

中央銀行可以直接限制銀行的最高放款額度，以防止銀行信用過度擴張，控制銀行可創造貨幣的數量。

（二）干涉存款吸收

中央銀行對銀行特定的存款資金來源，訂定較高的法定準備金，以直接干涉特定存款的吸收，以控制銀行可創造貨幣的數量。

（三）強制裁決懲罰

中央銀行若發現銀行有違背健全的經營方針或信用政策，可以拒絕對其重貼現融資之要求；或予以融資，但施以較高的懲罰性利率（Penalty Rate）進行貼現。

（四）直接管制干涉

中央銀行對於銀行辦理放款的額度或對象，直接進行管制干涉，以確保銀行的信用創造。

（五）調整轉存金額

金融機構將存款轉存央行，此舉乃臺灣特有的制度。央行可以藉由調整銀行的轉存金額，以影響銀行的貨幣信用創造。通常轉存比率提高，銀行的準備貨幣減少，銀行可創造貨幣的數量就會減少。

三、間接管制

間接管制（Indirect Control）是指中央銀行以口頭勸說或與銀行彼此的信任，所建立的管控機制，通常間接管制對銀行並無強制性。

（一）自動配合

自願配合（Voluntary Cooperation）是指中央銀行與各銀行之間，平時就存在著互信或利益一致的關係，因此央行欲執行各種貨幣政策，各銀行皆自動配合，就能實現貨幣政策目標。

（二）道德勸說

道德勸說（Moral Persuasion）是指央行公開表明立場，希望就道德力量以口頭說服各商業銀行能配合央行的政策，以達到政策實施目標。通常道德勸說並無強制約束力，是否能成功將取決於中央銀行總裁的聲望與信譽、以及政策目標的困難度。一般實務上，會以中央銀行請商業銀行主管「喝咖啡」或「茶敘」，來表示央行將進行道德勸說的行動。

市場焦點

炒匯熱錢來了！央行進場調節+找外資喝咖啡雙管齊下

國際金融市場波動加劇，熱錢蜂擁進出臺灣，使新台幣匯率上沖下洗，為避免匯市失序，中央銀行 5、6 月連兩月出手調節，並再度約有炒匯嫌疑的外資「喝咖啡」。

外資 5 月大舉匯出、6 月瘋狂匯入，情況頗不尋常，央行也密切關注外資匯入後的資金流向。據透露，外資 6 月匯入後，左手買進臺灣 50，右手卻敲進反向 ETF，名義上為「避險」，實際上卻有炒匯嫌疑，這些外資隨後被央行找來「喝咖啡」，央行出招後，這些外資已陸續匯出資金。

銀行主管還說，熱錢 6 月大匯入，並未全數投入台股，其中有不少錢跑去買反向 ETF，或停留在貨幣市場裡，炒匯意圖不言可喻，熱錢花招百出，還是逃不過央行的法眼，終究還是被外匯局「請」了出去。

圖文資料來源：摘錄經濟日報 2019/07/05

【解說】

前陣子，國際熱錢亂竄，導致台幣匯率上沖下洗，中央銀行為避免匯市失序，除了出手調節外，並再度約有炒匯嫌疑的外資「喝咖啡」，希望能夠遏止外匯炒作。

本章習題

一、選擇題

【基礎題】

1. 下列何者非中央銀行的貨幣政策工具？ (A) 公開市場操作 (B) 調整存款準備率 (C) 調整資本適足率 (D) 調整重貼現率。
2. 下列何者是中央銀行最常使用的貨幣政策工具？ (A) 公開市場操作 (B) 調整存款準備率 (C) 調整資本適足率 (D) 調整重貼現率。
3. 中央銀行透過公開市場操作，下列那一項會釋出資金？ (A) 承作買斷債券 (B) 承作附賣回交易 (C) 發行可轉讓定存單 (D) 買進外匯。
4. 中央銀行透過公開市場操作，下列那一項會收回資金？ (A) 承作賣斷債券 (B) 附買回交易到期 (C) 附賣回交易到期 (D) 可轉讓定存單到期。
5. 中央銀行透過公開市場操作，下列那一項會使利率下跌？ (A) 承作賣斷債券 (B) 發行可轉讓定存單 (C) 承作附賣回交易 (D) 賣出外匯。
6. 若中央銀行至金融市場發行可轉讓定存單，下列何者正確？ (A) 貨幣供給增加 (B) 利率下跌 (C) 採緊縮貨幣政策 (D) 準備金增加。
7. 每當過農曆年前，央行爲彌補資金缺口，至公開市場釋出資金，是屬於？ (A) 動態性操作 (B) 自主性操作 (C) 防衛性操作 (D) 投機性操作。
8. 下列何者非公開市場操作的優點？ (A) 自主性 (B) 長久性 (C) 精確性 (D) 可逆性。
9. 下列何者不屬於貼現窗口制度的融通利率？ (A) 重貼現率 (B) 短期融通利率 (C) 擔保放款融通利率 (D) 存款準備率。
10. 貼現窗口制度的融通利率中，何者利率最高？ (A) 重貼現率 (B) 短期融通利率 (C) 擔保放款融通利率 (D) 貼現率。
11. 央行採取提高重貼現率，比較具有何種成效？ (A) 具有宣示效果 (B) 影響利率曲線結構 (C) 具有自主性 (D) 具有精確性。
12. 下列何者是中央銀行最有效的貨幣政策工具？ (A) 公開市場操作 (B) 調整存款準備率 (C) 調整資本適足率 (D) 調整重貼現率。

13. 中央銀行若調降存款準備率，下列何者正確？ (A) 公開市場操作的一種 (B) 寬鬆貨幣政策 (C) 降低銀行的利潤 (D) 屬於選擇信信用管制。

14. 下列何者非選擇性信用管制？ (A) 保證金比率管制 (B) 流動比率管制 (C) 消費者信用管制 (D) 不動產信用管制。

15. 下列何者屬於選擇性信用管制？ (A) 保證金比率管制 (B) 速動比率管制 (C) 負債比率管制 (D) 流動比率管制。

16. 若投資人使用市值 100 萬元的股票申請貸款，若現在保證金比率為 60%，也就是銀行只能借給投資人多少錢？ (A)100 萬 (B)160 萬 (C)60 萬 (D)40 萬。

17. 下列何者不會使消費者信用需求的可用資金減少？ (A) 增加頭期款金額 (B) 縮短貸款期限 (C) 降低信用卡預借金額 (D) 以上皆是。

18. 不動產信用管制是屬於何者？ (A) 間接管制 (B) 選擇性信用管制 (C) 消費者信用管制 (D) 直接管制。

19. 下列何者不屬於直接管制的方法？ (A) 限制放款金額 (B) 強制裁決懲罰 (C) 直接管制干涉 (D) 調降貼現利率。

20. 一般實務上，會以中央銀行請商業銀行主管「喝咖啡」，表示央行採取何者管制？ (A) 間接管制 (B) 選擇性信用管制 (C) 消費者信用管制 (D) 直接管制。

【進階題】

21. 下列對央行公開市場操作的敘述何者有誤？ (A) 央行承做買斷交易，會收回資金至央行 (B) 央行承作債券附買回時，期初會釋出資金至金融市場 (C) 央行承做債券附賣回，到期時會收回資金至央行 (D) 央行買進外匯，會釋出資金至金融市場。

22. 下列對央行公開市場操作的敘述何者正確？ (A) 過年期間，央行至公開市場釋出資金是屬於動態性操作 (B) 經濟不景氣，央行至公開市場釋出資金是屬於防衛性操作 (C) 央行持續在市場買入債券，將繼續採取緊縮的貨幣政策 (D) 通常庫券互換操作，並不影響貨幣供給量。

23. 下列對央行貼現窗口制度的敘述何者有誤？ (A) 通常擔保放款融通利率較短期融通利率為低 (B) 通常重貼現率較短期融通利率為高 (C) 央行調整重貼現率比較具宣示效果 (D) 重貼現率常是金融同業拆款利率無形的上限。

24. 下列對央行準備金制度的敘述何者有誤？ (A) 央行調高準備率，有利銀行獲利 (B) 準備金政策通常缺乏伸縮性 (C) 降低準備率，貨幣供給量會增加 (D) 提高準備率，利率會提高。

25. 下列對央行貨幣政策的其他管制措施敘述何者有誤？ (A) 提高保證金比率，貨幣供給量會減少 (B) 提高消費者貸款年限，不利於貨幣供給量的增加 (C) 通常銀行轉存比率提高，銀行可創造貨幣的數量就會減少 (D) 通常間接管制對銀行並無強制性。

【國考題】

26. 下列何者是公開市場操作的主要優點？ (A) 具有彈性，操作數量可大可小 (B) 具宣示效果 (C) 直接影響通貨淨額 (D) 中央銀行可完全控制借入準備。 （2010 初等考）

27. 以下何種措施可以抑制物價上漲？ (A) 中央銀行調降短期融通利率 (B) 中央銀行發售儲蓄券 (C) 中央銀行調降存款法定準備率 (D) 中央銀行對政府放款。 （2010 初等考）

28. 若中央銀行希望讓準備貨幣增加 20 億元，但也預估其國際準備資產將流失 3 億元，則中央銀行應 (A) 在公開市場買入 23 億元的金融債券 (B) 發售中央銀行定期存單 23 億元 (C) 在公開市場買入 17 億元的商業本票 (D) 發售中央銀行儲蓄券 17 億元。 （2010 初等考）

29. 若市場資金緊俏，為改善此狀況，中央銀行可採取下列何項措施？ A. 在公開市場買入債券 B. 降低貼現率 C. 降低存款準備率 (A) 僅 AB (B) 僅 BC (C) 僅 AC (D)ABC 均可。 （2011 陽信銀）

30. 中央銀行自外匯市場中購買外匯，其影響為下列何者？ (A) 外匯供給增加 (B) 貨幣供給增加 (C) 貨幣供給減少 (D) 準備貨幣減少。 （2011 臺土銀）

31. 下列何者是中央銀行選擇性信用管制的工具？ (A) 公開市場操作 (B) 重貼現政策 (C) 存款準備率 (D) 不動產信用管制。 （2011 初等考）

32. 中央銀行主要貨幣政策工具包括調整存款準備率、調整重貼現率、及公開市場操作，何者是央行經常採用且精確性最高的政策操作工具？ (A) 調整存款準備率 (B) 調整重貼現率 (C) 公開市場操作 (D) 三者使用頻率相同。（2012 農業金庫）

33. 其他條件不變情況下，當中央銀行實施公開市場操作買進政府債券，將對政府債券產生何種影響？ (A) 政府債券殖利率上升 (B) 政府債券價格下跌 (C) 政府債券需求減少 (D) 政府債券殖利率下跌。 （2012 高銀）

34. 中央銀行之公開市場操作，若係以積極改變銀行準備金暨準備貨幣數量爲目的者，稱之爲 (A) 互換操作 (B) 靜態性操作 (C) 防禦操作 (D) 動態性操作。（2012 臺土銀）

35. 下列何者不屬於央行的公開市場操作方式？ (A) 買（賣）斷交易 (B) 附買（賣）回交易 (C) 發行單券 (D) 保證金比率。（2012 臺銀）

36. 中央銀行爲了抑制高房價、股市泡沫而欲緊縮銀根，可以採取下列何種措施？ (A) 加強不動產信用管制、提高存款準備率 (B) 加強不動產信用管制、公開市場買進政府公債 (C) 道德勸說銀行業配合政策、嚴格審查外資匯出 (D) 道德勸說銀行業配合政策、降低政府預算赤字。（2012 初等考）

37. 在其他因素不變下，何種貨幣政策最可能造成本國貨幣升值？ (A) 大量買進本國公債 (B) 大量買進美元 (C) 調高重貼現率 (D) 限制外資流入。（2013 初等考）

38. 何種貨幣工具在數量可控制性、執行彈性與時效性上都較其他貨幣工具優越？ (A) 公開市場操作 (B) 重貼現率 (C) 法定準備率 (D) 選擇性信用管制。（2013 初等考）

39. 中央銀行如希望放鬆銀根： (A) 中央銀行會沖銷銀行資金 (B) 中央銀行可以向銀行買公債 (C) 中央銀行可以提高法定準備率 (D) 中央銀行可以要求銀行提高利率。（2015 初等考）

40. 如果中央銀行進行扭轉操作（operation twist），在公開市場買進長期債券，同時賣出等額的短期債券，則準備貨幣將會： (A) 增加 (B) 減少 (C) 不一定 (D) 維持不變。（2017 初等考）

41. 下列有關中央銀行公開市場操作的敘述，何者錯誤？ (A) 操作方式有買（賣）斷交易、附買（賣）回交易與發行央行單券等 (B) 買斷交易與附買回交易將使準備貨幣增加 (C) 發行央行定期存單將使準備貨幣減少 (D) 買（賣）斷交易影響操作期間通常較短，而附買（賣）回交易的影響操作期間通常較長。（2017 初等考）

42. 中央銀行透過公開市場賣出中央銀行定期存單，將產生下列何種影響？ (A) 貼現借款增加，貨幣供給增加 (B) 準備貨幣減少，貨幣供給減少 (C) 準備貨幣減少，貨幣供給增加 (D) 超額準備增加，貨幣供給減少。（2018 初等考）

43. 中央銀行在外匯市場干預，同時在公開市場沖銷，其目的是： (A) 維持匯率穩定 (B) 維持財政收支平衡 (C) 維持國際收支平衡 (D) 維持國內貨幣數量穩定。 （2018 初等考）

44. 中央銀行利用「貼現政策」來扮演何種角色？ (A) 銀行的銀行 (B) 政府的銀行 (C) 發行銀行 (D) 保管外匯的銀行。 （2019 初等考）

45. 對於中央銀行透過公開市場買入債券，對經濟體系的可能影響，下列敘述何者較適當？ (A) 銀行準備金增加 (B) 拆款利率上升 (C) 債券價格下跌 (D) 貨幣供給減少。 （2019 初等考）

二、簡答與計算題

【基礎題】

1. 有關中央銀行的貨幣政策操作工具，請回答下列問題
   (1) 主要有哪三種？
   (2) 哪一種最常被使用？
   (3) 哪一種比宣示效果較實際效果明顯？
   (4) 哪一種效力較強大？
   (5) 哪一種最具伸縮性？
2. 請問中央銀行公開市場的操作策略，大致可分爲兩種？
3. 何謂外匯沖銷操作？
4. 何謂庫券互換操作？
5. 請問中央銀行執行公開市場操作的優點有哪些項目？
6. 有關中央銀行的貼現窗口制度，請回答下列問題
   (1) 貼現窗口制度三種融通利率爲何？
   (2) 哪一種利率最高？
   (3) 哪一種利率最低？
   (4) 哪一種利率是金融同業拆款利率的上限？
   (5) 哪一種融通管道最常被使用？
7. 請問央行調高準備率對貨幣供給額、利率與銀行經營利潤有何影響？
8. 請問中央銀行貨幣政策操作工具其他管制措施有哪幾種？

9. 請問中央銀行的選擇性信用管制有哪幾種？
10. 若投資人使用市值 1,000 萬元的股票申請貸款，若現在保證金比率爲 80%，請問銀行可借給投資人多少金額？須保留多少金額當作保證金？若保證金比率降爲 70%，請問貨幣供給額會如何增加或減少？

【進階題】

11. 請問下列央行進行公開市場操作，哪幾項會釋出資金至金融市場？哪幾項會將資金回收至央行？

    A. 買斷交易、B. 賣斷交易、C. 承作附買回交易、D. 附買回交易到期

    E. 承作附賣回交易、F. 附賣回交易到期、G. 發行可轉讓定存單

    H. 可轉讓定存單到期、I. 買進外匯、J. 賣出外匯

12. 下列哪些情形會使貨幣供給額增加？減少？

    A. 調高重貼現率、B. 調降準備率、C. 提高證券保證金比率

    D. 降低消費者購買耐久財的頭期款金額、E. 延長購買不動產的貸款年限

    F. 增加買不動產的貸款成數、G. 提高銀行轉存央行存款金額

    H. 降低信用卡預借金額、I. 央行至金融市場購買債券、J. 央行承作附賣回交易

16 CHAPTER 貨幣政策的成效分析

【本章大綱】

本章內容為貨幣政策的成效分析，主要介紹 IS － LM 模型的分析、財政與貨幣政策的分析以及有效性等內容，其內容詳見下表。

節次	節名	主要內容
16-1	IS － LM 模型的分析	介紹 IS 與 LM 曲線的形成與移動情形。
16-2	財政與貨幣政策的分析	介紹 IS － LM 模型對財政與貨幣政策的分析。
16-3	財政與貨幣政策的有效性	介紹 IS － LM 模型分析財政與貨幣政策的執行成效。

中央銀行的貨幣政策的執行成效如何，並不是貨幣供需單方面所決定的；仍要考慮經濟體系內，商品市場的供需情形來共同決定。因此要檢測貨幣政策的執行成效，須對市場的「貨幣」與「商品」相互供需的均衡狀況進行分析。

經濟學理中，著名的「IS － LM 模型」提供了市場「貨幣」與「商品」供需均衡分析的架構。市場的「商品供需」是由政府的「財政政策」所影響；市場的「貨幣供需」由中央銀行的「貨幣政策」決定，因此本章將首先介紹「IS － LM 模型」、再逐一介紹 IS － LM 模型對財政與貨幣政策的分析、以及政策執行的有效性。

16-1 IS － LM 模型的分析

IS － LM 模型的分析架構中，IS 曲線是由「商品」供需均衡所推導出來的，商品的供需均衡，則受到政府財政支出多寡的「財政政策」影響；LM 曲線是由「貨幣」供需均衡所推導出來的，貨幣的供需均衡，則受到央行貨幣供給量多寡的「貨幣政策」影響。所以 IS － LM 模型將共同分析經濟體系內，商品與貨幣數量供需均衡後，所決定的「所得」與「利率」水準之狀況。以下圖 16-1 爲 IS － LM 模型的分析架構的示意圖。

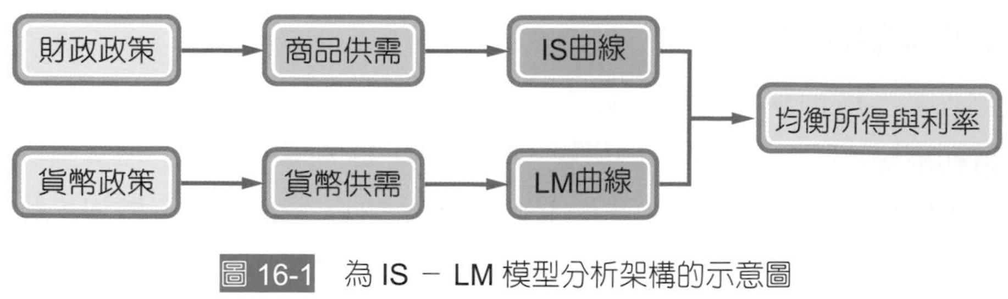

圖 16-1 為 IS − LM 模型分析架構的示意圖

一、IS 曲線

IS 曲線是表示經濟體系內，「商品」供需達到均衡時，所有的「所得」與「利率」的軌跡。以下將介紹這條軌跡的形成與移動。

（一）IS 曲線的形成

IS 曲線是座標圖中，以所得（Y）爲橫軸，利率（r）爲縱軸的一條負斜率曲線（見圖 16-2）。有關 IS 曲線的形成，如下所述：首先，我們藉由投資與利率兩者爲反向關係說明起，當「利率」下降（上升），廠商借貸成本下降（上升），所以「投資」會增加（減少）；再者，當投資增加（減少）時，對市場上的「商品需求」就會增加（減少），進而使人們的「所得」水準增加（減少）；最後，我們從上述得知，當利率下降（上升），將導致所得增加（減少），所以「所得」與「利率」爲反向關係，即爲座標圖中的負斜率 IS 曲線（見圖 16-2）。有關利率、投資、商品需求與所得四者連動的關係式如下：

利率（r）↓（↑）⇒ 投資↑（↓）⇒ 商品需求↑（↓）⇒ 所得（Y）↑（↓）

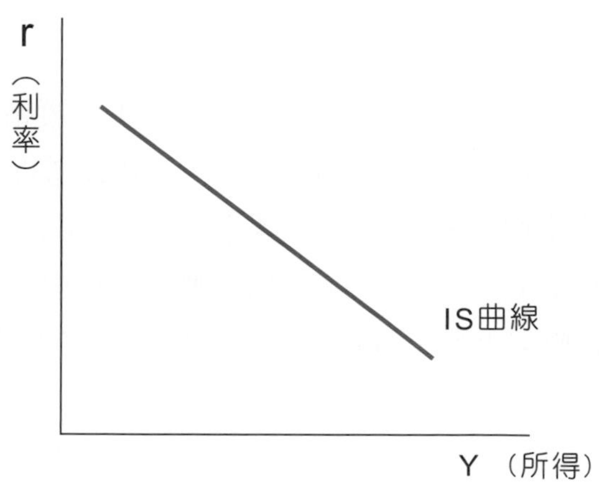

圖 16-2 IS 曲線的形成

（二）IS 曲線的移動

由上述得知，IS 曲線上的均衡點是代表商品供給與需求相等時，利率與所得的狀況。所以當利率變化時，其對所得的影響，即表現在 IS 曲線上移動。但當我們固定利率（r^*）時，如果政府的財政支出或個人自發性支出增加，將使得投資增加，此時商品需求將增加，將使得原來 IS_1 曲線右移至 IS_2；則此時所得也會隨之增加，從原先 Y_1 移動至 Y_2。其 IS 曲線的移動示意圖，見圖 16-3 說明。

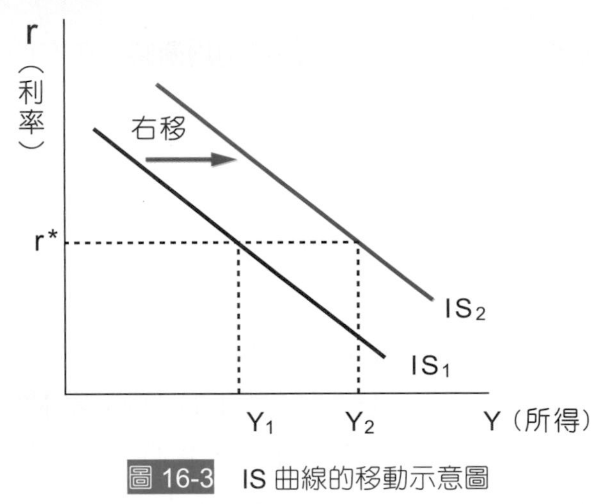

圖 16-3 IS 曲線的移動示意圖

二、LM 曲線

LM 曲線是表示經濟體系內，「貨幣」供需達到均衡時，所有的「所得」與「利率」的軌跡。以下將介紹這條軌跡的形成與移動。

（一）LM 曲線的形成

LM 曲線是座標圖中，以所得（Y）爲橫軸，利率（r）爲縱軸的一條正斜率曲線（見圖 16-4）。有關 LM 曲線的形成，如下所述：首先，我們知道貨幣供給爲央行所控制，所以貨幣供給線 M^s 是利率與貨幣數量座標軸圖中的一條垂直線，貨幣需求線則爲一條負斜率線（貨幣數量與利率呈反比）；再者，當人們的所得由 (Y_1) 提高 (Y_2) 時，會對貨幣的需求增加，將使原貨幣需求線 $M^d\,(Y_1)$ 往上移 $M^d\,(Y_2)$，亦使得利率水準由原先 r_1 上升至 r_2；最後，我們從上述得知，當所得增加（下降），將導致利率上升（降低），所以「所得」與「利率」爲正向關係，即爲座標圖中的正斜率 LM 曲線。（見圖 16-4）。有關利率、貨幣需求與所得三者連動的關係式如下：

所得（Y）↑（↓）⇒ 貨幣需求↑（↓）⇒ 利率（r）↑（↓）

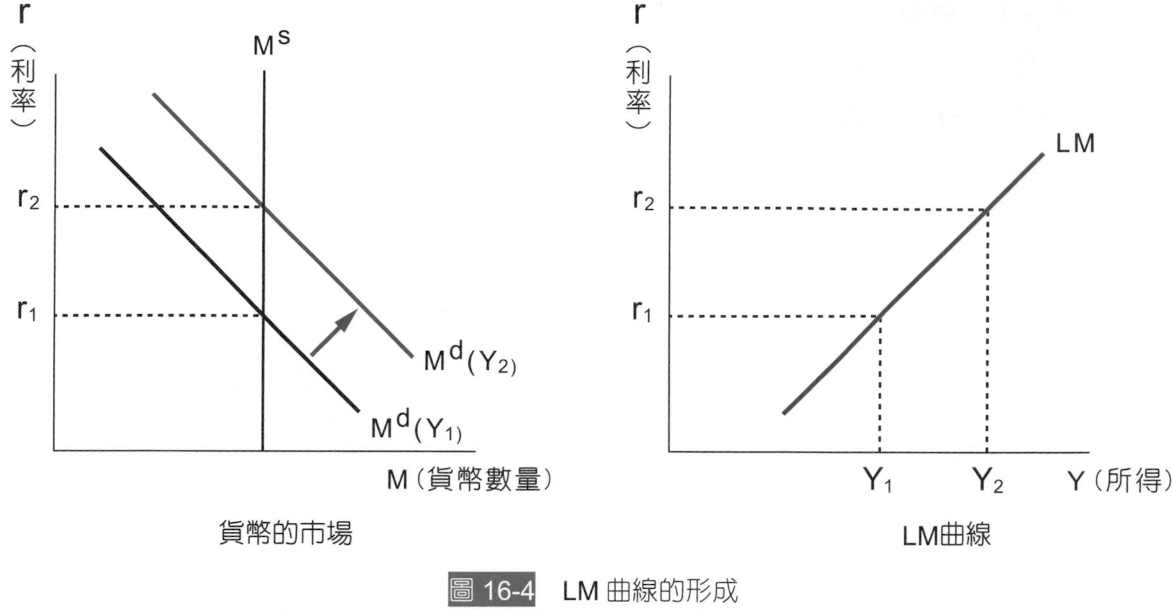

圖 16-4 LM 曲線的形成

（二）LM 曲線的移動

由上述得知，LM 曲線上的均衡點是代表貨幣供給與需求相等時，利率與所得的狀況。所以當所得變化時，其對利率的影響，即表現在 LM 曲線上移動。但當貨幣供給與需求不平衡時，將導致 LM 曲線的移動，以下分別說明當貨幣供給與需求變動時，對 LM 曲線的移動的情形。

1. 貨幣供給的變動

當央行的貨幣供給額增加，將使貨幣供給線由 M_1^s 右移至 M_2^s，將導致利率下降（由 $r_1 \rightarrow r_2$），則將對應原先 LM_1 曲線須右移至 LM_2。（見圖 16-5 說明）。

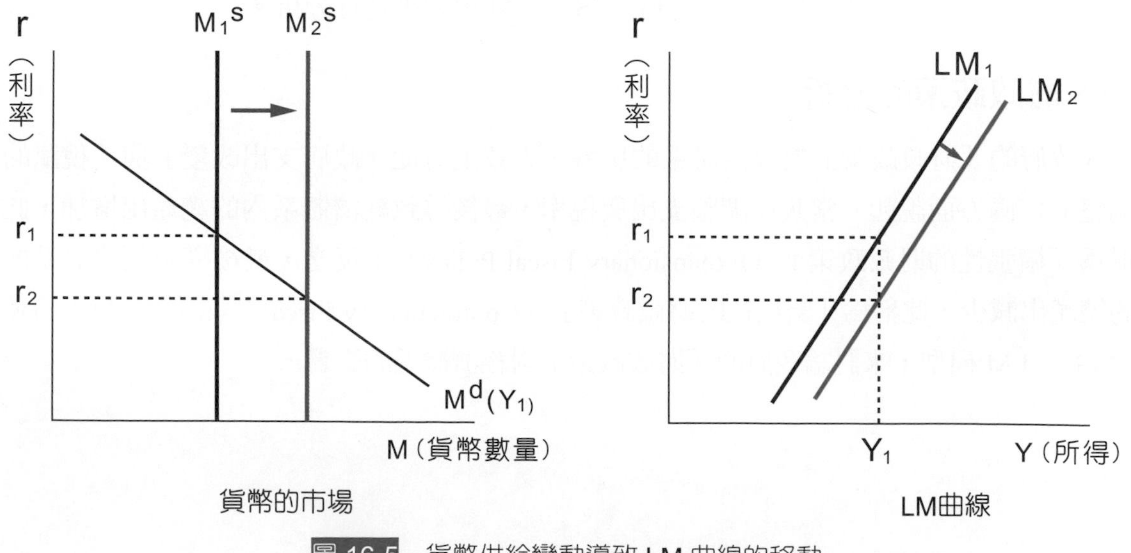

圖 16-5 貨幣供給變動導致 LM 曲線的移動

2. 貨幣需求的變動

當人們對貨幣需求增加，將使貨幣需求線由 $M_1^d(Y_1)$ 右移至 $M_2^d(Y_1)$，將導致利率上升（由 $r_1 \to r_2$），則將對應原先 LM_1 曲線須左移至 LM_2。（見圖 16-6 說明）。

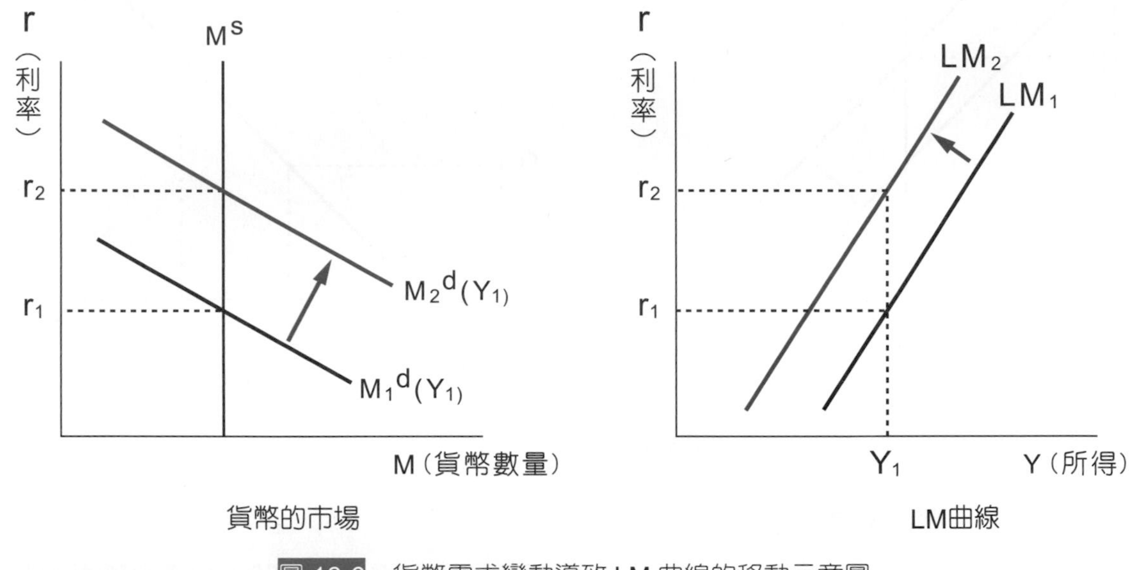

圖 16-6 貨幣需求變動導致 LM 曲線的移動示意圖

16-2 財政與貨幣政策的分析

前述介紹 IS－LM 曲線的移動中，IS 的移動乃因於市場「商品」供需變動，商品的供需均衡，則受到政府「財政政策」的影響；LM 的移動乃因於市場「貨幣」供需變動，貨幣的供需均衡，則受到央行「貨幣政策」的影響。因此政府的「財政政策」與央行的「貨幣政策」對經濟體系的影響，可藉由 IS－LM 模型來進行分析。

一、財政政策的分析

政府的「財政政策」對經濟體系的影響，大致上可從「政府支出改變」與「稅賦的調整」這兩方面說起。當政府調整支出與稅率，最後導致經濟體系內的總產出增加，此稱為「擴張性的財政政策」（Expansionary Fiscal Policy）；反之，最後導致經濟體系內的總產出減少，此稱為「緊縮性的財政政策」（Contractionary Fiscal Policy）。以下將藉由 IS－LM 模型，來討論政府的「財政政策」對經濟體系的影響。

（一）擴張性的財政政策

當政府實施「擴張性的財政政策」時，將增加財政支出或降低稅賦，使得人們對市場的商品需求增加，此時原先 IS_1 曲線將右移至 IS_2，將使所得增加（$Y_1 \rightarrow Y_2$）與利率上升[44]（$r_1 \rightarrow r_2$）。（如圖 16-7 所示）

（二）緊縮性的財政政策

當政府實施「緊縮性的財政政策」時，將減少財政支出或提高稅賦，使得人們對市場的商品需求減少，此時原先 IS_1 曲線將左移至 IS_3；將使所得減少（$Y_1 \rightarrow Y_3$）與利率下降（$r_1 \rightarrow r_3$）。（如圖 16-8 所示）

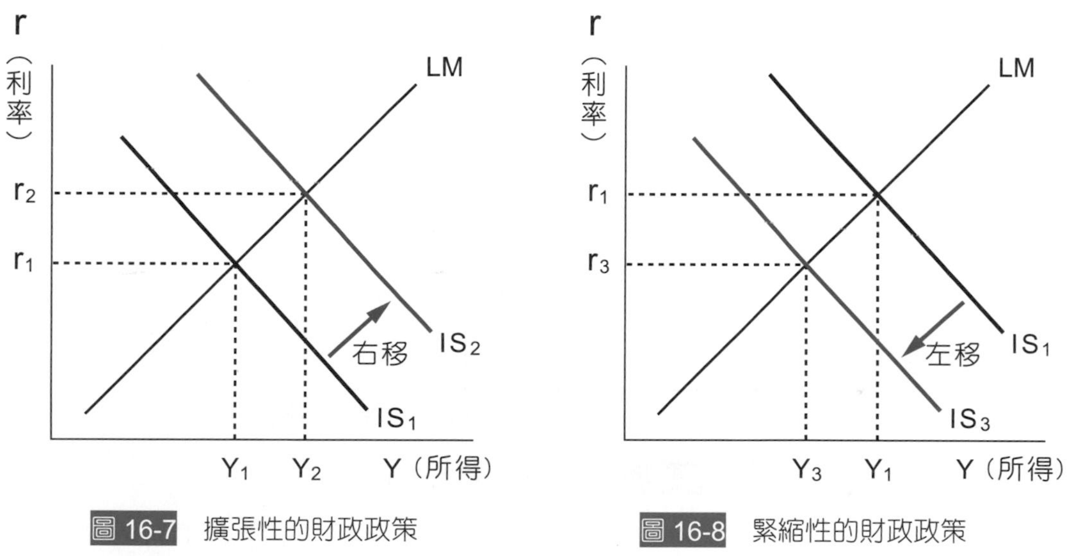

圖 16-7 擴張性的財政政策

圖 16-8 緊縮性的財政政策

二、貨幣政策的分析

中央銀行的「貨幣政策」藉由貨幣的供給改變，最後導致經濟體系內的總產出增加，此稱爲「擴張性的貨幣政策」（Expansionary Monetary Policy）；反之，最後導致經濟體系內的總產出減少，此稱爲「緊縮性的貨幣政策」（Contractionary Monetary Policy）。以下將藉由 IS － LM 模型分析，來討論中央銀行的「貨幣政策」對經濟體系的影響。

44 當利率上升時，會導致民間投資減少，此時會造成總產出減少；此種因政府支出增加所導致民間投資減少的現象稱為「排擠效果」（Crowding Effect）。所以政府的擴張性的財政政策，有時會對民間投資產生排擠，所以多多少少會影響經濟體系的總產出。

（一）擴張性的貨幣政策

當中央銀行實施「擴張性的貨幣政策」時，將增加貨幣供給量，此時原先 LM_1 曲線將右移至 LM_2，將使所得增加（$Y_1 \rightarrow Y_2$）與利率下降（$r_1 \rightarrow r_2$）。（如圖 16-9 所示）

（二）緊縮性的貨幣政策

當中央銀行實施「緊縮性的貨幣政策」時，將減少貨幣供給量，此時原先 LM_1 曲線將左移至 LM_3，將使所得減少（$Y_1 \rightarrow Y_3$）與利率下上升（$r_1 \rightarrow r_3$）。（如圖 16-10 所示）。

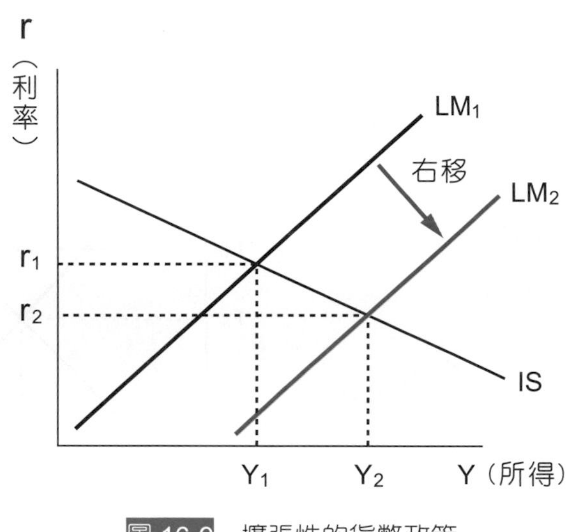

圖 16-9 擴張性的貨幣政策

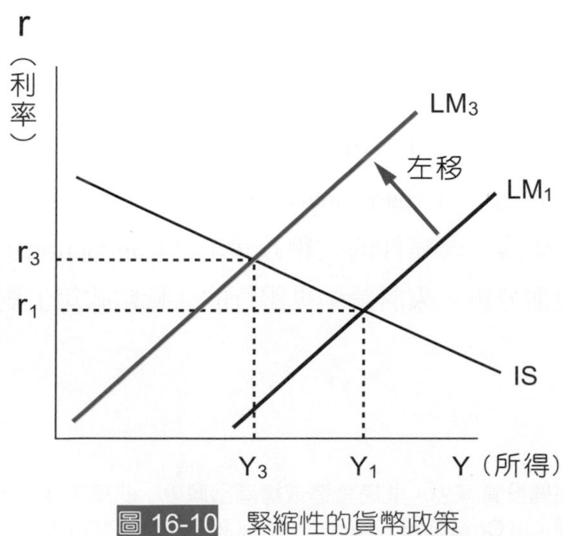

圖 16-10 緊縮性的貨幣政策

表 16-1 財政與貨幣政策的傳遞過程

政策		傳遞過程
財政政策	擴張	政府支出↑，稅賦↓ ⇒ 商品需求↑ ⇒ IS 曲線右移 ⇒ 所得↑，利率↑
	緊縮	政府支出↓，稅賦↑ ⇒ 商品需求↓ ⇒ IS 曲線左移 ⇒ 所得↓，利率↓
貨幣政策	擴張	貨幣供給量↑ ⇒ LM 曲線右移 ⇒ 所得↑，利率↓
	緊縮	貨幣供給量↓ ⇒ LM 曲線左移 ⇒ 所得↓，利率↑

16-3 財政與貨幣政策的有效性

前述討論了政府的財政政策與央行的貨幣政策，對經濟體系內影響。其傳遞這個影響機制，仍受到許多因素的干擾，其中經濟社會裡的「貨幣需求」與「投資需求」對政策的執行成效影響最大。例如：當人們對「貨幣需求」所須要的量非常大時，此時不管央行放多少錢入金融市場，都會被社會大眾的貨幣需求所吸收，所以利率根本無法下降，這時候就會影響貨幣政策的執行效果。

所以經濟社會裡的「投資需求」與「貨幣需求」對利率的敏感程度（或稱彈性），會影響貨幣與財政政策的執行成效。IS-LM 模型中，「IS 曲線」的斜率可以衡量社會中投資需求對利率的敏感度；「LM 曲線」的斜率可以衡量社會中貨幣需求對利率的敏感度。以下我們藉由 IS-LM 模型，來分析討論財政與貨幣政策的有效性。

一、IS 曲線為負斜率

若 IS 曲線爲負斜率情形下，且 LM 曲線亦爲「正斜率」，當 IS 與 LM 曲線相互移動時，經濟體系內的利率與所得，都會依財政支出與貨幣供給多寡而變動，此時財政與貨幣政策皆具成效性；但當 LM 曲線爲「水平線」或「垂直線」時，表示經濟體系內，人們對貨幣需求的敏感度非常大或非常小，此時 IS 與 LM 曲線相互移動時，會發現財政與貨幣政策的執行出現無效性。以下將討論這兩種情形。

（一）當 LM 曲線為水平線

LM 曲線爲水平線表示貨幣需求的利率彈性無窮大，此時即便央行不論再增加多少貨幣供給量，都會被社會大眾的貨幣需求所吸收，結果造成利率無法下降，所得亦不會增加，此現象稱爲「流動性陷阱」（Liquidity Trap），因此「貨幣政策無效」。但此時若政府財政支出增加，IS 曲線右移，雖利率仍不便，但仍會造成所得增加之情形，因此「財政政策有效」。（見圖 16-11(A) 之說明）

（二）當 LM 曲線為垂直線

LM 曲線爲垂直線表示貨幣需求的利率彈性爲零，此時即社會大眾的貨幣需求不受利率高低的影響，只要央行增加貨幣供給，LM 曲線右移，將造成利率下降，亦會造成所得較大幅度的增加，因此「貨幣政策有效」。但此時政府財政支出增加，IS 曲線右移，只會使利率上升，但所得並沒有增加，此種情形就是「排擠效果」（Crowding Effect）（政府財政支出增加，卻排擠民間的投資支出，使得社會總產出不變之情形），因此「財政政策無效」。（見圖 16-11(B) 之說明）

二、LM 曲線為正斜率

若 LM 曲線爲正斜率情形下，且 IS 曲線亦爲「負斜率」，當 IS 與 LM 曲線相互移動時，經濟體系內的利率與所得，都會依財政支出與貨幣供給多寡而變動，此時財政與貨幣政策皆具成效性；但當 IS 曲線爲「水平線」或「垂直線」時，表示經濟體系內，人們對投資需求的敏感度非常大或非常小時，此時 IS 與 LM 曲線相互移動時，會發現財政與貨幣政策的執行出現無效性。以下將討論這兩種情形。

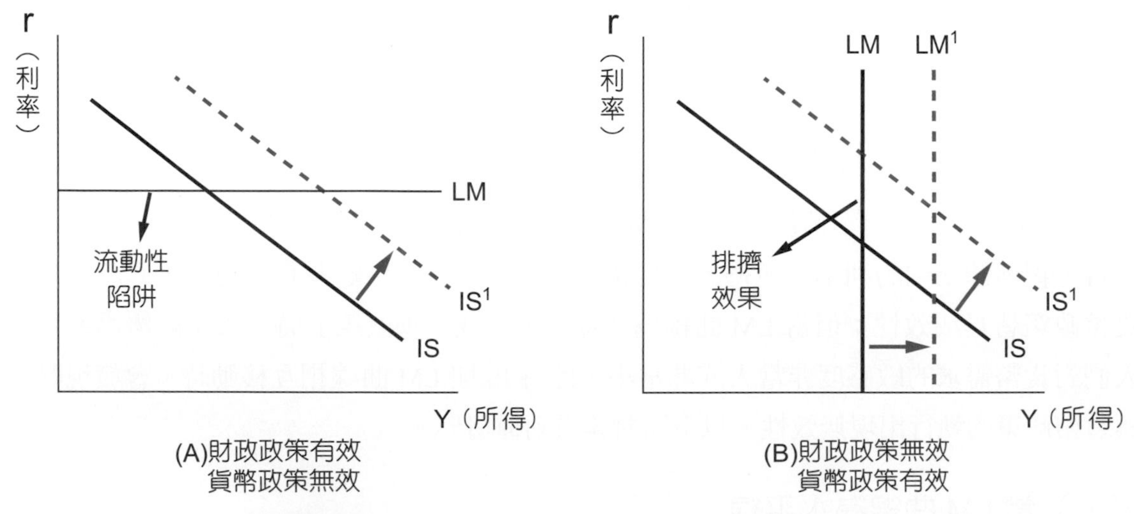

圖 16-11 正常 IS 曲線下，財政與貨幣政策的有效性

（一）當 IS 曲線為水平線

IS 曲線爲水平線表示投資需求的利率彈性無窮大，此時即便政府不論再增加多少支出，都無法使利率下降，所得亦不會增加，因時「財政政策無效」。但此時中央銀行增加貨幣供給量，LM 曲線右移，仍會造成所得增加之情形，因此「貨幣政策有效」。（見圖 16-12(A) 之說明）

（二）當 IS 曲線為垂直線

IS 曲線爲垂直線表示投資需求的利率彈性爲零，此時即社會投資需求，不受利率高低的影響，即使央行增加貨幣供給，LM 曲線右移，雖會造成利率下降，但不會增加所得，此種情形就是「投資陷阱」（Investment Trap），因此「貨幣政策無效」。但此時政府財政支出增加，IS 曲線右移，會使利率上升，所得增加，因此「財政政策有效」。（見圖 16-12(B) 之說明）

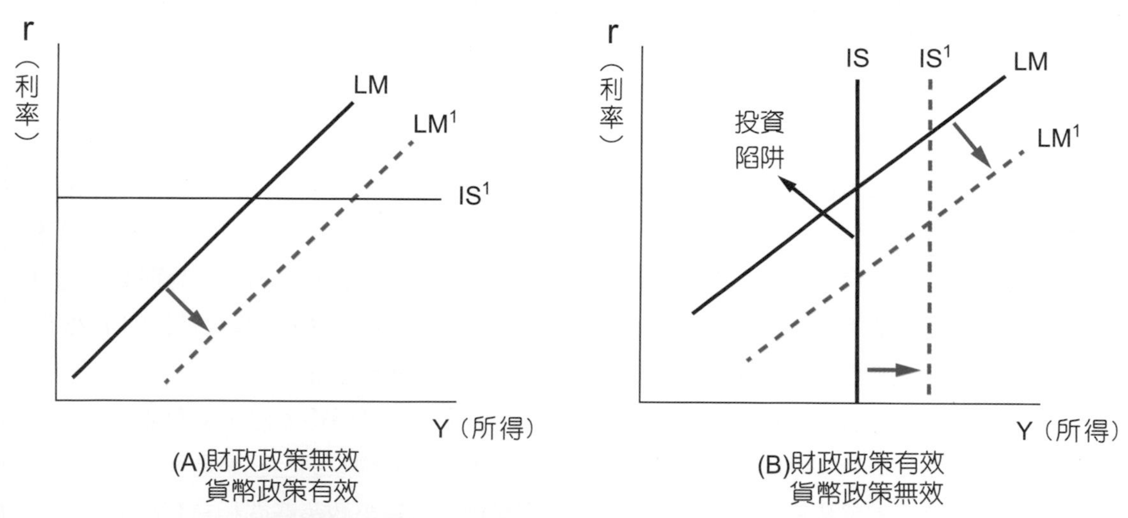

圖 16-12 正常 LM 曲線下，財政與貨幣政策的有效性

表 16-2 各種 IS-LM 模型下的財政與貨幣政策的有效性

IS-LM 的特殊情形	財政與貨幣政策有效性	特殊經濟現象
IS 為負斜率，LM 為水平線	財政政策有效，貨幣政策無效	流動性陷阱
IS 為負斜率，LM 為垂直線	財政政策無效，貨幣政策有效	排擠效果
LM 為正斜率，IS 為水平線	財政政策無效，貨幣政策有效	
LM 為正斜率，IS 為垂直線	財政政策有效，貨幣政策無效	投資陷阱

市場焦點

各國應「貨幣＋財政政策」抗疫

環球經濟正值多事之秋。新冠肺炎的爆發與擴散，令全球經濟受到嚴重打擊。經濟合作與發展組織（OECD）在最新的《全球經濟展望報告》中，將2020年全球經濟增速預期，由2.9%下調至2.4%，更指經濟放緩或令包括日本和歐元區在內經濟體陷入衰退局面。面對前景不明朗，相信各國會雙管齊下，以貨幣寬鬆政策及財政政策，挽經濟狂瀾於既倒。

現時不少央行已先後放水，以減低新冠肺炎疫情爆發對經濟的影響。除了美國宣佈緊急減息半厘外，馬來西亞、菲律賓、澳洲等國已先後調低息率，中國更早於1月時發行4,379億元人民幣地方政府債券，日本央行亦於日前向金融機構提供5,000億日圓，為期2周的資金，以國債回債協議提供資金，印尼則計劃推出第二輪刺激經濟方案，規模比首輪的7.25億美元更大，而歐洲央行表示隨時準備適當調整措施，並會在必要時加大支持。

根據2008年的經驗，央行放水最容易見到的結果，是資產價格上漲，反而要經濟真正受惠，可能需要多年時間才能見效。現時接近零息環境，部分國家甚至已是負利率，加上要提防「量化失敗或貨幣政策無能」，以致央行實際可操作的貨幣政策空間相當有限。故此，除了央行繼續實施寬鬆政策外，各國政府亦要以財政政策提供支持，例如：減稅及增加支出，才能刺激內需，推動增長，多方面、全方位挽救經濟。

圖文資料來源：摘錄自香港文匯報 2020/03/06

【解說】

2020年初，中國武漢發生肺炎傳染，逐步蔓延至全球，導致世界各國商業與民生活動下降，經濟受到嚴重衝擊。各國央行紛紛推出量化寬鬆的貨幣政策，且政府也搭配多項財政政策，企圖拯救經濟的衰退。

一、選擇題

【基礎題】

1. 請問 IS-LM 模型是分析哪兩種經濟變數的均衡？ (A) 利率與消費 (B) 利率與所得 (C) 消費與所得 (D) 稅率與支出。
2. 在貨幣市場均衡下，所有利率與所得所形成的軌跡曲線，稱爲： (A)IS (B)LM (C)AD (D)AS。
3. 請問 IS-LM 模型中，當 IS 曲線右移時，則會如何？ (A) 利率下降，所得減少 (B) 利率上升，所得增加 (C) 利率上升，所得減少 (D) 利率下降，所得增加。
4. 請問 IS-LM 模型中，當 LM 曲線左移時，則會如何？ (A) 利率下降，所得減少 (B) 利率上升，所得增加 (C) 利率上升，所得減少 (D) 利率下降，所得增加。
5. 當政府實施擴張性的財政政策，下列敘述何者有誤？ (A) 稅率將減低 (B) 會造成 LM 線右移 (C) 社會總產出增加 (D) 會造成 IS 線右移。
6. 當政府實施緊縮性的貨幣政策，下列敘述何者正確？ (A) 稅率將減低 (B) 會造成 LM 線右移 (C) 社會總產出減少 (D) 會造成 IS 線左移。
7. 當 LM 曲線爲水平線表示爲何？ (A) 貨幣需求的利率彈性無限大 (B) 貨幣需求的利率彈性爲零 (C) 投資需求的利率彈性無限大 (D) 投資需求的利率彈性爲零。
8. 當 IS 曲線爲垂直線表示爲何？ (A) 貨幣需求的利率彈性無限大 (B) 貨幣需求的利率彈性爲零 (C) 投資需求的利率彈性無限大 (D) 投資需求的利率彈性爲零。
9. 當 LM 爲水平線，IS 爲負斜率時，可能會出現下列何種情形？ (A) 財政政策無效，貨幣政策有效 (B) 排擠效果 (C) 流動性陷阱 (D) 投資陷阱。
10. 當 IS 爲水平線，LM 爲正斜率，可能會出現下列何種情形？ (A) 財政政策無效，貨幣政策有效 (B) 排擠效果 (C) 流動性陷阱 (D) 投資陷阱。
11. 下列哪一種情形會發生財政政策無效，貨幣政策有效？ (A)LM 爲水平線，IS 爲負斜率 (B)IS 爲水平線，LM 爲正斜率 (C)IS 爲垂直線，LM 爲正斜率 (D)IS 爲負斜率線，LM 爲正斜率。

12. 下列哪一種情形會發生財政政策有效，貨幣政策無效？ (A)LM 為水平線，IS 為負斜率 (B)IS 為水平線，LM 為正斜率 (C)LM 為垂直線，IS 為負斜率 (D)IS 為負斜率線，LM 為正斜率。

【進階題】

13. 請問有關 IS-LM 的模型敘述何者有誤？ (A) 是衡量利率與所得的均衡情形 (B) 當貨幣供給增加，會使 LM 曲線右移 (C) 政府減稅，會使 IS 曲線左移 (D)LM 曲線左移會使利率上升，所得減少。
14. 請問有關 IS-LM 的模型敘述何者正確？ (A)IS 曲線是由貨幣供需均衡所推導出來的 (B) 央行的緊縮性的貨幣政策，會使 IS 曲線右移 (C) 政府財政支出增加，會使 LM 曲線右移 (D)IS 曲線為垂直線，表示投資需求的利率彈性為零。
15. 下列敘述何者正確？ (A)LM 曲線是由商品供需均衡所推導出來的 (B) 央行的緊縮性的財政政策，會使利率上漲 (C) 政府減少稅賦，會使 LM 曲線左移 (D)LM 曲線為垂直線，表示貨幣需求的利率彈性為零。
16. 下列敘述何者正確？ (A) 央行的擴張性的貨幣政策，會使 IS 曲線右移 (B) 央行的緊縮性的貨幣政策，會使 LM 曲線右移 (C) 政府稅率增加，會使 IS 曲線左移 (D) 政府的緊縮性的財政政策，會使 LM 曲線左移。
17. 有關財政與貨幣政策有效性敘述，何者有誤？ (A)LM 為水平線，IS 為負斜率會有流動性陷阱出現 (B)IS 為垂直線，LM 為正斜率，會出現財政政策有效，貨幣政策無效 (C)IS 為水平線，LM 為正斜率，會出現財政政策無效，貨幣政策有效 (D) 排擠效果通常是在 IS 為水平線，LM 為正斜率時出現。
18. 下列敘述何者正確？ (A) 排擠效果是政府的支出與央行貨幣政策相衝突 (B) 流動性陷阱出現時，表示增加貨幣供給，利率無法下降，所得會增加 (C) 投資陷阱會通常會出現在 LM 為垂直線，IS 為負斜率 (D)IS 為垂直線，LM 為正斜率，會出現財政政策有效，貨幣政策無效。

【國考題】

19. 在貨幣市場，當貨幣供給增加，則下列何者正確？ (A) 貨幣需求利率彈性愈大，利率下降愈多 (B) 貨幣需求利率彈性愈大，利率下降愈少 (C) 貨幣需求所得彈性愈大，利率下降愈多 (D) 貨幣需求所得彈性愈大，利率下降愈少。（2010 初等考）

20. 當政府支出增加卻無法有效使得所得提高，最可能起因於 (A) 流動性陷阱 (B) 投資陷阱 (C) 排擠效果 (D) 實質餘額效果。 （2010 初等考）

21. 當投資不受利率影響時，則下列何者爲正確？ (A) 擴張性貨幣政策無法提升產出水準 (B) 擴張性財政政策無法提升產出水準 (C)IS 線爲水平線 (D)LM 線爲水平線。 （2010 初等考）

22. 在 IS-LM 模型，當中央銀行增加貨幣供給，則下列何者正確？ (A) 當利率對投資的影響愈大，貨幣政策愈有效 (B) 當利率對投資的影響愈小，貨幣政策愈有效 (C) 當利率對貨幣需求的影響愈大，貨幣政策愈有效 (D) 貨幣政策的效果和利率對投資需求與貨幣需求之影響大小無關。 （2010 初等考）

23. 根據 IS-LM 模型，若政府同時採行擴張性貨幣政策和擴張性財政政策，則下列那一情況最不可能出現？ (A) 利率上升 (B) 利率下降 (C) 產出增加 (D) 產出減少。 （2011 初等考）

24. 在 IS/LM 模型中，有關貨幣政策及財政政策的有效性，下列敘述何者錯誤？ (A) LM 曲線平坦，貨幣政策較無效 (B)IS 曲線陡峭，財政政策較有效 (C) 貨幣政策寬鬆，LM 曲線向右下方移動 (D) 財政政策擴張，IS 曲線向左下方移動。

（2012 臺土銀）

25. 利用 IS/LM 模型來分析貨幣政策的效力，若貨幣供給增加，會造成下列何種情形？ (A) 均衡利率下跌，所得增加 (B) 均衡利率上升，所得增加 (C) 均衡利率下跌，所得減少 (D) 均衡利率上升，所得減少。 （2012 彰商銀）

26. 當一國財政瀕臨破產，爲避免財政繼續惡化，該國政府決定加稅，假設在其他情況不變下，IS 曲線將 (A) 斜率變陡 (B) 斜率趨緩 (C) 右移 (D) 左移。

（2012 初等考）

27. 在 IS-LM 模型中，若一國處於凱因斯流動性陷阱，則該國採取下列何種政策，會造成利率不變且所得增加的現象？ (A) 緊縮性貨幣政策 (B) 擴張性貨幣政策 (C) 緊縮性財政政策 (D) 擴張性財政政策。 （2012 初等考）

28. 流動性陷阱係指當 (A) 貨幣需求的利率彈性爲無窮大時 (B) 貨幣需求曲線爲正斜率時 (C) 貨幣供給曲線爲正斜率時 (D) 貨幣供給曲線爲水平的部分。

（2012 初等考）

29. 政府的財政支出增加，在其他條件不變下： (A) 利率會下降 (B) 貨幣供給會下降 (C) 利率會上升 (D) 貨幣供給會上升。 （2017 初等考）
30. 當中央銀行增加貨幣供給，引起預期通貨膨脹率上升，對經濟的影響，下列何者正確？ (A) 實質利率爲負，導致所得減少 (B) 在流動性陷阱現象，由於名目利率無法下降，因此所得不變 (C) 實質利率下降，即使在流動性陷阱現象，所得會增加 (D) 實質利率上升，但所得減少。 （2018 初等考）
31. 如果本國物價水準相對外國物價水準上升，其他因素不變，下列何者正確？ (A) 實質貨幣餘額減少，LM 曲線往左移動，但 IS 曲線不變，導致所得減少 (B)LM 曲線往左移動，且由於實質匯率貶值，IS 曲線往右移動，導致所得增加或減少 (C) LM 曲線往左移動，且由於實質匯率升值，IS 曲線往左移動，導致所得減少 (D) 實質貨幣餘額增加，僅引起 LM 曲線往右移動，但 IS 曲線不變，導致所得增加。 （2018 初等考）
32. 根據 IS-LM 模型，下列何項政策會使利率上升？ (A) 減稅 (B) 政府減少公共支出 (C) 中央銀行在公開市場買入債券 (D) 中央銀行調降法定準備率。 （2019 初等考）

二、簡答與計算題

【基礎題】

1. 請問 IS-LM 模型是分析哪兩種經濟變數的均衡？
2. 請問 IS 與 LM 曲線右移時，分別會造成所得與利率如何變動？
3. 何謂擴張性財政與貨幣政策？
4. 何謂流動性陷阱？
5. 何謂排擠效果？
6. 何謂投資陷阱？

【進階題】

7. 請利用 IS-LM 模型，分別說明擴張性與緊縮性財政政策的傳遞過程。
8. 請分別說明出現下列情形「財政政策無效，貨幣政策有效」、「財政政策有效，貨幣政策無效」、「流動性陷阱」、「排擠效果」與「投資陷阱」，IS 與 LM 曲線處於何種狀況？

第 6 篇

貨幣衍生的問題

貨幣的供需不平衡以及金融制度的不完善，可能會對社會帶來一些問題與危機，輕則可能引起社會的通貨膨脹或嚴重失業問題；嚴重的還會引起國際之間的金融危機風暴，所以調節貨幣的供需平衡對社會與金融的穩定，具有重要的影響性。本篇包含 2 大章，主要介紹貨幣所衍生的問題與危機，希望藉由問題與危機的發生來讓讀者了解貨幣供需均衡，對社會經濟發展的重要性。

17 CHAPTER 通貨膨脹率與失業率

【本章大綱】

本章內容為通貨膨脹率與失業率，主要介紹總合供需模型模型的分析、通貨膨脹率與失業率等內容，其內容詳見下表。

節次	節名	主要內容
17-1	AD-AS 模型的分析	介紹總合供給與總合需求曲線的形成與移動。
17-2	通貨膨脹	介紹有關通貨膨脹的發生條件、衡量工具、發生原因、影響以及抑制方法。
17-3	失業率	介紹失業率的種類、菲利普曲線的意義特性。

前章敘述中，我們藉由市場的「貨幣」與「商品」相互的供需，去推導出 IS-LM 模型，以決定市場的均衡所得與利率。基本上 IS 曲線代表經濟社會裡，「投資需求」對利率的敏感度；LM 曲線代表經濟社會裡，「貨幣需求」對利率的敏感度，所以 IS-LM 模型僅針對貨物的「需求面」進行分析，其共同決定了市場的「總合需求」。

在凱因斯經濟理論架構中，社會的總合供需分析中，除了考量由 IS-LM 模型所共同推導的「總合需求曲線」外；尚需考量由「勞動」市場的「生產函數」與「勞動供需」平衡，所共同推導的「總合供給曲線」。所以由總合需求曲線與總合供給曲線共同組成的總合供需（AD-AS）模型，才可完整的分析經濟體系內所有變數的供需平衡，並藉以決定經濟體系內「物價」與「所得（產出）」的均衡狀況。有關總合供需（AD-AS）模型的組成架構，見圖 17-1 之說明。

本章首先說明總合供需模型，再藉由總合供需模型，去分析影響社會安定的兩個重要因素－通貨膨脹率與失業率，其對經濟體系內的影響。

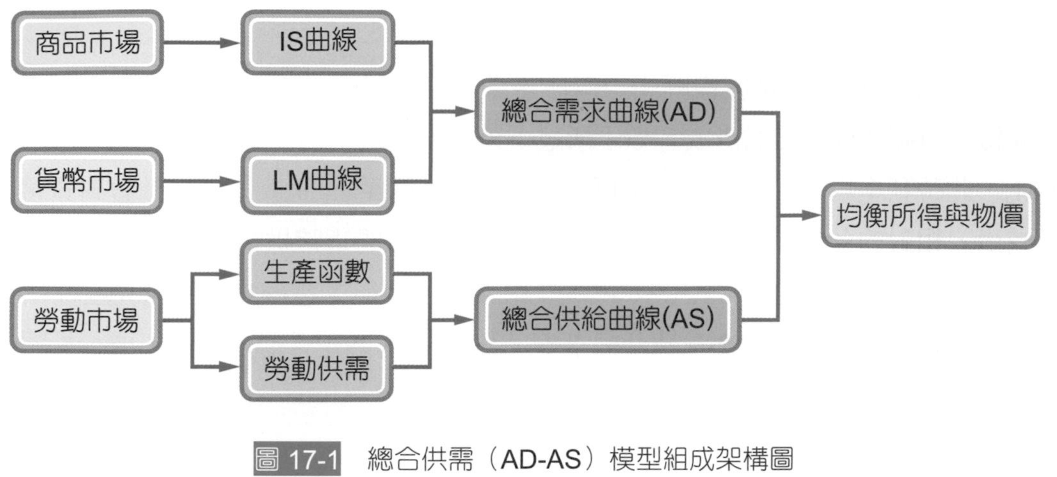

圖 17-1 總合供需（AD-AS）模型組成架構圖

17-1 AD-AS 模型的分析

總合供需模型（AD-AS）是在於分析經濟體系內「所得（產出）」與「物價」之間的均衡關係。總合供需模型是一個包含「商品」市場、「貨幣」市場與「勞動」市場供需平衡的完整經濟分析模型，它是由總合需求與總合供給兩條曲線平衡所建構而成的。以下將說明這兩條曲線的形成與移動。

一、總合需求線

總合需求（Aggregate Demand；AD）是指經濟體系內，在不同的物價水準下，社會對所有商品需求的總數量。當然的人們購買商品的能力，亦受到貨幣數量供需的影響，所以貨幣數量也會對商品需求數量產生影響。因此，總合需求（AD）曲線是指在經濟體系內，「商品」與「貨幣」市場供需達到均衡時，所有「所得」與「物價」的軌跡。以下將介紹這條軌跡的形成與移動。

（一）總合需求線的形成

總合需求線（AD）是座標圖中，以所得（Y）為橫軸，物價（P）為縱軸的一條負斜率曲線。有關 AD 曲線的形成，如下所述：首先，當物價為 P_0 時，貨幣市場的均衡線為 LM_0，此時利率為 r_0，所得為 Y_0；再者，當物價下降至 P_1 時，將導致社會對貨幣的需求量減少，相對的此時有超額的貨幣供給量，使得實質的貨幣供給量上升，因此 LM_0 右移至 LM_1，使得利率變為 r_1，所得變為 Y_1；最後，我們從上述得知，將原先座標軸（P_0, Y_0）與（P_1, Y_0）的兩點相連即為總合需求線（AD）。有關總合需求線的形成，見圖 17-2 之說明。

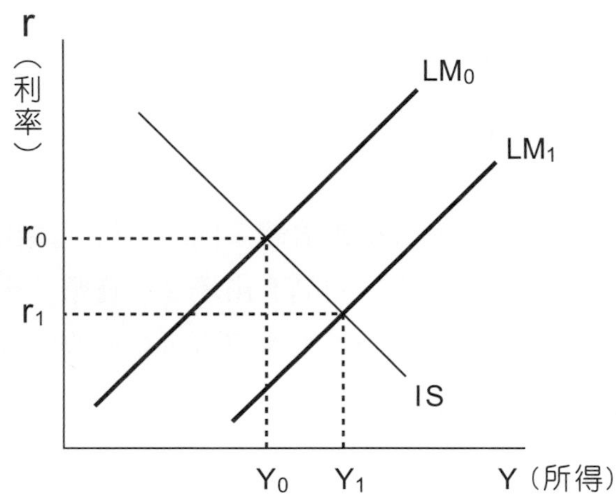

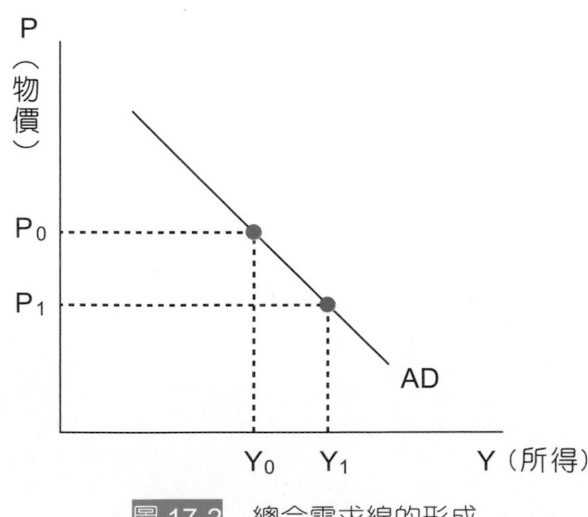

圖 17-2 總合需求線的形成

（二）總合需求線的移動

總合需求線基本上是由 IS-LM 模型推導而來，IS 與 LM 曲線的移動是受到政府的「財政政策」與央行的「貨幣政策」所影響，因此要探討總合需求曲線的移動，需從這兩方面著手。

1. 財政政策的影響

當政府實施「擴張性的財政政策」時，將增加財政支出或降低稅賦，使得原先 IS_1 曲線將右移至 IS_2，此時所得增加（$Y_1 \rightarrow Y_2$）與利率上升（$r_1 \rightarrow r_2$）；若要維持既定的物價水準 P_1，此時原先總合需求線 AD_1 曲線將右移至 AD_2。（如圖 17-3 所示）

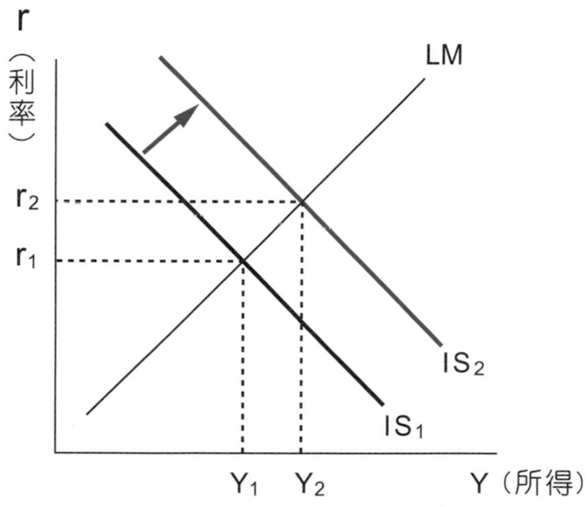

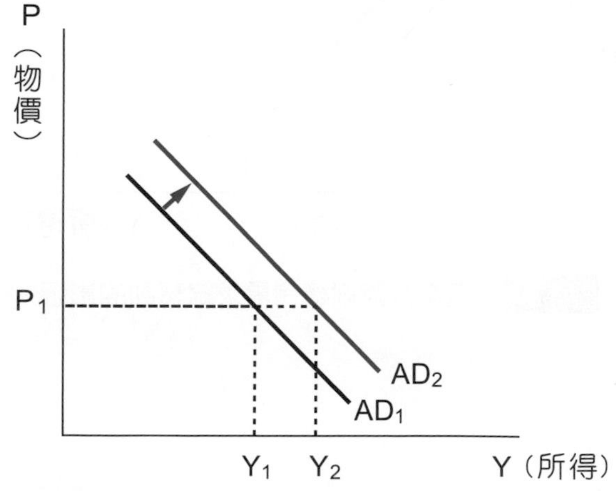

圖 17-3 財政政策對總合需求線移動的影響

2. 貨幣政策的影響

當央行實施「擴張性的貨幣政策」時，將增加貨幣供給量，使得原先 LM_1 曲線將右移至 LM_2，此時所得增加（$Y_1 \rightarrow Y_2$）與利率下降（$r_1 \rightarrow r_2$）；若要維持既定的物價水準 P_1，此時原先總合需求線 AD_1 曲線將右移至 AD_2。（如圖 17-4 所示）

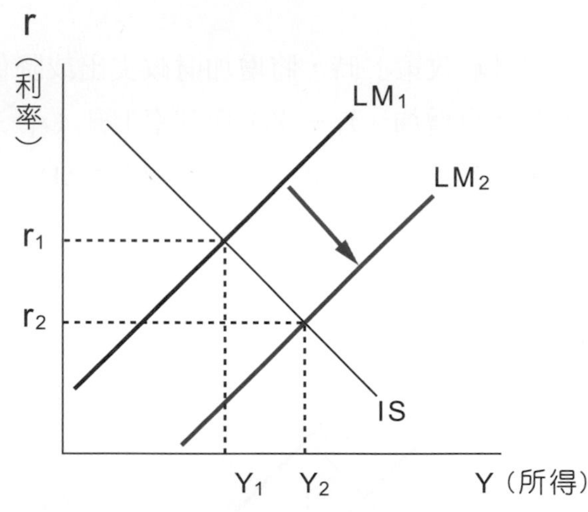

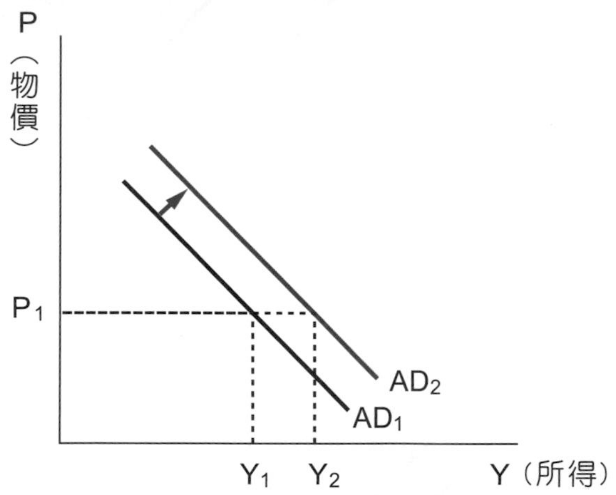

圖 17-4 貨幣政策對總合需求線移動的影響

二、總合供給線

總合供給（Aggregate Supply；AS）是指經濟體系內，在不同的物價水準下，社會對所有商品供給的總數量。此商品的供給數量是指經濟體系的「總產出」，一般可用社會的「實質所得」來代表。因此，總合供給（AS）曲線是指在經濟體系內，「勞動」市場的「生產要素」與「勞動供需」達到均衡時，所有「所得」與「物價」的軌跡。以下將介紹這條軌跡的形成與移動。

（一）總合供給線的形成

總合供給線（AS）是座標圖中，以所得（Y）爲橫軸，物價（P）爲縱軸的一條「垂直線」或「正斜率曲線」。有關 AS 曲線的形成較 AD 曲線稍微複雜，因爲生產者要供應多少商品數量，會受到勞動市場中工資調整的影響。一般而言，關於工資的變動，有兩種經濟學派提出不同的見解，其一是古典學派認爲「工資可自由調整」，另一爲凱因斯學派認爲「工資調整具向下僵固性」，因此在討論 AS 曲線的形成，需分這兩種情形分別討論之。

首先，要說明總合供給線（AS）的形成前，我們須知 AS 曲線是在「勞動」市場中，生產要素與勞動供需達到均衡時，所有「所得」與「物價」的軌跡。所以我們必須先說明「勞動供需」與生產要素所形成的「生產函數」之間的關係。

「勞動供需」市場乃說明生產要素（L）與實質工資（W/P）之間的關係，W 爲名目工資，P 爲物價。當實質工資增加，表示勞工願意提供的勞動意願就愈高，所以實質工資與勞動供給爲正向關係，因此勞動供給線（L^S）爲正斜率曲線；當實質工資增加，廠商願意雇用勞動的意願就愈低，所以實質工資與勞動需求爲反向關係，因此勞動需求線（L^D）爲負斜率曲線。（見圖 17-5(A) 說明）。

「生產函數」乃說明生產要素（L）與所得（產出）（Y）之間的關係，其中，生產要素包括資本、勞動量與生產技術等；此處我們常用「勞動量」來表示「生產要素」。當勞動量（生產要素）（L）投入愈多，其所得（產出）（Y）就會愈多，所以兩者關係爲正斜率的曲線關係。（見圖 17-5(B) 說明）。

所以當「勞動供需」平衡時，所產生的均衡勞動量（生產要素）（L^*）與實質工資（W^*/P^*），對應「生產函數」就可決定均衡所得（產出）（Y^*）。有關勞動市場中，勞動供需與生產函數之間關係圖，詳見圖 17-5 說明。

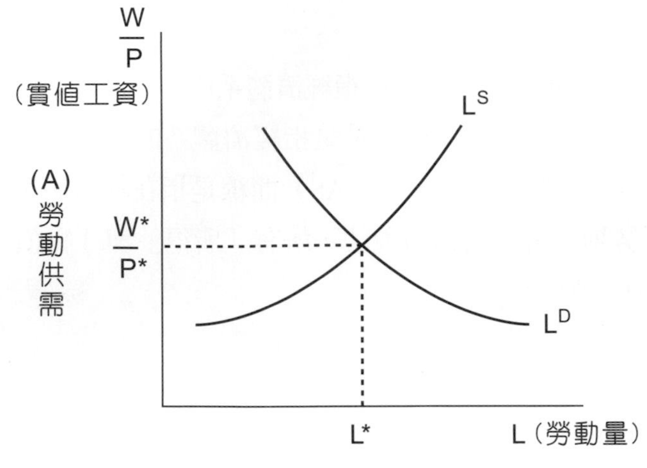

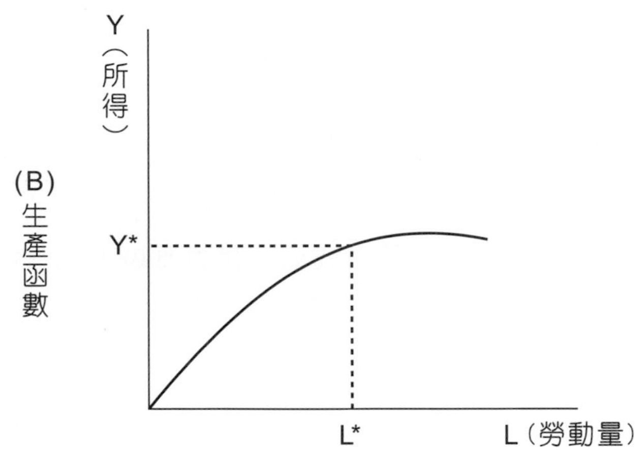

圖 17-5 勞動市場中，勞動供需與生產函數之間關係圖

1. 工資可自由調整

「古典學派」認爲工資是可以自由調整，所以當物價由原先 P_0 往上漲調至 P_1、或往下跌至 P_2 時，分別會使得實質工資（W/P）下降或上升。若此時名目工資（W）是可以自由調整時，若要維持相同購買力下，名目工資（W）亦須分別往上調或下調。因此物價水準不管如何變動，並不會改變實質工資，也就無改變實質所得（產出）（Y），所以 AS 曲線是一條「垂直線」。有關古典學派的總合供給線圖，如圖 17-6 之說明。

2. 工資具向下僵固性

「凱因斯學派」認爲名目工資具有「向下僵固性」（Downward Rigidity），所以當物價由原先 P_0 上漲至 P_1 時，會使得實質工資（W/P）下降。但此時要維持相同購買力，名目工資（W）亦可跟著往上調整，使得均衡的實質工資（W/P）卻沒有改變。

所以當物價往上調時，實質所得（產出）（Y）並無增加，所以此時 AS 曲線是一條「垂直線」。（見圖 17-7 說明）。

但當物價由原先 P_0 下跌 P_2 時，因名目工資具有向下調整的僵固性，所以仍維持於原有水準，使得實質工資（W/P）增加，導致勞工就業意願增加，勞動市場此時有超額供給。因勞動市場的就業量取決於需求面，此時廠商會減少勞工僱用量，以減少商品的供應量，以維持物價穩定，但卻也使得實質所得（產出）（Y）減少。所以當物價（P）下跌時，會使所得（產出）（Y）減少，兩者呈正向關係，因此 AS 爲一條「正斜率曲線」。有關凱因斯學派的總合供給線圖，如圖 17-7。

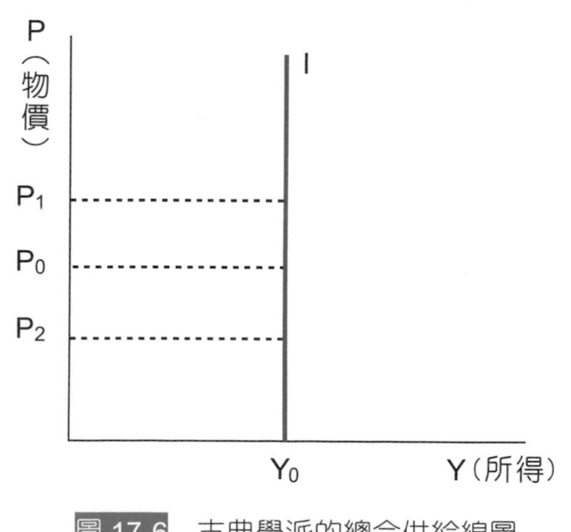

圖 17-6 古典學派的總合供給線圖

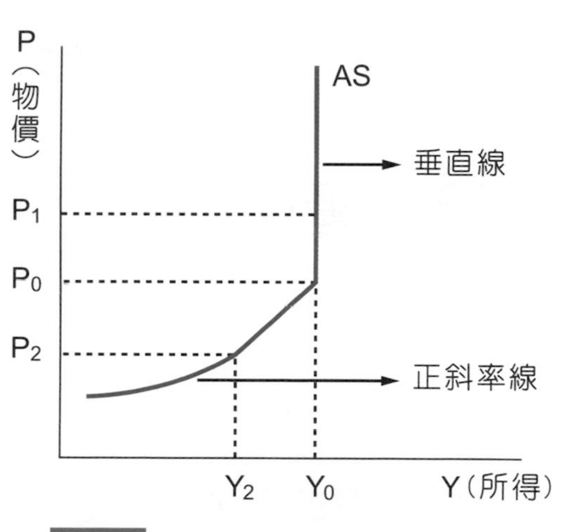

圖 17-7 凱因斯學派的總合供給線圖

（二）總合供給線的移動

總合供給線（AS）是由「勞動」市場中，「生產要素」與「勞動供需」均衡所共同決定的。所以只要「生產要素」或「勞動供需」增加時，皆可使原先總合供給 AS_1 曲線右移至 AS_2，將導致物價下跌（$P_1 \rightarrow P_2$），所得增加（$Y_1 \rightarrow Y_2$）；反之，當「生產要素」或「勞動供需」減少時，AS_1 曲線則左移至 AS_3，將導致物價上漲（$P_1 \rightarrow P_3$），所得減少（$Y_1 \rightarrow Y_3$）。

其中，生產要素的增加包括「資本」與「勞動生產力（雇用量）」的增加、或者「生產技術」的進步等；勞動供需的增加包括「勞動供給」與「勞動需求」的增加等。有關總合供給線的移動，如圖 17-8 所示。

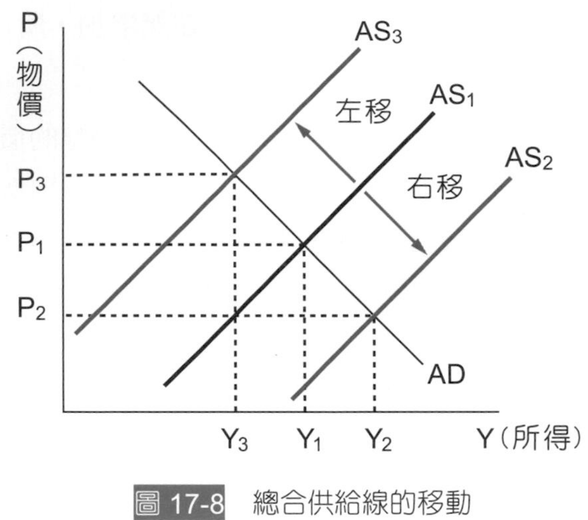

圖 17-8 總合供給線的移動

17-2 通貨膨脹

維持物價穩定，幾乎是每個國家中央銀行貨幣政策的首要目標。因此嚴防通貨膨脹的發生，是維持一個社會和經濟穩定發展的重要因素。以下將介紹通貨膨脹的發生條件、衡量工具、發生原因、影響以及抑制方法。

一、通貨膨脹的條件

通貨膨脹（Inflation）是指物價水準，在一段期間內，持續且相當幅度的上漲之現象。此現象的發生，表示物價水準的上漲情形，必須符合下列三種條件：（詳見表 17-1 說明）。

表 17-1 發生通貨膨脹的條件說明

條件	條件說明
一般物價	通貨膨脹是指一般商品或勞務服務的價格普遍上漲，這些商品與勞務服務是要跟民眾一般生活息息相關的。
持續上漲	一般商品或勞務服務的價格，必須在某段期間內持續不間斷的上漲。如果是一次漲足後穩定，並不算通貨膨脹。
漲幅夠大	一般商品或勞務服務的價格，必須在某段期間內上漲幅度，足以讓一般民眾有深切的感受，通常讓他們感受到貨幣的購買力下降。一般而言，物價上漲幅度超過 3% 以上，就可能造成通貨膨脹之虞。

二、衡量通貨膨脹的工具－物價指數

一般在衡量通貨膨脹的工具－物價指數有以下三種方式：

（一）消費者物價指數

消費者物價指數（Consumer Price Index；CPI）是指一般民眾生活代表性消費物品的加權平均物價指數。它的變動，一般民眾比較能夠感受到物價波動對生活的影響。一般定義若該指數連續幾個月超過 3%以上，就表示有通貨膨脹的情形發生，若超過 5%以上就是比較嚴重的通貨膨脹。

（二）躉售物價指數

躉售物價指數（Wholesale price Index；WPI）又稱生產者物價指數（ProducerPriceIndex；PPI），是指廠商購買大宗原物料的加權平均物價指數。它的變動，一般的民眾比較無法立即直接的感受到物價變動對生活的影響。通常躉售物價指數（WPI）亦是觀測消費物價指數（CPI）的先行指標，投資人可以藉由觀測躉售物價指數的變動，以瞭解消費物價指數未來的變動。若躉售物價指數比預期數值高時，表示有通貨膨脹的風險；若比預期數值低時，則表示有通貨緊縮[45]（Deflation）的風險。

（三）國民生產毛額平減物價指數

國民生產毛額平減指數（GDP Deflator）是指「名目國內生產毛額」與「實質國內生產毛額」之比值的平減物價指數。名目國內生產毛額是以「當期」物價所計算而得；實質國內生產毛額是以「某一基期」的物價所計算而得。國內生產毛額平減物價指數是用來衡量不同基期的相對物價水準。有關 GDP 平減物價指數算法如下式：

$$\text{國民生產毛額平減物價指數} = \frac{\text{名目 GDP}}{\text{實質 GDP}} \times 100$$

三、通貨膨脹的原因

造成通貨膨脹的原因，通常有兩種原因：其一爲「需求拉動型」，另一爲「成本推動型」，以下將分述之。

45 通貨緊縮表示一個經濟體的整體物價水準下降，顯示市場需求過少，商品供過於求，壓低物價水準的情況。

（一）需求拉動型通貨膨脹

需求拉動型通貨膨脹（Demand-pull Inflation）是指需求上升所引起的通貨膨脹。引起需求上升的原因有可能是政府財政支出增加、民間投資與消費支出增加、以及貨幣供給額增加等因素所造成的。需求拉動型通貨膨脹，若以總合供需模型表示乃原先總合需求線 AD_1 右移至 AD_2，使得物價由原先 P_1 上漲至 P_2，如圖 17-9 所示。

（二）成本推動型通貨膨脹

成本推動型通貨膨脹（Cost-push Inflation）是指成本上漲所引起的通貨膨脹。成本提高的原因有可能是工資提高、原物料上漲、廠商哄抬價格、以及廠商欲提高經營利潤等因素。成本推動型通貨膨脹，若以總合供需模型表示乃原先總合供給線 AS_1 左移至 AS_2，使得物價由原先 P_1 上漲至 P_2，如圖 17-10 所示。

此外，此種通貨膨脹，不僅造成物價上漲，也導致社會的總產出減少，將使得失業率增加。因此，成本推動型通貨膨脹，可能會造成「高通貨膨脹率」與「高失業率」並存的現象，此又稱爲停滯性通貨膨脹（Stagflation）。

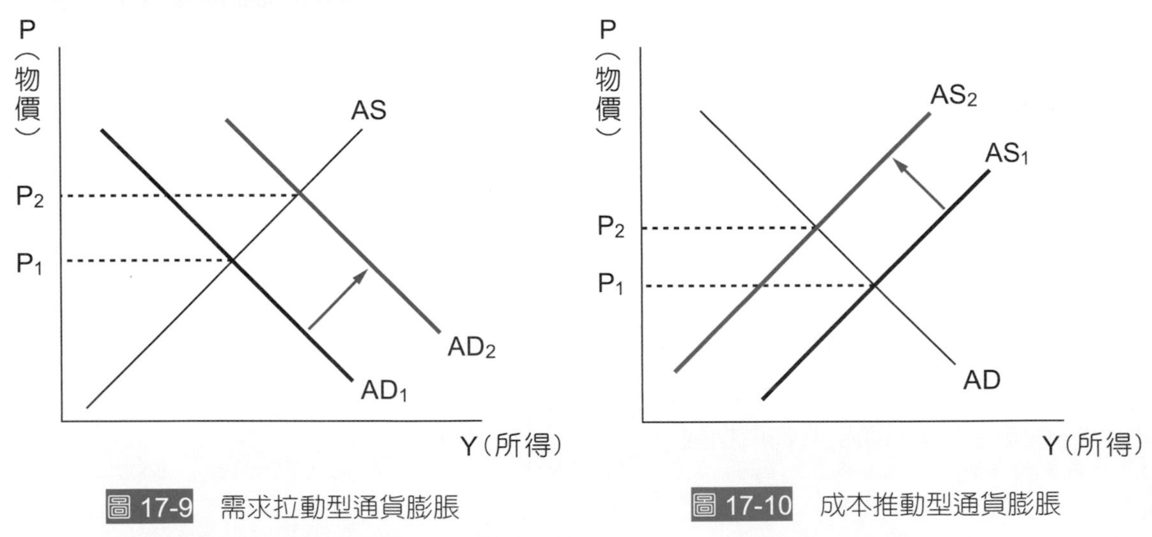

圖 17-9　需求拉動型通貨膨脹　　圖 17-10　成本推動型通貨膨脹

四、通貨膨脹率的影響

當通貨膨脹發生時，會對社會經濟造成很多問題，其問題如下說明：

（一）造成社會恐慌

若發生通貨膨脹，首先一定會出現民眾人心恐慌，到處搶購物資商品，造成社會秩序混亂。若政府此時實施價格管制，將導致非法交易增加；同時勞工會希望提高工資，將導致勞資關係惡化。若政府無法有效控制通膨，甚至會發生民眾遊行抗爭，嚴重的影響社會政治的安定。

（二）資源分配扭曲

當通貨膨脹發生時，會使得某些物品價格大肆飆漲，造成廠商投入更多的生產要素去生產那些產品，但所生產出的產品未必合宜，將造成資源浪費與分配扭曲的情形。例如：當房地產或黃金價格飆漲，結果造成建商大舉建房與採礦商大肆採礦，結果未來將造成大量的閒置的空屋、以及不實用的黃金流通於市，使得資源分配扭曲。

（三）經濟成長受阻

當通貨膨脹發生時，會發生資源分配不當或誤用的情形，且降低資源使用效率，不利經濟發展。且因本國物價上漲，使得出口減少，進口須增加，導致國際收支惡化，進而使得幣值貶值，導致資金外流。若政府採取控制通貨膨脹措施，可能減少政府財政支出或減少貨幣供給，又將不利經濟成長。

（四）財富重新分配

通貨膨脹使得貨幣購買力下降，不利固定所得收入的財富累積，但有利於生產商的財富所得；且債務人與債權人的負債與資產價值都減少，無形中使債務人受益，債權人受損。此外，因通貨膨脹造成名目所得增加，隨著所得增加的稅負加重，將導致民間財富減少，但政府稅收卻增加。所以上述之情形，都將導致財富與所得重新分配。

五、控制通貨膨脹的方法

通常控制通貨膨脹的方法，有以下幾種方式：

（一）抑制商品需求

政府要抑制通貨膨脹，可以從社會的總合需求面著手，也就是採取緊縮的財政與貨幣政策，以降低政府支出與減少貨幣供給，將使總合供給線左移，促使物價下降。一般採取緊縮性的管理政策，又可分爲兩種策略，其一爲「急速冷卻」或稱冷火雞（Cold Turley）策略；另一爲「溫和漸進」（Gradualism）策略。

通常採取「急速冷卻」策略是指政府採取快速且大幅度的緊縮策略，希望迅速抑制通貨膨脹，但有可能必須付出產出與就業大幅衰退的代價。反之，採取「溫和漸進」策略是指政府採取溫和漸進的緊縮策略，希望在抑制通貨膨脹時，能降低對產出與就業衰退的衝擊。

（二）提高商品供給

抑制通貨膨脹另外一個重要方式，就是提高品的供給量。廠商可以藉由機器化生產或改善製程來增加產量；或者建立商品有效的儲存與調度機制、以及擴大進口配額，以供臨時之需，確保供給無虞，以安定物價。

（三）維持競爭環境

政府可讓商品在市場的流通維持自由競爭環境，避免獨占或寡占的情形出現，以避免商品價格被少數廠商控制，亂哄抬價格，造成物價上漲。

（四）藉由貨幣升值

安定物價的對策中，亦可藉由匯率政策。政府可促使本國貨幣升值，使得進口物價下跌，相對的使國內物價下跌，以安定物價。

辛巴威悲歌，從百兆鈔票看惡性通膨

圖：全世界面額最大的 100 兆紙元紙鈔。

辛巴威幣值，越改越沒價值

1980 年代辛巴威獨立後，權力從白人轉移到黑人手上，當時總統穆加比（Robert Gabriel Mugabe）通過獨裁手段沒收白人土地，激進的土地改革招致西方國家不滿，並對辛巴威實施經濟制裁。而後由於長期積欠外債，政府又不實施穩定的經濟措施，使得 IMF 暫停對辛巴威的經濟援助，辛國政府以大量印鈔來填補財政上的赤字，開啓之後的惡性通膨。辛巴威在強人穆加比的長期統治下，辛巴威幣歷經 4 代改革，以下為 4 個階段的匯率：

第一階段：1980 年第一代辛元（ZWD）：美元（USD）＝ 0.86：1

第二階段：2006 年第一代辛元（ZWD）：美元（USD）＝ 50 萬：1

第三階段：2006 年第二代辛元（ZWN）：美元（USD）＝ 100 億：1 ＝ 1 個麵包

第四階段：2009 年第三代辛元（ZWR）：美元（USD）＝ 300 兆：1 ＝ 1.5 條土司

過去 10 年變成「美元化」國家

從 2009 年到 2016 年期間，辛巴威逐漸成為美元化（dollarization）的國家，民眾日常生活交易習慣使用美元，因為美元幣值較為穩定，而且通膨情況也因此稍為改善。不過因為辛巴威沒有那麼多美元外匯存底，因此流通的美元現金也不多，這也間接促成電子貨幣的盛行。這段期間的大事紀包括 2014 年辛國央行宣布美元、南非幣、波札那幣、英鎊、歐元、澳幣、人民幣、印度盧比以及日圓等 9 種貨成為可以合法使用的貨幣。

2016 年底發行宣稱與美元等值的債券鈔（bond note），辛巴威人暱稱為「債美元（bollars）」。但顯然民眾接受度不高，在小商店購物若以債美元購物，要收加價 30% ～ 40%，2017 年 9 月底加價更提高到 50%。人民不只對債美元沒有信心，對存在銀行帳戶的數位化美元帳戶，暱稱為「辛美元（zollar）」，也一樣毫無信心，害怕辛巴威央行沒有美元或黃金儲備就憑空竄改創造辛美元的價值。

人民擔心重回印鈔的惡性循環

民眾擔心新貨幣體系的建立仍是走回過去失敗印鈔的老路。因為歸根究底，只要通膨情況嚴峻，任何新貨幣的建立都無法成功。2019 年元月辛巴威的通膨率依然高達 56.9%，許多重要民生物資嚴重缺乏。這提醒我們，在現今虛擬通貨與實質貨幣的論戰中，仍然有國家陷入經濟成長與通膨惡化的困境中，解決這些問題遠比決定使用何種交易媒介來得更為重要。

圖文資料來源：摘錄自英語島 2019/03/21

【解說】

辛巴威是全世界通貨膨脹最嚴重的國家，該國曾經創下 1 美元兌換 300 兆辛元（ZWR）的記錄，且這也等於購買 1.5 條土司的價格。所以辛巴威會發生那麼嚴重的通貨膨脹，起因是辛巴威央行在沒有美元或黃金儲備下，就憑空亂印鈔票所造成。

17-3 失業率

所謂的「失業率」（Unemployment Rate）是指一段期間內，失業人口占勞動人口的比率。失業率是反映一個國家或地區失業狀況的主要指標。人民失業會對社會安定與經濟生產具有重大的影響性，所以政府都會非常重視此問題。一般而言，一個國家的「失業率」與「通貨膨脹率」之總合稱爲「痛苦指數」（Misery Index），此指數代表人民遭受失業與物價上漲之困擾，所帶來的生活的不幸福指數。通常在以往經濟數據顯示這兩者有相互抵換之關係，也就所謂的「菲利普曲線」。以下本節將介紹失業率的種類與菲利普曲線。

一、失業率的種類

通常失業率的種類有以下幾種：

（一）結構性失業

結構性失業（Structural Unemployment）是指市場經濟結構或生產技術發生改變時，造成原有舊業者無法適應新產業結構或尚未學習新技術，所產生的失業。通常結構性失業會較摩擦性失業時間長，因爲失業人員需要再訓練或是遷移才能找到新工作。

（二）循環性失業

循環性失業（Cyclical Unemployment）是指由於經濟景氣循環波動所成的失業。當經濟景氣蕭條時，廠商銷售不佳，會減少對勞工的雇用，此時失業率增加；當經濟景氣復甦時，廠商會增加對勞工的雇用，此時失業率就會減少。

（三）摩擦性失業

摩擦性失業（Frictional Unemployment）是指人們放棄原先的職業，可能需要花費一段時間尋找新的工作，或許由於就業市場訊息的不靈通，造成企業未能在短期內找到適合的勞工，而勞工也未能在這段時間找到工作，於是造成短期的失業現象。通常「結構性失業」與「摩擦性失業」合計稱爲「自然性失業」（Natural Rate of Unemployment）。

（四）季節性失業

季節性失業（Seasonal Unemployment）是指由於生產活動受到季節或氣候的影響，使得從事此類工作者，並無法一年到頭長期間工作，必須受限於季節性因素的影響，而造成短暫的失業現象。（例如：農夫有農忙與農閒之分；旅遊業領隊有寒暑假旺季與平時的淡季之分。）

二、菲利普曲線

菲利普曲線（Phillips Curve）是用來表示「失業率」與「通貨膨脹率」之間替代取捨關係的曲線。該曲線是由經濟學家菲利普（Phillips）於 1958 年統計英國過去近 100 年來的失業率與名目工資之歷史資料所提出的看法。菲利普曲線原先認爲「失業率」與「名目工資」之間存在著反向變動關係，爾後，再經由經濟學家的發展成爲用來表示「失業率」與「通貨膨脹率」之間反向關係的曲線。

該曲線一般認爲是「失業率」與「通貨膨脹率」之間，短期間所造成的反向關係曲線，但經過長期的演化，長期的菲利普曲線，已不像傳統菲利普曲線爲凸向原點的一條曲線，而是比較像是一條垂直線。以下將說明傳統凸向原點菲利普曲線的特性意涵、以及長期菲利普曲線的形成。

（一）曲線特性的意涵

傳統的菲利普曲線爲凸向原點的一條曲線，其曲線特性具有某些經濟意涵，其意涵說明如下：

1. 失業率與通貨膨脹率呈抵換關係

菲利普曲線乃表示失業率與通貨膨脹率之間呈現抵換（Trade-off）關係。當失業率較高時，表示經濟處於蕭條階段，此時工資與物價都較低，所以通貨膨脹率也就較低；反之，當失業率較低時，表示經濟處於繁榮階段，此時工資與物價都會較高些，所以通貨膨脹率也就較高。所以失業率和通貨膨脹率之間存在著反方向的變動關係。其兩者關係圖，如圖 17-11 所示。

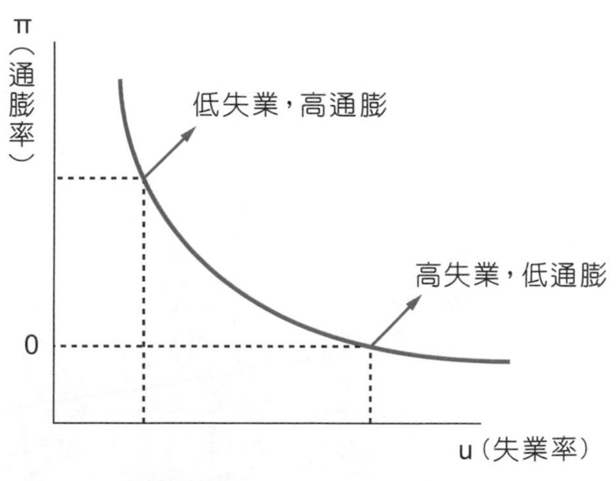

圖 17-11 菲利普曲線特性（一）

2. 失業率與通貨膨脹率並不會同比例增減

傳統菲利普曲線爲凸向原點的一條曲線，通常此種曲線，在斜率較陡峭或較平緩時，失業率與通貨膨脹率並不會同比例增減。當曲線斜率較陡峭，也就是失業率較低時，若此時欲再降低一點點失業率，必須犧牲較大漲幅的通貨膨脹率來換取；當曲線斜率較平緩，也就是通貨膨脹率較低時，若此時欲再降低一點點通貨膨脹率，必須犧牲較大漲幅的失業率來換取。其兩者關係圖，如圖 17-12 所示。

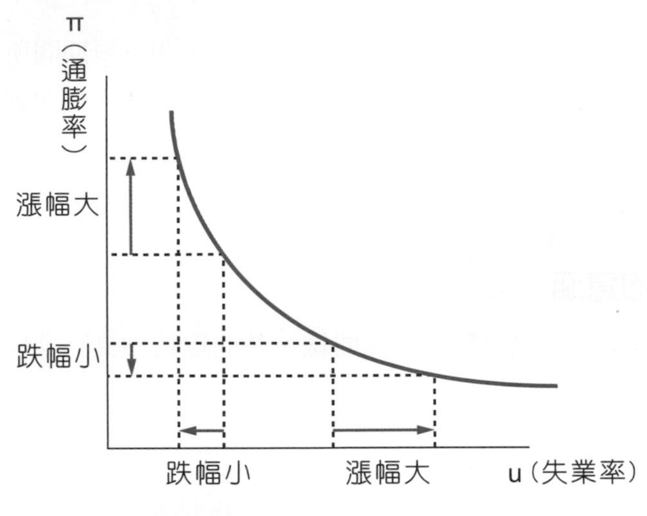

圖 17-12 菲利普曲線特性（二）

圖 17-13 爲利用 1990 年至 2019 年臺灣的失業率與通膨率之月資料，所描繪出的曲線。該曲線看起蠻像菲利普曲線，爲凸向原點的一條曲線，可見臺灣的失業率與通貨膨脹率存在著抵換關係。

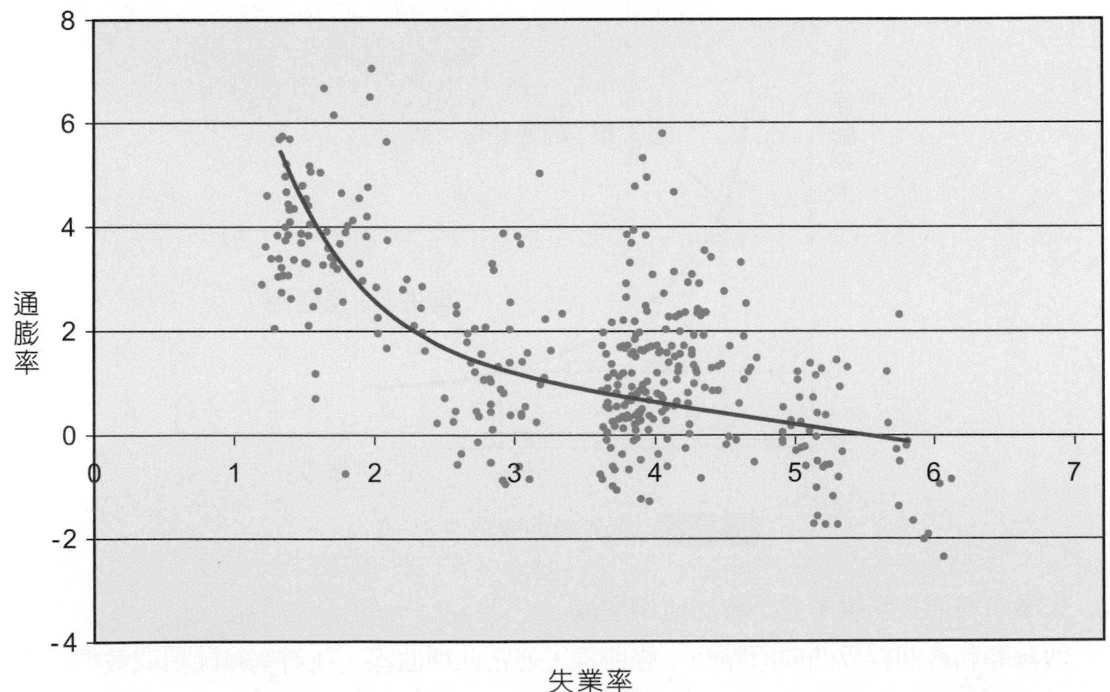

圖 17-13 國內 1990 年～ 2019 年每月失業率與通膨率資料，所描繪的「菲利普曲線」

（二）長期的菲利普曲線

在原有菲利普曲線成立下，失業率與通貨膨脹率兩者呈抵換關係。若要低失業就必須忍受高通膨，若要低通膨就要忍受高失業，因此「魚與熊掌，不可兼得」。通常政府若爲了降低失業率，會採取「擴張性」的財政或貨幣政策；若爲了降低通貨膨脹率，會採取「緊縮性」的財政或貨幣政策。所以欲控制兩者，須採取不同的管理政策。

最近各國政府在控制失業率時，發現要降低失業率，卻須付出高通膨的代價愈來愈高，且失業率並無預期的改善。其原因乃各國所採取的擴張性管理政策，已被民眾預期，造成菲利普曲線往上移，結果使得政府擴張性的管理政策，只落得提高通貨膨脹率的下場，並無法有效降低失業率。所以就長期而言，菲利普曲線已非凸向原點的一條曲線，而比較像是一條垂直線。

因爲政府爲了降低失業率，會採取擴張性的財政或貨幣政策，結果使得物價（*P*）上漲，勞動者「預期」此通貨膨脹會繼續，爲了維持實質工資不變，勞動者亦會要求提高名目工資（*W*）。因勞動的供需情形受實質工資（*W*/*P*）的影響，此時在實質工資不變情形下，廠商並沒有增加勞動需求量，因此就業水準並沒改變。所以此時通貨膨脹率已被提高，但並無法降低失業率，因此政府的擴張性政策無效。若政府仍持續的採取擴張性政策，只會造成通貨膨脹率加速上升[46]，但失業率仍維持不動（也就是菲利普曲線向上移動）。因此就長期而言，菲利普曲線已轉變成爲一條垂直線[47]，也就是說通貨膨脹率與失業率兩者抵換關係消失。有關長期菲利普曲線的形成過程，如圖 17-14 所示。

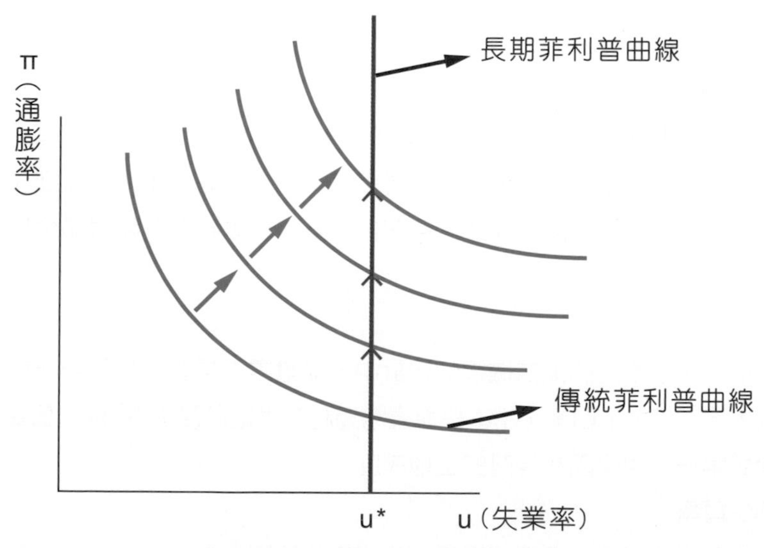

圖 17-14 長期菲利普曲線的形成

46 經濟學家中，「加速學派」（Acceleration School）認為菲利普曲線會迅速向上移動，且物價會加速膨脹，但失業率不變，最後導致長期的菲利普曲線為一垂直線。

47 長期的菲利普曲線為一垂直線，乃因勞動者預期通貨膨脹率會發生，且預期的通貨膨脹率等於名目工資上漲率，所以此曲線又稱為「帶有預期的菲利普曲線」（Expectation-augmented）。

貨幣與生活

臺灣擁有全世界最多的「痛苦指標」，根本原因只有 1 個

重點 1

慘無人道的世界第一

圖：全世界面額最大的 100 兆紙元紙鈔。

在全球 200 多個國家中，臺灣擁有最多的「世界第一」痛苦指標，包括了「世界第一的房價所得比」、「世界第一的空屋率」、「世界第一的農地價格」、「世界最低的生育率」、「世界最低的租稅負擔率」……，你會覺得臺灣怎麼會這麼倒楣呢？然而，若當你細思背後原因後，會發現不是臺灣倒楣的事特別多，而是這麼多的倒楣事，根本原因其實都是同一件事：那就是臺灣的土地制度。

1. 最高房價所得比

   臺灣的房價所得比若計入虛坪的話，是很有可能超越香港而成為世界第一的，但無論如何，即使沒有世界第一，也是世界前三高，這是很慘的一件事，而這是很直接的土地問題，比較不需要解釋。

2. 世界第一的空屋率

   臺灣的空屋率也是世界第一，理論上空屋這麼多，房價應全球最低才是，但因為囤房嚴重，所以竟產生了『空屋率第一，房價所得比第一』的悖離現象，這亮瞎了歐美的經濟學家，因為全球沒看過這麼剝削的國家。這個世界第一也很直觀，那就是土地問題，比較不用解釋。

3. 世界第一的富人群

   你無法相信的是，在不同的國際機構的統計中，臺灣富人是富到世界第一的，而你也沒猜錯，這些富人不工作、不創業，基本是靠臺灣獨有的土地制度從 99% 的魯蛇身上來剝削，所以這個世界第一，也是因為臺灣的土地制度。

4. 世界最低的生育率

   臺灣的生育率是世界最低，而造成這種低生育率的原因，其實不論是我們個人觀感，或是各機構的調查，都指出是因為高房價導致了人們消費力不足，而不想生育。

5. 世界最低的租稅負擔率

   你會覺得很奇怪的是，為何臺灣上班族繳了全球最高的稅（40%），但臺灣竟是全球最低租稅負擔率的國家？答案就在於，臺灣最富裕的地主雖然拿走了社會大部分的財富，但他們是不繳稅的，若是富人也老實繳稅，按綜所稅最高 40% 來繳，那臺灣是不會有世界最低的租稅負擔率。而這問題也在於我們的土地制度持有稅過低。

6. 世界最貴的農地價格

   臺灣的農地價格，是全球最貴的，而且還是收入比臺灣高出甚多的日本的 10 倍以上，甚至是澳洲的 750 倍，這點完全嚇壞了歐美的富裕人士，他們沒想到臺灣的地主民代竟然如此貪婪。

重點 2

很有可能是世界第一的數字

再來的數字，因為沒有橫向對比他國的數字，所以無法斷言是世界第一慘，但絕對也是很有可能是世界最慘的，包括：

7. 最慘的創業陣亡率

   臺灣的中小企業創業成功率只有 1%，背後的原因，也是因為高房價剝奪了人民的消費力，以致於中小企業難存活。

8. 最長時間的低薪

   臺灣的低薪已經凍漲 20 年了，而這段期間，剛好是房價飆升最快的時候，高房價讓人民沒有消費力，導致了中小企業獲利不佳，於是又導致了企業難以調薪，所以根本原因還是在於導致高房價的土地制度。

9. 四小龍最慘的上班族

   臺灣的上班族，在四小龍是最慘的（特指高薪上班族），不但薪資是最低，而且還繳了最高的稅，而這背後原因，也是因為地主不繳稅，那國家稅收不足，所以只好跟上班族課重稅，所以根本原因，也是土地稅收沒有收上來所導致的。

10. 世界最奇葩的健保制度

   健保是臺灣的驕傲，但它的財源卻是恥辱，在國外的醫療，有聽過是用商業保險或跟富人抽重稅來補足醫療費用的，但在臺灣，是跟最窮的上班族抽重稅來供養富人，而且還是賺愈多繳愈多，可說是全球最離譜的醫療稅制。而不跟地主徵稅卻拿上班族開刀，也是因為土地的稅收沒有收上來。

如何解決這些民生問題？

上述每項，都是很大的民生議題，這也是為何我常說，臺灣八成以上的民生問題追溯到根源，都是土地制度所衍伸出來的，所以你只要不斷地專注「囤房稅、囤房稅、囤房稅」，最後一定會解掉臺灣八成以上的民生問題。

圖文資料來源：摘錄自報橘 2019/05/21

【解說】

臺灣蕞爾小島，若扣掉三分之二不適合居住的山地面積，臺灣的人口密度也是世界第一。所以根據該篇報導，國人擁有另類的全世界最多的「痛苦指標」，或許根本原因就是土地制度的問題。這是地狹人稠臺灣的宿命嗎？

本章習題

一、選擇題

【基礎題】

1. 請問總合供需模型是在於分析經濟體系內，哪兩者的均衡關係？ (A)所得與物價 (B) 利率與物價 (C) 所得與利率 (D) 所得與消費。
2. 請問總合供需模型的分析不包括下列何種市場？ (A) 商品市場 (B) 貨幣市場 (C) 勞動市場 (D) 外匯市場。
3. 下列對總合需求線之敘述，何者有誤？ (A) 是負斜率曲線 (B) 受到政府財政政策影響 (C) 受到勞動市場供需影響 (D) 受到央行貨幣政策影響。
4. 下列對總合供給線之敘述，何者有誤？ (A) 有時是正斜率曲線 (B) 需考慮貨幣供給量 (C) 需考慮勞動供需 (D) 需考慮生產函數。
5. 下列何者會造成總合供給線左移？ (A) 資本減少 (B) 生產技術進步 (C) 勞動供給增加 (D) 勞動需求增加。
6. 請問通貨膨脹率的發生條件，不包含下列何項？ (A) 一般物價的上漲 (B) 持續一段時間的上漲 (C) 具有相當的漲幅 (D) 貨幣價值的上漲。
7. 若政府支出增加所導致的通貨膨脹是屬於何種形式？ (A) 需求拉動型通貨膨脹 (B) 成本推動型通貨膨脹 (C) 供給推動型通貨膨脹 (D) 利潤拉動型通貨膨脹。
8. 下列何者非抑制通貨膨脹的方法？ (A) 抑制商品需求 (B) 提高商品供給 (C) 維持競爭環境 (D) 藉由貨幣貶值。
9. 請問痛苦指數為哪兩項的合計？ (A) 通貨膨脹率與失業率 (B) 失業率與死亡率 (C) 通貨膨脹率與死亡率 (D) 死亡率與離婚率。
10. 請問自然失業率為哪兩項失業率的合計？ (A) 結構性與循環性 (B) 結構性與摩擦性 (C) 循環性與季節性 (D) 摩擦性與季節性。
11. 請問菲利普曲線為下列哪兩項之關係？ (A) 通貨膨脹率與利率 (B) 利率與所得 (C) 通貨膨脹率與失業率 (D) 失業率與利率。
12. 下列關於菲利普曲線特性何者有誤？ (A) 失業率與通貨膨脹率呈反比 (B) 失業率與通貨膨脹率不會同比例增減 (C) 短期是正斜率 (D) 長期為垂直線。

【進階題】

13. 下列敘述何者有誤？ (A) 總合需求線是由商品市場與貨幣市場供需平衡而得 (B) 總合供給線是由勞動市場決定 (C) 財政支出增加可使總合供給線右移 (D) 工資具向下僵固性時，總合供給線可能是垂直線。
14. 下列有關通貨膨脹率的敘述何者有誤？ (A) 通常躉售物價連續 3 個月超過 5% 就有通貨膨脹發生 (B) 若工資提高是屬於成本推動型通貨膨脹 (C) 發生通貨膨脹可能造成資源分配扭曲 (D) 通常本國幣升值可以抑制通貨膨脹率。
15. 下列敘述何者有誤？ (A) 菲利普曲線處於右下曲線，表示高失業低通膨 (B) 通常大學生剛畢業所面臨的失業屬於摩擦性失業 (C) 菲利普曲線較陡峭時，表示要降低小幅度的通膨，需犧牲較大幅度失業率上升的代價 (D) 長期菲利普曲線為負斜率，短期為垂直線。

【國考題】

16. 惡性通貨膨脹率經常是下列何者的結果？ (A) 爆炸性的貨幣供給成長率 (B) 進口量超過出口量 (C) 政府財政支出減少 (D) 出口暢旺。 （2011 合作銀）
17. 高通貨膨脹率與高失業率並存的現象，稱為 (A) 輸入性通貨膨脹 (B) 結構性通貨膨脹 (C) 停滯性通貨膨脹 (D) 成本推動通貨膨脹。 （2011 臺土銀）
18. 對於通貨膨脹，下列敘述何者正確？ (A) 在惡性通貨膨脹下，為了交易需要，人們會大量增加貨幣的持有數量 (B) 因為經濟體系中總合需求增加導致的物價水準變動，稱為需要拉力型通貨膨脹 (C) 若石油價格上漲導致物價水準上漲，但立即穩定在上升後的新水準，並未持續上漲，這也是一種通貨膨脹的現象 (D) 只要一國的出口額持續增長，可以提高平均國民所得水準，就一定不會產生通貨膨脹的現象。 （2012 高銀）
19. 有關菲利普曲線之敘述，下列何者錯誤？ (A) 傳統菲利普曲線為一條負斜率的曲線 (B) 在加速論假說下，長期菲利普曲線成為一條垂直線 (C) 伴隨全球化的發展，菲利普曲線將變得陡峭 (D) 傳統菲利普曲線表明通貨膨脹率與失業率有互為抵換的關係。 （2012 臺土銀）
20. 自然失業率是考慮何種失業為正常現象所計算出來的？ (A) 循環性失業與結構性失業 (B) 循環性失業與磨擦性失業 (C) 磨擦性失業與潛伏性失業 (D) 結構性失業與磨擦性失業。 （2012 臺銀）

21. 在其他條件不變的情況下，當經濟體系中預期未來通貨膨脹率會愈來愈高時，則 (A) 人們愈想存錢以對抗通膨 (B) 愈有誘因趕快還清銀行貸款 (C) 愈不可能發生財富重分配 (D) 實質利率將愈來愈低。（2012 初等考）
22. 下列關於通貨膨脹的敘述，何者正確？ 物價水準以極高速度上漲的現象，稱爲 (A) 惡性通貨膨脹，此時貨幣之功能會失靈 (B)「結構性物價膨脹」亦被稱爲供給轉移的物價膨脹 (C) 壓制價格上漲但物價仍繼續上漲的現象，稱爲開放性通貨膨脹 (D) 溫和通貨膨脹大致介於 1% ～ 10% 之間。（2014 初等考）
23. 下列有關菲利浦曲線（Phillips Curve）的敘述，何者正確？ (A) 菲利浦曲線表現失業率與通貨膨脹之間的抵換關係 (B) 短期的菲利浦曲線形狀爲垂直線 (C) 長期的菲利浦曲線形狀爲負斜率 (D) 菲利浦曲線形狀爲正斜率。（2015 初等考）
24. 追求充分就業目標是要讓失業率爲： (A) 摩擦性失業率 (B) 結構性失業率 (C) 循環性失業率 (D) 自然失業率。（2017 初等考）
25. 從 IS-AD-AS 模型來看，原油價格的上漲會造成： (A)IS 線往右移動 (B)AD 線往右移動 (C) 短期 AS 線往左移動 (D) 短期 AS 線往右移動。（2017 初等考）
26. 在其他情況不變的情形下，政府支出的增加會導致： (A) 總合需求增加 (B) 總合需求減少 (C) 總合供給增加 (D) 總合供給減少。（2017 初等考）
27. 下列那一項不是影響長期總合供給的主要因素？ (A) 勞動量的投入 (B) 資本的投入 (C) 政府的財政赤字 (D) 技術水準。（2017 初等考）
28. 下列何者不是造成「需求拉升」通貨膨脹之原因？ (A) 政府支出增加 (B) 原料價格上漲 (C) 國外所得增加 (D) 貨幣供給增加。（2019 初等考）

二、問答與計算題

【基礎題】

1. 請問總合供需模型是包含哪三種市場的均衡模型？
2. 請問總合供需模型是在分析哪兩個經濟變數的平衡？
3. 何謂通貨膨脹？
4. 請問衡量通貨膨脹的物價指數有哪三種？
5. 何謂冷火雞（Cold Turley）策略？
6. 請問失業率的種類有那些？

7. 何謂菲利普曲線？
8. 何謂痛苦指數？

【進階題】

9. 下列那些情形分別會導致總合需求線與總合供給線右移？
   A. 政府加財政支出、B. 生產技術進步、C. 勞動供給減少、D. 貨幣供給增加
   E 政府減稅、F. 勞動需求增加
10. 請說明工資具向下僵固性時，AS 曲線為垂直線的原因？

18 CHAPTER 國際金融危機與問題

【本章大綱】

本章內容為國際金融危機與問題，主要介紹美國次級房貸金融危機、以及近期的國際金融問題等內容，其內容詳見下表。

節次	節名	主要內容
18-1	美國次級房貸金融危機	介紹危機的發生起因、影響、處置措施。
18-2	近期的國際金融問題	介紹歐洲主權債務危機與歐元區前途、人民幣匯率與國際化、安倍經濟學與日圓貶值。

由於金融制度的不完善、貨幣的供需失衡、再加上人性的貪婪與不理性，使得全球金融市場在過去近 30 年來，發生了爲數不少的金融危機事件。例如：1987 年美國股市崩盤危機、1994 年墨西哥匯率崩盤危機、1997 年亞洲金融風暴、1998 年俄羅斯金融風暴、1998 年美國長期資本管理公司（LTCM）倒閉的金融危機與 1999 年巴西金融風暴、2007-2008 年的美國次級房貸金融危機、以及 2009-2010 年的歐債主權債務危機等。

在前述的這些危機當中，影響臺灣最甚應屬「1997 年亞洲金融風暴」與「2007-2008 年的美國次級房貸金融危機（或稱全球金融危機）」這兩個事件。尤其後者所影響的層面擴及全球，並被認爲是史上最嚴重的金融風暴；由於此金融風暴的影響，導致全球經濟大衰退，也間接的使得歐洲部分國家，陸陸續續的爆發主權債務危機以及歐元貶值問題。

近年來由於美國受次貸危機之累，且中國經濟逐漸崛起，也迫使人民幣升值與國際化問題逐顯重要。另外，曾經是全球第二大經濟體－日本，其國內經過 20 餘年的景氣低迷。近期「安倍」首相推出振興經濟方案，迫使日圓貶值，企圖擺脫長久的景氣低迷，希望能促進經濟成長。這些近期國際上重大的金融動盪，臺灣身爲全球化的一份子，民眾對這些重要的金融議題，應該具有基本的認知。

本章首先將介紹「美國次級房貸金融危機」的始末，再逐一介紹近期其他的國際金融問題－「歐債主權危機與歐元區前途」、「人民幣升值與國際化」、「安倍經濟學與日圓貶值」。

18-1 美國次級房貸金融危機

美國次級房貸金融危機（Subprime Mortgages Crises）發生於 2007-2008 年之間，該事件被認爲是歷史上影響層面最廣與深遠的金融危機。它對全球的金融市場造成嚴重的衝擊，導致許多家銀行、基金公司倒閉，使得眾多的投資人與投資機構財富縮水，並造成全球經濟嚴重衰退。危機雖歷經多年，但至今全球經濟仍未完全走出危機所造成的陰霾。以下將介紹危機的起因、影響以及處理措施。

一、起因

美國 2000 年高科技股被嚴重高估，造成股市泡沫化，導致美國經濟衰退。政府爲了避免景氣繼續惡化，於是美國聯準會（Fed）連續降息 15 次，導致低利率資金充斥全球金融市場。當金融市場處於低利率時代，正是房地產市場景氣擴張的時期，此時不少的金融機構在這波美國房市景氣擴張的過程中，大幅承作次級房貸 案件，使次級房貸的規模快速膨脹。

由於處於低利年代，投資人亟需尋找較高收益的固定收益商品。因爲金融機構對次級房貸的貸款利率通常較高，於是此時投資銀行就把腦筋動到次級房貸的貸款上。他們從金融機構買進次級房貸的債權後，再將債權重新設計包裝，並予以證券化成一般的較高收益的證券商品；再將這些證券化商品信用加強（如：找大型銀行當擔保人）或賦予信用評等公司所給出的高評等。此時投資銀行、退休基金、避險基金等機構投資人，紛紛買進以爲是高債信、高收益與風險分散的資產證券化（Asset Securitization）商品。

美國由於低利率的刺激下，讓經濟開始復甦，2004 年起美國聯準會（Fed）爲避免景氣過熱，連續 17 次升息，使原先房貸的支付幾乎增加兩倍。同時 2006 年以後，美國房地產市場的景氣開始疲軟逆轉，由於 Fed 持續升息，導致貸款者還款壓力大增，也造成次級房貸違約率大幅攀升，一些以經營次級房貸爲主且體質較差的金融業者，被迫停止營業甚至倒閉。由於次級房貸違約率攀升，使得相關的證券化商品價格大跌，導致投資機構面臨資產大幅損失的風險。

2007 年初，次級房貸違約的問題愈來愈嚴重，儼然已成為潛藏在美國金融市場中的一顆未爆彈。當年 7 月下旬，由貝爾史登（Bear Sterns）證券旗下的兩檔避險基金首當發難，因受到不良次級房貸債券的影響，使得基金資產價值近乎於零。因此導致美國金融市場的大恐慌，使得美國股市連續大跌一陣子，並禍延至全球股市無一倖免，於是驚撼全球的次級房貸金融風暴正式被起了開端。

危機剛爆發之初，幾乎所有的專業機構都誤判，都認為此事件影響的層面有限；且同時各國央行亦積極實施大規模的寬鬆貨幣政策，使得危機初期的緊張情勢稍獲平息。但終究紙包不住火，隔年 2008 年 7 月美國二家房地產公司，因不良房貸的拖累，面臨破產危機，全球金融市場又再起緊張情勢。直到同年 9 月中，全球金融業破產、需要政府紓困的聲浪，如海嘯般一波接著一波的接踵而至；當美國政府拒絕對全球第四大的投資銀行－雷曼兄弟（Lehman Brothers）進行紓困時，導致該銀行破產，連帶使得它對外擔保的相關商品全部違約，嚴重衝擊全球金融市場，於是引發了另一波全球金融大海嘯危機。

二、影響

美國此次的次級房貸金融風暴，對全世界各個國家造成嚴重的恐慌，使得全球股票市場受到嚴重的衝擊，紛紛重挫一段期，其中對亞太地區的股市所造成蔓延效應（Contagion Effect）最為嚴重[48]。此外，根據國際貨幣基金組織（IMF）的估計全球金融機構的不良資產達到 4 兆美元，使得全球多家的金融機構發生財務危機、甚至發生倒閉以及投資人財富縮水。且這次危機造成全球經濟嚴重衰退，投資的信心崩潰，市場極度悲觀。

三、處理措施

面對此次全球的百年來最嚴重的金融風暴，各國紛紛提出因應對策，希望能降低金融危機的傷害。大部份的國家的央行都紛紛大量釋出資金與大幅降息，並大幅增加政府財政支出，企圖拯救發生信用危機的金融機構，以免危機再度擴散；並希望刺激低迷的景氣，能夠加速恢復生機。

48 此研究結果根據李顯儀等（2012）與 Lee（2012）的研究發現。李顯儀等（2012），「美國次級房貸金融風暴之波動外溢現象」，管理科學研究，19 卷 1 期，1-18 頁。Lee, H. Y.（2012）,＂Contagion in international stock markets during the sub-prime mortgage crisis,＂International Journal of Economics and Financial Issues, 2（1）,41-53.

以下將介紹此次危機發生國美國的因應對策、以及管控金融機構風險的國際清算銀行（BIS），針對此次危機所新提出的更新版的巴塞爾協定（簡稱爲 Basel III）的修訂。

（一）美國

美國聯邦準備理事會（FED）爲解決次級房貸危機所造成的禍害，從 2008 年 11 月至 2014 年 10 月，共實施 3 次「量化寬鬆貨幣政策[49]」（Quantitative Easing Monetary Policy；QE）以及 2 次的「扭轉操作[50]」（Operation Twist；OT）。在美國金融市場大肆收購資產，對市場總共挹注將近約 4.2 兆美元，希望藉此刺激讓美國的景氣趕快恢復生機，並穩定金融市場。美國經過三輪的 QE 後，美國股市屢創新高，房地產亦止跌回穩，算是相當成功的讓美國景氣，順利的帶離衰退的情勢。以下表 18-1 將介紹這三次 QE 的時間點以及實行要點。

表 18-1 美國量化寬鬆貨幣政策的整理表

項目	時間	實行要點
QE1	2008 年 11 月～ 2010 年 3 月	規模約 1.725 兆美元，主要用於購買擔保抵押證券（MBS）、美國政府債券與政府機構證券。
QE2	2010 年 11 月～ 2011 年 6 月	規模約 6,000 億美元，主要用於購買美國政府債券。
OT1	2011 年 09 月～ 2012 年 05 月	規模約 4,000 億美元，主要用於購買美國政府債券。
OT2	2012 年 06 月～ 2012 年 12 月	規模約 2,670 億美元，主要用於購買美國政府債券。
QE3	2012 年 09 月～ 2014 年 10 月	規模約 1.16 兆美元，主要用於購買抵押擔保證券（MBS） 與美國政府債券。

49 量化寬鬆貨幣政策（QE）是指當市場利率已經很低的情況下，央行仍透過購買資產方式，將資金繼續挹注到金融體系內，讓市場利率維持利率在極低的水準（幾乎為零）。希望藉此刺激投資消費，讓景氣盡快復甦。

50 扭轉操作（OT）亦稱「庫券互換操作」是指央行賣出短期債券（國庫券），同時買進長期債券的操作方式。企圖使長期利率降低，使整個市場長短期利率都在低點，以利刺激景氣。

（二）國際清算銀行（BIS）

國際清算銀行（BIS）經過這次金融危機，於 2007 年底重新發佈更新版的巴塞爾協定（簡稱爲 Basel III），並於 2010 年 9 月後開始實施。經過修訂後的更新版巴塞爾協議（Basel III）對銀行資本適足率的要求更高，要求銀行須增提「緩衝資本」（Capital Conservation Buffer）、並嚴格監管資本抵扣項目、以及提高資本規模和質量等規定，希望增強銀行非預期損失的抵禦能力與防範系統風險的能力。

根據最新版的巴塞爾協議（Basel III）的規定，國際上對銀行資本適足率的要求須達到 8% 以上。但自 2016 年起資本適足率須逐年加計「緩衝資本」，直到 2019 年使得整體資本適足率須達 10.5%。希望這樣的規範使銀行的經營，能夠降低系統風險的衝擊。以下表 18-2 爲更新版的巴塞爾協定（Basel III）對資本適足率的要點規範介紹。

表 18-2 更新版的巴塞爾協定（Basel III）對資本適足率的規範

資本項目	2010 年	2015 年	2016 年	2017 年	2018 年	2019 年
最低總資本 + 緩衝資本	8%	8%	8.625%	9.25%	9.875%	10.5%
最低總資本	8%	8%	8%	8%	8%	8%
第一類資本	4%	6%	6%	6%	6%	6%
緩衝資本			0.625%	1.25%	1.875%	2.5%

資料來源：國際清算銀行（BIS）

貨幣與生活

金融危機新指標　星巴克店愈多 國家傷愈重

圖片來源：維基百科

最近美《商業周刊》專欄作家葛洛斯提出「星巴克分店指數」理論：一個國家星巴克連鎖分店愈多，受金融危機傷害的程度愈高。葛洛斯指出，過去幾年，星巴克伴隨美國房市榮景而大肆擴張版圖，星巴克在美國大城市，尤其是金融中心紐約的分店密集度，多得令人咋舌，光是紐約曼哈頓一地，星巴克便開了 200 家分店。

葛洛斯分析，一個國家，尤其是其金融中心的星巴克分店數愈多，受傷情況最烈。譬如：英國全國有 689 家分店，光是倫敦便有 256 家；亞洲的南韓有 253 家、西班牙首都馬德里有 48 家、中東阿聯大公國的杜拜有 48 家、法國首都巴黎也有 35 家。相較之下，非洲此次受傷輕微，因為全非洲僅埃及有 3 家星巴克。同樣的，中南美洲的災情也還好，例如：巴西全國僅有 14 家。此外，至今未傳出銀行紓困或倒閉的義大利，星巴克連一家都沒有。同樣沒有星巴克的北歐國家瑞典、芬蘭和挪威，目前看來似乎也可逃過一劫。

文資料來源：摘錄自中國日報 2008/10/27

【解說】

「星巴克分店指數」，是繼星巴克中杯拿鐵指數之後，另一個有關於此家咖啡店評量經濟的指標。通常投資銀行的人經常需要熬夜工作，咖啡是不可獲缺的提神飲品，所以很多星巴克都開設在投資銀行大樓內。全球受 2008 年金融風暴影響的時候，美國、英國這些國內有很多星巴克的國家都狀況慘澹；相對星巴克分店較少的國家，受到金融危機的影響是乎也較輕微。雖然這類指標，雖有些無厘頭，但經濟其實就是人們日常的消費活動，見微知著，倒也不是一派胡說。

18-2 近期的國際金融問題

全球金融相關議題，除了上述美國的次級房貸金融危機問題。還有幾個經濟大國或區域的金融問題值得我們密切關心。外以下將介紹 3 個全球近期被關注的國際金融問題：

一、歐債主權危機與與歐元區前途

（一）歐債主權危機

以下本節將簡單介紹歐債主權危機的背景、起因與影響、以及歐盟與歐洲央行的處理措施。

1. 背景、起因與影響

歐洲政府主權債務危機（European Sovereign Debt Crisis）是歐元區自 1999 年以來首度發生的金融危機。該危機乃因於 2007-2008 年美國次貸金融危機的襲擊，使整個歐洲陷入經濟衰退、工業生產減少，失業率攀高；導致政府稅收減少，且必須支付的失業救濟金額大增，致使各國政府的財政赤字日以劇增。

直到 2009 年底，希臘政府終於撐不住了，其政府財政赤字已經極度惡化，使得全世界 3 大信用評等公司－標準普爾（Standard & Poor's）慕迪（Moody's）與惠譽（Fitch）皆將希臘政府的主權信用降級，導致國家有破產之虞，於是揭開歐債主權危機的開端。繼希臘（Greece）之後，愛爾蘭（Ireland）、葡萄牙（Portugal）、西班牙（Spain）、義大利（Italy）這五個國家的財政亦相繼出現危機，加重了歐元區的整體債務問題。業界將這五個國家的英文首字組合，戲稱它們為「歐豬五國」（PIIGS）。另外，賽普勒斯（Cyprus）也於 2012 年初亦發生債務危機。

歐債主權危機發生後，亦造成全球股市下跌，歐元匯率貶值，歐元區的經濟雪上加霜、信用更緊縮、失業率再度攀升。此時全球經濟剛受到美國次級房貸危機的影響，尚未復原，現在又受該危機的影響，使得各國的景氣復甦時間更加的拉長。

2. 處理措施

歐債危機發生後，歐盟執行會（European Commission）與歐洲中央銀行（European Central Bank；ECB），都採取一系列拯救措施，希望使歐元區的經濟轉危為安。以下將簡單的介紹之：

(1) 歐盟執行會的措施：歐盟會員國於 2010 年中，成立「歐洲金融穩定基金」（European Financial Stability Facility；EFSF）、以及 2011 年初成立「歐洲金融穩定機制」（European Financial Stability Mechanism；EFSM），其目的提供歐元區財政困難的國家經濟援助，以維護歐元區的金融穩定。

2012 年 10 月歐盟理事會進一步成立一個永久紓困機制以取代前兩者，其機制爲「歐洲穩定機制」（European Stability Mechanism；ESM），該機制的 ESM 會員國總共認繳資本爲 7,000 億歐元，當作穩定資金；當會員國正逢金融危機威脅時，ESM 可以將資金援助受難國，並有權透過金融市場發行金融工具，籌集資金來援助受難國。

(2) 歐洲中央銀行的措施：歐洲中央銀行（ECB）自歐債危機發生以來，已在公開市場進行無限量的購買政府債券、以及「長期再融資操作[51]」（Long Term Refinancing Operations；LTRO），釋出大量低息資金，以確保各國政府與銀行有足夠的現金償還債務，不至於發生信用緊縮，影響經濟成長。ECB 並著手建立「歐洲銀行聯盟」（Banking Union），根據聯盟協議歐洲大銀行將交由 ECB 監理，小銀行發生危機時，ECB 有權介入，以防止銀行業危機的擴散。

（二）歐元區的前途

雖然歐債危機透過上述的危機解決機制，暫時得以控制，但歐債危機卻凸顯歐元區各會員國的結構問題。各會員國由於土地人口規模不一，經濟產業結構不同，政府的財政健全差異性大，所以歐元區是否會解體一直是被廣爲討論的議題。

歐元區最主要的問題乃各會員國失去了獨立可控制的貨幣政策，各國無法依據本身的經濟狀況去調整貨幣供給與利率，亦無法藉由貨幣貶值來增加出口競爭力，不利經濟長期發展，並使得嚴重的財政赤字更無法改善。那些發生過債務危機的國家財政缺口仍然相當嚴重，政府必須實施撙節方案，減少財政支出，但在緊縮的財政政策實行下，經濟無法成長，稅收無法增加，使得財政赤字依然嚴重的存在著，整個歐元區步入通貨緊縮的情勢。

在 2015 年初，因歐元區的通貨緊縮問題，經濟持續萎靡不振；再加上因希臘支持脫離歐元區的政黨獲勝，讓脫歐的機會大增，此舉可能會對歐元區各會員國造成骨牌效應，使得歐元區的金融市場動盪不安，歐元持續貶值。由於歐元的重貶，瑞士央行也棄守原本 1.2 瑞士法郎兌 1 歐元的匯率防線，因此瑞士央行不再緊盯歐元，表示瑞士不再支持歐元，那歐元可能更爲弱勢，致使歐元更重貶至 11 年新低。

51 「長期再融資操作」是歐洲中央銀行的傳統的金融工具，其乃歐洲央行提供很低的利息資金給銀行，以緩解銀行資金的流動性問題，並維護歐元區金融體系的穩定。

由於受希臘欲脫歐元區、以及瑞士法朗棄守歐元的匯率防線，迫使 ECB 於 2015 年初再度實施 1.14 兆歐元的量化的寬鬆（QE）政策，企圖來挽救岌岌可危的情勢。雖再度實施的 QE 政策，或許又會讓歐元區惡化的經濟狀況，稍緩好轉，但希臘的財政危機，仍不時的困擾著歐盟。

此外，2016 年「英國脫離歐盟」公投過關，讓歐盟的情勢又面臨新考驗，因英國脫歐的不確定性對歐元經濟區造成不利的影響，使得歐元的匯率一直在低檔徘迴，連帶使英鎊也大幅滑落，雖直至 2020 年初，英國才正式脫歐，但對歐元區的經濟的傷害已造成。況且 2020 年初，中國發生「武漢肺炎」疫情，逐步蔓延至歐洲，歐盟眾多國家都被列為重災區，讓原本疲憊的經濟情勢更添雪霜。

綜觀歐盟自 2011 年發生歐債危機後，整個歐元區風波不斷，未來經濟情勢發展仍乖舛多變。因此長久之計，由於各會員國財政、經濟結構的差異問題，或許退出歐元區，才是這些危機受難國唯一自保的途徑吧。

市場焦點

【武漢肺炎】歐央行總裁：歐盟各國不合作 經濟衝擊恐如金融危機

武漢肺炎疫情擴散多國拖累全球經濟，有消息人士透露，歐洲央行（ECB）總裁拉加德（Christine Lagarde）曾警告歐盟領導人，若歐盟不就疫情採取協調行動，歐洲恐會發生「讓人想起 2008 年金融危機」的嚴峻情況。

消息人士稱，拉加德還表示，歐洲央行將就疫情提出經濟措施，該機構正研究所有政策工具，包括超低廉資金援助，和確保金流與避免信貸枯竭的政策，但拉加德強調，央行的措施，只有在各國政府也支持的情況下才能奏效，如確保各地銀行能繼續向疫區企業提供貸款。此外，拉加德也預警，在疫情蔓延下，若歐盟國家不採取大膽的行動，部份國家經濟崩潰的危險將會加劇。

圖文資料來源：摘錄自自由時報 2020/03/11

【解說】

由於 2020 出中國武漢發生肺炎疫情，蔓延至全球，歐盟區眾多國家也都被列為重災區，經濟活動嚴重受到衝擊。歐洲央行（ECB）總裁警示：若歐盟不就疫情盡快採取經濟救援，歐洲恐會發生「讓人想起 2008 年金融危機」的嚴峻情況。

二、人民幣匯率與國際化

由於近年來，隨著中國經濟大幅成長，且中國亦放寬對人民幣的管制，讓匯率的升貶趨向合理水準，使得人民幣的使用與國際地位逐漸受到重視。中國現在已是臺灣最大的貿易出口國，若將來欲與中國簽訂海峽兩岸經濟合作架構協議（Economic Cooperation Framework Agreement；ECFA），人民幣的匯率變動與如何成為國際貨幣，對於臺灣的經貿具有重大的影響性。以下將介紹人民幣的匯率與國際化的趨勢。

（一）人民幣的匯率

中國人民銀行（即中央銀行）於 2005 年中，宣布人民匯率不再採取訂住單一美元匯率制度，而採取以市場供需平衡、以及參考一籃子貨幣（美元、歐元、日圓等）為基礎的有效管理浮動制度。所以人民幣匯率 2005 年中，人民幣開始緩步的浮動，拜中國經濟成長的推升，匯率由 1 美元兌 8.27，持續升值至 2014 年初，己升值至 6.04 的價位，升值近 27%；爾後，隨著中國經濟成長放緩，2020 年初，中國境內發生「武漢肺炎」疫情，並蔓延至全球，導致各國經濟衰退，中國採寬鬆貨幣政策，以拯救經濟頹勢，人民幣匯率亦逐漸趨貶於歷史低價 7.2 的價位。

過去出口是中國經濟成長的主要推動力量，若人民幣持續升值，將削弱出口產品的競爭力。近年來中國經濟成長已趨緩，人民幣持續升值亦已放緩腳步，中國政府也促使人民幣的匯率趨向合理的水準，將有助於經濟成長與穩定。現在中國政府對人民幣的思考不僅是升貶值問題，還有如何讓人民幣國際化，使其成為國際的重要貨幣。

（二）人民幣國際化趨勢

根據 2019 年國際貨幣基金（IMF），中國的 GDP 經濟規模已超越歐元區 19 個國家的經濟規模加總，已成為世界第二大經濟體[52]。所以人民幣的匯率變動與國際化對全球經濟與國際金融具有重大的影響性。由於人民幣尚不能自由兌換，所以在國際貿易的結算、金融投資的清算等國際交易，仍然無法成為被普遍使用的國際計價貨幣，雖然 2016 年已成功入列 SDR 的計價籃，但國際化的地位[53]仍低於美元、歐元、日圓與英鎊。所以要如何推動人民幣更進一步國際化，是中國政府即需迫切的事務。

若人民幣要成為國際貨幣，應具備以下條件：

1. 增強國家經濟實力

一個國家的經濟和綜合國力的強弱，攸關該國的貨幣是否能成為國際貨幣的決定性因素。中國近年來經濟成長快速，且已於 2010 年成為全球第二經濟體，經濟上確實在全球具有領導的實力。且中國近年來為擴展與週邊國家的經貿發展合作，推動「一帶一路[54]」計劃、以及積極成立「亞投行[55]」的設置。同時，近年來中國政局穩定，國防能力亦增強，綜合國力在國際上的地位與影響力亦不斷提升，這些因素也為人民幣國際化提供有利條件。

2. 長期貨幣價值穩定

人民幣匯率自從 2005 年中，匯率一直在穩定中升值。即使面對 2007 年至 2008 年美國次級房貸的金融危機，匯率仍穩定且提供可靠的保障，確實提高全球對人民幣的信心的國際地位，對人民幣的國際化，提供有利的條件。

3. 金融市場自由開放

中國現今必須加速對國內金融市場與機構的改造，讓金融制度體質健全與透明，且加速國內市場對外開放，讓人民幣能夠自由兌換與匯兌，才能讓全球資金能自由在中國的金融市場流動，為人民幣走向國際化創造有利的環境。

---

52 根據國際貨幣基金（IMF）2019 年底的統計，全球 GDP 占比前三名，分別美國為 24.8%、中國為 16.3%、歐元區為 15.4%。

53 根據國際清算銀行（BIS）2019 年底公布的數據顯示，人民幣在國際貨幣交易中僅占 4.3%，在全球所有貨幣中排名第八。

54 所謂的「一帶一路」中國加強，與絲綢之路經濟帶「一帶」、以及 21 世紀海上絲綢之路「一路」兩者週邊國家的經貿發展合作。

55 「亞投行」乃指亞洲基礎設施投資銀行（Asian Infrastructure Investment Bank：AIIB），成立於 2014 年，由中國主導，其成立宗旨：乃在促進亞洲區域的建設互聯互通化、以及經濟一體化的進程，並且加強中國及其他亞洲國家和地區的合作。

4. 貨幣擴大使用範圍

中國需與周邊國家經貿往來進一步擴大和加深，讓愈來愈多的國家接受人民幣；同時讓各國對中國的貿易依存度加深，提高這些國家對人民幣的需求，讓人民幣由區域性貨幣逐步走向國際化。中國的央行也爲人民幣由區域化走向國際化，訂定 3 個 10 年目標。首先，第一個十年（2010 ～ 2020），實現人民幣在中國周邊國家被普遍使用；再來，第二個十年（2020 ～ 2030），逐漸擴展成爲亞洲地區普遍被使用（即區域化）；最後，第三個十年（2030 ～ 2040），逐漸擴展成爲全球普遍使用的貨幣，以達到國際化目標。

人民幣國際化……十年繳出五大成績

人民幣國際化大事紀

時間	事件
2009年	上海、廣州、深圳、珠海、東莞等五個城市啓動跨境貿易人民幣結算試點
2010年	大陸境內企業對外直接投資（ODI）、境外直接投資（FDI）人民幣結算陸續開始試點
2011年	跨境貿易人民幣結算範圍擴大至全國
2012年	個人經常項目跨境人民幣業務試點啓動
2016年	人民幣加入國際貨幣基金（IMF）特別提款權（SDR）
2019年	在18個自貿區試點更加便利的跨境人民幣結算

資料來源：新聞整理　　李仲維／製表

2019 年是大陸官方推出跨境貿易人民幣結算試點的第十年，人民幣的國際地位逐漸提升，人民幣跨境使用逐步擴大，成為各類市場主體的新選擇，中國人民銀行總結十年來的進展，定調五大成績。

回顧這十年，人民幣國際化經歷三個階段。第一階段是從 2009 年到 2011 年的起步階段，特徵是政策驅動。第二階段是從 2012 年到 2015 年，特徵是資本項目自由化出現時間表，為投資人穩定預期。第三階段是自 2016 年以來，人民幣國際化進入常態期。

十年來，人民幣國際化發展最大的特點之一，就是在金融市場開放過程中推動人民幣的跨境使用。人民幣國際化是一個放鬆管制的進程。監管部門只能把限制取消，在公平條件下讓企業能夠實際得到好處，而不是取代別的幣種。

十年來的五大成績：一是計價貨幣功能逐步呈現；二是支付貨幣功能穩步增強；三是投融資貨幣功能不斷深化；四是金融交易功能大幅改進；五是儲備貨幣功能明顯提升。

圖文資料來源：摘錄自經濟日報 2020/02/12

【解說】

近年來，隨中國經濟起飛，人民幣已逐漸走向國際化。根據中國官方：十年來，人民幣國際化發展，具有以下五大成績：一是計價貨幣功能逐步呈現；二是支付貨幣功能穩步增強；三是投融資貨幣功能不斷深化；四是金融交易功能大幅改進；五是儲備貨幣功能明顯提升。

三、安倍經濟學與日圓貶值

日本於 1980 年代末期經濟泡沫化後，於 90 年代起至今景氣長期處於低迷，企業投資不振，民間消費萎縮。雖然政府多次提出振興經濟方案，但經濟仍不見起色，經濟陷入衰退性的通貨緊縮困境。由於企業投資與獲利下降，民間消費支出減少，物價下跌，失業率增加，政府財政赤字更加的嚴重。

直到 2012 年底由日本首相安倍晉三（Shinzo Abe），爲挽救日本沉寂多年的經濟困局，提出的一系列振興經濟的政策。一般稱之爲「安倍經濟學」（Abenomics）。安倍企圖用所謂的「三支箭」政策，企圖利用寬鬆的貨幣政策與擴張的財政政策，一方面增加財政支出，一方面在市場大量釋出資金，讓日圓貶值，增加出口；但相對的使本國物價上漲，使廠商的銷售利潤增加，員工收入也隨之增加，希望最終擺脫通貨緊縮，實現日本經濟增長的契機。以下將簡單介紹安倍經濟學的「三支箭」政策、與政策正負面效應、以及對亞洲各國的影響分析。

（一）三支箭政策

1. 第一支箭：寬鬆的貨幣政策

安倍首先實施「無限量寬鬆的貨幣政策」（Open-ended Asset Purchasing Method），企圖利用大量的印製日圓，擴大購買債券的規模，將貨幣基數（Monetary Base）擴大至現有水平的兩倍。並藉由日圓貶值，推升出口競爭力，增加外國人至日本旅遊消費力，以提升就業力與薪資上漲，希望擺脫長期的通貨緊縮（Deflation），希望實現 2% 的通貨膨脹目標。

2. 第二支箭：擴張的財政政策

政府擴大財政支出，推出 20.2 兆日圓的「緊急財政政策」，將經費經由公共建設與投資的擴大，來尋求新的成長策略，並提高「消費稅[56]」來改善政府的財政支出缺口。

3. 第三支箭：結構性經濟改革

透過加入泛太平洋夥伴協議[57]（Trans-Pacific Strategic Economic Agreement；TPP）談判，以農業、服務業開放，出口擴張來加速結構調整；以引進更有彈性的就業規範、鼓勵女性投入職場、開放農業以及鬆綁日本封閉的移民法規，以因應人口老化問題等結構面的改革，期望重新拾回日本的競爭優勢。

（二）正反面效應

1. 正面效應

安倍經濟學自 2012 年底實施以來，最明顯具體的效果就是日圓大幅貶值和股市大幅上漲。截至 2015 年初日圓貶值幅度超過 50%，股市上漲約 90%。因日圓貶值和股票市值提高，對日本企業的業績提振效果明顯，已經超過七成的企業調高經營利潤；且受益於日圓貶值，出口額與遊日人數亦有成長。且社會大眾因股市上漲所帶來的財富效應，也讓消費需求更旺盛。

---

56 日本將原本 5% 的消費稅，於 2014 年提高至 8%，於 2019 年再進一步提高至 10%。

57 「泛太平洋夥伴協議」（TPP），已在 2017 年美國退出 TPP 後，剩餘 11 個成員國，將此協定改組為「泛太平洋夥伴全面進步協議」（Comprehensive and Progressive Agreement for Trans-Pacific Partnership：CPTPP）。

2. 反面效應

安倍的經濟措施，雖社會大眾使消費增長，但來源不是來自於普通民眾，而是來自股市投資獲益者，這對長期不利。且日圓貶值，使得原物料等進口物價明顯上漲，加大了中小企業的經營成本[58]和普通消費者的生活負擔。還有，日本現已是全球政府債務佔 GDP 比率最高的國家，現為擴大財政支出，大量舉債，使債務風險更為擴大，如果掌控不好，日本可能成為下一個希臘。

（三）對亞洲各國的影響

由於日圓的大幅貶值[59]，會削弱臺灣、南韓以及東南亞各國家和地區的出口競爭力，此舉會引起各國政府的反彈，並引起各國幣值競貶壓力。且現在中國已持有大量的日本政府公債，若日圓持續貶值，將使得日本國債價值大幅縮水，導致投資損失。

58 日本中小企業勞工佔七成的就業人口，安倍經濟學僅讓大型出口商受惠，而中小企業卻得承受日圓貶值、進口成本增加的副作用，2014 年底宣布破產的日本中小企業甚至創下歷史新高。

59 自從 2012 年實施安倍經濟學以來，美元兌日圓匯率由 2011 年 10 月的 75.35 貶值至 2015 月 6 月的 125.86，貶值幅度高達 67%，近幾年（2018 年～ 2020 年），美元兌日圓匯率則維持於 110 上下，仍有 50% 的貶幅。

本章習題

一、選擇題

【基礎題】

1. 請問美國次級房貸金融危機事件的罪魁禍首，爲何種金融商品？ (A) 認股權證 (B) 利率交換 (C) 金融資產證券化 (D) 金融期貨。
2. 請問美國次級房貸金融風暴事件後，國際清算銀行（BIS）重新發佈更新版的巴塞爾協定（Basel Ⅲ），對銀行資本適足率的要求，2019 年後須達到多少以上 (A)8% (B)8.5% (C)9% (D)10.5%。
3. 請問美國爲了拯救次級房貸金融風暴，聯準會（FED）共實施了幾次 QE ？ (A)1 次 (B)2 次 (C)3 次 (D)4 次。
4. 請問 2009 年發生的歐債危機，首先受難國爲何國？ (A) 希臘 (B) 愛爾蘭 (C) 義大利 (D) 西班牙。
5. 請問歐盟爲解決歐債危機，成立一個永久紓困機制稱爲何？ (A) 歐洲銀行救濟制度 (B) 歐洲穩定機制 (C) 歐洲債券銷售制度 (D) 歐洲股市救濟制度。
6. 請問中國人民銀行於何年，宣布人民匯率不再採取訂住單一美元匯率制度？ (A)2003 年 (B)2005 年 (C)2007 年 (D)2009 年。
7. 請問日本安倍首相所提出的振興經濟方案，是從何年開始？ (A)2010 年 (B)2011 年 (C)2012 年 (D)2013 年。
8. 請問日本安倍經濟學所推出的三支箭策略，下列何者敘述爲非？ (A) 使日圓貶值 (B) 政府擴大財政支出 (C) 減稅 (D) 提升出口。

【進階題】

9. 下列敘述何者正確？ (A) 爲拯救美國次級房貸金融風暴，FED 共實施 2 次 QE (B) 日本安倍首相所提出的振興經濟方案，主要是讓日圓升值 (C) 歐債危機，冰島也是發生國 (D) 人民幣匯率制度，現已屬於管理浮動制度。
10. 下列敘述何者有誤？ (A) 美國次級房貸金融風暴，開始發生於 2007 年 (B) 日本安倍首相，所提出的三支箭振興經濟方案，第一支箭的策略是政府擴大財政支出 (C) 歐債危機，包含愛爾蘭 (D) 現在人民幣匯率制度，匯率浮動乃參考一籃子貨幣爲基礎。

【國考題】

11. 2007 年美國次級房貸危機之所以演變成後續的跨國大規模金融風暴，其主要係歸因於下列何項因素？ (A) 金融法規規範轉趨保守 (B) 房貸證券化 (C) 通貨膨脹率攀升 (D) 股市泡沫化。 （2012 初等考）

12. 2008 年的金融海嘯期間，各國中央銀行爲促進市場的流動性，增加貨幣供給，下列何者不是各國中央銀行採行的政策方式？ (A) 增加發行公債 (B) 從市場購回公債 (C) 調降存款準備率 (D) 調降重貼現率。 （2012 初等考）

13. 美國在 2007 年次貸風暴後，採取一連串的「量化寬鬆」政策，主要作法是透過 (A) 公開市場買進長期債券 (B) 調低各類存款準備率 (C) 調低聯邦基金利率 (D) 調低重貼現率。 （2012 初等考）

14. 2009 年底以來，歐洲主權債務危機中的歐豬國家－ PIIGS，下列何者正確？ (A)S 指的是瑞典 (B)S 指的是瑞士 (C)P 指的是波蘭 (D) 兩個 I 指的分別是愛爾蘭與義大利。 （2012 初等考）

15. 下列那種措施，爲次貸危機以後，美國 Fed 所採用的量化寬鬆政策（QE）？ (A) 扮演審慎的最後貸款者角色 (B) 購買機構保證的房貸擔保債券 (C) 增加消費性貸款 (D) 提高證券融資成數。 （2014 初等考）

16. 美國聯邦準備銀行在 2008 年次級房貸危機之後，放寬操作標的與對象，大量買進債券釋出資金，以提升產出與就業，此政策稱爲： (A) 重貼現政策 (B) 負利率政策 (C) 量化寬鬆政策 (D) 選擇性信用管制政策。 （2019 初等考）

二、簡答與計算題

【基礎題】

1. 請問美國次級房貸金融風暴，主要是何種金融商品所引起？
2. 何謂量化寬鬆政策（QE）？
3. 何謂扭轉操作（OT）？
4. 何謂歐豬五國？
5. 請問安倍經濟學所推出三支箭策略爲何？

【進階題】

6. 請問人民幣的國際化應具備哪些條件，請簡要說明之？

Appendix

附 錄

表 A-1　終值利率因子表 (FVIF)

表 A-2　現值利率因子表 (PVIF)

中英名詞對照

表 A-1 終值利率因子表：$FVIF_{(r, n)} = (1 + r)^n$

期	每期利率														
	1%	2%	3%	4%	5%	6%	7%	8%	9%	10%	11%	12%	13%	14%	15%
1	1.0100	1.0200	1.0300	1.0400	1.0500	1.0600	1.0700	1.0800	1.0900	1.1000	1.1100	1.1200	1.1300	1.1400	1.1500
2	1.0201	1.0404	1.0609	1.0816	1.1025	1.1236	1.1449	1.1664	1.1881	1.2100	1.2321	1.2544	1.2769	1.2996	1.3225
3	1.0303	1.0612	1.0927	1.1249	1.1576	1.1910	1.2250	1.2597	1.2950	1.3310	1.3676	1.4049	1.4429	1.4815	1.5209
4	1.0406	1.0824	1.1255	1.1699	1.2155	1.2625	1.3108	1.3605	1.4116	1.4641	1.5181	1.5735	1.6305	1.6890	1.7490
5	1.0510	1.1041	1.1593	1.2167	1.2763	1.3382	1.4026	1.4693	1.5386	1.6105	1.6851	1.7623	1.8424	1.9254	2.0114
6	1.0615	1.1262	1.1941	1.2653	1.3401	1.4185	1.5007	1.5869	1.6771	1.7716	1.8704	1.9738	2.0820	2.1950	2.3131
7	1.0721	1.1487	1.2299	1.3159	1.4071	1.5036	1.6058	1.7138	1.8280	1.9487	2.0762	2.2107	2.3526	2.5023	2.6600
8	1.0829	1.1717	1.2668	1.3686	1.4775	1.5938	1.7182	1.8509	1.9926	2.1436	2.3045	2.4760	2.6584	2.8526	3.0590
9	1.0937	1.1951	1.3048	1.4233	1.5513	1.6895	1.8385	1.9990	2.1719	2.3579	2.5580	2.7731	3.0040	3.2519	3.5179
10	1.1046	1.2190	1.3439	1.4802	1.6289	1.7908	1.9672	2.1589	2.3674	2.5937	2.8394	3.1058	3.3946	3.7072	4.0456
11	1.1157	1.2434	1.3842	1.5395	1.7103	1.8983	2.1049	2.3316	2.5804	2.8531	3.1518	3.4785	3.8359	4.2262	4.6524
12	1.1268	1.2682	1.4258	1.6010	1.7959	2.0122	2.2522	2.5182	2.8127	3.1384	3.4985	3.8960	4.3345	4.8179	5.3503
13	1.1381	1.2936	1.4685	1.6651	1.8856	2.1329	2.4098	2.7196	3.0658	3.4523	3.8833	4.3635	4.8980	5.4924	6.1528
14	1.1495	1.3195	1.5126	1.7317	1.9799	2.2609	2.5785	2.9372	3.3417	3.7975	4.3104	4.8871	5.5348	6.2613	7.0757
15	1.1610	1.3459	1.5580	1.8009	2.0789	2.3966	2.7590	3.1722	3.6425	4.1772	4.7846	5.4736	6.2543	7.1379	8.1371
16	1.1726	1.3728	1.6047	1.8730	2.1829	2.5404	2.9522	3.4259	3.9703	4.5950	5.3109	6.1304	7.0673	8.1372	9.3576
17	1.1843	1.4002	1.6528	1.9479	2.2920	2.6928	3.1588	3.7000	4.3276	5.0545	5.8951	6.8660	7.9861	9.2765	10.7613
18	1.1961	1.4282	1.7024	2.0258	2.4066	2.8543	3.3799	3.9960	4.7171	5.5599	6.5436	7.6900	9.0243	10.5752	12.3755
19	1.2081	1.4568	1.7535	2.1068	2.5270	3.0256	3.6165	4.3157	5.1417	6.1159	7.2633	8.6128	10.1974	12.0557	14.2318
20	1.2202	1.4859	1.8061	2.1911	2.6533	3.2071	3.8697	4.6610	5.6044	6.7275	8.0623	9.6463	11.5231	13.7435	16.3665
21	1.2324	1.5157	1.8603	2.2788	2.7860	3.3996	4.1406	5.0338	6.1088	7.4002	8.9492	10.8038	13.0211	15.6676	18.8215
22	1.2447	1.5460	1.9161	2.3699	2.9253	3.6035	4.4304	5.4365	6.6586	8.1403	9.9336	12.1003	14.7138	17.8610	21.6447
23	1.2572	1.5769	1.9736	2.4647	3.0715	3.8197	4.7405	5.8715	7.2579	8.9543	11.0263	13.5523	16.6266	20.3616	24.8915
24	1.2697	1.6084	2.0328	2.5633	3.2251	4.0489	5.0724	6.3412	7.9111	9.8497	12.2392	15.1786	18.7881	23.2122	28.6252
25	1.2824	1.6406	2.0938	2.6658	3.3864	4.2919	5.4274	6.8485	8.6231	10.8347	13.5855	17.0001	21.2305	26.4619	32.9190
30	1.3478	1.8114	2.4273	3.2434	4.3219	5.7435	7.6123	10.0627	13.2677	17.4494	22.8923	29.9599	39.1159	50.9502	66.2118
40	1.4889	2.2080	3.2620	4.8010	7.0400	10.2857	14.9745	21.7245	31.4094	45.2593	65.0009	93.0510	132.7816	188.8835	267.8635
50	1.6446	2.6916	4.3839	7.1067	11.4674	18.4202	29.4570	46.9016	74.3575	117.3909	184.5648	289.0022	450.7359	700.2330	1,083,657
60	1.8167	3.2810	5.8916	10.5196	18.6792	32.9877	57.9464	101.2571	176.0313	304.4816	524.0572	897.5969	1,530.0535	2,595.9187	4,383.9987

表 A-1 終值利率因子表：$FVIF_{(r,n)} = (1 + r)^n$（續）

期	16%	17%	18%	19%	20%	21%	22%	23%	24%	25%	26%	27%	28%	29%	30%
1	1.1600	1.1700	1.1800	1.1900	1.2000	1.2100	1.2200	1.2300	1.2400	1.2500	1.2600	1.2700	1.2800	1.2900	1.3000
2	1.3456	1.3689	1.3924	1.4161	1.4400	1.4641	1.4884	1.5129	1.5376	1.5625	1.5876	1.6129	1.6384	1.6641	1.6900
3	1.5609	1.6016	1.6430	1.6852	1.7280	1.7716	1.8158	1.8609	1.9066	1.9531	2.0004	2.0484	2.0972	2.1467	2.1970
4	1.8106	1.8739	1.9388	2.0053	2.0736	2.1436	2.2153	2.2889	2.3642	2.4414	2.5205	2.6014	2.6844	2.7692	2.8561
5	2.1003	2.1924	2.2878	2.3864	2.4883	2.5937	2.7027	2.8153	2.9316	3.0518	3.1758	3.3038	3.4360	3.5723	3.7129
6	2.4364	2.5652	2.6996	2.8398	2.9860	3.1384	3.2973	3.4628	3.6352	3.8147	4.0015	4.1959	4.3980	4.6083	4.8268
7	2.8262	3.0012	3.1855	3.3793	3.5832	3.7975	4.0227	4.2593	4.5077	4.7684	5.0419	5.3288	5.6295	5.9447	6.2749
8	3.2784	3.5115	3.7589	4.0214	4.2998	4.5950	4.9077	5.2389	5.5895	5.9605	6.3528	6.7675	7.2058	7.6686	8.1573
9	3.8030	4.1084	4.4355	4.7854	5.1598	5.5599	5.9874	6.4439	6.9310	7.4506	8.0045	8.5948	9.2234	9.8925	10.6045
10	4.4114	4.8068	5.2338	5.6947	6.1917	6.7275	7.3046	7.9259	8.5944	9.3132	10.0857	10.9153	11.8059	12.7614	13.7858
11	5.1173	5.6240	6.1759	6.7767	7.4301	8.1403	8.9117	9.7489	10.6571	11.6415	12.7080	13.8625	15.1116	16.4622	17.9216
12	5.9360	6.5801	7.2876	8.0642	8.9161	9.8497	10.8722	11.9912	13.2148	14.5519	16.0120	17.6053	19.3428	21.2362	23.2981
13	6.8858	7.6987	8.5994	9.5964	10.6993	11.9182	13.3641	14.7491	16.3863	18.1899	20.1752	22.3588	24.7588	27.3947	30.2875
14	7.9875	9.0075	10.1472	11.4198	12.8392	14.4210	16.1822	18.1414	20.3191	22.7374	25.4207	28.3957	31.6913	35.3391	39.3738
15	9.2655	10.5387	11.9737	13.5895	15.4070	17.4494	19.7423	22.3140	25.1956	28.4217	32.0301	36.0625	40.5648	45.5875	51.1869
16	10.7480	12.3303	14.1290	16.1715	18.4884	21.1138	24.0856	27.4462	31.2426	35.5271	40.3579	45.7994	51.9230	58.8079	66.5417
17	12.4677	14.4265	16.6722	19.2441	22.1861	25.5477	29.3844	33.7588	38.7408	44.4089	50.8510	58.1652	66.4614	75.8621	86.5042
18	14.4625	16.8790	19.6733	22.9005	26.6233	30.9127	35.8490	41.5233	48.0386	55.5112	64.0722	73.8698	85.0706	97.8622	112.4554
19	16.7765	19.7484	23.2144	27.2516	31.9480	37.4043	43.7358	51.0737	59.5679	69.3889	80.7310	93.8147	108.8904	126.2442	146.1920
20	19.4608	23.1056	27.3930	32.4294	38.3376	45.2593	53.3576	62.8206	73.8641	86.7362	101.7211	119.1446	139.3797	162.8524	190.0496
21	22.5745	27.0336	32.3238	38.5910	46.0051	54.7637	65.0963	77.2694	91.5915	108.4202	128.1685	151.3137	178.4060	210.0796	247.0645
22	26.1864	31.6293	38.1421	45.9233	55.2061	66.2641	79.4175	95.0413	113.5735	135.5253	161.4924	192.1683	228.3596	271.0027	321.1839
23	30.3762	37.0062	45.0076	54.6487	66.2474	80.1795	96.8894	116.9008	140.8312	169.4066	203.4804	244.0538	292.3003	349.5935	417.5391
24	35.2364	43.2973	53.1090	65.0320	79.4968	97.0172	118.2050	143.7880	174.6306	211.7582	256.3853	309.9483	374.1444	450.9756	542.8008
25	40.8742	50.6578	62.6686	77.3881	95.3962	117.3909	144.2101	176.8593	216.5420	264.6978	323.0454	393.6344	478.9049	581.7585	705.6410
30	85.8499	111.0647	143.3706	184.6753	237.3763	304.4816	389.7579	497.9129	634.8199	807.7936	1,025.927	1,300.504	1,645.505	2,078.219	2,619.996
40	378.7212	533.8687	750.3783	1,051.668	1,469.772	2,048.400	2,847.038	3,946.430	5,455.913	7,523.164	10,347.18	14,195.44	19,426.69	26,520.91	36,118.86
50	1,670.704	2,566.215	3,927.357	5,988.914	9,100.438	13,780.61	20,796.56	31,279.20	46,890.43	70,064.92	104,358.4	154,948.0	229,349.9	338,443.0	497,929.2
60	7,370.2014	12,335.3565	20,555.1400	34,104.9709	56,347.5144	92,709.0688	151,911.2161	247,917.2160	402,996.3473	652,530.4468	1,052,525.6953	1,691,310.1584	2,707,685.2482	4,318,994.1714	6,864,377.1727

表 A-2 現值利率因子表：$PVIF_{(r,n)} = \frac{1}{(1+r)^n}$

期	每期利率														
	1%	2%	3%	4%	5%	6%	7%	8%	9%	10%	11%	12%	13%	14%	15%
1	0.9901	0.9804	0.9709	0.9615	0.9524	0.9434	0.9346	0.9259	0.9174	0.9091	0.9009	0.8929	0.8850	0.8772	0.8696
2	0.9803	0.9612	0.9426	0.9246	0.9070	0.8900	0.8734	0.8573	0.8417	0.8264	0.8116	0.7972	0.7831	0.7695	0.7561
3	0.9706	0.9423	0.9151	0.8890	0.8638	0.8396	0.8163	0.7938	0.7722	0.7513	0.7312	0.7118	0.6931	0.6750	0.6575
4	0.9610	0.9238	0.8885	0.8548	0.8227	0.7921	0.7629	0.7350	0.7084	0.6830	0.6587	0.6355	0.6133	0.5921	0.5718
5	0.9515	0.9057	0.8626	0.8219	0.7835	0.7473	0.7130	0.6806	0.6499	0.6209	0.5935	0.5674	0.5428	0.5194	0.4972
6	0.9420	0.8880	0.8375	0.7903	0.7462	0.7050	0.6663	0.6302	0.5963	0.5645	0.5346	0.5066	0.4803	0.4556	0.4323
7	0.9327	0.8706	0.8131	0.7599	0.7107	0.6651	0.6227	0.5835	0.5470	0.5132	0.4817	0.4523	0.4251	0.3996	0.3759
8	0.9235	0.8535	0.7894	0.7307	0.6768	0.6274	0.5820	0.5403	0.5019	0.4665	0.4339	0.4039	0.3762	0.3506	0.3269
9	0.9143	0.8368	0.7664	0.7026	0.6446	0.5919	0.5439	0.5002	0.4604	0.4241	0.3909	0.3606	0.3329	0.3075	0.2843
10	0.9053	0.8203	0.7441	0.6756	0.6139	0.5584	0.5083	0.4632	0.4224	0.3855	0.3522	0.3220	02946.	0.2697	0.2472
11	0.8963	0.8043	0.7224	0.6496	0.5847	0.5268	0.4751	0.4289	0.3875	0.3505	0.3173	0.2875	0.2607	0.2366	0.2149
12	0.8874	0.7885	0.7014	0.6246	0.5568	0.4970	0.4440	0.3971	0.3555	0.3186	0.2858	0.2567	0.2307	0.2076	0.1869
13	0.8787	0.7730	0.6810	0.6006	0.5303	0.4688	0.4150	0.3677	0.3262	0.2897	0.2575	0.2292	0.2042	0.1821	0.1625
14	0.8700	0.7579	0.6611	0.5775	0.5051	0.4423	0.3878	0.3405	0.2992	0.2633	0.2320	0.2046	0.1807	0.1597	0.1413
15	0.8613	0.7430	0.6419	0.5553	0.4810	0.4173	0.3624	0.3152	0.2745	0.2394	0.2090	0.1827	0.1599	0.1401	0.1229
16	0.8528	0.7284	0.6232	0.5339	0.4581	0.3936	0.3387	0.2919	0.2519	0.2176	0.1883	0.1631	0.1415	0.1229	0.1069
17	0.8444	0.7142	0.6050	0.5134	0.4363	0.3714	0.3166	0.2703	0.2311	0.1978	0.1696	0.1456	0.1252	0.1078	0.0929
18	0.8360	0.7002	0.5874	0.4936	0.4155	0.3503	0.2959	0.2502	0.2120	0.1799	0.1528	0.1300	0.1108	0.0946	0.0808
19	0.8277	0.6864	0.5703	0.4746	0.3957	0.3305	0.2765	0.2317	0.1945	0.1635	0.1377	0.1161	0.0981	0.0829	0.0703
20	0.8195	0.6730	0.5537	0.4564	0.3769	0.3118	0.2584	0.2145	0.1784	0.1486	0.1240	0.1037	0.0868	0.0728	0.0611
21	0.8114	0.6598	0.5375	0.4388	0.3589	0.2942	0.2415	0.1987	0.1637	0.1351	0.1117	0.0926	0.0768	0.0638	0.0531
22	0.8034	0.6468	0.5219	0.4220	0.3418	0.2775	0.2257	0.1839	0.1502	0.1228	0.1007	0.0826	0.0680	0.0560	0.0462
23	0.7954	0.6342	0.5067	0.4057	0.3256	0.2618	0.2109	0.1703	0.1378	0.1117	0.0907	0.0738	0.0601	0.0491	0.0402
24	0.7876	0.6217	0.4919	0.3901	0.3101	0.2470	0.1971	0.1577	0.1264	0.1015	0.0817	0.0659	0.0532	0.0431	0.0349
25	0.7798	0.6095	0.4776	0.3751	0.2953	0.2330	0.1842	0.1460	0.1160	0.0923	0.0736	0.0588	0.0471	0.0378	0.0304
30	0.7419	0.5521	0.4120	0.3083	0.2314	0.1741	0.1314	0.0994	0.0754	0.0573	0.0437	0.0334	0.0256	0.0196	0.0151
40	0.6717	0.4529	0.3066	0.2083	0.1420	0.0972	0.0668	0.0460	0.0318	0.0221	0.0154	0.0107	0.0075	0.0053	0.0037
50	0.6080	0.3715	0.2281	0.1407	0.0872	0.0543	0.0339	0.0213	0.0134	0.0085	0.0054	0.0035	0.0022	0.0014	0.0009

表 A-2　現值利率因子表：$PVIF_{(r,\,n)} = \dfrac{1}{(1+r)^n}$（續）

期	每期利率 16%	17%	18%	19%	20%	21%	22%	23%	24%	25%	26%	27%	28%	29%	30%
1	0.8621	0.8547	0.8475	0.8403	0.8333	0.8264	0.8197	0.8130	0.8065	0.8000	0.7937	0.7874	0.7813	0.7752	0.7692
2	0.7432	0.7305	0.7182	0.7062	0.6944	0.6830	0.6719	0.6610	0.6504	0.6400	0.6299	0.6200	0.6104	0.6009	0.5917
3	0.6407	0.6244	0.6086	0.5934	0.5787	0.5645	0.5507	0.5374	0.5245	0.5120	0.4999	0.4882	0.4768	0.4658	0.4552
4	0.5523	0.5337	0.5158	0.4987	0.4823	0.4665	0.4514	0.4369	0.4230	0.4096	0.3968	0.3844	0.3725	0.3611	0.3501
5	0.4761	0.4561	0.4371	0.4190	0.4019	0.3855	0.3700	0.3552	0.3411	0.3277	0.3149	0.3027	0.2910	0.2799	0.2693
6	0.4104	0.3898	0.3704	0.3521	0.3349	0.3186	0.3033	0.2888	0.2751	0.2621	0.2499	0.2383	0.2274	0.2170	0.2072
7	0.3538	0.3332	0.3139	0.2959	0.2791	0.2633	0.2486	0.2348	0.2218	0.2097	0.1983	0.1877	0.1776	0.1682	0.1594
8	0.3050	0.2848	0.2660	0.2487	0.2326	0.2176	0.2038	0.1909	0.1789	0.1678	0.1574	0.1478	0.1388	0.1304	0.1226
9	0.2630	0.2434	0.2255	0.2090	0.1938	0.1799	0.1670	0.1552	0.1443	0.1342	0.1249	0.1164	0.1084	0.1011	0.0943
10	0.2267	0.2080	0.1911	0.1756	0.1615	0.1486	0.1369	0.1262	0.1164	0.1074	0.0992	0.0916	0.0847	0.0784	0.0725
11	0.1954	0.1778	0.1619	0.1476	0.1346	0.1228	0.1122	0.1026	0.0933	0.0859	0.0787	0.0721	0.0662	0.0607	0.0558
12	0.1685	0.1520	0.1372	0.1240	0.1122	0.1015	0.0920	0.0834	0.0757	0.0687	0.0625	0.0568	0.0517	0.0471	0.0429
13	0.1452	0.1299	0.1163	0.1042	0.0935	0.0839	0.0754	0.0678	0.0610	0.0550	0.0496	0.0447	0.0404	0.0385	0.0330
14	0.1252	0.1110	0.0985	0.0876	0.0779	0.0693	0.0618	0.0551	0.0492	0.0440	0.0393	0.0352	0.0316	0.0283	0.0254
15	0.1079	0.0949	0.0835	0.0736	0.0649	0.0573	0.0507	0.0448	0.0397	0.0352	0.0312	0.0277	0.0247	0.0219	0.0195
16	0.0930	0.0811	0.0708	0.0618	0.0541	0.0474	0.0415	0.0364	0.0320	0.0281	0.0248	0.0218	0.0193	0.0170	0.0150
17	0.0802	0.0693	0.0600	0.0520	0.0451	0.0391	0.0340	0.0296	0.0258	0.0225	0.0197	0.0172	0.0150	0.0132	0.0116
18	0.0691	0.0592	0.0508	0.0437	0.0376	0.0323	0.0279	0.0241	0.0208	0.0180	0.0156	0.0135	0.0118	0.0102	0.0089
19	0.0596	0.0506	0.0431	0.0367	0.0313	0.0267	0.0229	0.0196	0.0168	0.0144	0.0124	0.0107	0.0092	0.0079	0.0068
20	0.0514	0.0433	0.0365	0.0308	0.0261	0.0221	0.0187	0.0159	0.0135	0.0115	0.0098	0.0084	0.0072	0.0061	0.0053
21	0.0443	0.0370	0.0309	0.0259	0.0217	0.0183	0.0154	0.0129	0.0109	0.0092	0.0078	0.0066	0.0056	0.0048	0.0040
22	0.0382	0.0316	0.0262	0.0218	0.0181	0.0151	0.0126	0.0105	0.0088	0.0074	0.0062	0.0052	0.0044	0.0037	0.0031
23	0.0329	0.0270	0.0222	0.0183	0.0151	0.0125	0.0103	0.0086	0.0071	0.0059	0.0049	0.0041	0.0034	0.0029	0.0024
24	0.0284	0.0231	0.0188	0.0154	0.0126	0.0103	0.0085	0.0070	0.0057	0.0047	0.0039	0.0032	0.0027	0.0022	0.0018
25	0.0245	0.0197	0.0160	0.0129	0.0105	0.0035	0.0069	0.0057	0.0046	0.0038	0.0031	0.0025	0.0021	0.0017	0.0014
30	0.0116	0.0090	0.0070	0.0054	0.0042	0.0033	0.0026	0.0020	0.0016	0.0012	0.0010	0.0008	0.0006	0.0005	0.0004
40	0.0026	0.0019	0.0013	0.0010	0.0007	0.0005	0.0004	0.0003	0.0002	0.0001	0.0001	0.0001	0.0001	0.0000	0.0000
50	0.0005	0.0004	0.0003	0.0002	0.0001	0.0001	0.0000	0.0000	0.0000	0.0000	0.0000	0.0000	0.0000	0.0000	0.0000
60	0.0001	0.0001	0.0000	0.0000	0.0000	0.0000	0.0000	0.0000	0.0000	0.0000	0.0000	0.0000	0.0000	0.0000	0.0000

中英文索引

1~3 劃　章

4 劃　章

5 劃 章

6 劃 章

7 劃 章

8 劃 章

9 劃 **章**

10 劃 章

11 劃 章

12 劃 章

13 劃 章

14 劃 章

15 劃 章

16 劃 章

17 劃 章

18 劃以上 章

國家圖書館出版品預行編目資料

貨幣銀行學 / 李顯儀編著. -- 二版. --
新北市：全華圖書, 2020.06
面 ； 公分
參考書目：面
ISBN 978-986-503-435-1(平裝)
1.貨幣銀行學
561 109008423

貨幣銀行學（第二版）

作者 / 李顯儀
發行人 / 陳本源
執行編輯 / 呂昱潔
封面設計 / 簡邑儒
出版者 / 全華圖書股份有限公司
郵政帳號 / 0100836-1 號
印刷者 / 宏懋打字印刷股份有限公司
圖書編號 / 0820601
二版一刷 / 2020 年 06 月
定價 / 新台幣 500 元
ISBN / 978-986-503-435-1 (平裝)
全華圖書 / www.chwa.com.tw
全華網路書店 Open Tech / www.opentech.com.tw
若您對書籍內容、排版印刷有任何問題，歡迎來信指導 book@chwa.com.tw

臺北總公司(北區營業處)
地址：23671 新北市土城區忠義路 21 號
電話：(02) 2262-5666
傳真：(02) 6637-3695、6637-3696

南區營業處
地址：80769 高雄市三民區應安街 12 號
電話：(07) 381-1377
傳真：(07) 862-5562

中區營業處
地址：40256 臺中市南區樹義一巷 26 號
電話：(04) 2261-8485
傳真：(04) 3600-9806